이 책에 보내는 찬사

"다양한 산업 분야에 걸친 선두 기업들의 사례에서 알 수 있듯이 순환경제 모델은 이미 고객을 위해서나 우리 자신을 위해 점점 더 유용한 모델이 되고 있다. 변화하려면 구태의연한 습관을 버리고 처음부터 새롭게 시작해야 한다."

_ 프란스 반 하우튼 Frans van Houten, 로열 필립스 Royal Philips CEO

"누구나 직시해야 할 당면 문제다. 지속가능한 경제 시스템을 만들기 위해서는 재설계가 불가피하다. 이 책은 우리가 밟아야 할 과정을 보여주고 있다. 선형경제에서 순환경제로 바꾸어야 한다. 이는 재활용보다 훨씬 큰 의미다. 순환경제는 혁신과 새로운 비즈니스 모델을 통해 가치를 창조하는 새로운 접근법에 관한 문제이기 때문이다."

_ 페이케 시베즈마 Feike Sijbesma, 로열 DSM CEO

"순환경제, 순환 책임, 순환 우위. 간단하지만 매우 강력한 개념들이다. 이 책은 점점 더 자원 부족이 심화될 지구촌에서 당신의 비즈니스 모델이 미래 경쟁력을 갖출 수 있도록 실질적인 도움을 준다. 조만간 지구촌 사람들은 모든 기업들에게 이를 요구하게 될 것이다. 지금이라도 서둘러야 한다."

_ 폴 폴먼 Paul Polman, 유니레버 Unilever CEO

"순환경제는 고용과 성장, 자원 효율, 기후 변화 대처 등 오늘날 세계가 직면한 도전거리들을 해결할 강력한 모델이다. 이미 순환경제를 향해 가는 선두 기업들이 나타나고 있는데, 수에즈 인바이론먼트가 그중 하나다. 우리는 재활용과 회수라는 영역에서 인상적인 활동을 벌이고 있다. 이제는 모든 기업들이 이러한 변화 속으로 들어가야 한다."

_ 장-루이 쇼사드 Jean-Louis Chaussade, 수에즈 인바이론먼트 Suez Environment CEO

"우리는 이미 지구가 재생시킬 수 있는 수준 이상으로 자원을 소모하고 있다. 이제라도 에너지와 물, 자원 소모를 줄이는 방법을 찾아야 한다. 화학 산업에서 우리는 제품 라이프사이클을 순환시킬 방법을 찾고 있다. 그것이 재생 가능한 재료를 투입하는 것이든, 재활용 자원을 사용하는 것이든 새로운 기술과 비즈니스 모델을 개발할 급진적인 혁신 방안이 필요하다."

_ 카를로스 파디가스 Carlos Fadigas, 브라스켐 Braskem CEO

"레이시와 뤼비스트는 지속가능성과 순환성이라는 개념이 비용으로 인식되기보다는 강력한 경쟁 우위를 창출하는 성과 추진력으로 인식될 수 있음을 보여주고 있다. 이 책은 왜 '기존 방식의 비즈니스'가 천연자원이 희소해지고 성장이 제한된 시대를 맞아 더 이상 실행 가능한 옵션이 아닌지에 대해 설득력 있는 주장을 펼치고 있다. 어느 면에서 따져보더라도 읽을 만한 가치가 있는 책이다."

_ 페데르 홀크 닐센 Peder Holk Nielsen, 노보자임 Novozymes CEO

"순환경제의 개발과 확장은 학계와 정부, 기업의 협력을 필요로 한다. 21세기가 시작한 이래로 중국 정부는 정책 입안이라는 면에서 순환경제를 촉진하기 위해 그들의 역할을 수행하며 많은 활동을 해왔다. 이제는 다음 단계로 기업이 실행으로 보여주어야 한다."

_ 주 다지안 Zhu Dajian, 통지 대학교 Tongji University
지속가능성 거버넌스 연구소 Institute of Governance for Sustainability 소장

"《순환경제 시대가 온다》는 일본과 전 세계 국가들을 위해 훨씬 더 지속가능한 미래로 가는 길을 알려주고 있다."

_ 코헤이 다카시마 Kohey Takashima, 오이식스 Oisix CEO

Waste to Wealth

순환경제 시대가 온다

Waste to Wealth
by Peter Lacy, Jakob Rutqvist

Copyright ©2015 Peter Lacy and Jakob Rutqvist

First published in English by Palgrave Macmillan, a division of Macmillan Publishers Limited under the title Waste to Wealth by Peter Lacy and Jakob Rutqvist. This edition has been translated and published under licence from Palgrave Macmillan. The authors have asserted their right to be identified as the author of this Work.

Korean language edition ©2017 by Strategy City Co., Ltd.
Korean translation rights arranged with Palgrave Macmillan through EntersKorea Co., Ltd. Seoul, Korea.

이 책의 한국어판 저작권은 (주)엔터스코리아를 통한 저작권사와의 독점 계약으로 (주)전략시티가 소유합니다. 저작권법에 의하여 한국 내에서 보호를 받는 저작물이므로 무단 전재와 무단 복제를 금합니다.

순환경제
시대가 온다

250년간 세계를 뒤흔들 대격변이 시작되었다!

피터 레이시·제이콥 뤼비스트 지음 **최경남** 옮김

전략시티

순환경제 시대가 온다

초판 1쇄 인쇄 2017년 11월 15일
초판 1쇄 발행 2017년 11월 25일

지은이 피터 레이시, 제이콥 뤼비스트
옮긴이 최경남

펴낸곳 (주)전략시티
펴낸이 조철선
출판 신고 2003년 12월 23일 제 2017-000024호
주소 서울 동대문구 장한로22길 7, 406호
전화 070-4070-0139   **팩스** 02-2213-0139
이메일 books@strategycity.net   **홈페이지** www.strategycity.net
블로그 blog.naver.com/strategycity   **페이스북** www.facebook.com/strategycity

ISBN 978-89-98199-25-8 03320
값 19,800원

* 잘못된 책은 구입하신 곳에서 바꿔드립니다.

전략시티는 세상에 도움이 되는 지혜를 전합니다.

우리는 독자들에게 순환경제에서 자신만의 우위, 즉 성장성 있는 비즈니스 아이디어를 얻을 길을 알려주고, 열정을 불어 넣고자 이 책을 썼다. 사실 우리는 이 책이 기업 경영진들에게 순환경제를 글로벌화나 디지털 혁명에 맞먹는 변화로 만들 능력을 부여하기를 희망한다. 더 이상 한정된 천연자원의 소모에만 의존하지 않고, 새로운 성장과 혁신에 초점을 맞춰 한정된 자원을 영원히 활용할 줄 아는 글로벌 경제가 창조되기를 희망한다.

이 책은 세계경제포럼World Economic Forum, WEF과 이 포럼의 차세대 글로벌 리더Young Global Leaders, YGL 커뮤니티의 도움이 없었다면 나오지 못했을 것이다. 특히 YGL 순환경제 팀 멤버들과 이 팀에서 저자인 피터와 함께 공동 의장을 수행한 데이비드 로젠버그David Rosenberg, 아이다 아우켄Ida Auken의 지원이 없었더라면 절대 가능하지 않았을 2년간의 치열한 여정이 낳은 결과물이다. 멤버들을 모두 언급하기엔 그 수가 너무 많지만 그들은 누구를 말하는지 알 것이다. 그럼에도 데이비드와 아이다를 특별히 언급한 이유는 이들이 단순한 대기업 출신의 리더를 넘어 순환경제가 필요로 하는 선두적인 기업가이자 정책 입안자들이기 때문이다. 이런 이들이야말로 새로운 순환경제 시대를 여는 혁신적인 변화 주도자들이다.

아마도 오늘날 순환경제circular economy에 있어 가장 주목할 점은 싱크탱크나 학계에서만 논의되던 순환경제 개념이 기업들이나 정부 등 주류로 급속하게 확산되고 있다는 사실이다.

사실 이론적인 개념에서 실용적인 개념으로 이동하게 만든 핵심 촉매제는 사물인터넷Internet of Things의 도래라 할 수 있다. 디지털 시대는 각종 기기와 시스템, 서비스를 실시간 연결시켰고, 이 책의 주제인 폐기물에서 부를 창출하는waste to wealth 비즈니스 모델을 가능하게 했을 뿐만 아니라, 전통적인 선형linear 모델보다 더 선호되는 모델로 만들었다. 사례는 많다. 에어비앤비Airbnb나 우버Uber와 같은 공유 플랫폼 모델이 그러하다. 또한 머드진스Mud Jeans와 같은 의류업체에서 다임러Daimler, 르노Renault, BMW 등의 자동차업체에 이르기까지 각계의 기업들이 보여준 제품에서 서비스로의 확장 사례들을 볼 때 순환경제는 확실히 이제 비즈니스 우위로 가는 길임을 알 수 있다.

이 책에서 다룬 성공 사례들은 이 모델이 우리의 '채취, 제조, 폐기' 시스템의 한계에서 벗어나 앞으로 나아갈 길을 제안하고 있음을 증명한다. 또한 기업들이 순환경제라는 렌즈를 통해 자신들의 비즈니스 모델을 다시 들여다보는 작업을 당장 시작해야 하는 절박한 이유도 알려준다.

그 과정을 통해 기업들은 급변하는 비즈니스 환경 속에서 생존하기 위해 필요한 순환 역량과 기술, 비즈니스 모델을 확보할 수 있다.

선형경제linear economy에서 순환경제로의 이동은 농업경제에서 산업경제로의 변화 못지않게 극적이면서도 본질적인 변화이기에, 그 여정은 흥미로운 시간이 될 것이다. 또한 그 여정은 창의력으로 가득찬 시간이기도 하다. 이 책에서 설명된 접근법을 완전히 이해하고 경쟁자들보다 먼저 행동하는 기업들은 미래를 선점하는 효과를 얻을 수 있을 것이다. 물론 '모든 것에 적용되는' 해답은 없다. 우리 중에 비즈니스 모델 전체를 단번에 완벽하게 실행할 수 있는 사람도 없다. 하지만 기존 모델에서 벗어나 힘찬 도약의 발걸음을 떼려는 사람이라면 새로운 기회를 발견하고 진정한 비즈니스 우위를 확보할 수 있는 실질적인 순환경제 실행 수단tool을 얻을 것이다.

이안 체셔 경 Sir Ian Cheshire
전前 킹피셔 Kingfisher 그룹 CEO

추천의 글 2

비즈니스의 역할은 부채를 남기거나 훼손하는 것이 아니라 사회를 위한 혜택과 자산을 생산해 고객들을 지원하는 것이다. 불행하게도, 특히 지난 세기에 비즈니스는 많은 문제점들을 유산으로 남겼다. 이에 대한 해결은 자손 대대로 짊어져야 한다. 게다가 후손들이 아무리 노력해도 근본적으로 해결 불가능한 문제도 있다. 사실 우리의 첫 번째 산업혁명인 선형 생산 모델(채취, 제조, 폐기)은 방종한 비즈니스를 무기로 지구와 지구의 모든 창조물들과 뜻하지 않는 전쟁을 벌이는 결과로 이어졌다. 그러다 지금에 이르러선 두려움에 떨며 후퇴하는 군대처럼 모든 것을 초토화시키고 있다. 오늘날 지각 있는 사람이라면 누구라도 기후변화와 공해가 야기한 긴박한 재앙을 인식한다. 이제라도 바꾸어야 한다. 지금은 의도적으로라도 지구에 평화를 심어야 할 때다. 이때 절제된 번영과 유익한 변화를 만들 수 있는 최적의 엔진은 아이러니하게도 비즈니스다. 비즈니스만큼 충분히 크고, 충분히 창의적이며, 충분히 빠르고, 인간적인 제도가 없기 때문이다.

고안은 인간의 의도를 보여주는 첫 번째 신호이며, 교환은 두 번째 신호다. 대부분의 제품들이 오늘날 어떻게 고안되고 판매되는지 살펴보면, 기업들과 규제 기관들이 여전히 제품의 '라이프사이클'과 '수명 종료'를 말하고 있음을 알 수 있다. 글로벌 공급망으로 시작되는 복잡한 태생에서 쓰레기 더미나 폐기물 매립으로 끝나는 유해한 종말에 관한 짧은 일대기다. 과잉의 시대에 '물건을 버리는 것'에 대한 이야기다. 그러나 점차 축소되는 세계에서 한정된 자원을 감안하면, 이제는 '떠나간 것은 떠나간 것'이라는 사실을 인정해야만 한다.

다행히 최근 들어 크래들 투 크래들 인증제Cradle to Cradle Certified™ (요람인 생산에서 무덤인 쓰레기로의 개념에서 벗어나 폐기물을 다시 생산 과정에 투입하자는 패러다임을 말함_편집자주)를 개발하거나 미래지향적인 순환경제 사고방식을 지닌 기업가들과 사회 지도자들이 대거 등장하고 있다. 이들은 고객들에게 에너지와 물, 자원 등을 안전하면서도 영속적으로 순환시킬 수 있는 방안을 제시하고 있다. 그들이 제안하는 비즈니스 모델들은 한계와 제약으로 억압된 세계에서의 단기적인 계획적 진부화에서 벗어나 풍요로운 기회로 가득 찬 세계에서의 장기적인 자원 사용으로 이끈다.

현대 경영학을 창시한 피터 드러커Peter Drucker는 일을 추진하기 위해 올바른 방법을 선택하는 것(효율성efficiency)이 실무자의 역할이라면, 어떤 일을 해야 할지 올바르게 선택하는 것(유효성effectiveness)이 경영자의 역할이라고 지적했다. 오늘날 기업들은 종종 자원과 에너지, 물을 줄임으로써 나쁜 일을 덜 하거나 아예 제로화를 추진하려 한다는 보고서를 발행하기도 한다. 여기서 중요한 메시지는 당연히 폐기물이라는 개념 자체를 실질적으로 없애야 할 때가 되었다는 점이다. 기업이 팔지 못하거나 부채로 남을 물건을 의도적으로 만들 이유가 없기 때문이다. 2002년에 발간된 《요람에서 요람으로 Cradle to Cradle: Remaking the Way We Make Things》와 2013년에 나온 《업사이클 The Upcycle: Beyond Sustainability》의 저자인 미하엘 브라운가르트 Michael Braungart가 주장했듯이, 덜 나쁜 것을 하는 것도 권장되어야 하지만 진정한 희망은 보다 좋은 것을 실행하는 기업들에게서 나온다는 사실을 깨달아야 한다. 즉, 세계가 나빠지는 속도를 줄이는 것이 아니라 좋아지는 속도를 높여야 한다.

크래들 투 크래들 방식의 고안과 순환경제의 실천은 비즈니스 그 자체의 근저를 이루는 기본 원칙의 근본적인 변화를 말해준다. 즉, 한계와 두려움이 얽힌 세계에서 경제적 이득을 얻기 위해 "내가 얼마나 적게 내놓고도 얼마나 많이 얻을 수 있을까?"라는 식의 자기중심적인 질문을 넘어, 풍요로움이 넘치는 세계에서 인간 가치와 관련된 새로운 비즈니스를 추구하며 "우리가 얻는 모든 것에 대해 얼마나 내놓을 수 있을까?"라는 질문으로 나아가는 것이다.

나는 이 책의 본질적인 주제가 바로 '풍요'라고 생각한다. 가치사슬상의 모든 과정을 다루며 폐기물이라는 개념을 제거함으로써 공동의 번영으로 나아가고자 하는 것이 이 책의 핵심이다. 사실 이 책은 규모에 상관없이 모든 리더들이 글로벌 비즈니스라는 초대형 유조선을 재설계하고, 새로운 목적지를 향한 혁신적인 궤도에 오르는 것을 도울 조언들로 가득 차 있다. 이를 안내하는 나침반은 전진하기 위해 버려야 할 것과 우리와 우리 후손들이 창조해야 할 것에 대한 깨달음을 가리키고 있다. 그 과정을 가는 기업들이라면 후퇴할 생각은 전혀 하지 않고 오로지 한걸음 더 앞으로 가기 위해 꾸준히 전진해 갈 것이다. 물론 이는 쉽지 않다. 우리 모두의 노력을 필요로 하고, 영원히 실천해야 할 일이기 때문이다.

당신이 순환경제로 가는 여정의 어느 지점에 있든 《순환경제 시대가 온다》는 당신을 밝은 미래로 인도할 것이다. 새로운 길을 떠나려는 당신에게 건투를 빈다.

윌리엄 맥도너 William McDonough
맥도너 이노베이션 McDonough Innovation 설립자
세계경제포럼 〈순환경제 메타협의회 Meta-Council on the Circular Economy〉 의장

추천의 글 1   6
추천의 글 2   8
핵심 요약   19

Section 1 순환경제 시대가 온다

Chapter 1
한계에 다다른 차입 성장

차입 성장의 위기   47
쓰레기로 가득찬 지구   52
위험한 불균형   54
자원 수급의 불균형 차이를 정량화하다   61
선형경제 모델의 종언   64

Chapter 2
순환경제의 시작

순환경제 개념의 태동   69
21세기 변화의 물결   72
순환 우위에 다가가기   75

Chapter 3
순환 우위의 확보

이미 변화는 시작되고 있다	80
선두에 서라	83
경제적 기회의 측정	85

Section 2 순환경제의 5가지 뉴 비즈니스 모델

Chapter 4
순환 공급망 모델

순환 공급망 모델이란	98
어떻게 시작해야 할까	106
확장에 있어 주요 도전들	109
순환 공급망 모델 사례 : 에코베이티브, DSM	112
공급재의 완전 순환	120

Chapter 5
회수/재활용 모델

회수/재활용 모델이란	124
어떻게 시작해야 할까	132
확장에 있어 주요 도전들	135
회수/재활용 모델 사례 : 팀버랜드, 데소, I:CO	139
폐기물 제로로 가는 길	144

Chapter 6

제품 수명 연장 모델

제품 수명 연장 모델이란	149
어떻게 시작해야 할까	155
확장에 있어 주요 도전들	159
제품 수명 연장 모델 사례 : 캐터필러, 월마트, 에코ATM™	162
제품 수명 연장으로 가는 길	169

Chapter 7

공유 플랫폼 모델

공유 플랫폼 모델이란	174
어떻게 시작해야 할까	181
확장에 있어 주요 도전들	187
공유 플랫폼 모델 사례 : 피어바이와 렌트 타이쿤, 3D 허브	190

Chapter 8

PaaS 비즈니스 모델

PaaS 비즈니스 모델이란	200
어떻게 시작해야 할까	205
확장에 있어 주요 도전들	209
PaaS 비즈니스 모델 사례 : 다임러, 필립스	212
점점 더 확장되는 서비스	219

Section 3 순환 우위의 창출

Chapter 9
순환 비즈니스 모델

대안들을 어떻게 평가할 것인가	226
외부 지원 환경을 어떻게 구축할 것인가	232
생태계를 어떻게 확장할 것인가	237

Chapter 10
순환 우위 기술과 디지털 혁신

디지털 기술 : 모바일 기술, 사물통신 기술, 클라우드 컴퓨팅, 소셜 네트워크, 빅데이터 분석	250
엔지니어링 기술 : 모듈 디자인 기술, 첨단 재활용 기술, 생명 과학과 재료 과학 기술	263
하이브리드 기술 : 추적/회수 시스템, 3D 프린팅 기술	269
새로운 기술을 넘어 새로운 역량으로	273

Chapter 11
가치를 창출하는 5가지 순환 역량

전략. 복잡하고 협력적인 순환 네트워크 관리	277
혁신/제품 개발. 다수의 라이프사이클/사용자용 디자인	286
구매/생산. 순환 공급재	292
판매/제품 사용. 지속적인 고객 참여	297
회수망. 기회 주도형 회수	302

Chapter 12
정책의 힘

정책 개입이 필요한 이유	311
정부 대응의 출현	314
순환경제로의 전환을 주도하는 정책 프로그램	322
'다른 누군가'를 기다리지 말라	332
순환경제 정책 추진의 5단계	334
이슈 1. 노동에서 자원으로의 과세 이동	338
이슈 2. 생산자 책임 재활용제도의 실행	340
이슈 3. 글로벌 제품 패스포트의 도입	343

Section 4 지금 당장 시작하라

Chapter 13
우위의 포착

첫 번째 질문. 위험과 기회	352
두 번째 질문. 가치 공학	357
세 번째 질문. 디지털 및 기타 기술	361
네 번째 질문. 역량	363
다섯 번째 질문. 타이밍	367
최적의 타이밍은 지금이다	372

부록 1. 방법론 374
부록 2. 모델링에서 추출한 데이터 376
주석 388

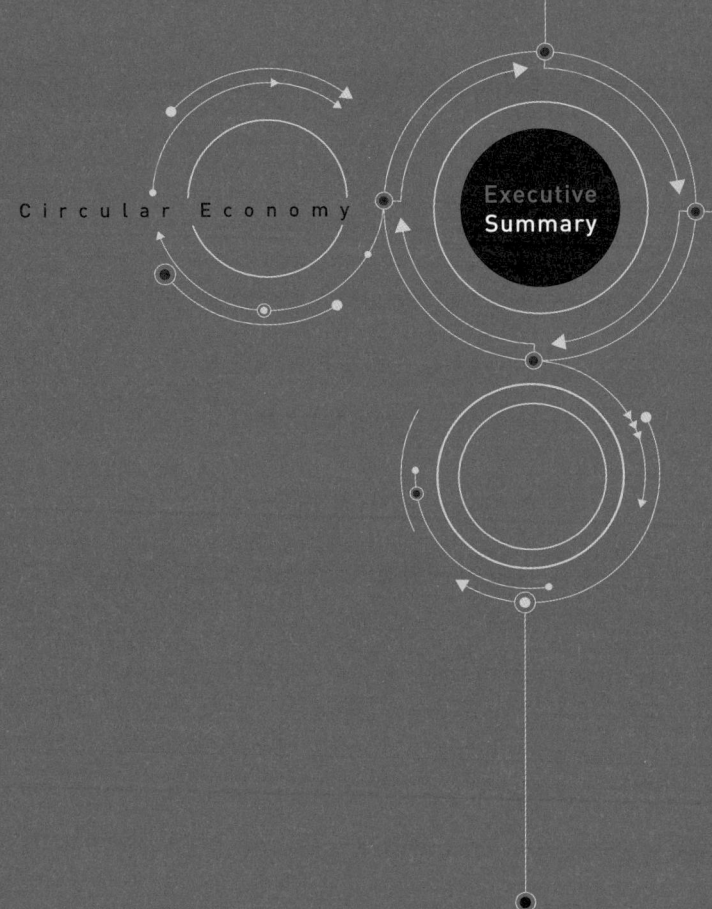

핵심 요약

순환경제로의 전환은 앞으로 250년간 지속될 세계 경제의 생산, 소비 방식에 대한 가장 큰 변혁과 기회로 작용할 것이다. 이는 시장과 고객, 자원 간의 관계를 혁신적으로 다시 생각해야 함을 의미한다. 순환경제는 지속적인 경쟁 우위를 확보하려는 기업들에게 엄청난 기회가 될 것이다. 구체적으로 혁신적인 비즈니스 모델과 디지털 기술, 엔지니어링 등을 통해 기존의 생산/소비 방식을 파괴하는 '순환 우위 Circular Advantage'를 확보함으로써 향후 250년간 지구촌을 지배할 수 있다.

우리의 연구에 의하면, 2030년까지 현재의 폐기물을 경제적인 부富로 바꾼다면 그 보상은 무려 4조 5천억 달러에 이를 것으로 드러났다. 여기서 폐기물은 쓰레기통에 버려야 할 것이 아니라, 충분히 이용되지 않은 막대한 자원이며, 제품이며, 자산이 된다. 폐기물이라는 개념 대신 모든 것에 가치가 있다는 사고의 획기적인 전환이 요구될 수밖에 없다.

집 한 채를 지으려고 에너지나 자원들을 소모하지 않고 부동산 임대

방식으로 100억 달러의 비즈니스를 창출하는 것은 어떤가? 중고 부품을 회수, 재제조하여 자원 사용은 90% 줄이면서 총수익은 50% 증가시키는 기업이 있다면? 제조 과정상의 물질 관리 방식을 바꿈으로써 종래에 버려졌던 폐기물에서 10억 달러를 얻을 수 있다면? 방치되고 있던 바이오매스biomass 자원을 활용해 800억 달러 규모의 첨단 화학 및 에너지 시장에 진출한다면?

혁신적인 스타트업 기업들은 물론이고 세계 산업계의 선두 주자들은 이미 이런 기회들을 활용함으로써 엄청난 보상을 거두기 시작하고 있다. 이는 단지 시작일 뿐이다. 우리는 이 책을 통해 이들이 어떻게 이를 실행하고 있는지, 그들만을 위한 순환 우위를 창출하는 과정에서 배울 수 있는 것은 무엇인지 등을 보여주고자 한다. 또한 독자들을 위해 추상적인 개념의 순환경제를 쉽게 이해할 수 있는 실용적이고도 적용 가능한 비즈니스 모델로 설명하고자 한다.

사회 전체적으로 봐도, 갈수록 한정적인 에너지와 자원에 의존하지 않고도 성장과 번영을 이루기 위해선 순환경제로의 전환이 더더욱 필요한 상황이다. 각국 정부나 국제단체, 기업들과 협업하거나 자문을 제공한 우리의 경험상 순환경제야말로 미래 세계의 번영과 지속 성장을 이끌 유일한 해결책이다.

'기존 방식의 비즈니스business as usual'는 이미 한계에 직면해 있다. 이는 반론의 여지가 없는 사실이다. 지구의 자원은 한정적이다. 귀금속과 같은 자원들은 지난 250년간의 채굴 남발로 인해 희귀해지고 있다. 물과 공기, 삼림과 같은 자원들은 재생 가능하긴 하지만, 점점 더 압박을 받고 있다. 지속되는 세계 인구 성장과 상품/서비스 수요의 증가 추세에 비추어 볼 때 언젠가는 지구 자원들을 모두 소모하게 될 가능성이 높다. 상황을 더욱 악화시키는 건 폐기물을 자신이 아닌 '다른 누군가가' 다루어야 할 문제로 취급한다는 점이다. 그러는 사이에 폐기물을 처리하는 지구의 능력은 해가 거듭될수록 약해지고 있다.

표 1. 1900~2014년간 세계 자원 사용량

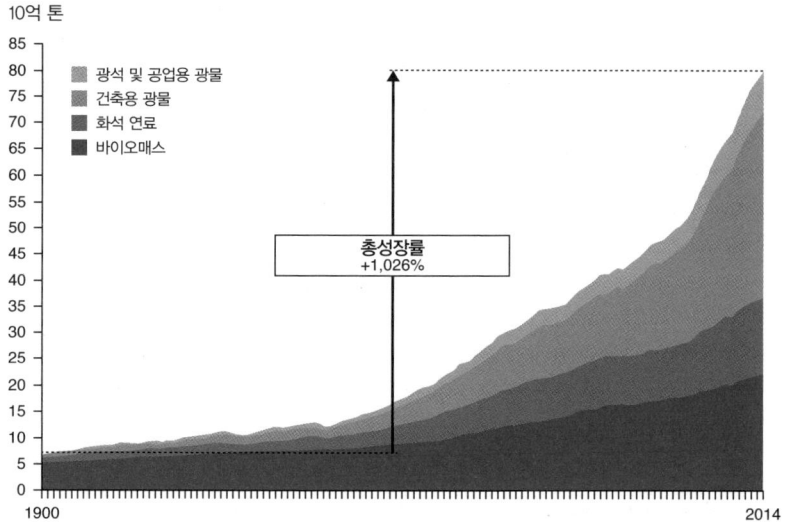

출처_ 프리돌린 크라우스만 Fridolin Krausmann, 시모네 깅그리치 Simone Gingrich, 니나 아이젠멩거 Nina Eisenmenger, 칼-하인즈 어브 Karl-Heinz Erb, 헬무트 하버를 Helmut Haberl, 마리나 피셔-코왈스키 Marina Fischer-Kowalski, '20세기 세계 물질 사용, GDP, 인구의 성장 Growth in global materials use, GDP and population during the 20th century', 〈생태 경제학 Ecological Economics〉, Vol. 68, Issue 10, 2009년 8월 15일. http://www.sciencedirect.com/science/article/pii/S0921800909002158.

21세기로 진입하면서 경제 성장과 함께 자원 가격은 점차 하락하던 지난 40년간의 패턴이 역전되기 시작되었다. 2000년에서 2014년 사이에 성장과 실질 상품가격지수가 나란히 상승했다.[1] 지정학적 요인들과 오일 셰일 oil shale, 오일 샌드 oil sand 와 같은 비재래식 화석 연료의 생산 증대로 석유 가격이 2014년도 하반기에 기록적인 속도로 떨어지긴 했어도, 2014년 12월 석유의 실질 가격은 2000년도 12월에 비해 50%나 높았다.[2] 이제 국가나 기업들 모두 자원 부족 사태는 오지 않을 거라는 장밋빛 환상을 기대하며 행동할 수는 없다. 현실은 조만간 미래 성장과 세계 번영을 위한 자원이 충분치 않음을 말해주고 있다. 세계 인구의 50%인 약 30억 명의 사람들은 하루에 2.50 달러 이하로 살아간다. 거의 50억 명의 사람들은 하루에 10달러 이하로 살아간다.[3] 이들 50억 명이 선진국의 사람들처럼 풍요로움을 누리려면, 지금의 성장 모델로는 불가능하며 자원 사용에 대한 급진적인 개혁이 우선되어야 함은 당연한 귀결이다. 물론 그 무언가는 순환경제를 수용하는 것이라고 우리는 믿는다.

순환경제 시대의 도래

　개념으로서의 순환경제는 수십 년간 존재해왔다. 오늘날 순환경제는 한정된 천연자원, 즉 화석 연료나 재활용이 어려운 금속, 광물처럼 부정적인 발자국 footprint (인간에 의한 환경 파괴 정도를 나타내는 용어_편집자註)을 남기는 희소 자원의 채취와 소비로부터 성장을 분리시키는 것과 관련이 있다. 이러한 자원에 대한 의존은 시간이 갈수록 경쟁 열위를 낳을 가능성이 높다. 반면에 '순환적' 접근은 자원이 가능한 한 오랫동안 생산적으로 쓰이도록 한다. 이는 기업에게 폐기물을 부로 바꾸는 것에 관한 문제로 다가온다. 중요한 것은 여기서 '폐기물'은 단순한 물리적인 폐기물, 즉 쓰레기 이상을 의미한다. 우리는 '폐기물'을 다음과 같이 4가지 범주로 구분했다.

1. **버려진 자원**이란 지속적으로 재생될 수 없어, 소비하고 나면 영원히 없어지는 물질과 에너지를 말한다.
2. **버려진 라이프사이클** 제품이란 다른 사용자들에게 쓸모가 있음에도 인위적으로 수명을 짧게 하거나 폐기되는 것을 말한다.
3. **버려진 역량** 제품이란 불필요하게 쉬고 있는 제품을 말한다. 예를 들어 자동차의 경우 일반적으로 자기 수명의 90% 기간 동안 사용되지 않고 유휴 상태에 있다.
4. **버려진 내재가치**란 폐기된 제품에서 회수되어 다시 사용할 수 있도록 처리되지 않은 부품, 물질, 에너지를 말한다.

이 모든 폐기물들은 우리에게 가장 큰 경제적 기회가 된다. 이 폐기물들을 부로 전환하는 비즈니스 솔루션을 찾는 것이야말로 경제적으로도 타당할 뿐만 아니라 점점 제한되는 천연자원에 의존하지 않고도 성장을 도모할 수 있다. 이는 우리를 자원 기반 성장에서 벗어나 성능 기반 성장이라는 새 시대를 향해 실질적으로 이동시킬 것이다. 이 과정에서 '모든 자원은 현재 용도 이상의 잠재적인 가치가 있다'는 깨달음 속에 폐기물이라는 개념 자체도 없어질 것이다.

(재활용처럼) 잘 알려진 순환경제 요소도 있지만, 다른 것들은 별로 잘 알려져 있지 않다. 사실 자원을 더욱 이성적으로 사용할 것을 강조하는 순환 원칙들은 '채취, 제조, 폐기'에 초점을 맞춘 '선형' 모델의 단점들

에 대한 논리적인 대응이라 할 수 있다.

수치 분석이 이를 입증한다. 우리가 수행한 연구와 분석에 따르면 자원에 대한 수요의 증가를 감당할 수 없는 선형 성장 모델의 한계가 분명히 드러났다. 2030년까지 천연자원에 대한 공급과 수요의 격차가 무려 80억 톤까지 벌어질 것으로 예측되었는데, 이는 2014년 북미에서 사용된 총 자원 사용량과 맞먹는 양이다. 이런 공급과 수요의 격차는 2030년까지 4조 5천억 달러 규모, 2050년까지 25조 달러 수준의 성장 손실로 이어질 것으로 예측되었다. 상품 가격 상승이 자원 효율성의 향상을 이끌고 새로운 유형의 자원 개발 속도를 높이게 될 것이라는 가정까지 감안한 조정 숫자임에도 그런 결과가 나왔다. 결국 순환경제가 선형경제를 대체하며 한정된 자원 사용으로부터 성장을 분리시킬 수 있다면, (우리 연구가 그렇게 할 수 있음을 보여주었지만) 2030년까지 4조 5천억 달러의 추가적인 경제 성장 이득을 얻을 수 있다.

또한 동시에 고객 가치 제안도 개선할 수 있다. 즉, 고객 입장에서 단기적으로 바람직한 것과 장기적으로 해야 할 것 사이에서 타협할 필요가 없다. 순환경제에서 기업들은 고객들이 제품을 최대한 활용할 수 있도록 해주고, 사용자들 간의 거래를 촉진하며, 사용하지 않는 제품들을 현금화하는 서비스를 제공하며, 편리한 역구매 솔루션을 제공하고, 제품이 아니라 서비스를 판매한다. 물론 이를 이행하려면 기업들은 어떻게 제품이 사용되고, 고객들이 정말로 가치 있게 여기는 것은 무엇이며, 어떻게 상호 작용을 하는지에 대해 보다 많은 것을 배울 필요가 있다. 디지털 기술은 예전에는 결코 볼 수 없었던 수준의 효율성과 규모로 이러한 상호 작용을 가능하게 한다. 일례로 버려진 역량을 현금화하는 차량 공유에서 디지털 기술에 따른 확장성과 편리함을 들 수 있다. 사실 폐기물이 부로 전환될 때 그 혜택은 기업과 고객들이 온전히 공유할 수 있다.

순환경제의 근본적인 동력으로는 다음과 같이 3가지가 있다.

1. **자원 제약**

   현 경제는 낭비적이며, 모든 사람들에게 충분한 자원을 지속적으로 제공할 수 없기 때문이다.

2. **기술 발전**

   신기술 도입, 특히 디지털 혁신(박스 참조)은 기업들에게 순환경제를 더욱 매력적이고 실행 가능하게 만들고 있기 때문이다.

3. **사회 경제적인 기회**

   성장을 한정된 자원으로부터 분리시키는 것은 포용적 성장 inclusive growth (계층, 지역을 망라한 균형 성장_편집자註)을 가능하게 할 뿐만 아니라, 고객들이 제품과 자산으로부터 최대한 가치를 뽑아낼 수 있도록 지원해주기 때문이다.

순환경제를 가속화하는 디지털 기술

대부분의 대변혁이 그랬듯이 순환경제로의 전환에 있어서도 기술은 주도적인 역할을 담당하고 있다. 선형경제와 비교하여 볼 때 순환경제에서 가장 근본적인 운영상의 차이점은 채취와 제조 위주의 전통적인 자원 관리 방식에 덧붙여 자원을 시장 속에서 광범위하게 관리하고 있다는 점이다. (클라우드cloud 기술, 모바일 기술, 소셜 네트워크, 사물통신machine-to-machine communication, 빅데이터 분석big data analytics 등을 포함한) 디지털 기술은 이런 관리와 현금화를 가능하게 한다. 또한 혁신과 보다 나은 고객 가치 제안에 주요한 데이터 수집도 가능하게 한다. 구체적으로 디지털 기술이 순환경제에 기여하는 사안과 그 사례는 다음과 같다.

보다 스마트한 자산의 활용

자원을 추가로 소모하지 않고 기존 자산을 최대한 사용해 서비스를 제공할 수는 없을까? 초일류 물류 업체인 DHL이 시험한 마이웨이즈MyWays를 생각해보라. 마이웨이즈는 소포를 받아야 하는 사람들과 배송해줄 수 있는 사람들을 연결시켜주는 모바일 앱 기반의 배송 서비스다. 마이웨이즈는 도로에 보다 많은 차량을 배차하는 대신에 이미 이동하고 있는 흐름을 활용해 공급과 수요를 연결시킨다. 송장 번호를 단 소포는 디지털 방식으로 마이웨이즈에 올라온다. 이때 수취인은 배송 주소를 명기하고 지불 조건을 밝힌다. 그러면 배달 의향을 가진 자는 앱을 통해 예약한 후 DHL 지점에서 소포를 픽업하여 배송한다. 물론 그 과정에서 배달자와 수취인은 앱 자체의 채팅 기능을 통해 커뮤니케이션할 수도 있다. 배송이 종료되면 배달자는 현금으로 전환할 수 있는 디지털 포인트를 얻는다. 이동성이라는 '버려진 역량'이 활용된 것이다. 순환경제라는 퍼즐의 한 조각이다.[4]

물리적인 자원 흐름의 관리

시장 내 수천 개의 제품들을 추적하고, 물류 플랫폼을 비용 효율적으로 관리하며, 가능한 오랫동안 제품이 사용되도록 보증하려면 어떻게 해야 할까? 이는 제니퍼 하이맨Jennifer Hyman이 의류 대여 업계의 아마존Amazon이 되겠다는 목표로 고급 의류 대여 서비스업체인 렌트더런웨이Rent the Runway를 시작했을 때 직면했던 핵심 도전거리였다. 향후 5백만의 회원을 확보하고 10억 달러의 가치로 평가받는 렌트더런웨이의 선택은 디지털 기술이었다. 사실 미국 전역에서 6만 5천여 점의 의류와 2만 5천여 점의 보석을 이동시킨다는 것은 현실적으로 불가능해 보였다. 하지만 렌트더런웨이는 디지털 기술을 활용해 이를 성공적으로 수행했다. 고객 행동을 평가하기 위해 빅데이터를 분석했다. 또한 수요를 예측하고 아이템이 최적의 동선으로 움직일 수 있도록 후기도 활용했다.

불과 수년 전만 하더라도 불가능했던 사업이 방대한 고객층으로의 접근과 물류 활동을 가능케 하는 디지털 혁신 덕분에 이제는 번창하는 비즈니스가 되었다.[5] 순환경제 역시 마찬가지다. 이를 통해 제품의 잠재적 가치가 완전히 사용되도록 해주며, 사적 소유에서 공동 사용으로 전환시켜 주기 때문이다.

운영 시스템의 성능 최적화

시스템의 중단을 방지하기 위해 설비 대체를 지연시키거나 고장 시간을 최소화할 수 있도록 설비 성능을 최적화하려면 어떻게 해야 할까? SKF의 '인텔리전트 베어링intelligent bearings'은 인텔리전트 무선 기술을 베어링에 적용해 운전 조건을 커뮤니케이션할 수 있도록 함으로써 그 해답을 제시했다. SKF의 CEO인 톰 존스톤Tom Johnstone은 이렇게 말했다. "이제 우리 고객들은 전체 수명 주기 동안 그들 설비를 적절히 통제할 수 있습니다. 그 결과 설비 가동 시간의 증가, 비용 절감, 신뢰성 제고 등의 효과를 얻게 되었습니다."

예전엔 설비 결함이 일어난 후에야 이를 모니터할 수 있었다. 하지만 이제는 센서를 통해 온도, 속도, 진동, 무게 등을 측정함으로써 필요할 때, 필요한 곳에서만 예방 정비를 요청할 수 있게 되었다. 이러한 유형의 솔루션들은 설비의 실행 능력뿐만 아니라 효율성도 근본적으로 변혁시키며, 계획적 정비와 부품 업그레이드 활동을 개선시킨다.[6] 결국 이는 보다 연장된 제품 라이프사이클과 더욱 높아진 효율성, '대체replace'보다 경쟁력 있는 솔루션으로서의 '수리repair' 개념으로의 전환으로 이어져 순환경제에 기여한다.

액센츄어의 제언

우리는 이 책이 '어떻게 하면 폐기물을 부로 전환시킬 수 있을까'라는 이슈를 정면으로 다룬 최초의 책이라고 생각한다. 다른 책들이 현재의 성장 모델이 직면한 문제들에 대해 주의를 환기시키는 일을 훌륭히 해왔다면, 우리는 이런 문제들에 대한 실질적인 해결책을 제시하고 혁신을 조성하는 데 있어 기업과 사회, 고객의 역할을 탐구했다. 50명의 경영진 및 선구적인 이론가들과의 심층 인터뷰, 액센츄어 고객들을 통한 실무 경험, 경제적 분석과 모델링 등 2013년에서 2014년 동안 120개가 넘는 기업들에 대해 철저한 조사를 수행했다. 이를 바탕으로 우리는 '순환 우위'를 활용하기 위한 실질적인 접근법을 고안했으며, 다음과 같이 4부에 걸쳐 우리가 획득한 통찰력과 접근법을 다루고자 한다.

Section 1.
순환경제 시대가 온다

지난 250년간 지구촌을 지배했던 선형 성장 모델이 조만간 멈추게 될 수밖에 없는 이유를 다뤘다. 그리고 지난 50년간 진행된 순환경제의 발전을 살펴보며, 순환경제가 향후 선형 모델을 대체할 유일한 대안인 이유에 대해서도 논의했다. 구체적으로 한정된 자원과 화석 연료에 의존하지 않고도 지속 성장을 도모할 방식이라는 점에 집중했다. 또한 우리는 기존 모델보다 4배의 성과를 창출할 수 있는 새로운 성장 모델이 필요로 하는 자원 생산성 향상을 정의하고, 아무 것도 바뀌지 않을 경우 세계 경제에 미치는 영향을 계량화했다.

Section 2. 순환경제의
5가지 뉴 비즈니스 모델

순환경제를 지지하는 비즈니스 사례들은 많다. 버려진 기회로부터 수익을 창출하면서도 점점 더 희소해지고 비싸지는 천연자원에 대한 의존도를 줄이는 것을 원치 않는 기업이 어디에 있겠는가? 그러나 현실에서는 변화를 만드는 게 만만한 일이 아니다. 대부분의 기업들은 순환경제가 제공하는 기회를 활용할 수 있게 만들어지지 않았다. 이들의 전략과 구조, 운영, 공급망은 선형식 성장 접근법에 깊이 뿌리박고 있다. 즉 이들의 DNA는 선형 성장 모델인 것이다. 그러므로 순환 우위를 추구하려는 기업들은 선형식 사고의 제약으로부터 자유로운 새로운 비즈니스 모델을 개발할 필요가 있다.

그런 점에서 2부에서는 혁신적인 방법으로 순환경제를 실천한 120여 개 기업들을 분석해 도출한 5개의 주요 순환 비즈니스 모델을 설명하고자 한다.[7] 이 비즈니스 모델들은 기업들이 차별화를 강화하고, 비용을 줄이며, 새로운 수익을 창출하고, 위험을 낮추도록 도와 줄 것이다. 또한 세계적으로 자원의 수요와 공급 법칙에도 영향을 미칠 것이다.

구체적으로 5가지 순환경제 모델은 순환 공급망 모델, 회수/재활용 모델, 제품 수명 연장 모델, 공유 플랫폼 모델, PaaS 비즈니스 모델을 말한다. 하나씩 살펴보면 다음과 같다.

순환 공급망 모델

희소 자원이나 환경 파괴 자원을 원하는 기업은 비용을 더 지불하거나 다른 대체 자원을 찾는 두 가지 중 하나를 선택해야 한다. 순환 공급망 Circular Supply Chain 은 비용 절감과 통제력 제고를 위해 재생/재활용이 가능하거나 생분해되는 물질에 초점을 맞춘다. 이러한 사고는 크레일라 테크놀로지 CRAiLAR Technologies 비즈니스의 핵심이다. 이 기업은 아마, 삼, 기타 인피 섬유를 사용하여 재생 가능하며 환경 친화적인 바이오매스 자원을 생산한다. 그 결과 면화 재배의 환경적인 위험 걱정 없이 면직물만큼 부드럽고 내구성이 있는 의류를 생산할 수 있다.

세계적인 화학 업체인 악조노벨AkzoNobel 은 클린테크cleantech 기업인 포타놀Photanol 과 협업해 화학제품 제조에 태양 에너지를 활용하는 프로세스를 개발했다. 이 기술은 궁극적으로 화석 기반 원료를 대체할 '녹색' 화학원료를 생산하기 위해 식물의 광합성을 모방했다. 이 파트너십의 최종 목표는 4세대 바이오 기반 화학제품의 상업적 생산인데, 참고로 이 시장은 2018년까지 800억 달러 규모를 넘어설 것으로 예측되었다.[8,9]

회수/재활용 모델

회수/재활용 모델은 폐기물로 간주되었던 모든 것이 다른 용도로 재탄생하는 생산과 소비 시스템을 구축한다. 기업들은 귀중한 물질이나 에너지, 부품 등을 재사용하기 위해 수명이 끝난 제품을 회수하거나, 제조 과정에서 나온 부산물과 폐기물을 재활용하기도 한다.

대표적으로 P&G Procter & Gamble 와 GM General Motors 을 들 수 있다. P&G는 폐기물 제로 기반으로 운영되는 시설이 무려 45개에 이른다. 이는 현장에서 나오는 생산 폐기물 전부가 재활용되거나, 다른 용도로 사용되거나, 에너지로 전환됨을 의미한다.[10] GM 역시 생산 폐기물의 90%를 재활용하고 있으며, 102개 시설은 매립 폐기물을 전혀 방출하지 않는다. 물론 부산물 재활용과 재사용을 통해 연간 10억 달러의 수익도 창출하고 있다.[11]

제품 수명 연장 모델

소비자들은 고장 났거나, 유행이 지났거나, 더 이상 필요하지 않다는 이유로 가치가 없다고 여기는 제품들을 버린다. 그러나 이렇게 버려지는 제품들 중 다수는 여전히 상당한 가치를 지니고 있다.

제품 수명 연장Product Life-Extention 모델은 이 가치의 재포착을 목표로 한다. 즉 수리, 업그레이드, 재제조, 재판매 등을 통해 제품 수준을 유지하거나 향상시킴으로써 기업들은 최대한 오랫동안 제품의 경제적 유용성을 지속시킬 수 있다. 이는 일회성의 제품 판매에서 벗어나 지속적인 제품 기능의 유지로 전환함을 의미한다. 또한 개별 니즈에 맞춘 업그레이드나 개조 서비스를 제공함으로써 고객들이 거래의 대상에서 관계의 대상으로 바뀜을 의미하기도 한다.

세계적인 컴퓨터 업체 델Dell은 광범위한 고객을 표적으로 하고, 수익을 향상시키며, 폐기물을 줄이기 위해 이 비즈니스 모델을 사용했다. 델 아울렛Dell Outlet과 델 리퍼브Dell Refurbished 사업을 통해 델은 반품 제품과 같이 사용되지 않은 제품이나 리퍼브refurbished 제품, 외견상 흠이 있는 제품들을 회수해 재판매한다.[12] 세계적인 중장비 업체인 캐터필러Caterpillar 역시 4천 명이 넘는 사람들을 고용해 수백만 개의 부품을 재제조함으로써 에너지 사용량의 90%와 상당한 비용을 절약하고 있다.[13]

공유 플랫폼 모델

선진국의 경우 일반 가정에 있는 물건들의 80%는 한 달에 한 번만 사용된다.[14] 이 점에 착안해 공유 플랫폼 모델은 디지털 기술을 활용해 유휴 제품을 빌려주거나, 교환, 대여하는 새로운 비즈니스 기회에 집중한다. 이를 통해 어쩌다 한번 사용되는 제품들을 만드는 데 투입되는 자원 소비는 줄어들고, 소비자들은 절약하거나 돈을 벌 수 있다.

이 비즈니스 모델을 채택한 많은 기업들이 속속 나타나고 있다. 이중에는 이미 수백만 명의 회원을 확보하며 400억 달러의 가치 평가를 받은 업체들도 있다.[15] 에어비앤비, 우버와 리프트Lyft, 델리브Deliv, 피어바이Peerby가 대표적이다. 이들은 유휴 제품 사용을 보다 용이하게 함으로써 자원으로부터 훨씬 더 많은 가치를 뽑아내고 있다.

PaaS 비즈니스 모델

제조업체들이나 유통 업체들이 '소유의 총비용'을 떠안는다면 어떻게 될까? 아마도 많은 기업들이 즉각적으로 제품의 지속성과 신뢰성, 재사용 가능성에 관심을 기울일 것이다. 소비자들이 PaaS Product as a Service 비즈니스 모델을 통해 제품을 대여하거나 사용 정도에 따라 지불하려고 한다면, 기업들은 소비자와 새로운 관계를 구축할 기회를 가지게 된다.

타이어 업체 미쉐린Michelin의 미쉐린 솔루션www.michelin-solutions.com은

대량 구매 고객들이 타이어 구매 방식에서 리스 방식으로 전환하도록 유도함으로써 이 모델을 수용했다. 즉, 고객들은 운행 거리에 따라 비용을 지불함으로써 실질적으로 '서비스로서의 타이어'를 구매할 수 있다. 세계적인 가전 업체인 필립스Philips 역시 '서비스로서의 조명'을 판매하고 있다. LED 조명을 이용하려는 고객들은 사용 정도에 따른 과금 방식으로 지불한다. 참고로 '서비스로서의 조명' 시장은 2020년에 400억 달러가 넘을 것으로 예상된다.[16]

태양광 업체 솔라시티SolarCity의 경우도 한번 생각해보자. 솔라시티는 고객들이 태양광 패널을 구매하지 않고도 에너지 사용에 따라 지불할 수 있도록 태양광 발전 시스템을 제공하고 있다. 이미 솔라시티는 50억 달러 규모로 성장했다. 이상의 3가지 사례에서 보듯이 고객들은 사용에 대해서만 지불하고, 제품의 소유권은 기업이 보유한다.

Section 3.
순환 우위의 창출

순환경제로의 전환은 이제 막 시작되고 있는 변화이긴 하지만, 사실 지난 10년간 상당수의 기업들은 5가지 순환 비즈니스 모델을 채택하며 한발 앞서 혁신을 주도했다. 최근에는 초기 스타트업 기업들을 중심으로 진행되었던 움직임에 다국적 대기업들이 대거 동참하고 있다. 액센츄어와 UN 글로벌 컴팩트UN Global Compact의 공동 연구에 따르면, 전 세계 CEO의 3분의 1은 순환경제 모델 채택을 적극 추진하고 있는 것으로 조사되었다.[17] 지금이라도 재빨리 움직인다면, 즉각적인 비즈니스 혜택을 얻음과 동시에 장기적인 순환 우위도 누리는 기업이 될 수 있다.

그렇다면 순환 비즈니스 모델을 도입하고 순환 우위를 창출하려면 어떻게 해야 할까? 이런 질문에 대한 해답을 3부에서 알아보고자 한다.

- 어떤 기업이라도 성공할 수 있는 '정답'은 없음을 인지하고, 자신의 비즈니스에 맞는 순환 비즈니스 모델을 신중하게 선택해야 한다. 또한 새로운 비즈니스 모델을 추진하는 데 있어 외부 조력자와 비즈니스 생태계를 식별해 활용할 줄 알아야 한다.
- 새로운 비즈니스 모델에 핵심적인 기술에 접근할 수 있어야 한다. 앞서 살펴본 5가지 순환 비즈니스 모델 모두 최근에 등장한 혁신적인 디지털 기술과 엔지니어링 기술, 하이브리드 기술이 없다면 성공적으로 운영되기 어렵기 때문이다.
- 순환 비즈니스 원칙을 효과적으로 운영할 수 있는 역량 개발도 중요하다. 즉, 제품 디자인에서부터 생산, 유통, 제품 사용, 회수, 수익성 있는 재생산/재사용에 이르기까지 순환적인 흐름을 만들어낼 5가지 역량에 대해 관심을 가져야 한다.

이 외에 기업들은 정책 환경에도 긍정적인 영향을 미칠 수 있다. 순환경제가 언제, 어떻게 확장할 것인지에 대한 발언권이 주어진 곳이 정책 영역이다. 그래서 우리는 도시와 국가, 세계적인 측면에서 순환 비즈니스 모델 채택에 도움이 되는 환경을 구축하는 데 영향력 있는 다수의 정책 방침을 검토했다.

Section 4.
지금 시작하기

순환경제로의 전환 명분이 뚜렷하고 순환 비즈니스 모델을 채택해야 할 긴급함이 있다 해도 지금 당장 무엇부터 시작해야 하는지 난감할 수 있다. 그러다 보면 무엇을 해야 할지 이리저리 고민하며 시험만 해보는 '시험 마비 pilot paralysis' 상태에 갇힐 가능성이 높다. 이런 이들을 위해 우리는 도전 과제들을 평가하는 데 유용한 프레임워크를 4부에서 제공하고자 한다.

구체적으로 우리는 업종에 상관없이 모든 기업 경영진들이 순환경제로 나아가기 위해 사용할 수 있는 전략적인 옵션 수단들을 제시했다. 우리는 궁극적인 성공이 다음의 5가지 초기 행동에 달려 있다고 확신한다.

1. (뜬구름 잡는 기회가 아니라) 실질적인 기회에 집중하는 것
2. 가치가 어떻게 창출되며, 어떻게 고객들에게 전달되는지에 대한 재검토
3. 몇 가지 신규 역량을 집중적으로 갖추는 것('완벽한' 순환 계획을 실천하려는 게 아니다. 적어도 초기에는 그렇다.)
4. 가치사슬을 순환적으로 만드는 핵심 기술에 대한 투자
5. 단기적인 이득 확보와 장기적인 대변혁으로의 전진 사이에서 균형 잡힌 타이밍

'채취, 제조, 폐기' 성장 전략이 점점 더 의미를 잃어갈 거라는 사실에

는 의심의 여지가 없다. 사실 선형 성장 모델이 더 이상 실행 가능하지 않을 거라는 증거들은 많다. 이 모델의 사멸은 자명하다. 문제는 '언제 없어질 것이냐'이다. 기업들이 순환 원칙을 빨리 채택하면 할수록 순환경제로의 전환도 가속화될 것이다.

순환경제로의 전환은 상당한 시간과 노력을 필요로 한다. 그렇기에 언제, 어떻게 움직일 것인지 선택하는 전략이 매우 중요하다. 그 첫 단계는 현재의 선형 모델을 포기하는 동기와 순환 비즈니스 모델이 제공하는 혜택을 명확히 이해하는 것이다. 물론 여기에는 성공에 필수적인 기술과 역량도 포함된다.

미래에도 지속적으로 성장하고 싶은 기업들이라면 순환경제에 주목해야 한다. 그리고 바로 지금이 시작하기에 가장 적절한 시점이다.

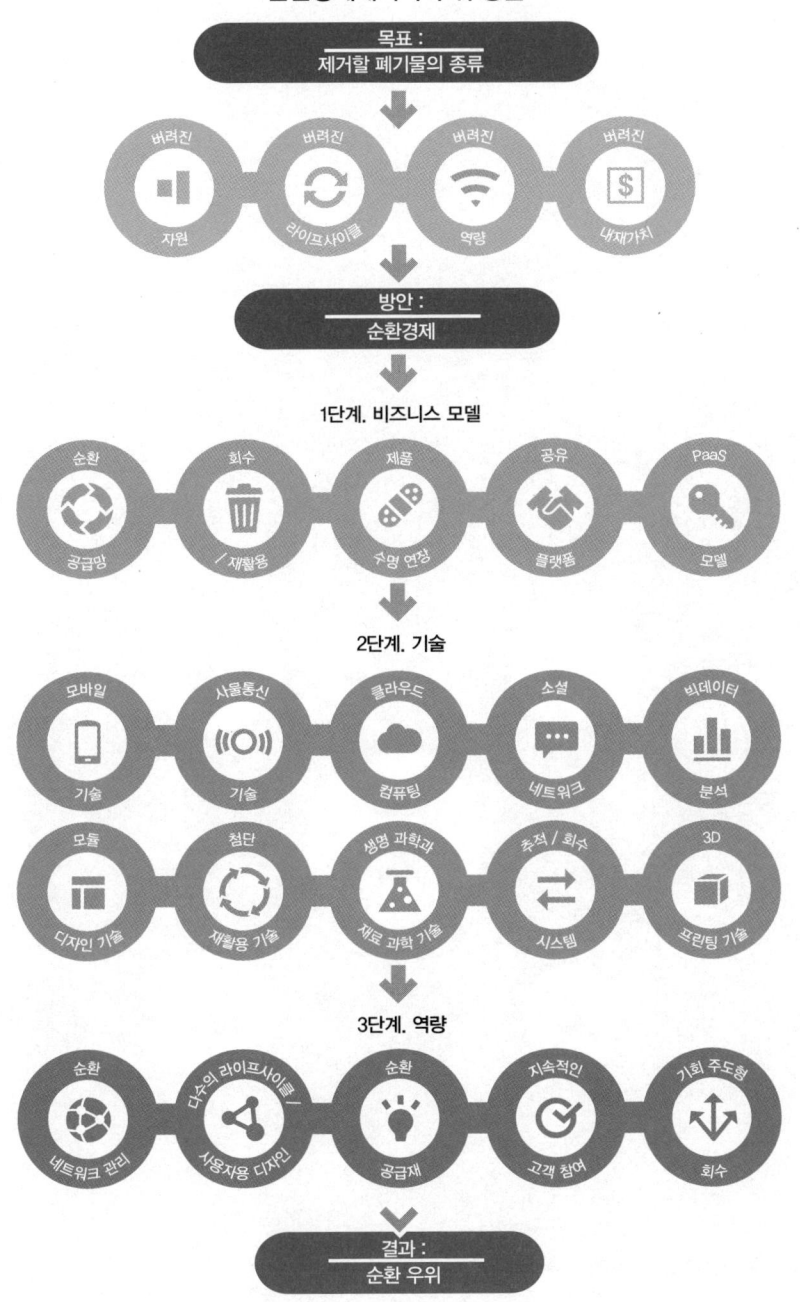

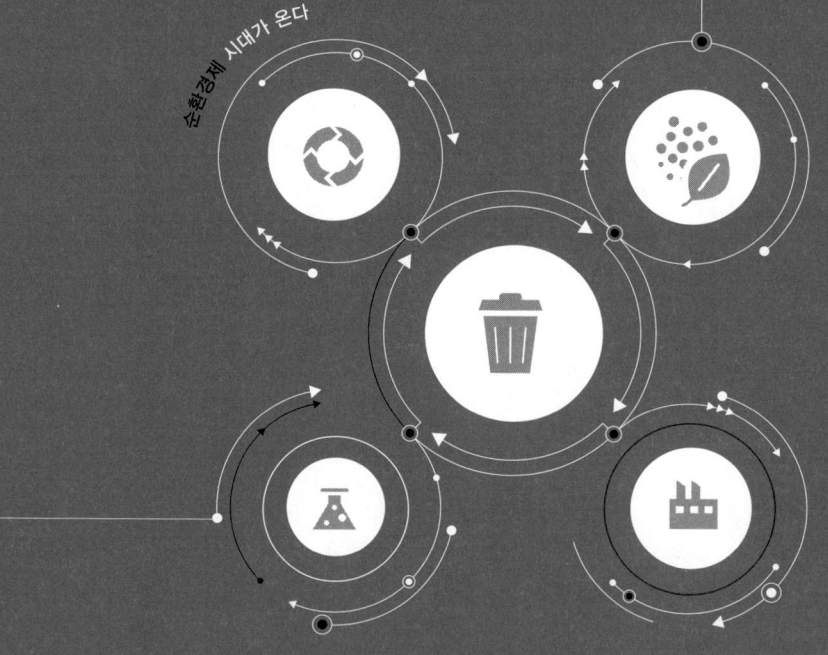

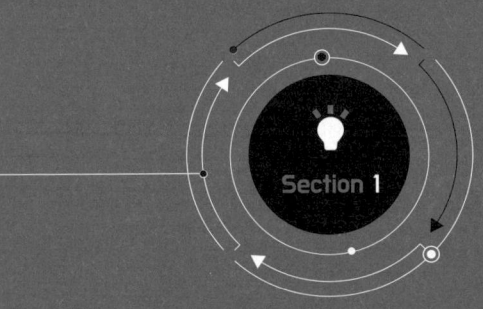

순환경제
시대가 온다

Chapter 1　한계에 다다른 차입 성장
Chapter 2　순환경제의 시작
Chapter 3　순환 우위의 확보

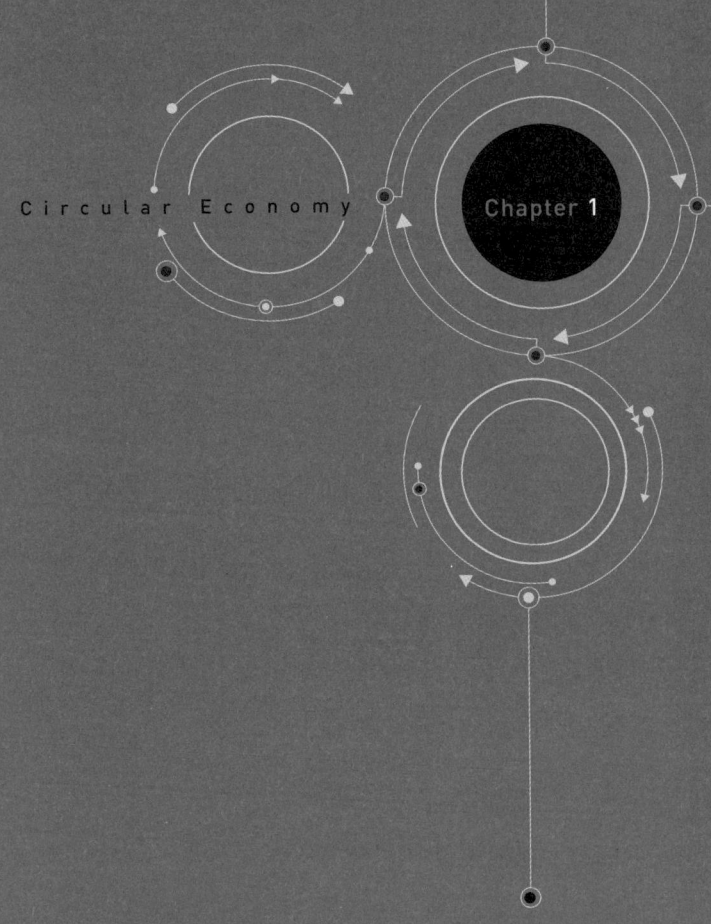

Circular Economy

Chapter 1

한계에 다다른 차입 성장

Circular Economy

　지난 250년 동안 지탱해 온 선형 성장 모델은 '미래로부터의 차입 성장'을 근간으로 하고 있어, 언젠가는 한계에 다다를 수밖에 없는 시한부 모델이다. 이는 "최근 수십 년간 이루어진 급속한 도시 발전과 산업 성장은 전 세계의 천연자원에 거대한 압박을 가해, 자원 부족과 물가 상승, 생태계 파괴 등과 같은 위협을 초래하고 있습니다."라고 언급한 유엔의 국제자원패널International Resource Panel 보고서에서도 드러나 있다.[1]

　자원이 풍부하고 저렴하며 환경에 미치는 부정적인 영향도 미미한 수준이라면, 현재의 '선형' 접근법은 여전히 유효할지 모른다. 기업은 점점 더 효율적으로 원물질을 채취해 제품을 제조하고, 최대한 많은 고객들에게 판매한다. 고객들은 구매한 제품을 사용하고, 용도가 다하면 폐기한다. 이것이 '채취, 제조, 폐기' 원칙에 기반한 경제다.

　그러나 우리는 이러한 선형 모델이 더 이상 존립할 수 없는 지점에 다다르고 있다. 인구와 물질적 풍요는 지속적으로 증가하는 반면, 금속과

표 2. 물질 사용과 경제 발전 간의 관계(2010년 163개국 대상)

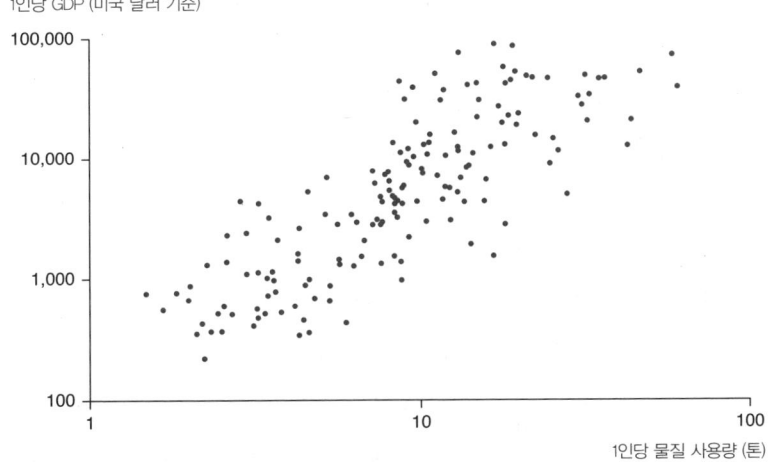

출처_ SERI와 빈 경제경영대학교 WU Vienna 의 http://www.materialflows.net/home/ 데이터(2015. 1. 8. 접속 기준)에 기반한 액센츄어 분석자료, 세계은행 World Bank 의 http://data.worldbank.org/indicator/NY.GDP.PCAP.CD. 데이터(2015. 1. 8. 접속 기준)'

광물, 화석 연료 등 많은 비재생성 자원의 가용성이 수요를 따라갈 수 없게 된 것이다. 토지와 삼림, 물의 재생력은 이미 한계를 넘어서고 있어, 지구 한계 planetary boundary 는 전에 없이 위협받고 있다. 세계 야생 동물을 대표하는 핵심종 10,000종이 1970년 이래로 52% 감소했다고 밝힌 세계 야생동물기금 World Wildlife Fund for Nature 의 2014년 지구 생명 보고서 Living Planet Report 가 무서울 정도로 명료하게 이 상황을 설명하고 있다.[2]

간단히 말해, 현재의 경제 시스템은 지속가능하지 않다. 오랫동안 불황 등의 문제를 해결하는 방안으로 여겨졌던 경제 성장은 이제 세계적으로 가장 골치 아픈 문제의 원천이 되어버렸다. 그렇다고 경제 발전을 멈추거나 퇴보하는 것은 사회적으로 용납되지도, 바람직하지도 않다. 결국 새로운 성장 방법을 강구해야 한다. 과거의 성장 엔진으로는 오늘날의 세계 환경, 경제, 사회의 복잡한 요구에 부합할 수 없기 때문이다.

선형경제와 순환경제

선형경제란 현재의 경제 성장 모델을 설명하는 용어로, '선형'은 대부분의 천연자원이 채취에서 제조, 폐기에 이르는 일련의 과정을 일컫는다. 이 선형 흐름은 역사적으로 저렴하고 풍부한 자원 공급의 결과다. 자원 고갈에 대한 걱정 없이 점점 더 많은 재화를 고객들에게 공급하는 데 집중할 수 있다. 선형 모델에서 환경적인 영향은 대체로 간과되었으며, 제품의 수명 종료 후 발생하는 폐기물을 최소화하는 정책도 미미했다. 폐기된 제품을 재사용하거나 생산 과정에 원물질로 재투입하는 것에 대해서도 등한시했다.

순환경제는 성장을 희소 자원의 사용으로부터 분리된 경제를 일컫는 용어다. 이 모델에서는 설계 단계에서부터 재생을 염두에 둔다. 이때 사용되는 물질은 다음과 같이 두 부류로 나눌 수 있다. 재사용과 생태계로의 궁극적인 환원을 염두에 둔 생물학적인 재생 가능 물질과 품질이나 가치 손상을 최소화하며 생산과 소비 사이를 반복하는 재생 불가능 물질이 그것이다. 순환경제에서 기업은 오로지 생산을 통해서만 자원을 관리하는 것이 아니라, 시장 내에서 자원을 관리하며 가치를 창조하는 데 일차적으로 주력한다. 궁극적으로 순환경제는 재생/재사용이 가능한 에너지와 선형 흐름에서 소비되고 폐기되기보다는 상호 연결 고리 안에서 반복 사용되는 천연자원을 활용해 폐기물 제로의 가치사슬을 낳는다.

순환 우위란 순환경제의 원칙을 핵심적인 성장 전략으로 채택한 조직이 얻을 수 있는 경쟁 우위를 말한다. 성장을 희소 자원의 사용과 분리시킴으로써 재화 가격의 상승이나 불안정한 변동으로부터 자신들을 보호하며 공급 중단 사태에 탄력적으로 대응할 수 있다.

물론 환경 발자국도 감소시킬 수 있다. 또한 생산 후 판매에만 그치지 않고 고객들의 실질적인 가치와 편의가 대부분 창출되는 제품 사용 및 회수에까지 가치사슬을 확장함으로써 핵심적인 고객 가치 제안을 향상시킬 수도 있다.

차입 성장의 위기

여러 연구 결과에 따르면 자원 소비와 GDP 간에는 강한 상관관계가 있다. 역사적으로 GDP가 1% 오를 때마다 자원 사용은 평균 0.4% 상승했다.[3] 1975년에서 2010년 사이, 즉 지난 35년간 실질 GDP는 225% 상승했고 인구는 64% 성장했는데, 물질 사용 역시 120% 증가했다.[4] 인구와 경제 성장이 자원 소비를 주도하는 주요 요인이라는 점은 자명하다. 그러나 더욱 중요한 사실은 이러한 숫자들이 세계 경제의 효율성이 향상된다 할지라도 순 자원 사용율은 훨씬 더 빨리 증가하고 있음을 보여준다는 점이다. 그것도 아주 놀라운 속도로 말이다.

1975년에서 2000년 사이 상품 가격은 GDP가 1% 성장할 때마다 평균 0.5%씩 하락했다.[5] 그러던 상관성이 2000년경 자원 공급의 압박 이후 바뀌기 시작했다. 2000년에서 2013년 사이에는 GDP가 1% 성장할 때

도리어 상품 가격은 평균 1.9%씩 상승했다.[6] 인구 증가와 중산층 확대가 혁신과 자원 대체재가 특정 자원에 대한 수요를 낮추는 속도보다 빠르게 자원 수요를 증가시켰기 때문이었다. 문제는 이러한 추세는 앞으로도 계속될 것이며, 기존 방식의 비즈니스는 점점 더 설 자리를 잃게 될 수밖에 없다는 데 있다.

세계 인구는 10년 단위로 7억 5천만 명씩 증가하고 있다. 현재 성장률을 기준으로 2014년에서 2030년까지 약 25억 명의 새로운 중산층 소비자들이 천연자원 경쟁에 합류할 것으로 추정된다.[7,8]

이를 극복할 만한 혁신이 없다면 이런 자원에 의존하는 기업들은 어쩔 수 없이 하락세를 면치 못할 것이다. 상품 가격을 올리는 정책 역시 가계 소득의 증가분이 상품 가격 상승률을 따라가지 못해 진정한 해결책이 될 수 없을 것이다.

좀 더 구체적으로 선형경제 모델이 경제 발전에 더 이상 기여할 수 없게 된 세 가지 위기를 살펴보도록 하자.

첫 번째 위기. 유한한 자연과 비재생성 자원 부족의 심화

1980년에서 2000년까지 화석연료와 금속, 광물 등과 같은 비재생성 자원에 대한 수요는 50% 증가했다. 75% 수준으로 수요가 가장 크게 증가한 자원은 건축용 광물로, 개발도상국들이 인프라와 건물 투자에 박차를 가한 결과였다. 이후 2000년부터 2014년까지 비재생성 자원에 대한 수요는 다시 80% 성장했다. 화석 에너지와 광물 시장은 세계 중산층의 팽창, 교통 및 상품 소비에 대한 수요 증가와 궤를 같이 하며 급속하게 성장했다. 이는 비재생성 자원 소비에 있어 450%의 증가세를 보인 1960년부터 2014년까지 성장 여정의 일부며, 조만간 잦아들 징조도 없다.[9]

비재생성 자원 매장량의 감소와 더불어 이러한 수요 증가는 추가적인 수요 증가를 충족시키기 어렵게 만들고 있다. 자원이 언제 고갈될 것인지에 대한 예측도 매우 불확실하다. 하지만 이제 많은 전문가들은 석유나 구리, 코발트, 리튬, 은, 납, 주석 등과 같은 핵심 자원들이 향후 50년에서 100년 사이에 동이 날 위험에 처해있다고 믿는다.[10] 새롭게 발굴한 자원이 매장량에 추가된다고 해도 광석 등급의 하락과 추출 비용의 증가는 경제 성장을 늦추거나 멈추게 할 가능성이 높다. 물론 환경도 파괴하면서 자원 사용을 매우 어렵게 만들 것이다.[11]

두 번째 위기. 재생성 자원에 대한 압박 증가

세계 물 수요는 2000년에서 2050년 사이에 55% 증가할 것으로 예상되고 있다. 그동안 세계 인구는 40% 이상 성장하여 40억의 인구가 심각한 물 부족(물 수요가 가용 공급량보다 40% 이상 초과하는 것을 의미)에 시달릴 것이다.[12] 세계 곳곳에서 지하수는 점점 더 오염되거나 급속하게 고갈되고 있다. 지하수 고갈률은 1960년에서 2000년 사이에 두 배 이상 증가하여 매년 250입방킬로미터가 넘는 물이 고갈되고 있다. 유럽에서 가장 큰 강인 볼가강은 매

년 이만큼의 물을 방류한다. 연간 지하수 손실 규모는 너무 커서 우주에서 관측될 정도다.[13]

이처럼 재생성 자원에서조차 자원 부족 문제가 심각해지고 있는 것이다. 결국 현재 성장 모델에서의 과도하고도 부적절한 천연자원 사용은 제어조차 안 되는 큰 환경 문제를 야기하고 있는 셈이다.

세 번째 위기. 핵심적인 지구 한계의 월경

2009년 국제적으로 저명한 28명의 과학자들은 되돌릴 수 없는 환경 변화를 일으킬 중요 지점으로 9개의 지구 한계를 정의하고 수량화했다. 그런데 현재까지 이미 3개를 넘어섰다. 생물 다양성의 상실을 의미하는 멸종률, 대기 중의 이산화탄소 농도, 공중 질소 고정이 그것이다.[14] 이와 함께 온실가스의 증가로 인한 지구 온난화도 걱정거리다.

지구 생명 보고서에 따르면 1970년에서 2014년 동안 생물 다양성이 전체적으로 50% 가량 감소했다고 한다.[15] 주요 온실가스의 대기 중 농도도 과거 65만여 년간 이어진 정상 범위를 훨씬 더 초과해 상승하고 있다. 대기 중 이산화탄소 농도는 2014년 6월 현재 산업화 이전 수준인 280ppm에서 402ppm으로 증가했으며, 그 축적 역시 가속화되고 있다.[16] 인간의 행위는 훼손되기 쉬운 생태계를 사정없이 짓밟고 있다. 예를 들어 작물 비료 주기는 질소 과다를 유발해 어류나 기타 생명체의 씨를 말리는 조류 대번식을 야기한다.[17]

이와 같은 여러 요인들은 쓰레기나 오염물, 독소 등을 흡수해 처리하는 삼림이나 대기, 대양 등의 '지구 흡수원planetary sink'을 위협하고 있다. 일례로 화석 에너지 자원의 과도한 사용으로 인해 대기 중으로 탄소가 과도하게 배출되면, 대양의 산도가 증가해 해양 생물, 특히 산호와 어류를 위협한다.

캘리포니아 몬터레이만 수족관 연구소Monterey Bay Aquarium Research Institute의 제임스 베리James Barry는 〈시애틀 타임즈Seattle Times〉와의 인터뷰에서 이렇게 말했다. "해양 생물들의 멸종은 쉽게 벌어질 일은 아니라고 생각했었습니다. 그러나 우리가 목격하고 있는 지금의 변화는 너무나 빠르게 진행되어 거의 순간이라 말할 수 있을 정도입니다. 대규모로, 빠른 속도로 멸종이 진행되고 있다는 사실에 주목하는 것은 너무나도 중요할지 모릅니다."[18]

지구 흡수원의 부족으로 인한 문제는 이미 뚜렷하게 나타나고 있다. 2005년 천여 명의 세계적인 생태계 전문가들이 공조해 내놓은 '밀레니엄 생태계 평가Millennium Ecosystem Assessment'는 이미 생태계 서비스ecosystem service의 60%가 퇴화되거나 지속 불가능해지고 있다는 결론을 내렸다. 인간은 지구의 통상적인 멸종률보다 천 배나 높게 멸종률을 증가시켰다.

생태계에 가해진 변화들은 인간 복지와 경제 개발에 기여했지만, 이는 점점 커지는 비용을 치르며 얻은 것이었다. 이 문제들을 다루지 않고 내버려둔다면 지구 생태계로부터 미래 세대가 얻을 혜택은 상당히 감소할 수밖에 없다. 전 세계 노동력의 절반 정도가 농업 분야에 종사한다는 점을 생각하면 더욱 끔찍한 일이다.[19,20]

쓰레기로 가득찬 지구

이 세 가지 위기들을 더욱 악화시키는 요인이 있다. 바로 전 세계적으로 선형 모델이 만들어내는 110억 톤 이상의 폐기물이다. 이중 25%만이 회수되어 다시 생산 시스템으로 보내진다.[21] 나머지 75%는 쓰레기통을 가득 채우고 매립지를 꽉 막히게 한다.

결국 현재의 성장 모델에 변화를 도모하지 않는다면, 2013년에서 2025년 동안 도시 폐기물은 75% 이상 증가하고, 산업 폐기물의 경우 35% 정도 증가할 것으로 예상된다.[22] 폐기물 생성은 지리적인 요인 외에 소득 수준에 따라서도 다양하다. OECD 국가들의 경우 매년 46억 톤의 폐기물을 생성하는 반면, 아시아 태평양 국가들의 경우 22억 톤을 폐기한다.[23] 선진국들끼리도 차이가 상당한데, 미국의 1인당 도시 폐기물량은 영국보다 40% 이상 많다.[24]

물론 이 폐기물 문제가 환경적인 우려에만 국한되는 것은 아니다. 전 세계 재활용률은 실망스러울 정도로 낮다. 그 결과 폐기물로 인해 상실된 가치는 연간 1조 달러(도시 폐기물은 3천억 달러, 산업 폐기물은 7천억 달러)[25]에 이른다.

지역적으로도 깜짝 놀랄 만큼의 차이가 있다. 중국의 연간 추정 손실액은 천오백억 달러로, 천억 달러인 미국보다는 50%가 높고 200억 달러인 독일보다는 7배 넘게 높은 수치다.[26]

그렇다면 재활용률을 높임으로써 선형 성장 모델에 가해진 압박을 경감시킬 수 있을까? 어느 정도는 그럴지 모른다. 재활용률이 높아진다는 것은 매립지로 가는 폐기물이 적어짐을 의미하기 때문이다. 그러나 재활용은 폐기물이 생성되는 것 자체를 방지하지 못하며, 기업으로 하여금 제품에 내재된 가치를 최대한 보존할 수 있도록 유도하지도 못한다. 또한 폐기물을 부숴 새 제품으로 다시 만드는 과정에서 또 다른 자원을 소비하기도 한다.

결국 재활용보다는 제품과 부품을 개조하거나 재사용함으로써 애초에 폐기물을 방지하는 것이 훨씬 더 경제적으로 타당하다. 중국의 최고 경제 정책 기구인 국가발전개혁위원회 National Development and Reform Commission, NDRC의 부의장인 시젠화 Xie Zhenhua는 이렇게 말했다. "자동차 엔진을 예로 들어보죠. 엔진의 무게는 500킬로그램입니다. 이를 강철로 재활용한다면 그 가치는 약 천 위안(약 160달러)에 불과합니다. 하지만 엔진으로 다시 만들어진다면 그 가치는 3만 위안(4900달러)에 이를 것입니다."[27]

재활용은 물질 회수를 위해 복잡한 제품을 기초 물질로 분해하지만, 제품 디자인과 개발 과정에 투자된 노동력의 상당 부분을 파괴한다. 그러므로 재활용은 폐기물이 축적되는 것을 개선하긴 하지만, 이것만으로는 자원 문제를 해결할 수는 없는, 기본적인 과정에 불과하다.

위험한
불균형

　지금까지 살펴 보았듯이, 기존 방식의 비즈니스로는 걷잡을 수 없는 환경 파괴는 물론이고 자원 공급과 수요 사이에 점증하는 불균형의 위험을 만들어낼 수밖에 없다. 많은 천연자원의 가격이 과거 15년간 급등해 기업에 압박을 가하고 성장 전망을 약화시켰다. 이러한 가격 상승으로 인한 영향은 해당 산업을 넘어 다른 영역으로 퍼져나가면서 무역수지의 변화를 가져오고, 가계 지출분을 크게 상승시켰으며, 사회적 불안을 야기하기도 했다.[28]

　석유 공급은 이미 피크에 도달했다. 에너지 제품의 실질가격은 1985년에서 2000년 사이보다 2000년에서 2014년 사이 동안 평균적으로 거의 두 배나 상승했다.[29] 줄어드는 공급은 대체재의 발견이나 개발로 보전되기를 바랄 뿐이다. 미국에서는 셰일 가스 shale gas 의 출현으로 새로운 대체재를 발견했다고 생각하는 이들이 많다. 그러나 아직도 베일에 싸여 있는 셰일 가스가 석유를 전적으로 대체할 수 있을지는 미지수다. EU 집행위원회 European Commission 의 2012년 보고서에서도 이렇게 언급했다. "현재의 자원 추정량은 상당히 주의를 기울여 다루어야 합니다."[30] 미국 에너지정보청 Energy Information Agency 의 2040년 시나리오를 보면 미국의 셰일 가스 생산량이 28조 입방피트에서 45조 입방피트에 이르기까지 광범위한 수치로 예상되고 있다.[31] 셰일 가스가 피크 오일 peak oil 의 위협에 대한 일시적인 구제책이 될 수는 있지만, 세계 경제가 오랫동안 셰일 가스만으로 굴러갈 거라는 데 내기를 걸어서는 안 된다.

이처럼 자원 고갈이 예상되고 있음에도 많은 국가들은 고갈될 자원으로부터 벗어나기보다는 오히려 노출도를 증가시키고 있다. 일례로 유럽의 천연가스 소비율은 2011년 24%에서 2030년까지 30%로 증가될 것으로 예상된다.[32]

이러한 불확실성에 덧붙여 화석 연료 보유분을 지속적으로 채취함으로써 세계 환경에 대한 영향 우려도 널리 퍼지게 되었다. 또한 중동이나 북부 아프리카 지역의 불안정, 우크라이나 문제에 대한 EU국가와 러시아 사이의 이해관계의 갈등과 같이 지정학적 공급 위기도 도사리고 있다.

게다가 개발도상국들을 중심으로 건축과 제조업이 급성장하면서 금속 가격도 오르고 있다. 2000년에서 2014년 동안 전 세계적으로 구리와 철, 납, 주석 가격은 150~250% 올랐는데, 이는 같은 기간 후반부에 세계 경제가 휘청거렸음에도 이루어진 성장이었다. 귀금속 또한 같은 기간 동안 200% 이상 상승했다.[33] 인도, 파키스탄, 인도네시아, 나이지리아 등 여타 국가들도 중국의 경제적 성공을 모방하려고 노력함에 따라 에너지, 금속, 광물에 대한 수요는 지속적으로 상승할 가능성이 매우 높다.

재생 상품도 불규칙하게 변덕을 보이는 형국이다. 면직물 가격은 2000년에서 2011년 사이에 거의 90% 상승했다. 이로 인해 의류 공급업자들은 가격을 30% 가까이 상승시켜야 했고, 소매업자들은 수익 감소와 소비자 가격 인상 사이에서 선택해야만 했다.[34,35]

농산물의 경우에도 한편으로는 수요의 증가, 다른 한편으로는 질소, 인산과 같은 핵심 영양소 자원에 가해진 압박이라는 두 번의 타격을 연속으로 받으며 불안정해졌다. 농산물의 실질 가격은 2000년에서 2014년 사이에 거의 60% 상승했다.[36] 식품의 실질 가격도 70% 이상 상승하면서[37] 전 세계 가정의 기초 생활 유지 능력을 약화시키고 사회적 불안정을 키웠다. 생산성을 향상시키는 데 필수적인 농업 비료의 실질 가격도 2000년에서 2008년 동안 300% 이상 부풀려졌다. 2000년에서 2014년으로 보면, 전체적으로 110% 상승했다.[38]

결국 성장을 위해 부족한 천연자원에 지속적으로 의존해야 하는 기업들에게 이러한 추세는 재난이라고 해도 과언이 아니다.

불확실한 공급과 소비자 기호의 변동도 기업의 매출 증대와 시장 점유율 유지를 어렵게 만들 수 있다. 매우 현실적인 시나리오를 한번 생각해보자. 희소 자원에 의존하는 기업들은 공급 고갈로 생산을 중단해야 할지 모른다. 공급이 완전히 중단되지는 않는다 해도 공급 부족으로 자원 가격이 엄두도 못 낼 수준으로 올라갈 수 있다. 일례로 희토류 금속 생산을 세계적으로 장악한 중국이 전자 제품 제조에 광범위하게 쓰이는 네오디뮴 수출을 제한했을 때 가격이 kg당 50달러에서 500달러로 치솟았다.[39] 그로 인해 중요 부품의 가격이 700%라는 말도 안 되는 수준으로 급등했다. 히타치Hitachi 와 같은 기업들은 재활용에 대한 투자를 늘릴 수밖에 없었고, 대체 기술들도 살펴봐야만 했다.[40,41]

성장이 희소 자원에 단단히 연결된 기업들은 시장 예측력을 제한하는 불규칙한 가격 변동과 상승으로 인해 자원 의존도가 상대적으로 낮은 경쟁자보다 경쟁 열위에 놓여있음을 알 수 있다. 2011년 패션 업체인 H&M은 면화 가격의 급상승으로 인해 1분기 순이익이 30%나 떨어졌다.[42] 2004년에서 2008년까지 철과 플라스틱, 구리, 알루미늄의 가격 상승으

표 3. 1984~2014년간 산업 투입재(금속, 농업 원자재)의 가격 상승률

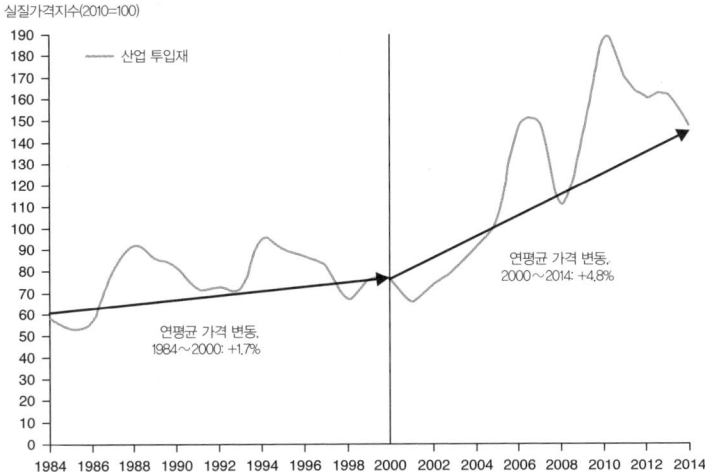

출처_ 인덱스문디 indexmundi 에 실린 'Commodity Industrial Inputs Price Index Monthly Price – Index Number'에 기초한 액센츄어의 분석. http://www.indexmundi.com/commodities/?commodity=industrial-inputs-price-index&months=360.(2014. 1. 8. 접속 기준)

표 4. 1960~2014년간 상품 가격 상승(에너지/비에너지)과 GDP

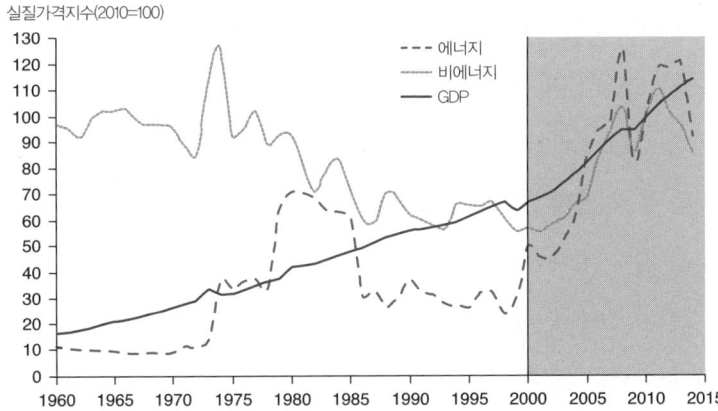

출처_ 2014년 1월 컨퍼런스 보드 Conference Board 의 '총 경제 데이터베이스 : 주요 결과 Total Economy Database : Key Findings'(http://www.conference-board.org/data/economydatabase), 2014년 12월 세계은행의 '세계은행 물가 데이터(핑크보고서) World Bank Commodities Price Data(The Pink Sheet)'(http://siteresources.worldbank.org/INTPROSPECTS/Resources/334934-1111002388669/829392-1389028647906/Pnk_1214.pdf), 인덱스문디의 '상품가격 Commodity Prices'(http://www.indexmundi.com/commodities/, 2015. 1. 6. 접속 기준) 데이터에 기초한 액센츄어의 분석

로 인해 일렉트로룩스Electrolux는 약 13억 5천만 달러의 비용이 추가되어 비용 절감의 압박에 놓이게 되었다. 참고로 이 기업의 영업이익은 2007년에 약 6억 6천만 달러에서 2008년에는 1억 8천만 달러로 떨어졌다.[43,44]

자원 공급만이 문제가 되는 건 아니다

그런데 이런 불균형은 자원 공급만의 문제는 아니다. 무형자산 역시 타격을 입을 수 있다. 소비자들이 무책임한 기업들을 싫어하기 시작하면서, 기업의 환경 발자국과 자원 의존도는 브랜드 가치를 약화시킬 가능성이 높다. 사람들은 삶의 질을 향상시키기 위해 정부는 물론이고 기업에도 책임을 묻고 있다. 5대륙에 거주하는 3만 명의 사람들을 대상으로 한 유엔 글로벌 콤팩트와 액센츄어의 연구에 따르면, 무려 72%의 사람들이 기업이 사회적 공익을 실현해야 한다는 그들의 기대에 미치지 못하고 있다고 말했다.

이런 현상은 소비자들이 직접 행동에 나서는 상황으로 발전하고 있다. 세계적인 투자 철회 운동인 gofossilfree.org는 투자자들에게 화석에 크게 의존하는 벤처 투자에서 철수할 것을 요구하고자 학생과 일반인들이 발의한 것이다. 2014년 9월까지 이 그룹은 500억 달러에 상당하는 181개의 기관과 지방 정부들이 그들의 뜻에 동참하도록 설득했다. 이 운동은 심지어 프란치스코 교황Pope Francis이 투자 철회에 찬성 의견을 표명하도록 설득하는 데에도 성공했다.[45,46] 이렇듯 지구 한계와 자원 부족이 중요한 문제로 부각되면서 정책 입안자들은 사회적으로 긍정적인 영향을 미치고 천연자원을 고갈시키지 않고도 경영할 수 있음을 증명하는 기업들 편을 들게 될 가능성이 높다.

식량 안보와 물 부족은 물론이고, 상품 시장에 대한 압박 역시 발생할 것이다. 이로 인해 국가들 간에 점점 더 희소해지는 자원을 놓고 싸움을 벌이게 되면서 지정학적 불안정을 초래할 것이다. 역사가 보여주듯이 극심한 자원 부족은 언제나 장기적인 사회 불안정으로 이어졌다. 2010년에 맞은 100년만의 최악의 가뭄은 중국과 러시아, 호주, 캐나다와 같은 식품 생산국이나 수출국에 영향을 미쳤다. 이로 인한 식품 가격 상승은 아랍의 봄을 촉발시키고 확산시키는 역할을 했다. 과거 20년간 최소 18개의 내전이 다이아몬드, 목재용 수목, 코코아 등과 같은 천연자원을 두고 벌어졌다.[47] 다이아몬드 광산을 둘러싼 시에라리온Sierra Leone 내전에서 보듯이, 자원 갈등은 지역 내 평화 협정 체결을 지연시키는 원인이 되고 있다.

또 하나 중요한 사실은 현재 성장 모델이 기후와 생태계에 되돌릴 수 없는 영향을 미치게 될 것이라는 점이다. 과학자들은 지금의 시대를 비공식적으로 '인류세Anthropocene'라고 명명한다. 인류세라는 용어에서 알 수 있듯이, 인간이라는 종이 하나의 지질학적 집단으로 등장한 것이다.[48] 그리스어 어원으로 '새로운 사람'으로 번역되는 이 꼬리표야말로 인간이 만든 기후 변화로 인한 생태계 변화가 지구에 영구적인 영향력을 가할 것이라는 점을 시사하고 있다.

표 5. 1967~2014년간 자원 갈등

자원 수급의 불균형
차이를 정량화하다

현재 방식으로의 경제 발전은 자원 가용성과의 극한 충돌이 불가피함을 각종 데이터가 강하게 시사한다. 저명한 과학자들과 국가, 단체들로 구성된 국제 비영리조직인 국제생태발자국네트워크Global Footprint Network에서 내놓은 메시지가 있다. 바로 세계는 이미 매년 지구 1.5개와 맞먹는 자원을 사용하고 있다는 것이다. 물론 우리가 사는 지구는 하나다. 그러므로 이 메시지는 현재 우리는 지구가 오염을 흡수하고 재생할 수 있는 것보다 매년 50% 더 많은 자원을 사용함을 의미한다. 이러한 초과 자원을 측정한 것을 우리는 '생태발자국ecological footprint'이라고 부른다.[49] 즉, 생태발자국은 인간이 소비하는 자원을 생산하기 위해 차지하는 총 면적, 빌딩이나 도로를 수용할 공간, 폐기물 배출을 흡수할 수 있는 생태계에 의해 정의된다. 이 수치는 생물학적으로 생산 가능한 면적이 얼마나 되느냐, 즉 '생태용량biocapacity'과 비교된다. 현재 개발 속도에 근거해서 계산해보면 2050년까지 매년 우리가 필요로 하는 자원은 〈표 6〉에서 보듯이 지구 3개분에 해당할 것이다.[50] 당연히 이 초과분의 공급은 시간이 흐르면서 불가능하게 될 것이다. 버는 것보다 소비하는 게 많은 사람처럼 이러한 소비는 단기적으로는 가능하지만 결국엔 부채만 잔뜩 남긴 채 무너질 수밖에 없다.

미래에 맞이할 도전을 구체적으로 살펴보기 위해 액센츄어는 먼저 자원 수요와 공급 불균형을 수량화하는 모델을 개발했다. 그리고 그 결과로 나온 데이터를 생태발자국 측정에서 영감을 얻은 자원 가용성 연구와 결합시켰다. 인구와 경제 성장 데이터는 1961년부터 2014년까지의 결과치와 2050년까지의 예측치를 사용했으며, 기술 발전 시나리오에 따른 조정이 반영된 미래 자원 수요를 예측하기 위해 바이오매스, 화석 에너지, 광석, 산업용 광물, 건축용 광물 등에 대한 자원 요구 변수도 적용했다.

이 모델에서 주의할 사항이 한 가지가 있다. 장기적으로 공급이 부족한 한정 자원에 대한 변화 속도를 지나치다 싶을 정도로 보수적으로 잡았다는 점이다. 실제 자원 사용 초과율이 2030년까지 지속적으로 성장하다가 2050년에 이르러서야 수급 균형을 이룰 것이라고 예측했다. 일부 국가나 기업들이 재빨리 변화하고 있다 할지라도 세계적으로는 성장 모델을 바꾸는 데 상당한 시간이 걸릴 것으로 가정했다. 이를 입증하는 예가 하나 있다. 중국은 온실가스 방출이 절정에 이르는 때가 2030년이 될 것이라고 밝혔다.[51]

표 6. 1960~2050년간 한정 물질과 에너지 자원에 대한 글로벌 수요와 공급

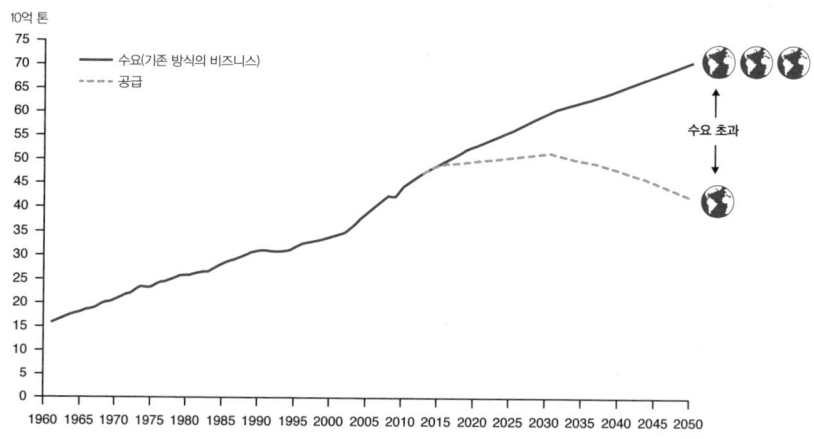

출처_ 액센츄어 분석. 추가 배경이 필요하면 '부록 2. 모델링에서 추출한 데이터'를 참조.

이미 환경 용량을 초과하여 소비되고 있는 금속, 화석 연료, 삼림 등과 같은 한정 자원에 대한 수요는 2014년 480억 톤에서 2050년 천3백억 톤으로 증가할 것으로 파악되었다. 2050년이 되면 총 자원 초과 사용량은 지구 하나에서 사용 가능한 자원 수준의 400%가 될 것이다.[52] 자원 효율성과 친환경 생산 기술이라는 두 측면에서 기존 비즈니스 방식에서의 기술 발전 시나리오를 감안하면 총 에너지 수요는 2050년에 850억 톤으로 떨어질 것으로 예상된다. 이는 자원과 비교해 볼 때 상대적으로 낮은 수치기는 하지만, 여전히 2014년보다는 두 배 수준에 육박한다.

긍정적인 시나리오에 가중치를 주고 급속한 기술 발전이 있으리라 예상하더라도 우리는 희소 자원의 초과사용률이 2030년에는 15%, 2050년에는 75%가 될 것이라는 결론에 도달했다. 다시 말해 현재의 변화 속도에 맞추어 점진적으로 개선된다고 해도 우리가 가진 문제들의 해결점 가까이에도 못 갈 가능성이 높다.

또한 기업들이 자원을 원하는 물량만큼 합리적인 가격으로 확보하기 위해 힘겨운 싸움을 해야 하기에 천연자원에 대한 수요 초과는 성장 둔화로 이어질 것이다. 국제 생태발자국 네트워크의 대표인 매티스 웨커너겔 Mathis Wackernagel 은 한 인터뷰에서 기업에 미치는 영향은 자명하다고 강조하며 다음과 같이 설명했다. "아주 간단합니다. 가용량을 초과할 정도로 물질이나 자원을 많이 요구하는 비즈니스 모델은 미래에는 결단코 성공할 수 없습니다."[53]

천연자원의 공급 관점에서 우리가 내놓은 분석에 따르면, 2030년에는 80억 톤, 2050년에는 290억 톤의 물질이 부족할 것이라고 예측되었다. 저명한 싱크탱크인 로마클럽 The Club of Rome 의 공동 부대표인 에른스트

울리히 폰 바이스체커 Ernst Ulrich von Weizsäcker 는 이렇게 말했다. "65억 인구를 빈곤 속에 살게 하면서 성장 추구를 멈출 수도 있습니다. 또는 지구상에 있는 단 15억 명의 사람들만 산다고 생각할 수도 있습니다. 물론 이 두 가지 모두 현실적이지도, 바람직하지도 않습니다. 그러나 번영과 환경 지속가능성을 모두 가능하게 하는 세 번째 옵션이 있습니다. 이 대안은 자원 생산성을 5배나 상승시킬 수 있습니다."[54]

결국 지금의 성장 모델 대신에 급속하게 고갈되고 있는 자원으로부터 성장을 분리시키고, 재생 가능한 자원의 생산 능력을 유지하며, 현재와 미래 세대를 위해 필수적인 지구 흡수원을 보호할 수 있도록 기업과 경제를 성장시킬 새로운 방법을 찾아야 한다.

우리는 그 해답이 순환경제라고 믿는다.

선형경제 모델의 종언

지금까지 글로벌 선형경제는 매년 평균 3%의 비율로 성장했다. 25년마다 두 배씩 확대된 셈이다. 현재 그 어떤 것도 성장과 자원 소비 간의 상호 관계에서 단절을 암시하는 것은 없다. 제네바 제품수명연구소 Product-Life Institute 의 설립자 겸 이사이며 제네바 연합 Geneva Association 고문인 월터 스타헬 Walter R. Stahel 은 다음과 같이 말했다. "현재 산업 모델의 특징인 '더 크고, 더 빠르고, 더 안전한' 신제품 신드롬은 자원 부족이 더욱 심화되고 폐기물 축적량도 늘게 될 미래 시대에는 작동하지 않을 것입니다."[55]

그렇다면 이런 추세를 반전시키기 위해 선형 성장 모델을 수정하는 게 가능할까? 다른 사람들의 연구 결과는 물론이고 우리의 연구 역시도 절대적으로 '아니다'라고 말한다. 현재 성장 모델 내에서 기술 향상이 있다고 감안해도 희소 자원의 초과 사용률이 기하급수적으로 늘 수밖에 없다. 선형 성장 모델의 핵심적인 결함은 제품 수명 주기를 연장할 수도 없고, 제품의 유효 수명이 끝난 후에 내장 부품과 물질, 에너지 등을 생산에 재투입할 때 원래처럼 가치 있는 상태로 만들 수도 없다는 점이다. 물질과 에너지, 노동력이 낭비되고 가치는 상당히 손실될 수밖에 없다.

2010년부터 EU 환경담당 위원으로 있는 쟈네스 포토츠닉 Janez Potočnik 박사는 하루 빨리 대대적인 변화가 필요하다며 이렇게 말했다. "자원 효율성의 점증적인 향상은 가능하기도 하고 필요하며, 경제적으로도 타당합니다. 그러나 천연자원에 가해진 압박을 감소시킨다고는 해도 충분한 조치라고는 할 수 없습니다. 이제 우리는 오늘날의 선형 모델, 즉 채취 후 제조하고, 사용 후 폐기하는 모델에서 벗어나야 합니다. 자원 하나하나로부터 더 많은 가치를 끌어내는 데 집중하는 것도 필요하지만, 보다 많은 가치를 얻기 위해 그 자원들을 거듭 사용하는 데에도 집중해야 합니다."[56]

지속적으로 증가하는 수요를 충족시키기 위해서는 자원 생산성을 획기적으로 높일 수 있는 새로운 성장 모델이 필요하다. 그것이 바로 순환 경제다. 순환 비즈니스 모델을 채택한 기업들은 자원 증량을 도모하거나 효율성 증대를 통한 비용 절감에만 집중하지 않는다. 불가피한 자원 제약에 대비하면서도 기업의 '미래 경쟁력'을 확보하기 위해 아예 처음부터 제품과 서비스를 다시 생각하는 데 초점을 맞출 것이다. 다른 기업들이 시련을 겪는 동안 그들은 더욱 번성하고, 자연계와 조화롭게 운영되며, 소유주와 직원, 고객, 지역 사회 모두에게 혜택을 안겨주게 될 것이다.

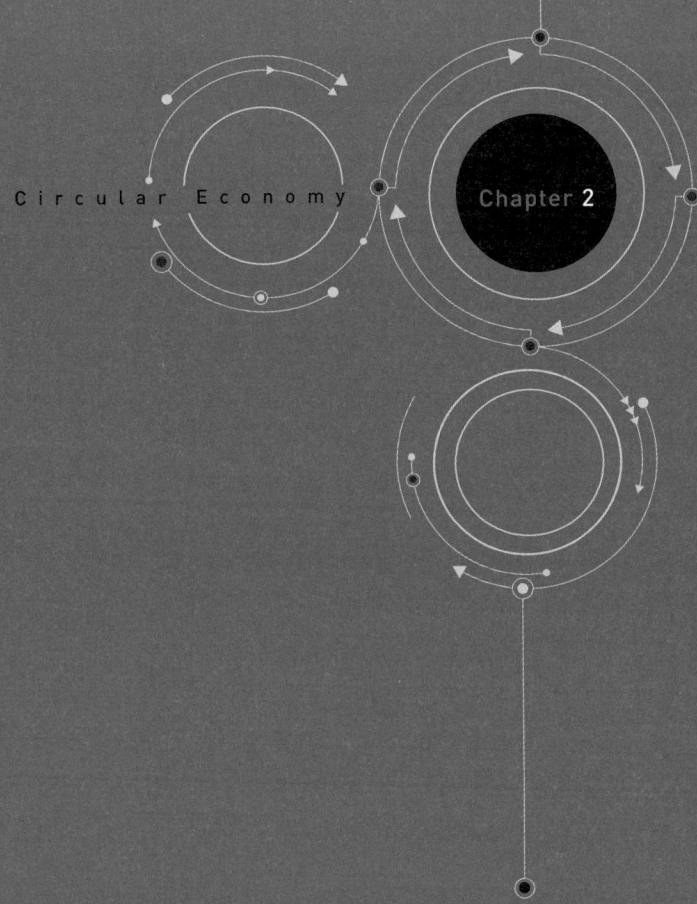

Circular Economy

Chapter 2

순환경제의 시작

Circular Economy

이제 책임과 장기적인 사고 개념이 대세인 시대가 되었다. 개인이나 기업, 정부 등 모든 경제 주체들은 우리가 사는 지구에 생태발자국을 덜 남기고, 먼 미래에까지도 좋은 삶을 영위하기 위해 더욱 아끼는 마음으로 천연자원을 다루고자 애쓴다. 그러나 항상 이런 것은 아니었다. 역사적인 관점에서 보면, 수백 년 전만 해도 자원 관리라는 개념은 일시적인 유행에 지나지 않았다. 4~50년 전만 해도 선진국의 제조업체들은 강이나 호수에 폐기물을 투하했다. 현재 개발도상국에서 여전히 일어나고 있는 일이기도 하다. 가정에서 재활용을 한다는 개념 역시 어떤 소비자들에게는 달에 사람을 보낸다는 생각만큼이나 생소하다.

다행히도 우리는 기업과 소비자가 환경에 대해 함께 걱정할 거라 기대할 수 있는 시대에 살고 있다. 이는 귀중한 자원을 보다 현명하게 사용하고, 독성 물질이나 유해 물질 사용을 최소화하며, 폐기물을 감소시킬 수 있음을 의미한다. 지금처럼 천연자원을 써버린다면, 조만간 지구가 인류를 부양할 수 없다는 사실을 인식하고 있다. 향후 수십 년간 비약적인 인구 증가까지 감안하면 더욱 그러하다. 참고로 세계 인구는 2050년에 95억, 2100년에는 110억까지 증가할 것이라고 한다.[1]

환경 문제에 대한 이러한 인식의 발전은 지금 우리가 순환경제라고 알고 있는 개념을 탄생시켰다. 순환경제에서 기업들은 지구의 자원을 무작정 채취해 소비하거나 에너지를 낭비하지 않는다. 매립지에 버려지거나 환경을 손상시킬 제품을 꾸준히 만들어내지도 않으면서 성장할 수 있는 방법에 집중한다. 순환경제는 산업 경제를 장악해온 '채취-제조-폐기'라는 모델을 대체할 최선의 대안인 셈이다.

글로벌 관점에서 보면 아직 순환경제는 초기에 머무르고 있지만, 해가 지날수록 현저하게 성장하고 있다. 산업계, 정부, 심지어 소비자들까지 순환 원칙에 내재된 가치를 점점 더 인식하고 있으며, 순환 우위로 가는 실천 방법을 수용하고 있다.

구체적으로 기업이 어떻게 순환 원칙을 채택해야 할까를 알아보기에 앞서 먼저 순환경제가 실제로 무엇이며 어떻게 지금 수준에까지 이르렀는지 간략하게 알아보도록 하자.

순환경제 개념의 태동

순환경제라는 개념은 최근에 나왔으리라 예상하겠지만, 실은 18세기

후반에 시작되었다. 1798년 토머스 맬서스Thomas Malthus는 그 유명한 저서 《인구론An Essay on the Principle of Population》에서 세계적으로 급격하게 증가하는 인구에 대한 우려를 표명했다. 그가 펼친 주요 주장은 당시의 사고와는 근본적으로 대치되는 것이었다. 그는 인구 증가가 지속될 경우 언젠가는 세계가 자력으로 먹고 살 수 있는 능력이 감소될 것이라고 주장했다. 맬서스는 인구의 증가가 농작물을 생산할 수 있는 충분한 땅의 개발을 추월할 것이라는 논지에 기반해 이런 결론을 내린 것이다.[2] 당시 존 스튜어트 밀John Stuart Mill과 한스 카를 폰 카를로뷔츠Hans Carl von Carlowitz도 천연자원에 대한 책임 관리 이론을 펼치기도 했다.

환경사학자들에 따르면 환경 운동은 1900년 이전에 시작되었다고 한다. 환경사학자인 아담 롬Adam Rome은 〈미국 역사 저널The Journal of American History〉에 이렇게 기고했다. "공해로 인한 최초의 시위, 천연자원을 보존하기 위한 최초의 활동, 황무지를 살리자는 최초의 캠페인, 이 모두 19세기 후반에 일어났습니다."[3]

이런 활동들이 이어지며 경제학자들 중에서 비재생 자원의 고갈로 인한 영향에 관심을 가지는 이들이 나타나기 시작했다. 그중 한 명이 호텔링 모델Hotelling's model로 유명한 미국 경제학자 해럴드 호텔링Harold Hotelling이다. 그는 1931년에 이렇게 말했다.

세계적으로 광물이나 삼림, 기타 고갈될 자산들이 점차 사라지고 있다는 사실을 고려하면, 이러한 자원을 개발하는 데 규제가 필요하다는 결론으로 이어집니다. 제품들이 지나치게 저렴하다 보니 매우 빠른 속도로 이기적으로 소비하려고만 하고 있습니다. 다음 세대를 생각하지 않고 흥청망청 생산해

소비하고 있다는 의식이 환경 보호 운동을 일으켰습니다.[4]

다른 많은 사상가들도 호텔링의 견해에 동조했다. 이들의 결론 역시 풍부하고 저렴한 천연자원의 이용이 단기적으로 이익일지 몰라도, 영원히 그럴 수는 없다는 것이었다.

보다 최근에 있었던 자원 고갈과 경제 개발에 대한 논의는 《성장의 한계 The Limits to Growth》의 발간과 함께 1972년부터 활성화되기 시작했다. 이 책은 로마클럽의 경제학자들과 기업인들이 내놓은 연구 보고서로, 천연자원의 유한한 본질과 고갈의 위험에 집중했다. 결론은 이렇다. 인간의 생태발자국 속도를 늦추기 위한 범지구적인 의사 결정이 지연되면, 인간 경제가 지구 한계를 넘어서게 될 거라고 단정했다. 지속 불가능한 상황으로 전환되면, 이후 인류의 자원 이용 속도나 배출 속도는 강제적으로 늦춰질 것이다.[5] 즉 가급적 빠른 시일 내에 '저지책'을 마련하지 않는다면, 인간의 생태발자국은 지구의 물리적 수용 능력인 '지속가능 한계'를 넘게 될 것이라고 단언했다.

이 책의 중요성이 여기에 있다. 범지구적으로 정책 입안자들이 제때 합의에 이르지 못하면, 인류의 생태발자국이 통제력을 상실하게 될 거라고 경고한 것이다. 인류는 의도적이든 붕괴로 인한 것이든 사회 규모를 축소해야만 하는 상황에 놓이게 될 것이다.[6]

《성장의 한계》가 제기한 문제는 수년간의 논쟁으로 이어졌고, 일부 사람들은 그들의 초점을 해결책으로 옮겨갔다. 로마클럽의 일원인 에른스트 울리히 폰 바이츠체커는 1998년에 《4배 Factor Four: Doubling Wealth, Halving Resource Use》를 출간하며 성장과 지속가능성의 공존 가능성을 주장했다. 즉 인간 사회는 천연자원을 파괴하지 않고도 번성할 수 있으며, 경제 성장과 인류 복지가 모두 실현되기 위해서는 현재의 자원으로부터 최소한 네 배의 부(가치)를 뽑아내야 한다고 제안했다. 이와 함께 어떻게 실천해야 할지 그 방안과 사례들도 제시했다.[7]

21세기
변화의 물결

그동안 자원 고갈 문제를 덮어버릴 만큼 혁신이 지속적으로 이루어져 왔기에 자원 희소성과 과잉인구라는 위협은 인식할 필요가 없었다. 하지만 새로운 밀레니엄이 시작하자, 자원 부족 신호가 점증하며 상품 시장을 흔들기 시작했다. 그러자 자원 문제에 대한 관심이 커지게 되었고, 변혁 운동이 촉발되었다. 화학 물질이나 독성 물질, 비료, 화석 에너지 등의 과도한 사용이 환경적으로나 사회적으로 용인될 수 있는지 의문을 던지기 시작한 것이다.

2002년 《요람에서 요람으로》가 세계적인 주목을 받았다. 이 책의 저자인 미하엘 브라운가르트와 윌리엄 맥도너는 '환경 효율성 eco-efficiency 보다는 환경 유효성 eco-effectiveness'을 주장했다. 즉, '해로운 것을 덜 하는 것'보다 '좋은 것을 더 하는 것'이 경제 발전을 주도해야 한다는 것이다. 저자들은 결함을 지닌 시스템의 부정적인 영향을 최소화하는 것만으로는 본질적인 결함을 바꾸지 못하기에 '절약, 재사용, 재활용 reduce, reuse, recycle'은 근본적으로 성공할 수 없다고 주장했다.

또한 그들은 소비나 경제적 활동보다도 나쁜 디자인이 문제라고 지적하며 바이오 디자인 철학을 제안했다. '쓰레기가 곧 음식'이라는 사고를, 자원이 다시 환경으로 돌아가거나 폐쇄 반복형 루프closed loop에서 순환하는 것을, 소소한 수준을 넘어 대규모로 긍정적인 생태발자국을 남기는 '크래들 투 크래들' 성장 방식을 목표로 해야 한다는 것이다.

오늘날 크래들 투 크래들 디자인은 크래들 투 크래들® 제품혁신연구소[8]의 공인 프로그램으로, 품질 평가와 혁신을 위해 표준 프레임워크를 사용한다. 맥도너와 브라운가르트는 2013년에 내놓은《업사이클》에서 단순히 효과적으로 자원을 재사용/재활용하는 것을 넘어 지구의 생태학적 위기를 해결하기 위한 다음 단계를 그려 보여주었다.[9]

20세기 초반 자원 소비를 최소화하면서 경제 성장을 달성하자는 이론이 대세로 자리잡았다. 대표적인 예가 바로 2006년에 출간된 월터 스타헬의《퍼포먼스 경제The Performance Economy》[10]다. 이 책에서 스타헬은 경제 성장을 자원 소비로부터 분리시킬 것을 제안하며 비즈니스 모델의 혁신만이 실행 가능한 성장의 핵심 열쇠라고 주장했다.

2009년에는《4배》의 후속편이라 할 수 있는《5배Factor Five: Transforming the Global Economy through 80% Improvements in Resource Productivity》가 출간되었다.[11] 이 책에서 바이츠제커는 다양한 산업 분야에 걸쳐 기업들이 어떻게 4배의 자원 효율성을 거두었는지 보여주며, 5배 효율성 증가를 독려했다. 2010년에는 군터 파울리Gunter Pauli가《블루 이코노미The Blue Economy: 10 Years, 100 Innovations, 100 Million Jobs》를 내놓았다.[12] 그는 자연 생태계에서의 에너지/자원 흐름에서 영감을 얻었다.[13] 즉, 비즈니스 세계에서도 한 프로세스의 산출물이 다른 프로세스의 투입물이 되도록 함으로써 폐기물이나 배출이 없는 세계를 궁극적인 목표로 했다.

같은 해에 순환경제 원칙의 채택을 독려하기 위해 엘렌 맥아더 재단 Ellen MacArthur Foundation 이 설립되었다. 이 재단은 몇몇 글로벌 기업들의 기금으로 운영되는 자선단체다. 이들은 먼저 다양한 학파의 사고를 '순환경제'라고 명명한 통합 프레임워크에 통합시키는 데 집중했다. 그런 후 순환경제 기회의 규모를 측정하기 위해 경제 보고서를 발간하고, 순환경제 혁신 및 경쟁 전 협력 플랫폼인 CE100 Circular Economy 100 프로그램을 구축하기도 했다.[14]

2011년 세계경제포럼(WEF)의 차세대 글로벌 리더 커뮤니티(YGL)로부터 그동안의 성과를 설명해달라는 요청을 받은 엘렌 맥아더는 순환경제 개념을 명쾌하게 소개했다. 그때부터 순환경제와 엘렌 맥아더 재단은 YGL과 WEF 내에서 상당한 동력을 얻기 시작했다.

참고로 오늘날 이 재단의 활동 분야는 다음 4개의 영역에 걸쳐 있다. 비즈니스와 정부, 교육, 통찰력과 분석, 커뮤니케이션과 출판이 그것으로, 순환경제로의 전환을 가속화하는 것을 목표로 한다.

유엔 역시 순환경제의 진보를 지지하는 주요 지지자다. 포스트 2015 Post-2015 세계 개발 의제와 관련한 이들의 활동은 유엔 가입국가들의 지속가능 성장을 측정하기 위한 척도를 정한 UN 리우+20회의(2012년 6월)의 성과물과 밀접하게 연결된다.[15] 이러한 조치에는 일련의 지속가능 개발 목표 Sustainable Development Goals, SDGs 와 그린 이코노미 green economy 정책 가이드라인의 개발 과정이 포함된다.[16] 자원 효율성과 생산성도 이제 유엔의 포스트2015 안건의 일부로 논의되고 있다.[17]

이 논의에 목소리를 보태는 또 다른 NGO들도 있다. 일례로 옥스팜 Oxfarm International 은 성장을 자원 사용으로부터 분리시키고 자원 효율성을 증진시키는 것만이 포스트2015 체계를 뒷받침하는 핵심 요소라고 주장한다.[18]

이러한 노력들 모두가 순환경제에 영향을 미쳤다. 저명한 사상가들과 경제학자들도 전략적인 자원 사용에 대한 논의를 발전시키는 데 상당한 역할을 했다. 참고로 순환경제라는 용어는 1990년 데이비드 피어스 David Pearce 와 케리 터너 R. Kerry Turner 의 저서 《천연자원과 환경의 경제학 Economics of Natural Resources and the Environment》[19,20]에서 처음 사용되었지만, 그 후 오랜 시간을 거쳐 다수의 노력이 더해지며 지금에 이르렀다.

순환 우위에 다가가기

우리는 소위 거인의 어깨 위에 올라 이 책을 썼다. 여러 세대에 걸쳐 축적된 연구와 통찰력에 의지하고 있기 때문이다. 부디 이 책을 통해 기업들이 이론에만 머물지 않고 실행에 옮겨 진정한 순환 우위를 확보하기를 바란다.

그럼 이제 구체적으로 어떻게 순환 우위를 확보할 수 있는지 알아보기로 하자. 또한 자원 생산성의 혁신이 어떻게 이루어졌는지 살펴볼 것이다. 어떤 비즈니스 모델이 번성할 것이며, 경영자들이 순환 우위를 확보하는 데 필요한 전략과 역량, 기술을 어떻게 평가할 수 있는지 설명할 것이다. 그리고 정책 입안자들이 순환경제 채택을 가속화하는 체제적 변화를 독려할 수 있는 방법에 대해서도 살펴볼 것이다. 한 방향으로 작동하는 공급망을 구축하는 데 50년이 걸렸다. 이제 양방향으로 움직이도록 만들 때가 되었다.

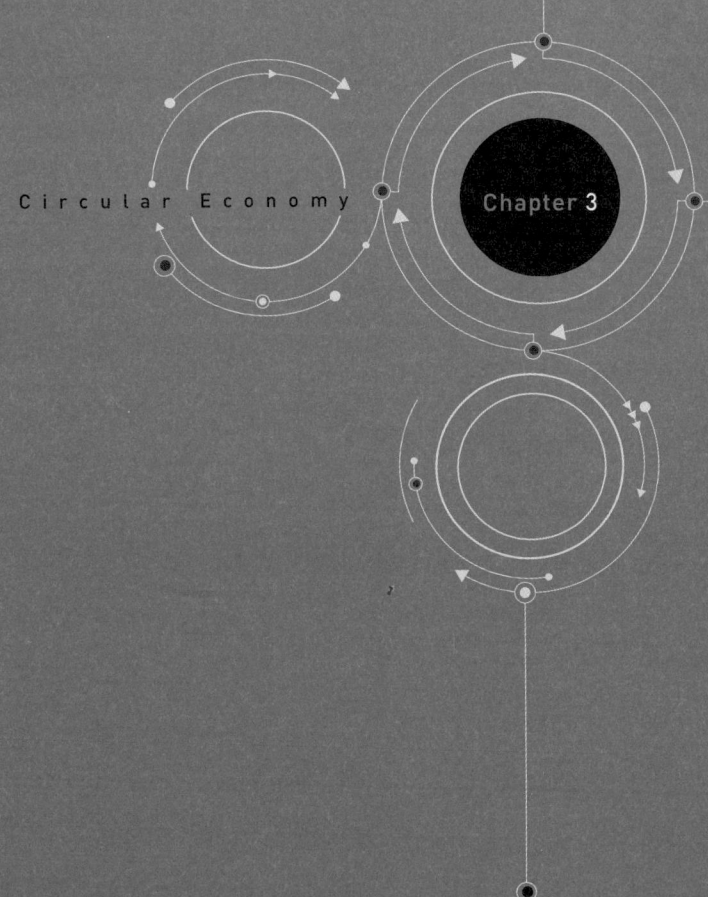

Circular Economy

Chapter 3

순환 우위의 확보

순환 모델로 전환한다는 것은 선형경제의 공급 논리를 바꾸어야 함을 의미한다. 우리는 재생 가능한 에너지, 안전하게 분해되는 바이오 물질, 쉽게 회수되고 재활용되도록 설계된 금속 물질 등을 더 많이 필요로 할 것이다. 제품은 회수된 재활용 소재를 사용하거나 수명 종료 시점에 저렴한 비용으로 재활용될 수 있도록 설계됨으로써 생산 루프가 폐쇄 반복형으로 디자인된다. 즉 재사용을 감안해 제조된 부품, 교체되기보다는 개조될 수 있는 제품이 필요하다. 자원의 효율적인 사용은 순환경제에서 중요한 공급 측면의 요소다.

하지만 공급 요소가 순환 모델에서 주요 동인이 아니다. 많은 사람들이 자원의 효율적인 사용이 순환경제의 핵심이라고 오해하고 있지만, 진정한 동력은 수요 측면에 있다. 즉, 기업이 제품의 사용 중이나 사용 후에 어떻게 고객을 참여시킬 것인지, 어떻게 제품을 개발하고 어떻게 자원 요건을 개선시킬지가 핵심이다. 다시 말해, 순환경제는 수요에 대한 심층적인 이해로 시작해 자원 요건과 공급 사양으로 끝난다.

고객들은 이제 언제든지 정보의 바다에 접속할 수 있다. 클라우드 컴퓨팅cloud computing, 빅데이터, 정보 혁신은 제품이나 서비스 사양을 확실하게 간파할 수 있는 문을 열어주었다. 소비자들 역시 그들이 거래하는 기업들과 연결되어 있다. 그 결과 가격이나 품질, 성능 등 '모든 것을 원하는' 정도에까지 이르렀고, 이를 가능하게 해주는 기업을 선택했다.

2013년 미국 소비자들을 대상으로 한 조사에서 응답자들은 기업이 그들의 사회적 책임을 다하는 최선의 방법으로 에너지 사용과 폐기물 생성을 최소화할 수 있도록 제품을 디자인하거나 폐기물로 인한 탄소 배출을 낮추는 것을 들었다. 이 모두는 순환경제에 있어 핵심이다.[1] 세계 1등 브랜드 54개에 대한 또 다른 조사에서도 같은 결과를 얻었다. 즉 응답자들 5명 중 4명은 브랜드에 있어 가장 중요한 고객 행동은 재활용, 커뮤니티 참여, 지속가능 제품 구매, 쓰레기 줄이기라고 했다.[2] 다시 말하지만 이 역시도 순환 비즈니스 원칙과 직접적으로 연결되어 있다.

문제는 오늘날에도 지속가능한 비즈니스 행동의 상당 부분이 소비자들에게 대가를 치르도록 요구한다는 데 있다. 그들은 종종 다음과 같은 질문에 봉착한다. 중고품에서 추출한 자원으로 만든 제품이 신규 자원으로 만든 제품과 동일한 품질을 가지고 있을까? 성능은 믿을 수 있을까? 사회적 책임을 고려해 만들어진 제품을 구매할 때 더 많은 돈을 지불해야 한다면? 통상적으로 사는 제품을 대체할 만한 지속가능 대안제품이 있을까? 중고 제품을 구매하려면 구매 채널과 선택 범위가 제한되지 않을까?

다행스러운 것은 이런 문제들의 해결책들이 보이기 시작했다는 점이다. 나날이 발전하고 있는 디지털 기술 덕분에 소비자들이 치러야하는 대가를 완화시킬 수 있다. 일례로 제품 공유를 살펴보자. 공동 사용이나 공동 소유를 위해 제품을 모으는 것은 많은 수작업을 요구했고, 제품 상태를 확인하는 것 역시 어렵거나 불가능해 제품 공유는 종종 실망스러운 결과로 이어졌다. 하지만 이제는 모바일 장치와 서비스 덕분에 모든 프로세스를 자동화시킴으로써 사용자들에게 충분한 정보를 제공할 수 있게 되었다. '아우디 유나이트Audi Unite'는 최대 4명의 운전자가 차량을 공동 소유할 수 있는 시험 프로그램으로, 지도 및 이동 경로 추적, 예약 어플리케이션, 연료 상황에 대한 직접 모니터링 등을 완벽하게 제공한다.[3]

이미 변화는 시작되고 있다

　기업의 사회적 책임을 중시하는 고객이라면 순환 원칙을 채택한 기업들에 끌리게 될 것이다. 그리고 한정된 자원 사용으로부터 분리된 비즈니스 모델에서 생산, 판매된 제품이 품질이나 성능, 가격 면에서 선형 모델에서 만들어진 것과 동등하거나 낫다는 사실을 깨닫게 될 것이다. 소유 제품을 교환하는 것이 편리할 뿐만 아니라, 유지나 보수 걱정도 줄여주고 집안도 덜 복잡하게 만들며, 돈도 절약할 수 있음을 경험하게 될 것이다. 아마도 가장 중요한 것은 고객들이 순환 기업들에 대해 강한 충성도를 보여 이들과 보다 깊고 장기적인 관계를 구축할 것이라는 점이다.

물론 이러한 일이 동시에 모든 곳에서 일어날 수는 없다. 일단 시범 단계로 신중하게 제품과 브랜드, 시장, 고객층을 고른 후 그에 맞춰 조정을 해나가야 한다.

이것이 오늘날 많은 기업들의 경영 방식에 일어나고 있는 핵심 변화라는 점을 인정해야 한다. 순환성은 전통적인 비즈니스 모델을 거꾸로 뒤집어놓아 기업들을 생산이 아니라 시장에서 자원을 관리하도록 만든다. 즉, 기업들로선 소비자들이 진정으로 가치 있게 여기는 것을 이해하고 이에 집중할 것을 요구받는다. 이는 더 이상 생산 비용의 축소에 관한 문제가 아니다. 소비자들은 제품을 생산하는 데 쓰인 자원이나 에너지가 아니라, 제품이 제공하는 서비스에 대해 비용을 지불한다. 기업들은 제품에 내장된 자원을 회수함으로써 비용을 낮추면서도 제품 라이프사이클 전 과정에 걸쳐 최상의 경험과 성능을 제공한다. 때로는 제품 소유권은 기업이 보유한 채로 고객들이 제품을 공유할 수 있게 하고, 더 이상 필요하지 않으면 다시 시장에 내놓을 수 있도록 도와준다.

순환 모델에서 기업들은 단순한 제품 판매에서 벗어나 제품에 대한 접근성을 제공하거나 성능을 최적화해 수익을 창출할 수 있도록 제품의 사용과 폐기에 더욱 깊게 관여해야 한다. 일반 드릴이 대표적인 예다. 드릴은 구매에서 폐기까지 총 사용 시간이 30분이 채 안 된다.[4] 그럼에도 시장에는 이렇게 사용도 안 되고 먼지만 쌓이는 수백만 개의 드릴이 공급된다. 만약 필요할 때만 성능이 뛰어난 공구에 편리하게 접근할 수 있다면, 소비자들은 돈과 시간을 절약할 수 있다. 그러려면 드릴과 같은 공구는 좀 더 긴 수명과 부품 재사용, 재활용, 근접 제품을 찾는데 필요한 위성 내비게이션 추적장치, 조언을 구할 수 있는 사용자 커뮤니티, 제품

픽업과 반납을 간소화할 수 있는 모바일 결제 등에 최적화되어야 한다.

이 개념은 공구에서부터 트럭, 건물, 화학제품, 프린터에 이르기까지 그 어떤 것에도 적용될 수 있다. 순환 비즈니스가 완성되려면, 생산과 판매뿐만 아니라 제품의 사용과 회수도 고려되어야 한다. 이러한 생각은 기업의 활동에 대대적인 변화를 야기시킬 것이다. 즉, 의도적인 분해나 진부화를 위해 디자인된 제품도, 환경에 미치는 영향에 대한 고려 없이 만들어진 제품도 더 이상 없음을 의미한다.

우리와 함께 한 기업들 중 상당수가 현재 시험 운전 중에 있지만, 대부분이 '시험 마비' 상태에 빠져 성과를 끌어올릴 수 있는 암호를 아직 찾지 못하고 있다. 그 와중에 흥미롭게도 에어비앤비, 리프트, 집카Zipcar, 렌트더런웨이, 가젤Gazelle, 솔라시티 등이 불과 몇 년 사이에 놀라운 성

표 7. 2002~2013년간 북미 차량 공유 회원수

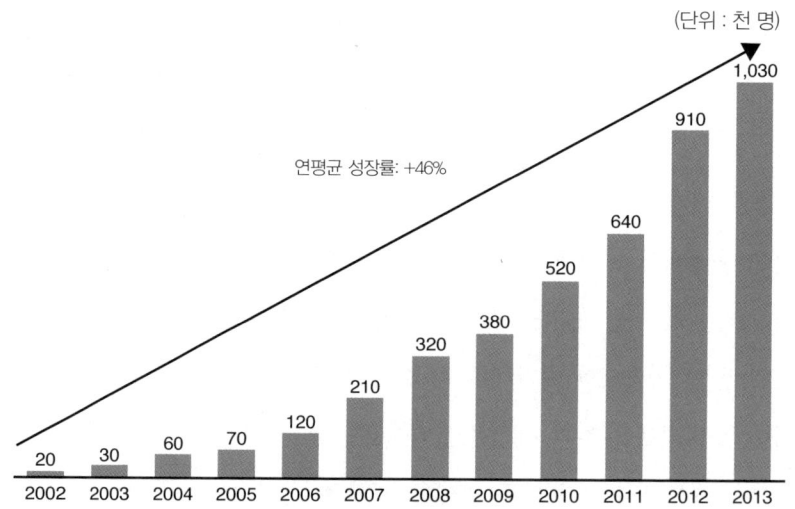

출처_ 수잔 셰힌Susan Shaheen 과 아담 코헨Adam Cohen 의 '혁신적인 이동성 공유 전망: 차량 공유 시장 개요와 분석, 트렌드' 2013년 7월 8일 (http://tsrc.berkeley.edu/node/629.)

과를 내며 엄청난 가치를 창출하고 있다. 일례로 5백만 회원들이 패션 공유 서비스를 이용하는 렌트더런웨이를 살펴보자. 매출은 2014년 5천만 달러에서 2015년 1억 달러로 2배 증가했으며, 기업 가치 역시 4억 달러에서 6억 달러로 상승했다.[5] 참고로 차량 공유 서비스를 출시한 기업들 역시 렌트더런웨이처럼 엄청난 성장을 구가하고 있다.

선두에
서라

이미 기업들은 세계적으로 재생 에너지에 대한 투자와 재활용 등의 노력을 통해 순환 원칙을 채택하고 있다. 진취적인 혁신가들은 순환경제가 단순히 자원 공급과 이용 효율성에 관한 문제만은 아님을 알고 있다. 위에 언급된 사례들에서 보듯이 순환경제는 자원 수요에 대한 접근법을 고객 관점에서 출발해 발전시켜야 하는 문제이기도 하다.

우리는 순환경제 사고와 신기술을 무기로 기존 강자들을 위협하는 120여 개 기업을 발굴했다. 우리는 이 기업들이 확보한 비교 우위를 '순환 우위'라고 부른다. 이들은 제품의 전체 수명 주기에 걸쳐 자원 생산성과 고객 가치 모두에서 혁신을 추구한다. 그리고 '기본으로 돌아가' 고객 가치라는 측면에서 제품과 서비스를 재고함으로써 순환경제에 적합한 비즈니스 모델을 구축한다.

나이키Nike는 자원 생산성과 고객 가치 사이의 긴장을 해소하는 방법을 찾으려 수 년 동안 노력했다. 그 결과 제품의 환경 영향은 감소시키는 반면 성능은 신장시킨 혁신을 만들었다. 대표적인 예가 나이키의 플라이니트Flyknit™ 기술(꿰매지 않고 짜는 기술로, 37개의 조각으로 이루어지는 기존 신발이 이 기술을 활용하면 몸통과 밑창 바닥 2개 조각으로 제작이 가능_편집자註)이다. 이를 통해 생산 과정은 단축되고, 최대 80%까지 선수 기량을 향상시키는 데 도움을 주는 가볍고 착화감이 뛰어난 신발이 탄생했다.

그러나 폐기물을 축소하는 것은 첫 번째 단계에 불과하다. 나이키는 제품 재활용률을 높이고 희소한 석유 자원을 쓰지 않는 100% 식물성 물질을 개발하기 위해 R&D에 대규모 투자하거나 파트너십을 맺고 있다.[6]

플라이니트 등의 시도들은 나이키 비즈니스에 있어 순환적 사고가 중심 역할을 하고 있음을 보여준다. 나이키의 지속가능성 최고책임자인 한나 존스Hanna Jones 는 이렇게 설명한다. "우리는 점점 더 희소해지는 자원으로부터 성장을 분리시키며 비즈니스를 키워가고 있습니다. 기술과 과학, 혁신을 통해 당신이 입었던 나이키 티셔츠를 새 상품으로 '재탄생'시키기 위해 뉴욕 나이키타운에 반납할 수 있도록 만들고자 합니다."[7,8]

순환경제는 여러 면에서 전통적인 선형 모델과 거리를 둔다. 선형 모델에서 자원은 최적의 비용으로 생산에서 폐기까지의 과정을 거치는, 풍부하고 저렴한 것으로 인식된다. 하지만 순환경제에서 자원은 희소하고 가치 있는 것으로 여겨지며, 기업들은 품질이나 가치를 상실하지 않고 최대한 오랫동안 자원을 이용하려고 한다. 이와 마찬가지로 선형 모델에서 자원은 생산 소모품이자 시장 수익원으로 최대한 활용되지만, 순환 모델에서 자원은 생산에서는 투자로, 시장에서는 성능 기반의 자산으로 인식된다. 마지막으로 선형 모델에서는 환경적인 영향은 대체로 간과되고 사용 중이나 수명 종료 후에 폐기물을 최소화시키는 장려책도 미미하다. 하지만 순환경제에서는 가치사슬의 어느 단계에서든 폐기물과 비효율적인 자원 사용은 직접적인 기업 비용으로 환산된다.

경제적 기회의 측정

이러한 차이들은 순환 모델의 강력한 비즈니스 이익으로 해석된다. 세계적으로 여러 산업 분야에 걸쳐 순환경제 규모와 가치가 지닌 잠재력을 측정한 연구가 다수 있다. 눈에 띄는 연구물로는 다음과 같은 것들이 있다.

- 중국 순환경제연합회 China Association of Circular Economy, CACE
  중국 시장 잠재력은 2015년 2930억 달러 수준[9]
- EU 집행위원회
  2030년까지 EU 기업들은 6천억 유로 순절감, 2백만 개의 일자리 창출[10]
- 엘렌 맥아더 재단
  2025년까지 EU 제조업 부문에서 6300억 유로[11], 세계 일용소비재 부문으로는 7천억 유로 규모의 물질 원가 절감[12]

- 영국 폐기물 및 자원 행동 프로그램Waste & Resources Action Programme 2020년까지 식음료, 건축, 제조업을 중심으로 EU 27개국에서 4천억 유로의 비용 절감 및 16만 개의 일자리 창출[13]
- 영국 환경식품농무부UK Department for Environment, Food, & Rural Affairs, Defra 에너지와 폐기물, 수자원 효율성을 중심으로 영국에서 연간 630억 유로 수준[14]
- 네덜란드 응용과학연구소Netherlands Organization for Applied Scientific Research 금속/전기, 생물학 폐기물을 중심으로 네덜란드 경제에 있어 73억 유로 및 5만 4천 개 일자리 창출[15]

이 책을 위해 우리는 4가지 유형의 선형경제 폐기물(부록 1. 방법론 참조)을 모두 고려하면서, 여러 국가와 산업들에 고루 통용되는 순환경제가 가져오는 전반적인 경제적 기회의 규모를 파악하고자 했다. 잠재력을 추정하기 위해 우리는 다음과 같은 질문을 제기했다. 상품 가격이 상승할 때 한정 자원을 대체하는 데 있어 세계 경제는 얼마나 탄력적이고 혁신적일까? 물론 세계 경제의 놀라운 탄력성은 역사적으로도 증명되어 왔다.[16,17] 하지만 수요 증가 속도도 그 어느 때보다 빨랐으며, 환경 문제도 훨씬 심각해졌다.

그래서 우리는 '기존 방식의 비즈니스' 시나리오뿐만 아니라, 기술 개발과 자원 대체 속도가 빠르게 진행된다는 긍정적인 시나리오도 포함시켜 (데이터의 정확성을 담보할 수 있는 최장 시점인) 2050년까지 글로벌 경제를 시뮬레이션했다.

그 결과 현재의 생산과 소비 패턴이 자원 고갈과 과잉 수요를 계속해서 주도한다면, 상당한 가치가 손실될 위험이 있음을 발견했다. 2030년까지 공급 중단, 가격 상승, 불안정 등으로 인해 세계 경제는 3조~6조 사이의 비용을 부담하게 될 것이다. 이로 인해 미치는 영향력도 4조 5천억 달러 규모로 추정되었다. 이 비용이 2050년에는 10조에서 40조 달러 사이의 어느 지점으로 예측되었는데, 최악의 경우 주요 에너지 및 물질 공급이 심각한 수준으로 떨어지고 저비용 대체재도 부족한 상황이라 할 수 있다.

이는 역으로 2030년까지 순환경제로 전환할 경우 4조 5천억 달러 규

표 8. 순환경제 가치의 기회

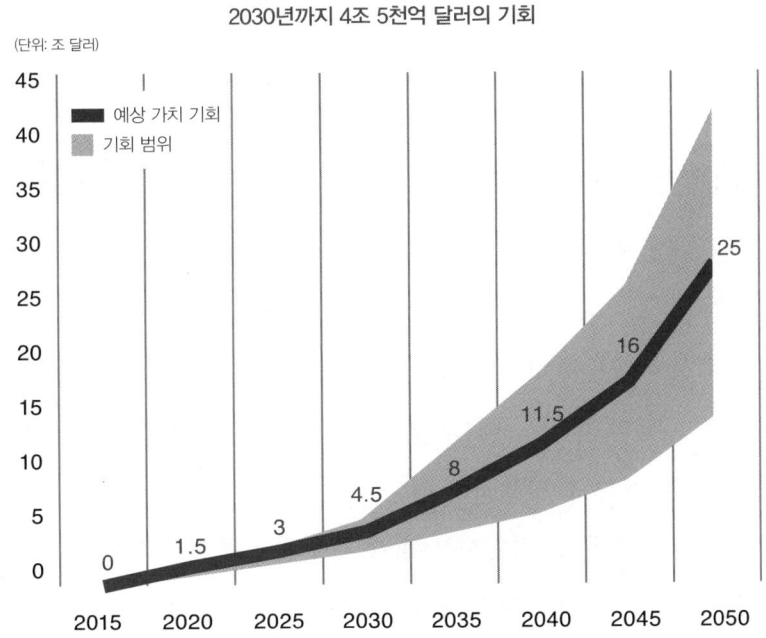

출처_ 액센츄어 분석(추가적인 설명은 부록 2. 모델링에서 추출한 데이터 참조)

모의 가치 창출 기회가 있음을 의미한다. 그래서 우리는 상향식 접근법을 사용해 구체적으로 향후 어디서 순환경제 가치가 생성되는지 폐기물 유형별로 가치 잠재력을 알아보았다. 그 결과 2014년에서 2030년 동안 다음의 영역에서 성장 잠재력이 있는 것으로 나타났다.

표 9. 2030년까지 4가지 선형경제 폐기물 영역별 성장 잠재력

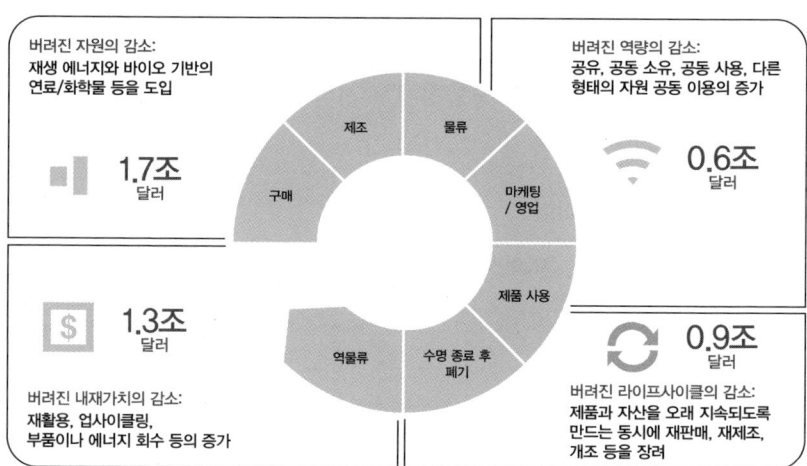

출처_ 액센츄어 분석(추가적인 설명은 부록 2. 모델링에서 추출한 데이터 참조)

- 재생 에너지와 바이오 기반 연료/화학물 등을 도입함으로써 버려진 자원의 감소로 에너지 부문에서 1.1조, 물질 부문에서 0.5조 달러 등 총 1.7조 달러 규모 성장
- 재판매, 재제조, 개조, 수선, 장기 지속 제품 제조, 자산 최적화 서비스 등을 장려함으로써 버려진 라이프사이클의 감소로 0.9조 달러 성장
- 공유, 공동 소유, 공동 사용, 자원 공동 이용 등을 증가시킴으로써

버려진 역량의 감소로 0.6조 달러 성장 (현재 상대적으로 가장 강한 성장 잠재력을 보여주고 있는 시장)
- 재활용, 업사이클링 upcycling (업그레이드+리사이클링), 부품이나 에너지 회수 등의 증가를 통해 버려진 내재가치의 감소로 1.3조 달러 성장

경제적 기회를 확보하기 위한 산업별 활동

여기에서 한걸음 더 나아가보자. 순환경제가 실제로 이를 실현할 수 있을지 파악하는 것도 중요하기 때문이다. 이를 위해 7개 주요 산업군별로 순환경제 내에서 어떻게 운영될 수 있는지 분석한 후, 자원 생산성 향상 정도를 측정해보았다. 분석 결과 우리는 여러 다양한 조합으로 순환 원칙을 적용함으로써 각 산업군의 자원 생산성을 몇 배나 증가시킬 수 있으며, 고갈에 직면한 자원 공급 문제로부터 세계 경제를 구할 수 있다는 결론에 이르렀다. 물론 비즈니스 모델과 기술을 향상시키고, 고객들을 참여시키며, 좀 더 훌륭한 순환 가치 제안을 개발하기 위해서는 아직도 많은 혁신이 필요하다는 건 틀림없다. 그럼에도 이 책 전반에 걸친 사례와 인용들이 설명해주듯이, 시작을 위해 활용해볼 만한 순환 솔루션은 이미 충분하다.

다음은 7개 산업군들이 4가지 유형의 폐기물을 제거하기 위해 어디에 그들의 노력을 집중시킬 수 있는지 보여준다.

농업/식품

가치사슬 상에서 음식물 쓰레기를 줄이거나 재사용하는 것, 순환 에너지를 생산하기 위한 혐기성 분해, 물/토양 관리, 뿌리와 같은 부산물을 재사용한 분무 재배, 인근 산업 공정에서 나오는 열이나 이산화탄소 활용, 재사용이 가능한 포장이나 재활용 포장, 물리적 점포 없는 소비자 직거래

의류

재판매/중고 시장/온라인 커뮤니티, 섬유 재활용, 목재 기반 섬유와 같은 물질 혁신, 독성 물질과 염색 처리를 줄이기 위한 순환 생산법의 실천, 생분해성 제품, 중고 타이어를 신발로 만드는 등의 업사이클링

자동차/교통

변속기, 펌프, 실린더 등과 같은 핵심 부품의 재제조, 예방 정비와 수리 서비스, 제조상 부산물들과 타이어의 재활용, 차량 공유 프로그램의 실행, 바이오 기반/재생 전기 연료로의 전환, 크라우드 운송crowdshipping 과 도시 간 배송, 화물 차량의 유휴 용적을 줄이기 위한 적재/이용 최적화

건설업

아스팔트, 콘크리트, 석고보드 등과 같은 건축 물질의 재활용, 새로운 건축 물질을 만들기 위해 다른 산업이나 건설, 철거에서 발생한 폐기물 재사용, 모듈식 빌딩 설계, 비사용 공간의 대여, 에너지와 수자원의 통합 수확, 시설 관리나 운송 등을 위한 설비의 공동 사용

가전제품/IT

중고 제품 업그레이드와 재판매, 모듈 디자인과 부품 시장, 3D 프린팅 예비 부품, 수명이 만료된 부품 회수, 회수/개조를 통한 선불 비용 제로화와 같은 콘텐츠 기반 수익 모델, 클라우드 컴퓨팅 등의 하드웨어 중앙 집중화/공유

에너지

재생 에너지, 바이오 연료, 태양광 임대와 같은 에너지 생산용 제품 서비스 시스템, 그리드 인프라의 재활용과 개조

산업 설비

수명 종료 기계의 재제조, 과잉 설비 공유 프로그램, 제품 서비스 시스템 및 자산 라이프스타일 관리, 성능을 모니터링하고 예방 정비를 위한 커넥티드connected 설비

순환경제를 향해 나아가는 일은 쉽지 않다. 그러나 그 반대급부는 지구를 위해서는 말할 것도 없고 성장과 고객 만족이라는 면에서도 충분한 가치가 있다. 순환경제 원칙을 채택함으로써 많은 기업들이 진정한 경쟁 우위를 확보해가고 있다. 결국 점점 더 많은 기업들이 순환경제를 이끌 주요 동력이 됨으로써 언젠가는 순환경제가 선형경제를 대체하고 세계 경제를 주도할 것은 확실하다.

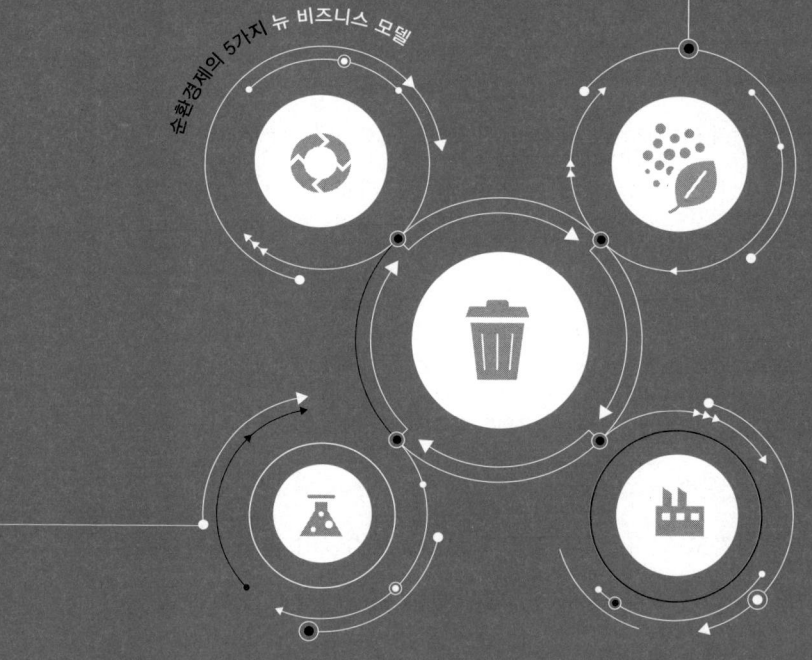

순환경제의 5가지
뉴 비즈니스 모델

Chapter 4   순환 공급망 모델
Chapter 5   회수/재활용 모델
Chapter 6   제품 수명 연장 모델
Chapter 7   공유 플랫폼 모델
Chapter 8   PaaS 비즈니스 모델

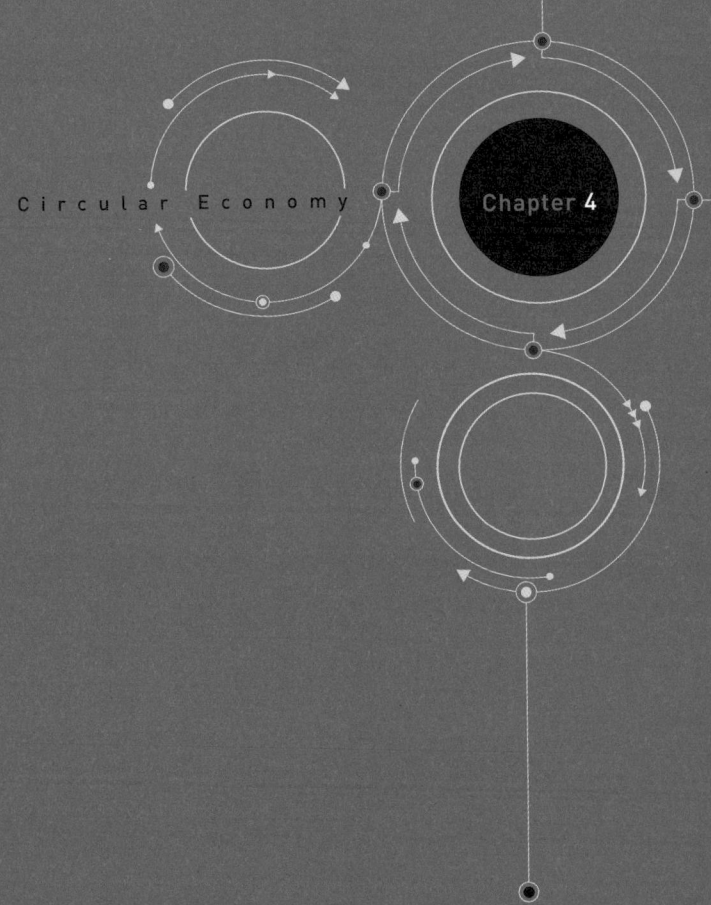

순환 공급망 모델
"처음 시작부터"

Circular Economy

최근까지 제조업체들은 제품 생산에 필요한 원물질이나 에너지가 독성이 있거나, 오염원이 되거나, 재활용이 안 된다 하더라도 별다른 대안이 없었다. 사실 화석 에너지와 독성 물질에 기반한 물질, 자원 집약적인 물질 등은 모두 선형 모델과 관련이 있다.

하지만 오늘날 이런 상황은 점차 개선되고 있다. 순환 공급망 모델을 채택한 기업들이 늘어남에 따라 제조업체들은 훨씬 더 나은 대안들을 가지게 되었다.

본질적으로 순환 공급망 모델은 선형 모델을 대체할 재생/재활용/생분해 원료에 대한 접근성을 기반으로 하고 있다. 일례로 재생 에너지는 비재생 에너지를 대체해 거의 모든 제품의 순환 공급망에 있어 필수적인 투입 자원이 된다. '생물학적 영양소 biological nutrients'라고 불리는 바이오 기반 물질(생화학 물질, 바이오 플라스틱)들이 비재생 독성 물질들을 대체할 수 있으며, 사용 후에는 자연에서 안전하게 분해된다. 금속, 광물 등의 재활용 원료나 '기술적 영양소technical nutrients'는 회수망이 작동하는 한 무한정 재활용/재사용될 수 있으며, 가치사슬 상에서 누출되거나 오염되는 일도 없다.[1]

독일의 화학자 미하엘 브라운가르트는 이렇게 설명했다. "이는 '나쁜' 물질을 최소화하는 문제가 아닙니다. 생산할만한 가치가 있고 경제적으로 합리적인 어떤 것을 창조하는 문제입니다."[2] 브라운가르트는 순환경제를 효율성 강화나 나쁜 것을 덜 하는 문제가 아니라 처음부터 '옳은 것을 하는' 문제로 바라보았다. 소비자들에게도 이 문제는 자원의 희소성보다 훨씬 더 깊게 다가간다. "지금 하는 방식을 계속한다면, 우리를 인간답게 만드는 것을 잃게 될 겁니다."라고 말했다.

처음에는 단지 경제 시스템을 잃는 문제로 보이지만, 결국 위엄을 잃는 문제가 된다는 말이다. 자원 부족과 기후 변화로 인해 다른 생물과 전 생태계가 폐허가 되는 결과를 감당할 수 없기 때문이다. 또한 이는 단순히 우리의 생태발자국만을 감소시키는 문제가 아니다. 다른 생물들도 공존할 수 있는 커다란 생태발자국을 만드는 문제이기 때문이다. 그런 점에서 순환 공급망은 이상적으로 말하면 재생 가능하고, 본질적으로 선하며, 독성도 없다. 물론 고객들은 보다 저렴한 가격과 시장 변동성을 반길지 모른다. 그러나 이보다 더 중요한 것은 순환 자원은 현재의 일부 선형 자원처럼 모유에까지 영향을 미치는 독성 오염 물질을 절대로 방출하지 않을 것이다. 브라운가르트도 이렇게 말했다. "모유에 2,500여 개의 화학 물질이 축적되어 있다는 사실을 발견했습니다. 이는 화학적인 괴롭힘입니다. 아기들이 원한 적은 결코 없기 때문입니다."

순환 공급망
모델이란

　순환 공급망 모델은 유한한 자원을 가진 우리에게 대단히 중요한 의미를 지닌다. 이 모델에서 공급 업체들은 희소하거나 독성을 띠는 것에서 벗어나 예측 가능하고, 장기적이며, 비용 효율적인 공급원을 제조업체에 판매할 수 있다. 이 모델은 수요면에서도 공급 업체에게 경쟁 우위를 제공한다. 위험이 감소되고, 안정적인 가격을 유지하며, 규제를 준수하고, 장기적인 공급을 확신할 수 있으며, 나쁜 것보다 좋은 것을 더 많이 하기를 원하는 고객들이 장기적인 파트너가 될 가능성이 많기 때문이다. 실제로 상당수의 소비자들은 가격이나 품질 면에서 비슷하다면 통상적인 제품 대신 지속가능한 대안을 선택한다. 이것이 순환 공급망의 시장 점유 파워다.

　순환경제 목표를 실현하려면 물질에는 반드시 독성이 없어야 한다. 보다 신뢰할 수 있고 오래 지속되는 제품을 만들기 위해 독성 물질이 사용된다면, 이는 여전히 온전한 순환형이 아닌 셈이다. 미하엘 브라운가르트는 타이어를 예로 들어 이렇게 지적했다. "오늘날 타이어는 과거보다 훨씬 오래 쓸 수 있습니다. 이는 소비자들이 타이어를 교체하는 빈도를 줄여도 된다는 말인데, 결국은 버려지는 것이 적어진다는 의미도 됩니다. 그러나 이런 내구성을 가능하게 하는 물질들은 독성을 가질 수 있고, 접촉하는 사람들에게 건강 문제를 일으킬 수도 있습니다."[3]

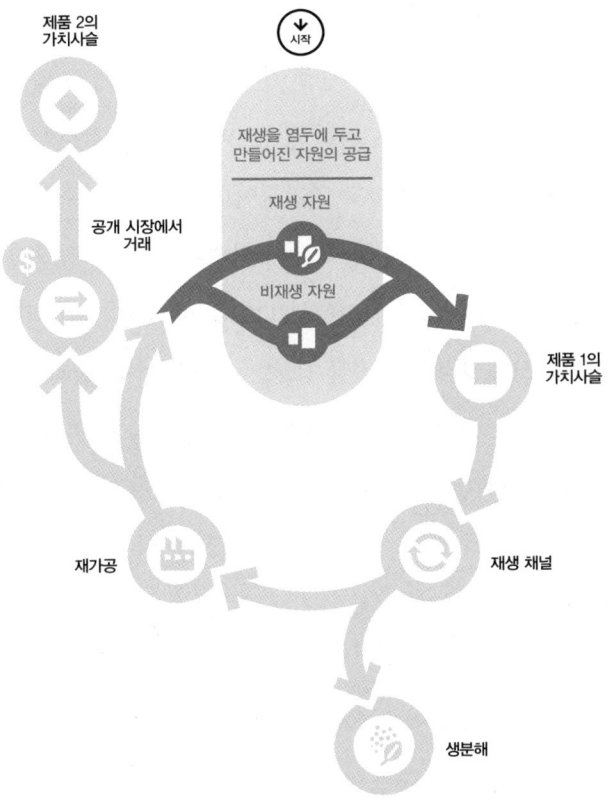

순환 공급망 모델

비즈니스 모델의 변용

　　　　　　순환 공급망 모델은 다른 기업을 위해 생산할 때뿐만 아니라, 자기 운영을 위해 생산할 때에도 운용 가능하다.

　일반적으로 다른 기업의 생산 과정에 필요한 재생 에너지나 물질 용도로 순환 공급 제품을 판매한다. 이것이 크레일라 테크놀로지가 하는 일이다. 1998년에 설립되어 현재 상장사인 크레일라는 아마나 대마, 기타 인피 섬유를 이용해 재생 가능한 친환경 바이오매스 물질을 생산한다. 아마 섬유를 천연 효소로 처리함으로써 크레일라는 면화 재배로 인한 환경 위험을 최소화하면서도 면만큼이나 부드럽고 내구성 있는 의류를 만들고 있다. 또한 이는 비용을 절약해주기도 한다. 연구자료에 따르면, 가공 면직물 1kg을 생산하려면 2,000~2,900 리터 가량의 물이 필요하다.[4] 그런데 크레일라는 면직물 1kg를 생산하는 데 불과 17리터의 물만 사용한다. 물을 무려 99%나 절약한 셈이다.[5] 물의 원가를 생각하면, 순환 공급재는 경제적으로나 환경적으로 전통적인 자원들보다 훨씬 더 효과적이다.

그 결과 크레일라 플랙스CRAiLAR Flax 는 세계에서 가장 큰 의류 브랜드 중 하나로 인정되었다. 게다가 이 기술은 섬유 제품을 넘어 산업, 에너지, 의료, 복합 재료 산업에까지 확대될 수 있다.[6] 2013년 12월, 크레일라는 이케아IKEA 와 아디다스Adidas 로부터 5백만 달러의 투자를 받았다고 발표했다.[7]

네이쳐웍스Natureworks 역시 순환 공급 제품을 판매하는 기업이다. 카길Cargill 과 PTT글로벌케미컬PTT Global Chemical 의 조인트 벤처로 설립된 네이쳐웍스는 100% 재생 가능 자원으로부터 추출한 바이오폴리머를 판매한다. 네이쳐웍스의 바이오폴리머 생산 비용이나 성능은 석유 기반 포장 물질이나 섬유와 비교해 볼 때에도 떨어지지 않는다. 네이쳐웍스 제품은 포장재에서부터 플라스틱 병에 이르기까지 다양한 완제품에 사용되고 있다.[8]

다른 기업들이 사용할 순환 제품을 생산하는 기업은 공동 개발이나 공동 라이프사이클 관리 프로젝트 등을 통해 고객들과 협업하는 데에서도 가치를 발견할 수 있다. 이는 페인트, 특수 화학제품 등을 생산하는 세계적인 기업 악조노벨이 취한 방식이다. 악조노벨 제품은 주택, 건축에서부터 소비재, 차량, 산업 발전 설비에 이르기까지 다양하다. 메가트렌드 조사를 진행한 악조노벨은 조사 결과를 반영해 자신의 비즈니스 전략을 '보다 적은 자원으로부터 더 많은 가치를'로 수정했다. 이 전략은 순환 공급재의 고객이자 공급자 입장에서 그들의 업무를 주도하고 있다. 또한 '보다 많은 바이오 물질 사용'을 초점으로 고객들에게 재활용/재사용 물질들을 공급하고 있다.

그러나 악조노벨 자체 운영에는 가치사슬 상의 총 에너지 중에서 6%만이 사용된다. 나머지 94%의 에너지는 업스트림upstream의 공급 업체들이나 다운스트림downstream의 고객들이 사용한다. 그러다 보니 악조노벨은 에너지 소비를 줄이면서도 소비자들이 원하는 솔루션을 제공할 기회를 찾기 위해 고객들과 밀접하게 협업할 수밖에 없다. 참고로 이들의 연구는 건물, 운송, 소비재와 같은 최종 소비자 시장 영역까지 아우르고 있다.[9]

이 영역에서 악조노벨이 보여준 훌륭한 업적 중 하나를 들자면, 식물 기반 오일과 재활용 PET병으로 새로운 코팅제를 개발한 것이 있다. 이 코팅제는 세계 최초로 완전히 재활용되고 생분해되는 종이컵에 사용되는 핵심 재료다. 세계적으로 연간 2천억 개나 사용되는 재래식 종이컵은 석유 기반 필름으로 코팅이 되어 있어, 추가 비용 없이는 재활용될 수 없고 종이 품질도 크게 훼손된다. 하지만 악조노벨 코팅제는 재활용될 때 품질에 문제가 없도록 종이컵의 섬유질을 보존한다. 이는 제지 업체 입장에서도 비용 절감으로 다가온다. 통상 매립지로 가는 종이 폐기물들을 생산 과정에 투입할 수 있기 때문이다. 종이컵 생산자들 역시 폐기물을 재활용하는 것은 비용적으로나 환경적으로 모두 이득이 된다.[10]

악조노벨의 지속가능 부문 임원인 안드레 비너먼Andre Veneman 은 이렇게 설명했다. "우리는 우리 자신의 비즈니스를 변화시킬 때 스스로에게 이런 질문을 해봅니다. '우리의 핵심 고객들이 에너지와 자원을 절약할 수 있도록 어떻게 도와주어야 할까?' 우리는 전체 가치사슬을 훨씬 더 자원 효율적이고 에너지 효율적으로 만들기 위해서는 공급 업체들과의 협력이 정말로 중요하다고 생각했습니다."[11]

공급업자와의 협업을 통해 이룬 순환적 혁신의 예가 또 있다. 악조노벨은 통상 화석 연료 기반 방식으로 생산 공급되던 전통 원물질을 대체할 '친환경' 화학 물질을 개발하기 위해 클린테크 회사인 포타놀과 협업했다. 이 협업은 환경을 위해서나 악조노벨의 수익을 위해서나 타당한 선택이었다. 악조노벨은 2015년 매출의 30%가 이 같은 '에코 프리미엄eco-premium' 제품에서 발생했다.[12]

앞서 말했듯이, 다른 기업들이 사용할 순환 제품을 생산하는 것 외에도 자신들의 운영을 위해 순환 공급망 모델을 활용할 수 있다. 일례로 재생 에너지를 생산해 자체 소비하는 이케아를 살펴보자. 2014년 4월에 이케아는 일리노이에 있는 풍력 발전 단지를 사들였다. 2015년부터 전면 실행 중인 이 프로젝트는 미국 내 모든 이케아 매장이 사용하는 에너지양의 130%에 해당하는 에너지를 생산할 것으로 예상하고 있다. 또한 미국 이케아 매장의 90%는 매장 지붕에 있는 태양 전지판으로부터 생산된 태양 에너지를 사용하고 있다. 참고로 이케아는 2013년에 전 세계 매장

에서 필요로 하는 에너지 양의 37%를 재생 에너지로 충족시켰다.[13]

미국 이케아 최고재무책임자인 롭 올센Rob Olsen은 이렇게 말했다. "(이케아는) 재생 에너지에 전념하고 있으며, 탄소 배출을 최소화할 수 있는 방식으로 운영하고 있습니다. 이는 환경적으로나 재정적으로나 모두 이익이 되기 때문이다. 변동성 높은 전기 비용에의 노출을 제어하고 고객들에게 보다 큰 가치를 지속적으로 제공하기 위해 재생 에너지에 집중 투자하고 있습니다."[14]

게다가 재생 에너지는 연속되는 사이클을 통해 재생산될 수 있어 이에 대한 투자는 이케아의 순환 우위를 강화시켜 줄 수 있다.

친환경 세제 제조업체인 에코버Ecover는 인산염이 물을 오염시킬 수 있음을 알게 된 후, 1980년대에 처음으로 인산염이 들어가지 않는 세제를 출시함으로써 생분해되지 않는 독성 원료에 대한 수요를 감소시켰다. 에코버는 현재 주로 슈퍼마켓이나 헬스케어/뷰티케어 소매점 등을 통해 40개국에서 35개의 제품을 유통하고 있다.[15]

점점 더 빠른 속도로 채택되고 있는 순환 공급망 모델

에너지와 화학제품 산업에서는 순환 모델이 일찌감치 채택되었다. 특히 유럽과 북미에 선구적인 기업들이 많이 있다. 바이오 에너지는 가장 성숙한 분야로 10년 넘게 주목받고 있다. 많은 화학 기업들이 기능성 화학물, 플랫폼 화학물, 플라스틱, 세제, 코팅제, 접착제 등을 만들 때 화석 연료 기반에서 바이오 기반의 공급재로 바꾸고 있다.

바이오테크 기업인 노보자임Novozymes을 한번 살펴보자. 20억 달러 규모의 이 기업은 우리 경제의 초점을 비재생 오일에서 재생 식물이나 폐기물에서 나온 식품/사료/연료/물질 등으로 이동시키기 위해 바이오리파이너리biorefinery 혁신을 추구했다. 노보자임은 바이오리파이너리를 '석유를 대체하고, 식량 및 에너지 안보를 강화하며, 녹색 일자리green job를 창출하고, 소득을 증가시키며, 녹색 성장을 보장할 수 있는, 그것도 이 모든 것을 동시에 하는' 거대한 재생 경제의 초석으로 이해한다. 이러한 노보자임의 성장 전략은 2015년 이산화탄소 배출량을 7천5백만 톤이나 감소시켰다.[16]

노보자임 경영진의 믿음은 바이오기술을 이용함으로써 고객들을 위해 에너지 및 원물질 비용은 낮추면서도 수천 개의 일상 제품들을 순환적으로 개량할 수 있다는 것이다. 여기에는 옥수수나 콩, 사탕수수, 밀, 기타 쓰레기를 식용 기름, 어류 사료, 전기, 플라스틱, 세제 등과 같이 다양한 제품으로 바꾸어주는 핵심 기술도 포함된다.[17]

노보자임이 셀룰로오스 바이오 연료 분야의 세계적인 기업인 베타 리뉴어블Beta Renewables의 지분을 사들인 2012년에는 바이오 연료에 대한 그들의 책임을 더욱 강화했다. 일년 후 베타 리뉴어블과 노보자임은 세계에서 가장 큰 바이오 연료 공장을 준공했다. 이는 짚이나 쌀 등과 같은 농업 부산물로부터 에탄올을 생산하기 위해 만든 곳으로 이런 종류의 시설 중에서는 최초였다. 이 시설은 자체적인 바이오 원료로 가동이 되었고, 남은 에너지는 지역 업체로 판매되었다. 베타 리뉴어블은 향후 5년 내에 15~25개의 공장을 새로이 준공할 예정인데, 이들을 통한 총 판매

규모는 잠재적으로 1억 7천5백만 달러에 이를 것으로 추정한다.[18]

화석 연료 기반의 투입 물질을 바이오 기반 자원으로 대체하는 시장의 잠재력을 확인한 노보자임은 EU 프로젝트에 참여했다. 2014년에 시작된 '바이오 기반 산업 Bio-Based Industries, BBI' 프로젝트는 2024년까지 유럽 바이오경제 진흥을 위해 37억 유로를 투입하기로 약속했다. 착수식에서 노보자임의 CEO인 페데르 홀크 닐센 Peder Holk Nielsen 은 이렇게 말했다. "BBI는 바이오 기반 솔루션이 시장에 진출하는 데 초점을 맞췄다는 의미에서 선례가 없는 민관 합동 프로젝트입니다. 이는 유럽 지역에 지속가능 성장을 심어줄 기회가 될 것입니다."[19]

에너지나 화학 부문만큼이나 발전한 건 아니지만, 광업이나 금속 부문 역시 순환 공급망 모델을 크게 활용할 수 있으리라 기대된다. 제품들은 회수와 재가공, 생산으로의 회귀 등에 최대한 적합하게 만들어지고 있으며, 제조업체들 역시 점점 더 회수망을 통해 물질을 수급하는 방향으로 나아가고 있다. 순환경제에서 고속 성장할 광산 비즈니스는 새로운 자원을 발굴하기 위해 땅을 파기보다는 시장 내에서 자원을 관리하는 데 더욱 집중하는 사업이다.[20]

그럼에도 실행을 주저하는 광산업체나 금속업체들은 자원 채굴 방식을 바꾼 혁신가들로 인해 기회가 좌절되는 위험에 직면할 것이다. 시사하는 바가 많은 예가 하나 있다. 회로기판과 같은 전기 폐기물 1톤에 들어있는 구리 양은 구리광 1톤에 들어있는 것보다 30~40배 더 많다. 금의 경우에는 40~800배나 더 많다.[21]

변화를 가속화시키기 위해 기업들은 그들의 물질 흐름 추적 방식을 향상시킬 필요가 있다. 물질이 제품에 어떻게 사용되는지 효과적으로 추적할 수 있다면, 물질을 더욱 효율적으로 사용할 수 있는 새로운 재무/생산 모델 개발에 착수할 수 있다.

강철 의존도가 높은 산업들을 한번 생각해보자. 강철이 컨테이너 선박 부피의 98%를 차지하는 상황에서 머스크라인Maersk Line은 그들이 만드는 선박에 대해 크래들 투 크래들 제품 '패스포트passport' 프로그램을 실행하고 있다. 패스포트에는 사용된 물질의 상세 목록이 담겨 있어, 이를 통해 제품 수명 종료 후에 재활용하려고 할 때 각 선박의 구성 요소들을 보다 잘 이해할 수 있다. 그 결과 머스크라인은 과거 그 어느 때보다 선박의 각 부품들을 더욱 우수한 품질로 재활용할 수 있게 되었다.[22]

어떻게 시작해야 할까

순환 공급망 모델은 기업들이 고객 가치를 향상시킬 수 있게 해주고, 밝은 미래를 보장할 수 있게 해주며, 전반적으로 더욱 경쟁력을 갖출 수 있게 해준다. 많은 제조업체들이 보다 순환적이고 가격 인상이나 변동성이 덜한 물질과 에너지를 얻기 위해 노력함에 따라 순환 공급재에 대한 수요가 크게 늘 것이다. 이케아가 그 예다. 2014년에 열린 유엔 기후정상회의UN Climate Summit에서 이케아 CEO인 페테르 앙네피엘Peter Agnefjäll은 2020년까지 이케아의 홈퍼니싱home furnishing 제품에 재생 가능/재활용 플라스틱만을 100% 사용할 것이라고 공표했다. 그렇게 된다면 장기적으로 플라스틱 물질의 안정적인 공급이 가능하다. 참고로 이를 통해 매년 70만 톤의 이산화탄소 배출도 방지할 수 있으리라 추정된다.[23]

그러나 대부분의 기업들은 그들이 아직 이르지 못한 수준까지 규모를 확장하기 전까지는 이런 혜택을 얻을 수가 없다. 규모의 경제, 생산 및 재생 기술이 상대적으로 미성숙하기 때문이다. 그렇다고 해도 가격과 성능이 같다면 순환 재화에 비해 선형 재화를 선호하는 고객들은 많지 않다. 그러므로 품질과 비용 측면에서 전통 공급업자들과 대등한 순환 물질 공급자들은 시장 점유율을 쉽게 끌어올릴 수 있다.

물론 수요와 공급 프로세스는 순환 공급재가 확대되는 속도를 조절할 것이다. 신규 자원에 대한 강한 수요와 저렴한 추출에 대한 기회의 체감은 많은 신규 자원들에 대한 비용을 올릴 것으로 예상된다. 석유가 대표적인 예다.

과거 10년간 글로벌 수요가 급증하면서 가장 매력적인 유전은 고갈되어갔다. 그 결과 석유업계는 좀 더 비용을 들이더라도 심해나 북극과 같이 더 작고 깊은 유전, 주변부에 있는 유전들을 탐사하게 되었다.[24] 결국 생산 비용과 석유 가격이 상승하게 되었고, 순환 공급재에 대한 관심을 크게 증대시키기도 했다. 이는 비단 석유에만 한정되지 않는다. 자원이 점점 줄어들어 생산 비용이 올라가면, 선형 공급업자들은 더 깊이 땅을 파고 더 험난한 지역을 수색해야 할 상황에 처하게 될 것이다.

정책 변화와 같이 규제 요소들도 순환 공급재 수요에 박차를 가할 수 있다. 예를 들어보자. 현재는 신규 자원 사용시 종종 보조금을 받기 때문에 자원의 전체 비용이 반드시 가격에 반영되는 것은 아니다. 만일 이 보조금을 없앤다면, 기업들로선 가격을 올릴 수밖에 없어 순환 물질의 사용에 이끌릴 가능성이 높다.

또한 일부 기업들은 이산화탄소 배출권을 획득해야 한다. 이 비용이 제품 가격에 반영되어 있긴 하지만, 이산화탄소 배출이 야기하는 환경적인 손상에 비하면 허용 비용은 낮은 편이다. 만일 배출권 비용이 오염이 끼친 실제 영향을 반영하도록 바뀐다면, 순환 공급재에 대한 관심은 폭증할 것이다.

공급적인 측면에서 보면, 순환 공급재를 늘리는 것이 가까운 장래에 기업들에게 보다 경제적인 선택이 되도록 하는 요소들이 있다. 도시 광산업이나 3D 프린팅과 같은 재활용/재사용 기술이 급속도로 발전하면서 순환 물질들의 경쟁력이 강화될 것이다. 순환 공급재를 위한 생산 기술이 성숙해짐에 따라 가격도 떨어질 것으로 기대된다. 대표적인 사례가 과거 25년간 대폭 하락했던 태양광 발전 비용으로, 효율성 향상으로 인해 가격 경쟁력이 얼마나 빠른 속도로 확보될 수 있는지 보여준다. 참고로 태양전지 가격은 1977년 이래로 99% 하락했고, 2011년에서 2013년 사이에는 60% 이상 하락했다.[25]

완전한 크래들 투 크래들 제품을 생산하려는 많은 기업들은 예상 가능한 가격으로 순환 물질을 안정적으로 공급받기 위해 고군분투하고 있다. 사실 공급이 증가해 물량이나 가격, 품질이 안정된다면 기업들로선 순환 공급재로 전환하기가 더 쉬워질 것이다. 결국 공급 증가는 수요 증대로 이어져 순환경제로 가는 선순환이 만들어질 것이다.

확장에 있어
주요 도전들

규모 확장은 순환 공급망 모델을 채택하는 기업들이 반드시 직면해야 하는 문제다. 우선 상당한 비용과 준비 시간으로 인해 확실한 결의가 필요하다. 순환 공급망 모델로 전환해 대량 생산까지 가려면 장기간의 연구와 개발, 상당한 자본이 투입되어야 한다. 네이쳐웍스는 지금 판매하고 있는 바이오플라스틱을 개발하는 데 14년이 걸렸다.[26] 사실 강력한 R&D 노하우와 재정적인 지원은 매우 중요하다.

R&D 기관들이나 대학, 여타 혁신 단체들과의 협업 역시 필수적이다. 순환 공급망 모델에서는 서로가 상호 지원하는 순환 네트워크의 파트너가 되어 각자의 수익성을 극대화할 수 있도록 도와야 한다. 악조노벨 사례에서 보았듯이, 많은 기업들은 공급업자들이나 고객들과 조인트 벤처 형태로 순환 모델을 도입해 혁신 비용과 혜택을 공유하고 성장을 가속화한다. 조인트 벤처를 효과적으로 구축하기 위해서는 특별한 사고방식이 필요하다. 상상한 수준 이상으로 정보를 충분히 공유해야 하기 때문이다. 또한 조인트 벤처를 하는 기업들은 그들의 핵심 비즈니스를 넘어 기존 디자인이나 생산 모델에 얽매이지 않고 고객의 수요 트렌드에 대응할 줄 알아야 한다.

순환 공급망 모델을 실행하려는 기업들은 그들의 선형 생산 시스템과 공급망을 바꾸기 위해 상당한 투자를 해야 할 가능성이 높다. 이태리 에너지 기업인 에니Eni는 베니스에 있는 재래식 정유 시설을 재생 원료로부터 고품질 바이오 연료를 생산하는 시설로 바꾸는 데 대략 1억 유로를 투자하고 있다.[27] 이처럼 전환 비용이 높은 점을 감안하면, 기업의 기존 인프라를 통해 순환 공급재를 최대한 많이 사용하는 것은 매우 유용하다. 추가 설비 없이 자신의 매장 지붕에 태양 전지판을 설치한 이케아가 좋은 예다. 그러므로 바이오플라스틱이나 식물 기반 포장재로 바꾸는 것처럼 비재생 재료를 대체하는 재생 재료를 판매하려는 업체라면 재생 재료를 사용할 수 있도록 시설이나 프로세스에 신규 투자하라고 종용하기보다는 고객의 기존 인프라를 최대한 고려할 줄 알아야 한다.

순환 공급재의 생산은 선형 물질을 생산할 때 통상 사용하는 중앙집중식 초대형 시설보다는 '분산형' 방식을 도입하는 것이 효율적일 수 있다. 이는 순환 공급재나 순환 제품이 지역적으로 분산되어 있기 때문이다. 광산과 바이오매스 자원을, 석유 유정과 태양광 발전소나 풍차를 비교해보라. 또 다른 예도 있다. 2014년 세계적으로 배출된 전자 폐기물은 7천만 톤으로 추산되는데, 여기에는 상당한 양의 유가 금속과 광물이 포함되어 있다.[28] 순환 공급망을 통해 이를 원료로 다시 사용하려면 선형 모델에서처럼 소수의 광산에서 채굴하는 대신에 문자 그대로 수백만 명의 고객들로부터 회수해야 한다.

순환 공급재가 시장으로 가려면 종종 상품 무역이나 상당한 규모의 B2B 계약이 필요하다. 따라서 상품 무역 분야의 역량 역시 매우 중요하다. 재생 에너지나 바이오 연료와 같은 유동 원물질이라면 국제 상품 시장에서 공개적으로 거래될 것이다. 때론 고객들은 개별 계약을 통해 순환 공급재를 확보할 수도 있다. 자체적으로 물량을 소화한다고 생각할지라도 어느 순간에는 초과 생산된 물량을 배출할 곳이 필요하게 될 수도 있다.

바이오 기반의 공급재를 제공하는 기업이라면 비즈니스 모델을 확장하기 위해 반드시 바이오매스의 공급량 제한을 극복해야 한다. 수요가 늘어난다고 바이오매스 공급량도 그에 따라 증대시키기가 어렵기 때문이다. 아직까진 비용이나 기술적인 측면에서 어려운 게 사실이다. 또한 원료 중의 일부는 환경적인 요인이나 사회적인 요소들(생태계 영향, 식품 등급으로 지정, 휴양지 등)로 인해 제약을 받기도 한다. 이런 제약 조건들에도 많은 기업들이 자신만의 해결책을 찾아가고 있다.

미국 환경벤처 기업인 에코베이티브Ecovative 는 경작지를 두고 식품 제조업체들과 경쟁하지 않는다. 공장에서 원료인 바이오 물질을 재배함으로써 순환 공급재를 생산하기 때문이다. 어떤 제지업체들은 종이 수요가 줄어들자 자신의 생산 시설 중 일부를 직물 제조용 실을 만드는 데 사용될 펄프를 생산하는 데 활용하고 있다. 이런 '화학적 셀룰로오스' 제품은 잠재적으로 선형 섬유제품인 합성 섬유를 대체하는 것은 물론이고, 환경 문제와 과도한 수요에 직면한 면화 사용량을 줄이는 데에도 도움이 될 것이다.[29]

마지막으로 순환 공급망 모델을 채택할 때 고려해야 할 사항은 다음과 같다. 크래들 투 크래들 개념에 깃들어 있는 디자인 원칙을 유념해야 한다. 지속적으로 사용할 것으로 예정된 기술적 영양소들이 실제로 재활용되고 있는지, 생물학적 영양소들은 안전하게 생물권으로 다시 돌아갈 수 있는지 확인해야 한다.[30] 예를 들어 생분해 제품이 실제로 생분해되기 위해서는 특정한 환경 조건이 필요할 수 있다. 생분해되는 비닐봉지를 폐기할 때 이런 조건들이 갖추어지지 않는다면, 환경적으로 석유 화학 제품보다 더 낫다고 볼 수 없다.

순환 공급망
모델 사례

이렇듯 많은 도전 과제들에도 불구하고 순환 공급망 모델은 이론을 뛰어넘어 성장해왔다. 많은 조직들이 이 비즈니스 모델을 실행하는 데 따르는 장애물들을 극복했는데, 이제 그러한 조직들 중 두 곳의 사례를 분석하고자 한다.

에코베이티브는 처음부터 순환 비즈니스로 성장했다. 이 기업은 하찮은 버섯에서 엄청난 잠재력을 찾은 2명의 기업가들이 탄생시킨 아이디어에서 출발했다. 또 다른 기업은 DSM으로, 이 기업은 고속도로를 달리는 동안 자동차 타이어를 교체하는 것과 같은, 전적으로 다른 종류의 도전에 직면했다. DSM은 기존의 선형 비즈니스의 수익 흐름을 유지함과 동시에 순환 공급재를 중심으로 거의 100억 유로의 비즈니스를 재설계해야만 했다. 두 기업의 상황이 다르긴 하지만, 두 경우 모두 우리가 맞닥뜨릴 도전 과제들을 보여줄 뿐만 아니라 순환 공급망 모델을 채택함으로써 얻을 잠재적인 보상도 보여주고 있다.

에코베이티브,
버섯으로 마법을 부리다

2007년 렌셀러 폴리테크닉 대학교Rensselaer Polytechnic Institute에 재학 중인 두 공학도는 버섯으로 단단한

스티로폼 물질을 만드는 법을 발견했다. 함께 기계 공학을 전공하던 친구들은 그 프로젝트가 미쳤다고 생각했지만, 에벤 베이어 Eben Bayer 와 개빈 매킨타이어 Gavin McIntyre 는 이것이 지구를 도울 파괴적 혁신으로 여겼다.[31]

수년간의 연구 끝에 탄생한 기업인 에코베이티브는 옥수수대와 같은 농업 부산물과 버섯 균사체를 혼합해 버섯 기반 물질을 생산하고 있다. 균사체는 농업 폐기물을 분해시키는 천연 자가 접합제로, 많이 사용되면 될수록 환경에는 유익하다.

에코베이티브 제품들은 재래식 스티로폼 포장재, 단열재, 기타 합성재를 대신할 수 있는 친환경 제품들이다. 포장재를 목표로 출발했지만 CEO인 베이어는 이제 에코베이티브를 '다양한 분야에 제품을 공급하고 신규 원물질을 개발하는 플랫폼 기업'으로 묘사한다.[32] 실제로 이 기업은 현재 포장재를 넘어 건설과 가구 분야로 확대했다. 베이어는 이렇게 말한다. "우리 회사에는 20명의 과학자들과 8명의 엔지니어들이 있습니다. 포장재에만 집중했다면 우리는 절대 이들을 보유할 수 없었을 것입니다." 이들의 목표는 물질을 더욱 다양한 용도로 광범위하게 판매하는 것이다.

버섯을 이용한 물질은 석유 플라스틱에 비해 비용과 품질 면에서 경쟁력이 있다. 베이어도 다음과 같이 자신의 믿음을 표현했다. "100배에서 500배 스케일업하면 일반 제품에 비해 가격을 10~30% 낮출 수 있습니다."[33] 산업적인 관점에서 보면 이 물질 가격은 석유 기반 물질보다 변동이 덜하다. 사용되는 에너지 총량도 석유 기반 물질보다 현격히 적다. 또한 버섯은 공장에서 재배할 수 있으므로 땅을 필요로 하지 않아 경작지를 찾느라 경쟁할 필요도 없다.

물론 에코베이티브도 다른 스타트업 기업들이 직면하는 도전 과제들에 부딪혔다. 이에 에코베이티브는 경연대회에 참여해 공인받는 전략에 초점을 맞춤으로써 미디어의 주목을 받고, 시장의 신뢰를 얻으면서도, 성장을 위한 자금을 확보하고자 했다. 에코베이티브는 성장기 초반인 2008년도에 기후 변화 해결책에 있어 세계 최대 대회인 피크닉 그린 챌린지PICNIC Green Challenge에서 수상했다. 투자가들이 에코베이티브 기술을 산업적으로 활용하는 것에 의구심을 가지고 있을 때 받은 이 수상은 단번에 에코베이티브 기술력을 인지시키면서 규모 확대를 위한 재정적인 자원을 확보해주었다. 또한 50만 유로의 상금과 함께 환경에 긍정적인 영향을 미치고자 하는 에코베이티브의 노력도 입증해주었다. 이 수상으로 뉴욕의 그린 아일랜드Green Island에 첫 생산 시설을 설립할 수 있게 되었다. 최근에는 사모펀드를 통해 1천4백만 달러를 모으기도 했다.[34]

오늘날 머시룸 패키징Mushroom® Packaging은 70억 달러 규모 기업인 실드에어Sealed Air Corporation의 파트너십을 통해 북미에서 생산되고 있다.[35] 에코베이티브와의 협력을 기반으로 실드에어는 델, 스틸케이스Steelcase, 크레이트앤배럴Crate & Barrel과 같은 포춘 500대 기업들을 위한 패키징 상품을 판매하고 있다. 2014년 머시룸 패키징은 세계적으로도 진출했다. 참고로 미국에서 생산되던 머시룸 패키징은 옥수수대를 원료로 하지만, 해외 공장들은 볏짚이나 밀짚처럼 그 지역에서 폐기되는 물질을 활용하고 있다.

DSM, 화석에서 재생으로 이동

에코베이티브와 같은 스타트업 기업들과 달리 글로벌 화학 기업인 DSM은 그들의 미래가 순환 공급재에 달려있다고 결정했을 때 이미 성공적인 비즈니스를 구가하고 있었다. 2010년, 96억 유로 규모의 이 기업은 'DSM 인모션 DSM in Motion'이라고 명명한 전략에 착수했다. 이 전략의 핵심은 '지속가능성이라는 핵심 가치를, 사람 People 과 지구 Planet, 수익 Profit 측면에서 풍요로운 미래를 만드는 그들의 능력을 결정하고 시장에서의 DSM 지위도 규정하는 근본적인 비즈니스 추진력'으로 정한 것에 있다.[36] 다시 말해, 순환경제로 진입하겠다는 뜻이었다. 구체적으로는 연속적인 '루프'를 통해 순환 모델에 다시 투입될 수 있는 재생 공급재를 찾는 것을 의미했다.

로열 DSM의 CEO인 페이케 시베즈마 Feike Sijbesma 는 "분자 하나조차도 지구를 떠나는 일은 거의 없습니다."라며 다음과 같이 말했다.

> 거의 모든 것이 여기에 있습니다. 단지 다른 장소에서, 다른 것들과 섞여, 자원이 폐기물이나 오염물로 불릴 뿐입니다. 화석 자원으로 땅에 묻혀있던 탄소는 이제 대부분 공기 중에 있습니다. 이런 모든 분자들을 재사용할 수 있도록 우리 경제를 재설계한다면 자원 부족에 대한 걱정 없이 우리 모두 혜택을 입을 수 있습니다. 이것이 우리가 이루어야 하는 전환, 즉 선형경제에서 순환경제로의 전환입니다.

시베즈마는 DSM의 신념에 대해서도 다음과 같이 말했다.

우리는 지금 화석 자원에 의존하며 살아가는 화석 시대를 벗어나 지속가능한 바이오 기반 경제, 즉 바이오 재생 시대로의 단계적 전환을 달성할 수 있는 열쇠를 가지고 있습니다. 폐쇄 반복형 루프에 적합한 바이오 기반 숙신산succinic acid 처럼 석유 화학 물질을 대체할 재생 재료 분야뿐만 아니라 2세대 바이오에탄올과 같은 재생 에너지 분야에 DSM을 위한 기회는 상당합니다.[37]

시베즈마에 따르면 순환경제를 수용하기로 한 DSM의 결정은 지난 20년간 축적된 통찰력의 결과라고 했다. 그러면서 그는 단호하게 말했다. "선형경제에서 순환경제로의 전환은 논리적인 결정입니다."

기후 변화, 세계 식량 문제, 원물질의 불균등한 분배와 소비 등 모든 글로벌 이슈들을 들여다보면, 농작물 폐기물을 가치 있는 원물질로 사용하는 것처럼 순환 접근법을 취하는 게 해답의 일부분일 수 있다. 덧붙여 DSM이 태양광 패널용 코팅 필름을 통해 보여준 것처럼, 순환경제가 새로운 비즈니스 모델을 창출할 수 있다는 점도 목격했다. 그러므로 순환경제는 세상을 위해 좋을 뿐만 아니라 신규 비즈니스와 이익 창출이라는 점에서 기업을 위해서도 좋다.[38]

DSM에게 순환경제는 새로운 수익원이 될 뿐만 아니라, 기업의 무형 가치를 제고시키고 화석 연료 의존도를 감소시킴으로써 환경 발자국을 개선하고 희소한 선형 자원으로 인한 위험으로부터 기업을 보호해주는 역할을 한다. 고객들에게도 순환경제는 순환 공급망을 보다 효율적으로 구축할 수 있도록 도와주고, 폐기물이나 에너지 사용, 온실가스 배출은 줄여준다.

DSM이 순환 원칙들을 지향함에 따라 DSM의 과거는 이 과정에서 유익하게 작용한다. DSM은 자신들의 비즈니스 모델을 채굴 기업에서 화학 회사로, 재료 과학 및 생명 과학 기업으로 전환하는 등 스스로 기업을 재창조한 경험이 있다. 이제 순환경제로 이동하는 것에 DSM의 미래가 달려 있다.

DSM의 재생 에너지 사업은 DSM 혁신 센터Innovation Center가 주도하고 있는데 이 조직은 DSM 내에 혁신을 조장하고 가속화시키는 역할을 한다. 최근엔 혁신 센터 내 그룹 중 하나인 DSM 바이오 기반 제품/서비스Bio-based Products & Services 그룹이 급속하게 부상하고 있다. 이 그룹은 이제 셀룰로오스 바이오매스cellulosic biomass로 만든 바이오 연료와 바이오 기반 물질을 생산하는 선두 주자다. 또한 DSM은 바이오리파이너리 제품을 양산하기 위해 바이오 기반의 생산 기술 솔루션 개발에 집중하고 있다.

순환 공급망 비즈니스 모델에 걸맞게 DSM 바이오 기반 제품/서비스 그룹은 가치사슬 내에서의 전략적 투자와 파트너십을 통해 기술(생물 전환 '소프트웨어')을 입증하는 데 집중한다. 이 그룹은 시범 공장에서 만들어진 제품들(바이오 연료, 바이오 가스, 바이오 기반 화학제품들)은 물론이고, 전환 기술과 소비재를 판매하기도 한다. 이 모두가 성능은 더욱 뛰어나고, 환경 발자국은 보다 적게 남기는 친환경 물질을 그 핵심으로 삼고 있다. DSM은 이러한 대체재들이 석유 가치사슬과 같은 고효율의 가치사슬과 경쟁해야 하며, 그들의 도전 과제가 빠르고 효율적으로 대량 생산하는 것임을 인식하고 있다.

또한 DSM은 그들의 기술과 전문성을 다른 기업에 라이선스 형태로 제공하고 있다. 이를 통해 다른 기업들도 상업적으로 바이오매스를 이용할 수 있게 되었다. 프랑스 전분 가공 회사인 로케트 프레레Roquette Frères 와의 협업은 2008년에 시작되었다. 2010년에 DSM과 로케트 프레레는 레베르디아Reverdia 라는 조인트 벤처를 설립한 후, 2011년 바이오 숙신산 제조 공장을 지었다. 이 숙신산은 최초의 비화석 빌딩블록 화학물로, 화학 산업계의 고객들은 포장재에서 신발에 이르기까지 다양한 용도로 생태발자국을 덜 남기는 바이오 대체제를 선택할 수 있게 되었다.[39]

2012년 1월, DSM은 세계 최대의 바이오에탄올 생산 기업 중 하나인 미국의 POET과 조인트 벤처를 설립했다. 이는 농작물의 당류를 발효시키는 과정에서 생기는 부산물인 셀룰로오스 바이오에탄올cellulosic bio-ethanol 을 곡물 에탄올과 경쟁할 수 있음을 상업적으로 증명하기 위해서였다. 이는 폐기물과 이산화탄소 배출 감소라는 측면에서 매우 유용하다. 또한 농업 폐기물로 만들기 때문에 식품 생산과 충돌하지 않는다. 그 결과 셀룰로오스 바이오에탄올은 DSM에 있어 새로운 수익원으로 떠올랐고, 3만 5천 개에서 7만 개의 일자리가 창출될 것으로 예상되었다.[40,41]

이 조인트 벤처의 첫 번째 프로젝트인 리버티 프로젝트Project LIBERTY 는 2천만에서 2천5백만 갤런 규모의 셀룰로오스 에탄올 공장 설립이었다. 2014년에 시작된 이 프로젝트에 따르면 폐기물인 옥수수대, 잎, 겉껍질, 줄기 등을 활용하는데, 가용 재료의 약 25%만 사용하고 75%는 침식 방지, 영양소 대체, 기타 농장 관리를 위해 땅에 남겨둔다고 한다.[42] 현재 이 공장의 생산 능력은 매출 규모로 1억 달러 정도로 추산된다.

공장 기공식에서 POET 회장인 제프 브로인Jeff Broin 은 이렇게 말했다. "우리가 이 벤처를 시작했을 때 '바이오매스를 양산하지 못할 것이다', '가격 경쟁력을 가지지 못할 것이다'라고 말한 비관론자들이 있었습니다. 어떤 사람들은 이를 환상 속의 연료라고 불렀습니다. 그러나 이제는 실제로 존재하는 연료입니다."[43]

DSM의 경험은 기술과 장기적인 R&D 역량이 순환 공급망 모델의 성공에 얼마나 중요한지 보여주고 있다. DSM에게 기술은 대단히 중요하고도 복잡한 성공 요소다. DSM이 셀룰로오스 바이오에탄올을 생산하기 위해 R&D에 투자하기 시작했을 때 많은 과학자들은 불가능할 거라고 생각했다. 하지만 수년간의 연구 끝에 이제 DSM은 전환율을 95%까지 끌어올릴 수 있게 되었다.[44]

마지막으로 DSM은 적절한 이해당사자들과의 협업이 중요하다고 강력하게 강조한다. 리버티 프로젝트에서 중요한 파트너는 미국 에너지부 US Department of Energy 로, 바이오매스 수집과 인프라는 물론이고 엔지니어링과 공사 비용을 지원하기 위해 최대 1억 달러의 보조금을 지급했다. 아이오와Iowa 주정부 역시 2천만 달러의 재정 지원을 제공하기도 했다.

바이오매스 수거도 리버티 프로젝트의 성공에 있어 매우 중요하다. 2006년부터 POET-DSM은 바이오매스와 토양 관계를 보다 잘 이해하기 위해 대학이나 정부와 협력해 바이오매스의 수집, 저장, 수송 등을 연구해왔다. 또한 바이오매스 수거를 위한 다수의 '모범 사례' 가이드라인을 개발하기 위해 바이오매스 생산자들과 광범위하게 협력해왔다. 참고로 POET-DSM은 바이오매스 수거에 참여하는 농장주들은 에어커당 평균 이윤 증가액이 46달러 정도가 될 것으로 추산하고 있다. 이는 13~20% 정도의 이윤 상승으로 농장주들의 참여를 부추길 수 있는 강력한 유인책이 된다.[45,46]

공급재의
완전 순환

선형 모델은 지구가 더 이상 받아들일 수 없을 여러 문제들을 야기한 책임이 있다. 미하엘 브라운가르트에 따르면, 이들 중에서도 가장 큰 문제는 기업들이 나쁜 것을 최대한 활용하고 있다는 점이다. 그는 기업들이 긍정적인 기여를 할 수 있는 제품을 디자인하는 대신에 '덜 나쁜' 것을 하는 데 집중하고 있다고 지적한다. 그로 인해 독성을 가졌거나 오염 원인이 되거나 재생 불가능한 폐기물, 즉 재사용될 수 없어 환경에 심각한 부정적인 영향을 미치는 것들이 여전히 발생하는 것이다. 브라운가르트는 이러한 현상이 정말로 위험한 것이 무엇인지에 대한 이해가 부족함을 보여주고 있다고 생각한다.

브라운가르트는 이렇게 말했다. "문제는 아직도 사람들이 순환경제를 윤리적이거나 사회적인 이슈라고 생각한다는 점입니다. 이는 윤리적인 책임에 관한 것이 아닙니다. 비즈니스적인 책임에 관한 것입니다."[47]

에코베이티브와 DSM은 이를 '이해'한 기업들이다. 이들은 혁신적인 순환 공급재를 생산하기 위해 바이오매스를 이용한다. 다른 많은 기업들 역시 재생 가능하고 재활용되는 자원의 물질을 공급함으로써 순환경제를 가능하게 한다. 이런 기업들의 행위는 환경적으로 옳은 일일 뿐만 아니라, 선형 모델에 여전히 갇혀있는 다른 기업들을 앞지를 수 있는 비교우위를 제공한다.

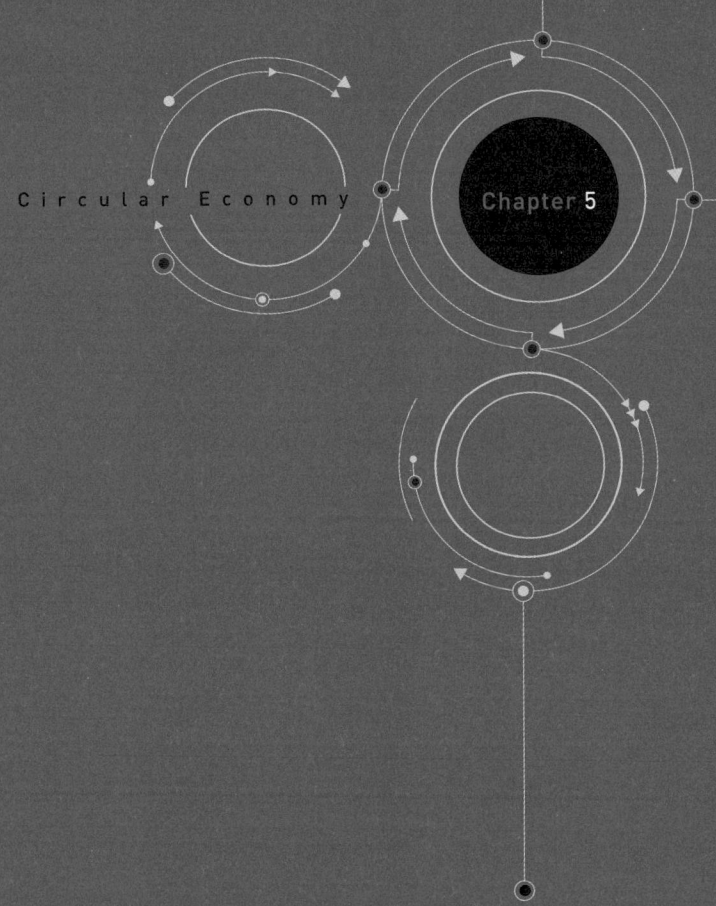

Circular Economy

Chapter 5

회수/재활용 모델

폐기물 이력제

Circular Economy

세계 경쟁이 심화되고 자원 가격이 점점 더 상승하면서 기업들은 기생산품이나 폐기 제품에 숨어있는 자원을 보존하고, 찾아내 다시 사용하는 방법을 찾고 있다. 이러한 시도가 회수/재활용 비즈니스 모델의 탄생을 주도하고 있다. 이 모델을 운용하는 기업은 최종 생산품을 고려할 때만이 아니라 비즈니스 전반에 퍼진 모든 물질 흐름을 통틀어 가치를 찾는다. 다시 말해 모든 부산물과 폐기물 흐름도 수익 극대화를 위해 최대한 활용된다.

회수/재활용 모델에서는 이전에는 폐기물이라 생각되던 모든 것을 다른 용도로 회생시키면서 폐기물 자체만이 아니라 폐기물의 개념까지 없애버린다. 재활용을 통해서나 중고품이나 중고 물질을 보다 가치 있게 만드는 업사이클링을 통해서 폐기물을 가치물로 변형시킨다. 신기술을 이용하고 쌍방향 공급망(제품을 고객에게 보내고, 수명 종료 제품을 회수하는 프로세스)을 운영함으로써 기업들은 그들의 초기 투자와 최소한 동등한 수준으로 거의 모든 자원 제품을 회수할 수 있다. 그 솔루션은 산업 공생, 즉 산업 간의 부산물 자원 공유에서부터 폐기물이 자원 손실 없이 재처리될 수 있도록 하는 통합 폐쇄 반복형 루프 재활용이나 크래들 투 크래들[1] 디자인에 이르기까지 다양하다.

이 모델은 물질 누수를 없애고 제품 회수 흐름의 경제적 가치를 극대화함으로써 기업 입장에서 적절한 비용으로 회수해 재가공될 수 있는 다량의 부산물을 생산하는 것이 매력적인 일이 되도록 만든다. 물질 흐름이 상대적으로 단순하고 제품 디자인이 복잡하지 않다면, 비용을 낮추는 일은 대체로 가능하다. 고객들을 위한 혜택 역시 명료하다. 픽업 서비스, 전달 장소, 역구매, 반송 계획 등을 통해 원치 않는 제품을 처리할 수 있는 새롭고도 편리한 방법들인 것이다. 기업들은 실제로 고객들에게 현물이나 현금 보상을 제공하면서 수명이 끝난 제품들을 확보하려 한다. 과거엔 폐기된 제품에 남아있는 물질 가치를 알고 있음에도, 제품을 추적하고 기록, 분류한 후 검사하는 기술의 부족으로 회수 비용이 높아 현실화되기가 어려웠다. 하지만 이제 혁신적인 신기술 덕분에 숨어있는 수억 달러를 포착할 수 있게 되었다.

역사적으로 회수/재활용 모델은 오래전부터 활용되긴 했지만, 현대 사회의 잉여 폐기물을 관리하기 위한 방식은 최근의 성과라 할 수 있다.[2] 초기의 폐기물 관리 방향은 건강상의 위험을 제거하고 삶의 질을 향상시키기 위해 도시 폐기물의 제거라는 필요에 집중되어 있었다. 따라서 초점은 매립지를 만드는 것으로 이어졌고, 매립지가 꽉 차게 되자 폐기물을 재활용하는 방향으로 이어졌다.

하지만 회수/재활용 모델은 그 전제부터 다르다. 위험 요소인 폐기물을 줄이는 게 아니라, 물질 공급이란 긍정적인 방식으로 폐기물이란 개념 자체를 없애기 때문이다. 즉, 이 모델은 폐기물을 법률이나 폐기물 관리 단체만이 취급하는 외부적인 요소로 보지 않고, 비즈니스 모델에 전적으로 통합될 수 있는 자원으로 이해한다. 이 모델을 사용하는 기업들은 제품의 생산과 판매를 통해 수익을 극대화하는 것만큼이나 폐기물을 통한 수익 극대화도 당연하게 생각한다.

회수/재활용 모델이란

자원 회수로 인한 혜택을 예상하는 것은 어렵지 않다.

- 규정 준수 및 폐기물 관리 비용의 감소
- 불필요한 생산물 판매를 통한 수익 증가
- 신규 자원 및 에너지 수요 감소에 따른 환경적 영향 감소
- 고객들에게는 원하지 않는 제품을 처분할 수 있는 편리한 대안
- 폐기와 신규 구매가 병행되는 기업과 고객 간의 상호 작용 지점
- 제품 폐기 방식이나 재활용성을 높이는 제품 개발 측면에서의 통찰력
- 신규 자원에서 재활용 자원으로의 전환을 통한 물질 비용의 감소 (신규 자원과 재활용 자원의 품질과 성능에 따라 달라지므로 모든 물질 유형에 적용되는 것은 아님)

회수/재활용 모델 – 폐쇄 반복형 루프 모델

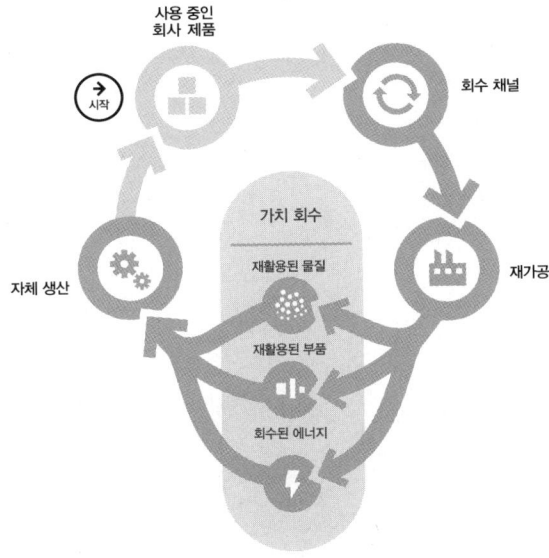

회수/재활용 모델 – 개방 루프 모델

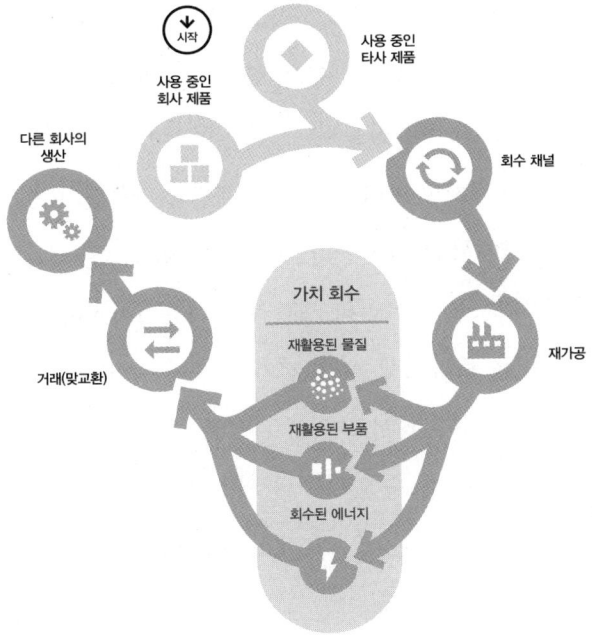

회수/재활용 모델 – 폐기물 제로화 운영 모델

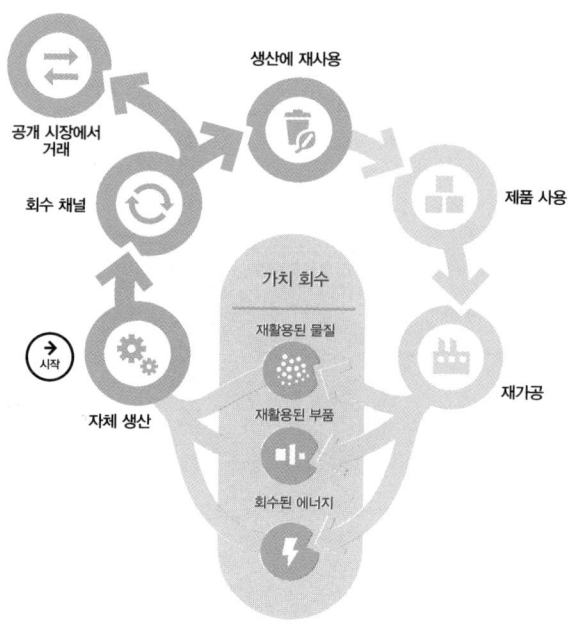

오늘날 기업들은 엄청난 양의 폐기물을 만들 뿐만 아니라, 이를 폐기하기 위해 많은 비용을 지불하고 있다. 폐기물은 재가공 과정을 거치고 나면 다른 기업에게 가치가 있을 수도 있는 물질이라는 점에서, 기업들 스스로 수익원을 내던지고 있다. 플라스틱 재활용 원물질의 가치가 2003년에 톤당 170달러에서 2013년 550달러로 상승했다.³ 전 세계 폐기물의 60%, 매일 1천7백만 톤이 여전히 재활용/재사용되지 않는다는 사실을 생각해보라.⁴ 영국은 플라스틱, 식품, 전자 폐기물만해도 30억 달러 규모가 된다고 추산하고 있다. 앞서 분석했듯이 전 세계 폐기물에 잠재된 가치는 1조 달러 수준에 이를 수 있다. 개선의 여지가 엄청난 셈이다.

비용 절감을 위해 이미 운영상의 비효율을 제거하고 있거나 종이와 같이 물질에 대해 재활용 프로그램을 도입한 기업들이라면 이제 폐기물 제로와 같은 더욱 야심찬 포부를 품어야 한다. 그러기 위해선 제품과 공정을 재설계해 모든 부산물이 잠재적 자원으로 쓰이도록 해야 한다. 역사적으로 제조업체들은 자주 버릴 수 있는 저가 제품을 생산하는 데 집중해왔다. 그래야 고객들이 신규 제품을 구매할 테니까 말이다. 하지만 회수/재활용 모델에서는 에너지와 노동력, 물질로 만들어진 가치를 보존하면서 자원이 계속 사용되도록 유도한다.

폐기물 제로를 향해 상당히 전진한 두 회사가 있다. 바로 P&G와 GM이다. 이 책을 쓰는 지금 현재, P&G 시설 중 45개가 폐기물 제로 기반으로 운영되고 있다. 이는 이 시설에서 발생하는 모든 폐기물들이 재활용되거나, 다른 용도로 재탄생 되거나, 에너지로 전환됨을 의미한다. P&G의 폐기물 감축 글로벌 총책임자인 포브스 맥두걸Forbes McDougall 박사는 회사 뉴스레터를 통해 다음과 같이 말했다. "과거 5년 동안 폐기물에서 가치를 찾고자 하는 P&G의 노력은 우리에게 10억 달러의 가치를 만들어주었습니다. 폐기물 제로는 단지 환경을 위해 좋은 것일 뿐만 아니라 비즈니스를 위해서도 좋은 것입니다."[5]

GM은 2011년에 폐기물 제로 프로그램에 착수했다. 이제 이 기업은 전 세계적으로 발생하는 생산 폐기물의 90%를 재활용하고 있다. 현재 매립지가 없는 시설을 102개 보유하고 있으며, 2020년까지 전 세계적으로 125개까지 확대한다고 한다. GM은 부산물 재활용 및 재사용으로 연간 10억 달러의 수익을 실현하고 있다고 발표했다.[6] 이 프로그램을 시작할 때부터 GM은 직원들을 프로세스의 한 부분이 되도록 참여시켰고, 실질적인 투자를 진행했다. 초기 폐기물 1톤을 감축하는데 10달러의 비용이 들었다. 하지만 이제 이 비용은 재활용과 재사용 효율성을 제고시킨 GM 공장과 파트너들 간의 네트워크 덕분에 92%나 떨어졌다. 물론 금속만이 이들이 집중하는 원물질은 아니다. GM은 폐수를 비료로 전환하는 데에서 카페에서 나온 커피 쓰레기를 조경용 퇴비로 만드는 데 이르기까지 모든 것을 하고 있다.[78]

이처럼 여러 사례들을 분석한 결과 우리는 회수/재활용 모델의 두 가지 형태를 찾아냈다.

1. 자사 제품에 대한 폐쇄 반복형 루프나 다른 회사 제품까지 포함한 개방 루프에서 활용될 수명 종료 제품을 회수하는 모델
2. 한 기업의 자체 제조 프로세스나 운영에서 발생한 부산물이나 폐기물을 회수하는 모델

수명 종료 제품의 회수

어떤 제품들은 쉽게 개조, 복구해 재판매될 수 있는 반면, 어떤 제품들은 잔존 물질이나 에너지를 얻으려면 반드시 분해되어야 한다. 우리가 연구한 몇몇 기업들은 재사용을 통한 부품 회수, 재활용을 통한 물질 회수, 폐기물로부터의 에너지 회수에서 장족의 발전을 이룩했다. 이 기업들이 수명 종료 제품으로부터 보다 많은 가치를 뽑아내면 낼수록 고객들에게 더 많은 가치를 돌려줄 수 있다. 이는 보다 우수한 서비스 형태를 띨 수도 있고, 고객 참여를 독려

하기 위해 노골적인 보상 형태를 띨 수도 있다.

사무자동화 전문 업체인 리코Ricoh 는 프린터나 스캐너 등의 제품의 수명이 다하면 이 제품들의 부품을 재사용하기 위한 노력을 기울인다. 리코는 현재 유럽 전역에 중앙 집중식 회수 프로그램을 운영하고 있다. 이를 통해 고객들은 다 사용한 토너 카트리지를 무료로 보낼 수 있으며, 수거 및 처리 센터에서 중고 부품들을 처리한다. 리코는 재사용이나 물질/에너지 회수를 위해 수거한 카트리지와 예비 부품, 포장재까지 포함한 모든 구성물들을 분해한다.[9]

10억 달러 규모 기업인 인터페이스Interface 는 모듈식 카펫 타일 제조의 선두 주자로, 카펫 제조에 나일론 어망을 재사용하기 위해 건강한 해양Healthy Sea 프로그램에 참여하고 있다. 바다에 버려진 나일론 어망은 산호초에 피해를 주고, 어류 자원을 감소시키는 등 환경에 악영향을 끼치고 있다. 이에 인터페이스는 바다에서 회수한 어망에서 나온 나일론을 재사용함으로써 물질 흐름을 순환시키며 환경에 긍정적으로 기여하고 있다. 또한 인터페이스는 자원 생산성이나 기후 변화와 관련된 최신 혁신 동향을 상시 파악하는 부서도 두고 있다.[10]

물론 중고 어망을 재활용하자는 아이디어는 처음엔 설득력이 별로 없었다. 그러나 폐기물 제로라는 목표를 가지면서 인터페이스는 친숙하지 않은 자원들에 접근하도록 만들었다. 결국 겉으로 명확히 드러나지 않는 기회를 찾기 위해서는 자신이 속한 핵심 산업을 넘어 다른 업종의 가치 사슬을 살펴보는 등 창의적으로 행동하는 것이 중요하다.

이 모델을 이미 잘 활용하고 있는 분야가 바로 폐기물 관리 및 재활용 서비스 산업이다. 현재 이 산업에서 핵심 과제는 보다 효율적인 프로세스를 구축하고 폐기물의 최종 용도를 더욱 가치 있게 만들기 위한 혁신을 주도하는 것이다. 이러한 기업들 중 하나가 프랑스 기업인 수에즈 인바이론먼트Suez Environment S.A의 재활용 분야 자회사인 SOPAVE다. 이회사는 때문은 가방을 100% 재활용하거나 농업/공업 부문에서 회수된 방수포나 커버, 필름 등을 이용해 새로운 가방을 제작한다. 이렇게 만들어진 새 가방은 지방 당국이나 산업용으로 사용된다. 연간 1만 6천 톤의 농업/공업 필름을 재활용하는 데 투자된 초기 비용은 총 350만 유로였다. SOPAVE는 이제 100% 재활용하거나 재활용 가능한 가방을 한 해 5천 톤씩 생산하고 있으며, 관개수로 관이나 자동차 예비 부품 생산에 쓰일 재료로 7,500톤의 플라스틱 원료plastic pellet 를 생산하고 있다.[11]

폐기물과 부산물의 회수

수에즈 인바이론먼트의 사례는 회수/재활용 모델의 두 번째 유형에도 적용되는데, 여기에 해당하는 기업들은 자신의 생산 프로세스나 타사의 생산 프로세스로부터 나온 부산물이나 폐기물을 새로운 생산 물질로 사용한다.

《블루 이코노미》의 저자 군터 파울리는 제지업계의 일부 기업들이 광산업체의 지원 하에 종이를 생산하는데 있어 나무 섬유보다 광산 폐기물을 사용하기 시작했다고 언급했다. 그는 이렇게 함으로써 다음과 같이 다양한 혜택을 얻을 수 있다고 말한다. 첫째, 광산 폐기물은 쉽게 구할 수 있으므로 비용을 줄여준다. 둘째, 나무 섬유 생산에 사용되는 땅과 물을 보호하고 펄프 가공 프로세스에 쓰이는 독성 물질을 피함으로써 환경을 보호한다. 셋째, 400년 수명의 미네랄 페이퍼mineral paper를 만든다. 일반적으로 종이는 최대 4번만 재활용될 수 있다.[12]

폐기물에 대한 창의적인 발상 덕분에 미국 대형 슈퍼마켓 체인인 크로거Kroger Company는 자체 발생한 음식 쓰레기를 재생 에너지로 변환할 수 있게 되었다. 캘리포니아에 소재한 랄프스Ralphs와 푸드포레스Food 4 Less 유통 센터에서 나오는 하루 150톤의 음식물 쓰레기는 매출 기회 손실, 처리 비용, 가스 배출 등에서 엄청난 비용으로 여겨졌다. 하지만 이제 크로거에서 나온 음식물 쓰레기는 저렴하고 깨끗한 에너지로 전환되어 49에이커의 단지 사무실과 그들의 유통 센터에 동력을 공급한다. 핵심 기술은 음식물 쓰레기를 마이크로 터빈과 보일러를 돌리는 바이오가스biogas로 변환시키는 '혐기성 분해anaerobic digestion' 시스템에 있다. 이를 통해 크로거는 유통 센터 동력 공급용으로 이전에 쓰던 천연가스를 사실상 전면 대체했다. 계획대로 추진된다면 크로거는 5년 내에 투자 금액을 회수할 수 있으리라 전망한다.[13]

월마트Walmart 역시 유사한 전략을 추진하고 있다. 미국에만도 4천 개 이상의 매장을 운영하고 있는[14] 2012년 대형 유통 업체인 월마트는 폐기물의 80% 이상이 매립지에서 다시 돌아왔다고 발표했다. 이러한 노력으로 인해 월마트는 2억 3천만 달러 이상의 가치를 창출하고, 이산화탄소 배출 역시 1천1백8십만 톤 정도 감소시킬 수 있었다. 또한 공급 업체들과의 협력을 통해 매년 50만 톤이 넘는 식용유를 회수해 바이오디젤이나 비누, 가축 사료 원료로 바꾸었다.[15,16]

폐기물을 부로 변환하는 것, 쓰레기를 돈으로 바꾸는 것은 특정 산업에만 국한된 게 아니다. 캘리포니아에 기반을 둔 스타트업 기업인 뉴라이트 테크놀로지Newlight Technologies 는 생산 과정이나 화석 연료 사용으로 인해 발생하는 부산물인 대기 중의 온실가스(메탄, 이산화탄소 등)를 플라스틱 원료로 전환하는 특허 기술을 고안했다. 이는 비용을 크게 들이지 않고도 석유 기반의 플라스틱 강도를 지닌 재료인 '에어카본 AirCarbon'의 개발로 이어졌다.

미국 통신 업체인 스프린트Sprint 는 에어카본을 사용한 아이폰 케이스 판매 계획을 발표했다.[17] 델 역시 신규 노트북 생산 라인에서 생산되는 제품의 포장 커버에 뉴라이트 제품을 사용할 거라고 한다.[18] 에어카본은 석유 기반의 플라스틱과 비교할 때 성능은 동등하면서도 가격이 현저히 낮을 뿐만 아니라, 고객의 정서적인 유대감도 강화시키는 데 도움을 준다. 매력적인 새 아이폰 케이스가 지구까지 지켜준다고 생각해보라!

참고로 뉴라이트는 2014년 920만 달러를 추가로 투자받았는데, 이를 포함해 지금까지 투자받은 총 금액은 1천9백만 달러에 달한다. 물론 이 자금들은 뉴라이트의 성장을 더욱 가속화시키는 데 사용될 것이다.[19]

어떻게 시작해야 할까

회수/재활용 모델의 기본 원리 중 하나는 버려지는 제품에 내재된 가치를 복원해 재가공하는 데 있다. 이때 제품은 자신의 제품일 수도 있고,

타사의 제품일 수도 있다. 물론 버려진 제품을 통해 동일 제품을 다시 만들거나, 회수된 물질을 전혀 다른 제품을 만드는 데 사용할 수도 있다. 그러려면 제품을 쉽게 분해될 수 있도록 디자인하는 게 중요하다. 이는 부품 조립시 접착제 대신에 클립이나 나사를 사용해야 함을, 식별 장치를 통해 쉽게 구분할 수 있어야 함을, 순정 물질만을 사용하거나 부품 수를 상당량 줄여야 함을 의미할 수 있다.

어떤 것을 의미하더라도 목표는 분명하다. 제품의 전체 수명 주기 동안 내재된 부품의 가치와 재료를 보전하면서도, 수집과 분류, 재가공 비용이 감소되어야 한다. 이를 잘하면 잘할수록 중고 재료에 대한 접근과 비용 감축, 환경 보전이 더욱 용이해질 것이다.

성숙 곡선에 진입하기

회수/재활용 모델을 많이 사용하면 할수록 가치를 더욱 높이는 제품 회수 방법을 알게 된다. 사실 처음 이 모델을 채택할 때에는 사내 또는 B2B를 통해 아웃소싱 재활용이나 에너지 회수 같은 쉬운 표적에 집중한다. 그러다 좀 더 정교하게 이 모델을 사용하는 단계에 이르면, 내부 역량을 보다 강화시키거나 폐기물 관리 업체와 같은 적합한 파트너와의 협력을 통해 모든 자원들로부터 가치를 회수하는 데까지 이른다. 또한 불필요한 생산물들은 타 업종 업체에게 직접 판매하기도 한다. 궁극적으로는 자신의 제품이나 심지어는 다른 산업의 제품까지도 회수하기 위해 최종 소비자들에게까지 접근하는 등 영역을 확장하며 발전해간다.

이 모델을 가장 능숙하게 활용하고 있는 조직들은 여러 산업을 통합하는 폐쇄 반복형 루프 공급망을 가지고 있다. 이들은 자기 제품의 라이프사이클에 순환적 실천을 확실히 하며, 다른 가치사슬에서 나온 폐기물을 재사용하기도 한다.

우리는 이러한 방식으로 성숙기에 접어든 세계적인 소매업체와 일한 적이 있다. 이 회사는 처음에는 자신들의 매장에서 나온 종이상자 쓰레기에서 자원 회수 프로그램을 시작했다. 이후 제품에서 나온 플라스틱이나 금속을 수집, 회수하는 단계로 나아갔다. 그러다 어떤 부품들은 파괴하거나 녹여 새 부품으로 다시 만드는 것보다 표준화하고, 회수하고, 재사용하는 것이 낫다는 깨달음에 이르렀다. 이렇듯 새로운 기회를 포착하는 과정에서 우리는 보다 강력한 가치를 추가 창출할 가능성도 발견했다. 즉, 고객과의 강화된 상호 작용과 매장 방문 고객 수의 증가로 창출된 가치가 총 예측치의 절반이 넘었다.

회수/재활용 모델을 완전히 체득하는 데 있어 결정적인 요소는 지원 기술을 활용하는 능력이다. 기술의 진보 덕분에 물질과 부품을 찾고 추적할 수 있으며, 제품 특성을 매우 세분화하여 식별할 수 있다. 웨이스트 매니지먼트Waste Management의 온라인 변환/재활용 추적 시스템Diversion & Recycling Tracking Tool, DART®이 이러한 솔루션 기술 중의 하나다.[20] 이 솔루션은 복합적인 제품을 생산하는 기업들이 그들의 제품에 위험 물질이나 독성 물질 등을 포함한 모든 구성 정보를 저장한 '제품 패스포트' 칩을 내장할 수 있도록 해준다. 유럽 자원 효율화 플랫폼European Resource Efficiency Platform 그룹은 이러한 제품 패스포트 사용을 권장한다. 이 그룹은 자신들의 보고서에서 이 패스포트가 '제품에 어떤 자원이 포함되어 있는지에 대한 불충분한 B2B 정보' 우려를 해소시킬 수 있다고 말했다. 이 패스포트는 재활용하거나 재사용하는 이들이 제품에 내장된 자원과 (전자 장비에 있는 위해한 화학 물질처럼) 자원이 야기시킬 수 있는 위험에 대해 잘 파악할 수 있게 해준다. 결국 이 패스포트는 재활용과 재사용을 경제적인 측면에서 더욱 실행 가능하게 만들 것이다.[21]

특히 제품 수명이 끊임없이 줄어들거나 더욱 복잡해지는 산업에서는 기술이 특히 더 중요하다. 그런 상황이라면 기업들은 제품에 들어있는 자원을 회수하기 위해 더욱 선진 기술을 활용해야 한다.

확장에 있어 주요 도전들

회수/재활용 모델은 경쟁 우위의 강력한 도구가 될 수 있다. 값비싼 물질을 가치가 거의 없는 쓰레기로 대체할 수 있다는 것은 크나큰 우위를 부여한다. 게다가 자신에게 불필요한 폐기물을 다른 기업에게 판매함으로써 새로운 수익원을 창출할 수도 있다.

그런데 문제는 이것이 말처럼 쉽지 않다는 점이다. 일반적으로 회수 자원의 가격은 신규 자원의 가격과 연동되어 있다. 재활용 금속 가격은 품질이 동일하기 때문에 신규 자원과 가격이 같다. 그에 반해 재활용 종이는 재활용 프로세스를 거치면서 품질이 나빠지기 때문에 더 저렴하다.

이는 기업이 해결해야 하는 2가지 도전 과제가 있음을 의미한다. 자원의 품질을 유지하는 것과 고품질 자원에 대한 소유권을 확보하는 것이다. 기업들은 회수 흐름을 통제(제품 회수 프로그램의 운용 등)하고, 회수된 자원의 품질을 극대화(분류, 재가공, 정제 기술에의 투자 등)시킬 방법을 찾아야 한다. 단순히 새 것과 동일한 품질의 재생 재료를 구매하거나 폐기물을 판매하는 것만으로는 충분한 순환 우위를 창출할 수 없다.

자원 회수 목적으로 제품을 수거하는 B2B 시장에서는 쉽다. 제품이 어느 고객에게 얼만큼 갔는지 추적할 수 있는 거래 정보가 있기 때문이다. 하지만 불특정 다수 고객들이 산재한 B2C 시장에서는 훨씬 힘들다. 전통적으로 소매업체들은 물류 네트워크와 매장을 수거 및 유통 센터로 활용해 자원을 회수한다. 그런데 영국의 대형 소매업체인 막스앤스펜서Marks & Spencer는 협업 파트너로 비영리단체인 옥스팜을 택했다.[22] 고객들은 막스앤스펜서의 중고 의류나 신발, 가방 등을 옥스팜 매장에서 막스앤스펜서 쿠폰으로 교환할 수 있다. 가져온 제품의 품질에 따라 재판매되거나 재활용되며, 이렇게 번 돈은 옥스팜이 빈곤을 해결하는 데 사용된다. 이 협업 모델은 소비자들에게도 매력적으로 다가온다. 제품 수거 장소가 많아졌기 때문이다. 쿠폰 역시 소비자들이 막스앤스펜서 매장을 자주 찾게 만드는 인센티브로 작용해, 소매업자들이 중요하게 여기는 방문 고객 수를 늘려주는 역할을 한다. 물론 막스앤스펜서 제품 회수의 비용 경쟁력도 높여준다.

막스앤스펜서의 지속가능성 부문 책임자인 마이크 베리Mike Barry는 의류와 액세서리는 단지 시작에 불과하다며 이렇게 말했다. "물질적인 것이라면 무엇이든 순환경제에 참여할 수 있다고 상상하면 됩니다. 우리의 다음 후보는 미래 그 자체입니다."[23]

비용 우위를 유지하기 위해서는 회수 및 재가공의 효율성이 대단히 중요하다. 만약 이 절차들이 신규 자원을 채취하는 것보다 비용이 더 많이 드는 일이라면, 이 모델은 무용지물이 될 것이다.

　또한 이 모델은 항구적으로 활용될 수 있어야 한다. 특히 부산물이나 폐기물 물질이 대량 발생하거나 종이처럼 소비자들이 사용한 후에도 꽤 온전하게 자원이 보존되는 기업들에게 더욱 중요하다. 직물 제조업체들도 이 모델에 관심을 가지는데, 제품 수명 주기가 종이나 포장지처럼 한 달도 채 되지 않기 때문이다.

　중국에서는 종이를 신규 생산하는 데 쓰인 재활용 종이 비율이 1992년의 20% 수준에서 2011년에는 70% 이상으로 뛰어올랐다.[24] 그동안 재활용 종이에 대한 중국 고객들의 수요도 260%나 성장했다.[25] 이렇게 인기가 급상승한 이유는 재활용 종이가 새 종이 생산에 필요한 에너지의 65%를 절약해주고 수질 오염은 35%까지, 대기 오염은 74%까지 감소시켜주기 때문이다.[26] 이렇듯 재활용 물질은 지역적으로 차이는 있지만 다양한 분야의 기업들과 소비자들 모두에게 호소력을 가진다. 식품 포장 가공 분야의 다국적 기업인 테트라팩 인터내셔널Tetra Pak International의 마리오 아브레우Mario Abreu는 "테트라팩 종이팩은 항상 신규 섬유로 만듭니다."고 말하며 다음과 같이 미국과 중국의 차이를 강조했다.

　　중국에서는 테트라팩 종이팩이 판지나 다른 보드지로 재활용됩니다. 중국 판지 제조는 대체로 여러 번 사용된 재활용 섬유에 크게 의존하기 때문입니다. 그러다 보니 음료 종이팩에 사용된 섬유는 큰 가치를 가집니다. 반대로 미국에서는 보드지 제조업체들의 재활용 섬유에 대한 의존도가 낮아, 음

료 종이팩은 주로 다른 제지 분야에서 재활용됩니다.[27]

그러나 회수/재활용 모델로 인한 장애물을 극복해야 하는 것은 단지 이러한 제조업체들만이 아니다. 폐기물 관리 업체 역시 자신들만의 도전 과제에 직면해 있다. 그중 가장 큰 과제는 자신들의 역할을 폐기물을 처리하는 제3자에서 효율적인 자원 관리 업체이자 자원 생산성에 대한 전략적 조언자로 바꾸는 것이다.

140억 달러 규모의 북미 폐기물 처리 시장 선두 업체 웨이스트 매니지먼트 CEO인 데이비드 스타이너 David P. Steiner 는 다음과 같이 말했다.

웨이스트 매니지먼트는 새로운 영역을 개척하고 있습니다. 우리 비즈니스는 더 이상 단순히 쓰레기를 주워 안전한 곳에 두는 사업이 아닙니다. 우리 고객들, 우리가 활동하는 지역 사회는 폐기물이 보다 지속가능한 방법으로 처리되기를 원합니다. 그들이 쓰레기를 생성할 때 우리는 저탄소 동력을 생산하고 재활용 원료를 만들 기회로 봅니다.[28]

제품으로부터 물질을 온전히 회수하려면 폐기물 관리 업체들은 반드시 자기 고객들의 비즈니스 파트너가 되어야 한다. 즉, 자신들의 효율성을 폐기물량으로 측정하기보다는 최소 손실 최대 이익의 생산 시스템 구축이라는 목표를 공유할 필요가 있다. 분해하기 쉬운 제품을 디자인하거나 재활용이 어려운 폐기물을 고품질의 원물질로 바꿀 수 있도록 도와주어야 한다. 심지어 에너지나 원물질이 남는 기업들로부터 구매해 다른 업체들에게 다시 판매하는 브로커 역할을 할 수도 있다.

회수/재활용
모델 사례

회수/재활용 모델에는 몇 가지 도전거리들이 있지만 이런 난관들이 기업에게는 혁신을 불러일으키는 자극제가 되기도 하다. 팀버랜드Timberland, 데소Desso Group, I:CO 등이 대표적인 예로, 회수/재활용 모델에 대한 이들의 경험은 조직이 폐기물을 창의적으로 생각할 때 어떤 일이 일어날 수 있는지 보여주고 있다.

팀버랜드,
디자인 혁신의 강화

아웃도어 웨어 분야의 선두 업체인 팀버랜드는 구매 시점을 넘어 제품 라이프사이클을 통틀어 환경적인 영향을 줄이고자 했다. 제품 디자인과 개발 단계에서 혁신을 유도하기 위해 16억 달러[29] 규모의 팀버랜드는 평가 시스템이 포함된 프로그램을 도입했다.[30] 팀버랜드의 '그린 인덱스Green Index®'는 신발 디자이너와 개발자들이 새제품의 혁신 수준에 순위를 매기는 프로그램이다.

재가공된 가죽, 재활용된 폴리에스터 안감, 재활용된 타이어 고무로 만든 밑창 등의 특징을 가진 팀버랜드의 어스키퍼Earthkeeper 부츠는 사용 후 분해를 염두에 두고 제작(실제로는 재제작)된다. 그 덕분에 팀버랜드 부츠는 다른 경쟁자들과 차별화될 수 있었다. 이를 위해 팀버랜드는 고객들에게 부츠를 팀버랜드 매장으로 가지고 오라고 독려하며, 고객 참여와 충성도를 제고하기도 한다.

또한 팀버랜드는 부츠 4만 켤레를 생산할 때마다 500톤씩 탄소를 감소시키는 등 이 모델을 통해 계량적인 이익도 거두고 있다. 참고로 이 프로그램을 통해 새 신발에서 회수한 물질을 80%까지 재사용할 계획인데, 이는 프로그램을 시작한 이래로 200%나 상승한 수치다.[31]

데소. 잔여 가치 회수 시스템의 구축

네덜란드 카펫 제조업체인 데소는 팀버랜드와 같은 도전에 직면했는데, 팀버랜드와 다른 유일한 점은 제품이었다. 먼저 데소는 수명 종료 시점에 제품으로부터 가치를 어떻게 추출할 것인지 정해야 했다. 이에 데소는 카펫 뒷판에서 실과 다른 섬유를 분리해내는 리피너티Refinity® 분리 기술을 개발했다. 이후 실은 크래들 투 크래들Cradle-to-Cradle® 시스템을 통해 새로운 실을 생산하기 위해 회수된다. 마지막으로 뒷판은 갈아서 건설 산업 부문에서 사용하게 된다. 결국 이런 다단계 과정을 통해 제품의 수명 종료 후 물질들이 생산적인 용도로 재사용되도록 돕는다.

2008년 초반, 데소는 크래들 투 크래들 원칙에 따른 재활용을 핵심으로 하는 테이크백TakeBack™ 프로그램을 시작했다. 데소는 유효 수명이 다한 고객 제품을 회수해 새로운 카펫 제품으로 재활용하거나 다른 재활용 프로그램에 사용한다. 크래들 투 크래들 목표를 완전히 달성하기 위해 데소는 주요 파트너들과의 협력도 강화했다. 일례로 데소가 판매하는 상업용 카펫 타일의 60% 이상이 에코닐Econyl®을 함유하고 있다. 이는 실 공급 업체인 아쿠아필Aquafil이 만든 제품으로, 데소 리피너티 공장의 폐기물 등을 100% 재활용해 만들어진 실이다.[32]

또한 데소는 제품의 유효 수명이 만료될 시점에 물질을 보다 저렴한 방식으로 회수할 수 있도록 제품 디자인도 변경했다. 즉, 안전하게 재활용될 수 있도록 무독성 물질을 사용했으며, 식별이나 분리, 재활용이 보다 용이하도록 제품 디자인을 조정했다. 고품질 물질을 찾으려는 데소의 바람은 자신들이 만든 카펫이 어떻게 사용되는지 더욱 자세하게 파악하고 싶도록 만들었다. 이는 데소가 제품 성능을 향상시키는 혁신 방안을 찾게 만드는 동기로 작용했다.

그 결과 순환 원칙을 채택한지 4년 만에 데소는 유럽 내 시장점유율을 끌어올렸다. 대부분의 경쟁 업체들이 세계 불황으로 인해 카펫 산업이 30% 이상 하락하며 고통받고 있을 때 데소 카펫 비즈니스의 누적 이익은 2006년 1%에서 2010년 9.2%로 껑충 뛰었다.[33,34]

I:CO. 쓰레기를 없애는 그들만의 스타일

I:CO는 자체적으로 제품 개발을 하지 않지만, 3차 서비스를 제공하는 기업으로 회수/재활용 모델 성공에 있어 큰 역할을 담당하고 있다.

사명에 '나는 수거한다I collect'라는 의미를 담고 있는 이 기업은 효율적인 대량 회수망을 구축한 패션 산업계의 위탁 운영자라 할 수 있다. I:CO는 중고 직물을 재사용할 수 있는 인프라를 제공한다. 즉 중고 직물을 재판매하거나, 태워서 에너지를 얻거나, 원재료를 재활용한다. 신발과 직물을 재활용하는 스위스 기업 SOEX 그룹의 한 부문인 I:CO는 2020년까지 폐기물 제로라는 담대한 목표를 달성할 계획을 가지고 있다.

I:CO는 소비자들에게 쓰지 않는 의류나 신발, 액세서리 등을 구매 장소로 가지고 오도록 유도한다. 그 대가로 소비자들은 주로 신제품을 구매할 때 사용할 수 있는 할인쿠폰을 받는다.

재활용된 의류는 건축 단열재나 봉제 완구, 신발 밑창, 가방 등에 사용된다. 신발은 바닥재나 열쇠고리, 포장재, 하드 케이스 등으로 바뀐다. 현재 I:CO는 54개국에 진출해 매달 8백만 고객들에게 지속 순환을 위해 중고 의류나 신발을 돌려보낼 기회를 제공하고 있다.

현재 I:CO는 에스프리Esprit, C&A, 아들러Adler, 풋락커Footlocker, 노스페이스The North Face, 포에버 21Forever 21, 리노Reno 등 유명 패션 브랜드들과 함께한다. 매장을 통한 재활용은 고객과의 관계를 심화시켜 주고, 매장으로의 고객 유입을 늘려줘 신상품을 판매할 기회도 제공한다. 중장기적으로 패션 브랜드들은 자체 생산 과정에 중고 물질을 사용할 수도 있다.[35]

세계적인 스포츠 브랜드 퓨마PUMA도 제품의 자원 흐름을 개선시키기 위해 I:CO의 대열에 합류했다. 퓨마 매장에 '나를 다시 갖다주세요Bring Me Back' 통을 비치해두고, 브랜드에 상관없이 소비자들이 중고 제품을 반환하도록 유도했다. 이제 퓨마는 자신들의 제품을 제작할 때 이 물질들을 재활용한다. 2013년에 론칭한 퓨마의 인사이클InCycle 컬렉션

은 폐쇄 반복형 루프로 생산된 제품이라는 타이틀을 얻은 퓨마의 첫 컬렉션이다.[36]

이 시도로 퓨마는 '크래들 투 크래들 기초 인증'을 획득했다. 인사이클은 생분해 폴리머, 재활용 폴리에스터, 유기농 면과 같은 물질을 사용한다. 예를 들어 폴리프로필렌으로 만들어진 퓨마의 백팩은 나중에 OEM 업체에 의해 수거되어 새 백팩을 만들 때 재활용된다.

퓨마는 환경 영향을 측정하는 점에서는 '말한 것을 실천'하는 리더다. 퓨마 회장인 요헨 자이츠Jochen Zeitz 가 고안한 환경 손익계산서 Environmental Profit and Loss, EP&L 는 높은 평가를 받고 있다. 이를 통해 퓨마는 인사이클 일반 제품과 비교해 순환 물질을 쓰는 인사이클 제품의 생산과 사용이 환경적으로 미치는 영향을 측정할 수 있게 되었다. 연차보고서에서 퓨마는 인사이클 제품이 일반 제품보다 환경 비용이 31%나 덜 든다고 언급한 바 있다. 또한 이 신발들의 소매가는 12% 높게 거래된다고도 밝혔다.[37] 기업과 환경 모두에 유익한 결과인 셈이다.

스웨덴 의류 회사인 H&M 역시 순환 운영에 상당히 투자하고 있다. 이 다국적 기업 역시 I:CO의 파트너로, 2014년 초반에는 재활용된 면으로 만든 5가지 클래식 데님 의류를 론칭하기도 했다.[38] H&M은 모든 옷감이 재활용될 수 있도록 힘쓸 것이며, 재활용 기술과 제품 개발은 물론이고 수거 인프라를 구축하는 데도 투자하고 있다고 밝혔다.[39]

폐기물 제로로
가는 길

　폐기물 제로를 위한 경제적인 논리는 간단하지만, 기업이 이 목표를 달성하려면 반드시 내부 및 외부 파트너들과의 긴밀한 협업이 필요하다. 리사이클 리워즈Recycle Rewards의 자회사인 리사이클뱅크Recyclebank CEO인 하비에르 플레임Javier Flaim 은 이렇게 말했다. "기업과 정부, 도시들 모두 지속가능 가치를 향상시키는 게 중요한 일임을 깨닫고 있습니다. 이를 향해 우리는 더욱 빨리 움직이려 하지만, 여기에 놓인 제약들도 이해하고 있습니다. 많은 변화가 비즈니스 혁신을 통해 이루어져야 합니다. 그리고 이는 기업과 도시, 정부 간의 협력이 있어야 가능합니다."[40]

　제품에 근본적인 변화를 가하려면 투입된 모든 물질을 이해하고 생산 사이클의 각 과정을 분석할 수 있어야 한다. 시스템적으로 폐기물을 고려한다는 것은 제품 디자이너에서부터 사용 후 단계의 폐기물 취급자들에 이르기까지 제품의 각 라이프사이클 단계에 있는 기능들 간의 면밀한 커뮤니케이션을 요구하는 공동의 노력을 의미한다.

　이미 많은 기업들이 회수/재활용 모델 경험을 상당히 가지고 있다. 이러한 경험들은 이 모델의 채택을 유도하는 요인으로 작용하고 있다. 그러나 어떤 경우에는 제품 수명이 아직 끝나지 않았는데도 폐기되는 경우도 있다. 그럴 경우에는 수정과 개선을 통해 다른 라이프사이클로 진입할 수 있다. 이러한 제품들의 잔여 가치는 제품을 해체하는 것이 아니라 유효 수명을 연장함으로써 드러난다.

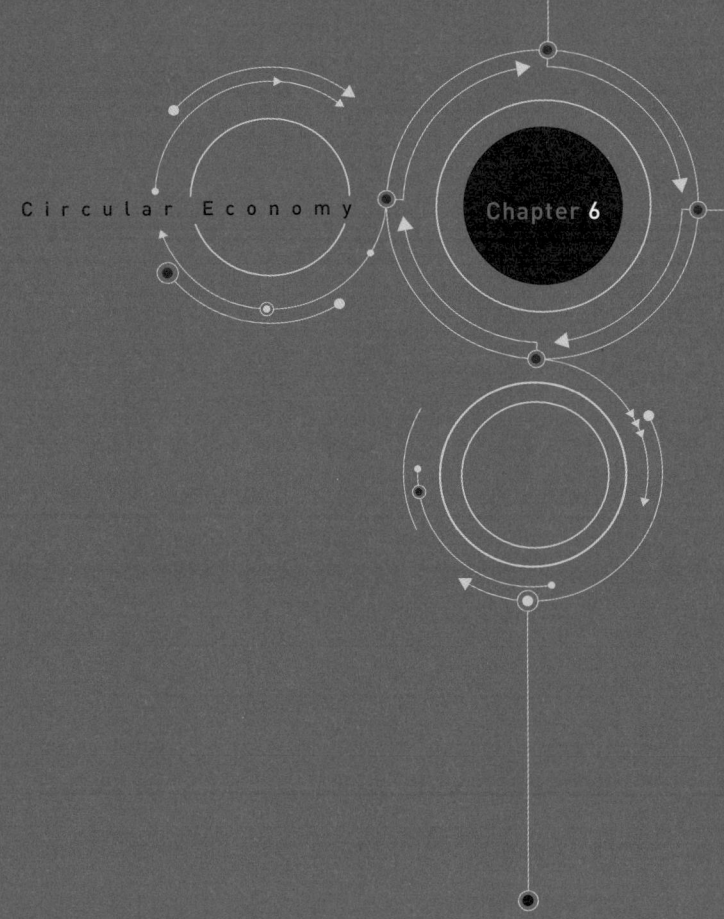

Circular Economy

Chapter 6

제품 수명 연장 모델
보다 오래 쓸 수 있게 만들어진 제품

Circular Economy

수십 년간 제조업체들은 물량에 집중해왔다. 매출을 늘리려면 더 많이 생산해야 했다. 이 전략은 저렴하고 풍부한 천연자원에 기반을 둔 경제에서 합리적으로 여겨졌고, 환경 이슈는 '언젠가' 다루어야 할 문제로 미뤄졌다. 즉, 자원 가격이 낮고 환경에 대한 우려가 전반적으로 무시될 때에는 성장을 위한 가장 효율적인 방법은 산출량을 늘리는 것이었다.

그런데 이 모델의 부정적인 점은 소비자들이 지속적으로 제품을 바꾸도록 만든다는 것이다. 어떤 경우에는 기존 제품이 아주 멀쩡한데도 '최신 모델'에 비해 낙후된 것처럼 보인다. 새로운 특성과 기능을 갖춘 신제품들을 꾸준히 접할 수 있는 소비재나 전자 제품의 경우 이는 특히 더 현실적으로 다가온다. 물론 이런 특성과 기능들은 하나하나를 놓고 보면 큰 의미가 없어도 전체적으로 모이면 무시하기 힘든 패키지가 된다. 어떤 경우에는 제품이 단순히 진부해져서 대체하기도 한다. 기업들은 실제로 고의적으로 기능이 멈추거나 쓸모가 없어지도록 제품을 설계하기도 하는데, 이 개념은 2010년에 나온 인기 다큐멘터리 전구 음모이론The Light Bulb Conspiracy에서 교묘하게 드러나기도 했다.[1]

그러나 제품 교체를 계획하고 과도한 물량으로 생산하는 대신, 제조업체들이 그들이 소비하는 모든 자원의 가치를 최대한 뽑아내려고 한다면 어떻게 될까? 제조업체들이 제품의 유효 수명을 최대한 늘리고, 판매 시점이 아니라 라이프사이클 전반에 걸쳐 수익성을 극대화시킨다면 어떻게 될까? 빈번하게 제품을 출시하거나 2년 정도만 지속되는 제품을 만드는 대신, 십 년 넘게 지속되는 제품을 개발하고 업그레이드와 서비스도 용이하게 해준다면 어떻게 될까? 단지 새 제품이 좋아 기능이 온전한 제품을 버리도록 소비자를 유인하거나 부품 교체 시 제품 전체를 버리게 만드는 대신, 원하는 부품만 교체해 수리하거나 제품의 '외형'만 교체해 사용할 수 있도록 제품을 만든다면 어떻게 될까? 이렇게 하는 기업이 있다면, 이 업체는 제품 수명 연장 모델을 채택하고 있다.

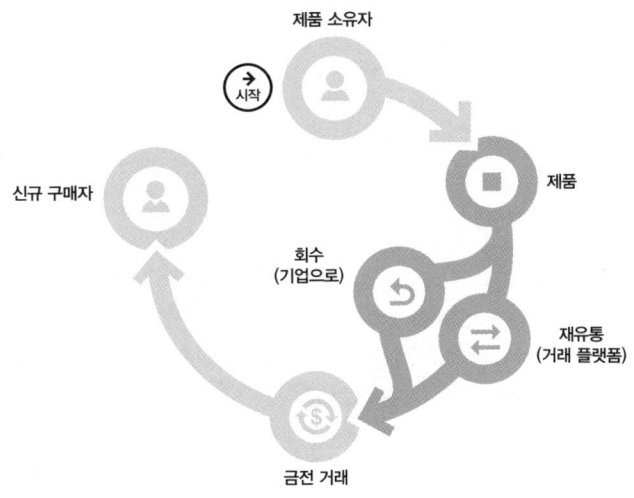

제품 수명 연장 모델 – 재판매 모델

제품 수명 연장 모델 – 수리/업그레이드/리필 모델

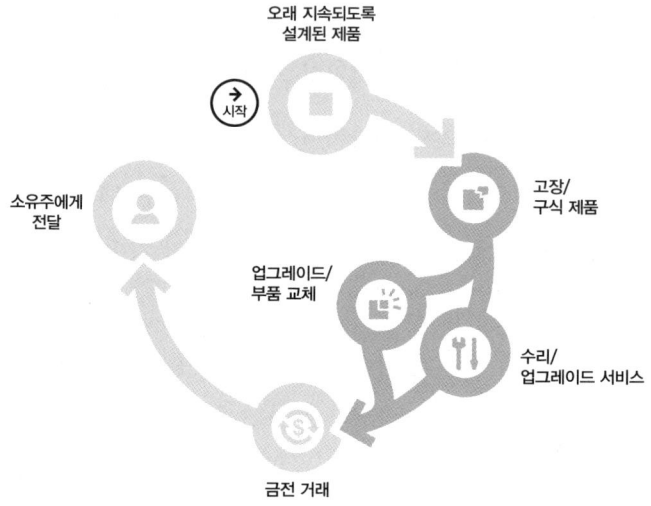

제품 수명 연장 모델 – 개조/재제조 모델

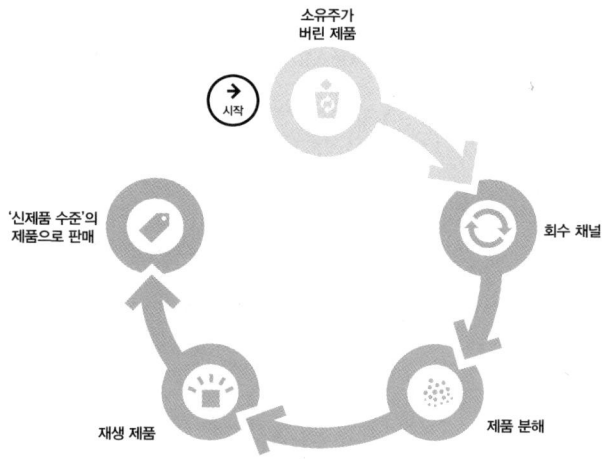

제품 수명 연장
모델이란

제품 수명 연장 모델은 판매 물량에 집중하는 대신에 수명 주기 전체 기간 동안 수익을 창출하는 데 집중한다. 그러려면 제품의 유효 수명 주기가 길어야 한다. 이 모델에서는 내구성, 품질, 기능 등과 같은 특성에 더욱 높은 가치가 매겨진다. 제품이 보다 오래, 더욱 집중적으로 사용될수록 그 제품을 공급하는 기업에게는 좋은 것이 된다.

이 모델을 통해 판매된 제품들은 가격이 고가일 가능성이 높은데, 이는 보다 넓은 고객층을 공략하는데 장애물이 된다. 해결책은 있다. 수익 모델을 바꾸는 것이다. 제품 수명 연장 모델을 통해 판매된 제품은 제품 수명 주기 전체로 볼 때 일반 제품보다 높은 수익을 내야 한다. 교체 빈도가 낮기 때문이다. 하지만 이것이 더 높은 가격을 받아야 한다는 의미는 아니다. 디지털 '프리미엄freemium' 모델을 오프라인 공간에 대입해 생각해보라.[2] 아마존의 킨들Kindle처럼 제품은 공짜로 주고 업그레이드와 콘텐츠, 부가 판매 등을 통해 수익을 창출할 수도 있다. 제대로 시행된다면 제품 수명 연장 모델은 기업이 하드웨어 판매 의존도는 줄이고 환경 발자국도 감소시키면서 수익은 배가시킬 수 있도록 도와준다. 실제로 킨들 사용자들은 킨들을 소유하지 않은 사람들보다 매년 아마존에서 평균 56%나 더 소비하기에, 아마존은 수익을 쉽게 보전한다.[3] 이러한 수익 모델을 가진 아마존은 고장 나 쓸모가 없어지는 제품을 만들 이유가 없다. 사람들이 킨들을 오랫동안 사용하면서 유료 디지털 콘텐츠를 최대한 많이 구매하기를 원하기 때문이다. 결국 이 모델은 물리적인 자원 사용과는 부분적으로 분리된다.

추가적인 수익원을 만들기 위해 제품의 유효 수명을 연장시킬 방법은 많다. 제품 수명 연장 모델을 사용하는 기업들에 대한 연구를 통해, 우리는 기업이 제품에 내재된 잔여 수명은 물론, 과거에는 그냥 버려졌던 제품의 가치와 유용성을 증대시킬 수 있도록 해주는 6가지 주요 활동을 식별해냈다.

1. **오래 지속되는 제품의 제조**
   - 품질이 우수하고 내구성도 매우 뛰어난 제품을 제조하기.
   - 품질을 위해 프리미엄도 지급할 의사가 있는 고객들이나 유료 부가 서비스와 같은 대안적인 수익 모델에 따라 내구성이 좋은 제품을 구입하려는 고객들을 표적으로 하기.

2. **개조**
   - 중고 제품을 '신제품'과 같은 원래 수준으로 복원시키기.
   - 가격에 민감하지만 신제품과 유사한 보증과 서비스가 제공되는 '신제품 수준'의 중고 제품을 사는 것을 꺼리지 않는 고객들을 표적으로 하기.
   - 신제품처럼 제품을 다시 만드는 재제조하기.

3. **재판매를 위한 회수/보상판매/역구매**
   - 거래나 재판매를 위해 중고 제품을 수거하기('리커머스 ReCommerce'라고도 불림).
   - '저렴한 가격'을 찾는 고객들을 표적으로 하기. 이는 일반적으로

특화된 기업들이 다루는 영역이지만, 최초의 공급 업체들도 점점 더 2차, 3차, 4차 시장의 활용에 관심을 두고 재판매를 제품 범위에 통합하고 있음.

4. 업그레이드
   - 핵심 제품을 교체하는 대신, 신기능이나 성능, 패션을 추가하기.
   - 제품 자체보다는 콘텐츠, 기능, 스타일에 관심이 많은 고객들을 표적으로 하기.

5. 리필
   - 제품 그 자체보다 빠르게 고갈되는 기능을 교체하기.
   - 실수요가 물리적인 '제품 외형'이 아니라 일회용 부품에서 발생하는 고객을 표적으로 하기.

6. 수리
   - 고장 난 제품 고치기.
   - 제품 성능에 만족해 제품을 교체하는 데 관심이 적은 고객들을 표적으로 하기.

옵터스Optus는 모뎀이나 라우터, 통신 기기, 변환기, 주변 장치 등과 같은 노후 설비에 집중했다. 싱가포르 텔레커뮤니케이션Singapore Telecommunications Ltd.이 전액 출자한 호주 최대의 통신 회사 옵터스는 매년 기존 부품들을 교체하며 자신의 네트워크를 업그레이드하고 있다. 이러한 자산을 보관하는 비용도 상당했다. 이에 옵터스는 지난 10년간 이 장비들을 팔거나 폐기함으로써 보관 비용을 25%까지 삭감했으며, 이 자금을 보다 생산적인 용도로 사용했다.

액센츄어와 긴밀하게 협업한 결과, 옵터스는 이제 통신업계 최초로 자산 폐기 프로그램을 갖추게 되었다. 이 프로그램은 추가 수익 창출이나 보관 비용 절감, 위기관리 등에 유용할 것이다. 구체적으로는 재사용이 가능한 자산을 재판매하고 노후 설비를 재활용함으로써 연간 3백만 호주달러에 이르는 현금을 창출했다. 특히 소수 구매자 그룹과의 선별적인 협상으로 오퍼 가격보다 300%나 높게 팔았다. 게다가 장기 재고의 상당 부분을 매각함으로써 옵터스는 창고 하나가 필요 없게 되었고, 이로 인해 3년 동안 300만 호주달러 이상의 물류 비용을 절약할 수 있으리라 기대했다.[4]

새로운 소유주를 찾아 제품 수명을 연장하는 것이 직접적인 수익을 창출한다는 점을 이해하기는 어렵지 않다. 그러나 단일 고객에게 연장된 수명은, 이 고객에게 제품 라이프사이클 전반에 걸쳐 공급업자와 교류할 동기가 주어지지 않는 한 본질적으로 천연자원의 사용을 감소시키지도, 새로운 수익을 만들어내지도 않는다. 따라서 공급 업체들은 제품을 쉽게 업그레이드할 수 있도록 처음부터 제품을 설계하거나, 파트너 업체들이 저렴하게 수리 서비스를 수행할 수 있어야 한다. 가전제품을 생각해 보라. 이는 에너지 효율 모듈을 쉽게 교체할 수 있게 제품을 설계함으로써 에너지 효율성을 신규 모델과 동일하게 유지할 수 있도록 업그레이드할 수 있음을 의미한다. 제품의 '외형'을 교환할 수 있게 만드는 등 새로운 디자인 트렌드를 따라갈 수 있게 하거나, 고객들이 인터넷을 통해 신기능이나 소프트웨어 업그레이드를 즉각적으로, 원거리에서도 할 수 있도록 해주는 것을 의미한다. 백색 가전처럼 마진이 매우 적은 경쟁 시장에서는 제품 수명 연장 활동으로 인한 추가 수익은 재정적으로나 고객 관계, 충성도 측면에서 모두 매력적이다.

세계적인 가전 업체인 일렉트로룩스는 전자 제품이 라이프사이클 동안 환경에 미치는 영향을 측정하는 연구를 수행하면서 이러한 논리를 염두에 두었다.[5] 일렉트로룩스는 가전이 환경에 미치는 영향의 70% 이상이 제조나 수명 종료 후 처분할 때 발생하는 것이 아니라, 에너지와 물 소비 등 제품 사용 중에 발생한다고 결론지었다.[6]

지속가능한 혁신은 이제 일렉트로룩스의 최우선 R&D 4대 과제 중 하나다. 일렉트로룩스의 중역들과 인터뷰를 하면서, 2012년 제품 개발 투자의 3분의 1 이상이 지속가능성과 관련이 있었으며 대부분의 투자는 에너지와 물 소비 효율성을 신장시키고, 재활용할 수 있는 디자인을 개발하는 데 단행되었음을 알게 되었다. 일렉트로룩스의 지속가능성 수석 부사장인 헨릭 순스트룀Henrik Sundström 은 이렇게 말했다. "우리는 늘 친환경적이면서도 보다 수익성이 좋은 기회를 찾고 있습니다."[7]

일렉트로룩스는 제품 물질과 부품을 실용적이면서도 재활용이 가능하도록 사용하기 위해 모듈 방식을 채택하고 있다. 순스트룀은 이렇게 말했다. "일반적인 라이프사이클, 즉 고객들이 제품을 구매해 수명이 다할 때까지 소유하는 사이클을 정기적으로 제품을 업그레이드하는 몇 개의 사용자 사이클로 나눈다면 매우 흥미로울 겁니다."[8]

그런데 아무리 업그레이드가 가능한 제품이라도 소비자는 언젠가는 그 제품과 이별하기를 원할 것이다. 그러나 공급 업체 입장에선 회수해 개조하면 새로운 고객에게 재판매할 수 있으므로 여기서 그 제품의 수명이 끝나지 않는다. 긍정적인 환경 영향도 감안하면 재제조는 유용하다. 중국 역시 이를 인식하고 국가 차원의 순환경제 실천 계획에서 재제조가 주는 혜택을 강조했다. 중국의 국가발전개혁위원회의 부의장 시젠화는 이렇게 말했다. "신제품을 만드는 것과 비교해 재제조는 에너지를 60%, 원물질은 70% 절약하는 것으로 추산됩니다. 또한 대기 오염 물질도 크게 감소시킵니다." 시젠화는 재제조가 중국의 에너지 절약과 탄소 배출 감축 목표를 달성하는 데도 결정적인 도움을 줄 것이라고 덧붙였다.[9]

제품 수명 연장 모델이 주는 혜택들이 모두 정량적으로 측정되는 건 아니다. 예를 들어 기업이 제품 수명 주기를 연장하고 고객들과의 상호 작용 포인트를 늘릴 때 고객과의 관계는 심화된다. 판매시점 외에는 고객과의 상호 작용을 피하는 선형 모델과는 반대로 제품 수명 연장 모델을 활용하는 기업들은 고객들과 최대한 상호 작용을 하기 원한다. 시간이 흐를수록 고객들은 기업과 자신과의 관계에 진정한 가치를 부가하게 되고, 제품의 성능이나 기능, 품질을 향상시키는 것에 진심으로 관심을 가지게 된다. 고객들은 많은 시점에서, 심지어 제품 수명이 종료되어 반납하는 시점에도 오프라인 또는 온라인 상에서 기업과 상호 작용을 하게 될 것이다. 이런 지속적인 상호 작용은 모바일과 소셜 미디어와 같은 디지털 기술의 도움으로 과거에 비해 오늘날 훨씬 더 실현하기가 쉬워졌다. 게다가 디지털 기술은 기업이 업그레이드나 부가 서비스 등을 판매할 기회도 창출함으로써 고객 충성도와 고객 만족을 강화시키는 데 도움을 줄 수 있다.

어떻게
시작해야 할까

　다른 순환 비즈니스 모델과 마찬가지로 제품 수명 연장 모델 역시 특정 유형의 기업에만 제한되지 않는다. 실제로 다양한 기업들을 위해 이 모델이 할 수 있는 3가지 잠재적인 역할이 있다.

　첫 번째 역할은 실제 제품을 만드는 제조업체에게 도움을 준다. 제조업체는 제품 수명을 연장시키는 방법을 찾음으로써 한정된 자원에 대한 의존도를 낮출 수 있다. 또한 이 모델을 채택함으로써 기존 비즈니스에 크나큰 변화를 시도할 수 있다. 제조업체는 원래의 성능 사양 수준에 맞추거나 이보다 높은 사양을 제공하기 위해 중고 제품을 재생하는 재제조 과정에 투자해야 할지도 모른다. 동시에 재제조의 비용 효율성이나 디지털 연결성 측면에서 제품 디자인, 부품, 재료 선택 등을 업데이트해야 할 필요도 있다. 또한 현장 서비스를 위해 지역 파트너들과 협력하고, 제품의 최초 구매 시점 이외의 지점에서도 부가 판매하기 위해 새로운 수익 모델을 개발해야 할지도 모른다.

　시장에서 자신의 제품을 회수하려는 기업은 빠르게 행동해야 한다. 거의 수명이 다 되었지만 조금의 보상이라도 받고 처분하려는 제품이 환생을 위한 주요 후보가 된다. 그런 측면에서 보상 판매나 역구매 프로그램은 효과적이다. 일반적으로 사용자들이 제조업체의 신제품을 구매할 때 사용할 수 있는 포인트를 획득하기 때문이다. 2013년 애플Apple은 보상 판매 프로그램을 론칭하고, 기존 아이폰 고객들에게 새 아이폰을 살 때 사용할 수 있는 매장 포인트를 제공했다.[10] 보상 판매 서비스를 제공하는 기업은 일반적으로 회수 제품을 재활용하거나 폐기하는 것부터 시작한다. 그러나 비즈니스 전략이 성숙해지고 수량이 늘게 되면 다른 시장에 재판매함으로써 제품 수명을 연장하려 하거나, 심지어 고객들에게 해당 아이템의 수리나 개조 같은 서비스를 제공하는 등의 다음 단계로 자연스럽게 이동하게 된다.

두 번째 역할은 기업이 '유통 매개자 channel player'가 되는 것이다. 기업은 커뮤니티나 플랫폼을 운영하며 충분히 사용되지 않거나 아예 사용되지 않은 제품을 위해 새로운 집을 찾아줌으로써 각 아이템의 유효 수명을 연장시킨다. 즉, 기업은 유통 매개자로서 소유주가 자신의 소유물을 다른 사람에게 판매할 장소를 제공하는 중간상 기능을 한다.

많은 유명 기업들이 사람들 간의 제품 거래에 뛰어들고 있다. 타오바오 Taobao, 이베이 eBay, 크레이그리스트 Craigslist 는 다양한 카테고리의 제품(신제품과 중고 제품)들이 재판매되는 시장이다. 가젤(전자 제품), 스레드업 thredUP (여성/아동 의류), 포쉬마크 Poshmark (여성 의류) 등과 같은 사이트들은 특화된 제품에 집중하고 있다. 이들은 재무 성과를 공개하지 않고 있지만, 포쉬마크의 경우 2013년 150만 건 거래에 6천만 달러 정도의 매출을 올렸을 것으로 추산한다.[11]

아소스 Asos 는 세계적인 온라인 패션 유통 업체다. 이 회사의 온라인 마켓에는 750개의 부티크가 입점해 있다. 이 부티크들을 통해 사람들은 자신의 중고 또는 빈티지 의류를 전 세계 사람들에게 판매할 수 있다. 아소스 보고서에 따르면 2013년 아소스 사이트에서 14만 5천 점의 제품이 거래되었다고 한다.[12] 판매의 80%는 중고 의류를 재판매하는 경우였으며, 이를 통해 그 의상에 투자했던 비용의 일부를 회수했다고 한다.[13] 참고로 이 사이트는 새로운 디자인을 발견할 수 있는 곳이기도 하다. 아소스는 남성 의류 브랜드인 볼크로어Volklore 와 아소스에서만 독점으로 판매하는 봄 컬렉션 론칭 계약을 맺었다고 발표했다.[14]

오프라인 세계에도 유사한 유통 업체들이 존재한다. 중고 스포츠 용품을 취급하는 플레이잇어게인스포츠Play It Again Sports, 중고 아동 의류의 원스어폰어차일드Once Upon a Child, 중고 악기의 뮤직고라운드Music Go Round 등 특화된 매장들이 있다. 이론적으론 재판매 제품은 거래의 양극단뿐만 아니라 거래 중간에도 가치를 창출하고 있다.

세 번째 역할은 수리와 업그레이드, 개조, 유지 서비스 등을 제공하는 '현장 서비스' 지역 업체들에 대한 것이다. 이런 현장 서비스 업체들은 제품 수명 연장 모델을 전면적으로 채택하는 데 필요한 역량 중 자신들에게 부족한 부분을 보완하려는 제조업체들에게 도움을 준다.

일반적으로 현장 서비스를 통한 제품 수명 연장을 어렵게 만드는 요소는 높은 인건비다. 지금까진 값비싼 지역 노동력을 활용해 기존 제품을 수리하는 대신, 신제품을 구입하는 것이 저렴했다. 그런데 최근 수리 비용을 신제품 구입 비용보다 저렴하게 만드는 요인들이 대두되었다. 물질과 에너지 비용의 상승, 중국과 같은 개발도상국의 지속적인 인건비 상승[15] 등 신제품 제조 비용의 증가도 그중 하나다. 선진국의 높은 실업률과 일자리 창출에 대한 의지 역시 '근거리 서비스'와 비용 효율적인 현장 서비스에 유리한 환경을 만들었다.

그러다 보니 제품 수명 연장을 위한 현지의 가치사슬이 부각되었다. 이는 지역 사정에 따른 맞춤형 부가 서비스를 제공하려는 글로벌 기업들에게 현지 기업들과 협력할 수 있는 훌륭한 기회를 제공하고 있다. 일반적으로 '현장 서비스' 사업 규모는 작아 보이지만, 합치면 거대 시장이 된다. 일례로 미국 전자/컴퓨터 수리 서비스 산업의 규모는 2014년 200억 달러였으며,[16] 미국 재제조 상품 시장 규모 역시 2011년 430억 달러(18만 개의 일자리)가 넘었다.[17] 또한 세계 자동차 수리/유지 서비스 시장은 2015년 3천5십억 달러를 넘을 것으로 추정하고 있다.[18]

물론 현장 서비스는 지역 시장에만 국한되지는 않는다. 최신 기술 덕분에 다국적 기업들이 현지의 비즈니스 생태계와 협업할 기회는 그 어느 때보다 크다. 커뮤니케이션 장벽이 철폐되었기 때문만이 아니다. 제품과 물질의 흐름을 모니터하고 파악할 수 있는 방안들도 저비용 정보 이동, 연결성, 데이터 트래픽 덕분에 더없이 저렴해졌다.

디지털화는 아이픽스잇ifixit.com 과 같은 온라인 커뮤니티가 자신의 전문성을 전 세계에 서비스할 수 있도록 해주고 있다.[19] 미국에 기반을 둔 아이픽스잇은 무료로 온라인 수리 안내서를 제공하며 다양한 카테고리의 부품과 조립용품 세트, 도구 등을 판매함으로써 2012년 천만 달러에 가까운 매출을 올렸다. 3년간 성장률 역시 223%에 달했다.[20] 마이크로소프트Microsoft 는 아이픽스잇의 가치 제안에 매우 흥미를 느끼고 프로 테크 네트워크Pro Tech Network 라는 프로그램을 통해 이 기업과의 협업을 결정했다. 이 무료 프로그램은 스마트폰, 태블릿 PC, 컴퓨터 등을 수리하는 데 주력하는 소규모 업체들을 대상으로 창업과 성장을 돕는 자원을 공급한다. 프로 테크 네트워크 프로그램을 통해 마이크로소프트와 아이픽스잇은 새로운 커뮤니티 구축을 희망할 뿐만 아니라 새로운 '수리 경제repair economy'로 가는 길을 닦기 원한다.[21]

결론적으로 참여하는 기업 유형에 상관없이 궁극적인 목적은 동일하다. 사용자들이 제품에서 최대한 많이 가치를 찾아내도록 돕는 것이다.

확장에 있어
주요 도전들

위의 세 가지 역할 중 하나라도 수행하는 기업들은 다음과 같이 중요한 영역에서 탁월한 역량을 보여야 한다.

먼저 제조업체들은 업그레이드, 부가상품, 제품 회수까지 포함한 라이프사이클을 고려해 제품을 설계해야 한다. 지속적인 고객과의 상호 작용을 감안하면, 제품이나 엔지니어링뿐만 아니라 고객에게도 집중해야 한다. 이는 오랜 시간을 두고 다양한 상호 작용 지점에서 고객과의 관계를 유지하고 성장시켜야 함을 의미하는데, 그러다 보면 소매나 서비스 분야로 확장할 수도 있다. 또한 고장 나기 전에 부품 교체 서비스를 제공하는 등 예방 정비를 실행하고 부가 판매에도 능숙해야 한다. 아웃소싱이나 현장 서비스 파트너 네트워크를 활용해 효율적인 회수망도 조직해야 한다.

유통 매개 업체들은 다양한 지역에 있는 구매자와 판매자를 커뮤니티로 연결해 분산된 구매자와 판매자 관계를 관리할 필요가 있다. 또한 많은 거래를 수행하고 재판매를 최적화하기 위해 중고 제품의 가치를 정확하게 평가해야 한다. 수수료 비용을 최소화하기 위해 운영 비용을 낮추는 것도 중요하다.

현장 서비스 업체들은 제조업체와의 견고한 관계를 토대로 수리 및 업그레이드 서비스를 제공하는 방문 센터가 되곤 한다. 기술 리더십은 운영 비용을 최소화하고 고객들에게 최상의 가치를 부여하는 데 필수적인 요소가 된다. 또한 품질을 최상으로 유지할 수 있도록 업그레이드하고, 개조하고, 재제조할 수 있어야 한다. 충성도를 강화하기 위해 고객에게 최상의 경험을 제공하는 것도 중요하다.

그런데 이 모델을 실행하는 데 있어 가장 큰 도전 과제는 어떤 상황이나 제품이 이 모델에 가장 적합한지 파악하는 것이다. 우리는 연구를 통해 제품 수명 연장에 가장 적합한 제품이 5년이 넘는 라이프사이클을 가진 제품이라는 것을 파악했다. 또한 이 모델은 건설에서부터 첨단 기술에 이르기까지 고가의 장비가 필요한 B2B 산업에서 성공할 가능성이 높다.

캐터필러를 한번 생각해보자. 미국에 기반을 둔 550억 달러 규모의 건설 장비 업체인 캐터필러는 약 6천 개의 각기 다른 부품들을 재생산한다. 2012년에는 2백2십만 개가 넘는 수명 종료 부품을 회수해 7만 3천 톤이 넘는 물질로 재생산했다. 이를 효율적으로 수행하기 위해 캐터필러는 재생 부품이나 신규 부품을 장착한 제품들을 제조, 재판매하는 17개 글로벌 네트워크를 운영하고 있다.[22] 하이테크 산업에서는 460억 달러 규모의 컴퓨터 네트워킹 장비 업체인 시스코 시스템Cisco Systems이 2012년에 3,328톤이 넘는 회수 제품을 재개조, 재판매, 재사용하는 등 25%의 재사용율을 기록했다. 이는 2011년보다 45% 증가한 수치다.[23]

고품질 제품은 저사양 제품에 비해 상대적으로 이 모델을 채택하기가 쉽다. 지속가능성 프로그램의 일환으로 독일 프리미엄 자동차 브랜드인 BMW는 프리미엄 브랜드로서의 명성을 훼손하지 않으면서도 재제조된 순정 부품을 판매하려고 했다. 선두 자동차 업체라는 지위를 강화하기 위해 BMW는 재제조된 순정 부품들, 즉 발전기, 물 펌프, 스타터, 자동 변속장치 등과 같은 부품들이 신제품의 사양을 충족시키며 엄격한 품질 관리 프로세스를 통과했음을 보장한다. 고객들은 신제품 구매자들이 받는 것과 동일한 24개월 보증 기간을 확보한다. 재제조업자들 사이에서 통용되는 표준 관례는 신제품과 동일한 보증 기간을 제공함으로써 고객들을 안심시키는 것이다. 자신들의 까다로운 기준을 고객들에게도 알려줌으로써 BMW는 과거에는 버려졌던 부품으로 부를 만들어내는 선두 브랜드 이미지를 구축하고 있다.[24]

중가의 제품들 중에도 이 모델을 채택해 성공하는 경우가 있다. 이는 업그레이드 주기가 빠르면서도 예측 가능하거나, 다수의 사용자들이 가격과 편의성에 좀 더 즉각적으로 반응하기 때문이다. 게임스톱GameStop이나 월마트 등이 재판매하는 비디오 게임이나 가젤, 유셀닷컴uSell.com 등에서 판매하는 중고 스마트폰과 전자 기기 등이 여기에 해당된다.

그렇다고 모든 제품들이 제품 수명 연장 모델에 적합한 건 아니다. 어떤 제품들은 쉽게 분해가 가능하도록 설계될 수 없다. 어떤 제품들은 필요 물질이 상당히 광범위할 경우도 있다. 또한 제품 수명 연장은 '채취-제조-폐기' 선형 시장의 요구에 부응하려는 기업들에게 적절하지 않다. 이러한 시장에서는 저렴하고 사양이 낮은 제품들이 대량 판매되기 때문이다. 이 시장의 고객들은 즉각 확보할 수 있는 교체 제품의 수량이나, 소유에 따른 총비용에 대해 관심이 없다. 단순한 부가 서비스나 업그레이드를 통해 해결될 수 없을 만큼 급속하게 변하는 소비자 기호에 민감한 제품들도 이 비즈니스 모델에 적합한 후보는 아니다. 일례로 유행에 민감한 의류는 적절하지 않다. 물론 티셔츠나 전통 양복처럼 유행을 타지 않는 기본 의류는 적절할 수 있다.

결국 제품 수명 연장 모델을 채택하는 결정은 기업 문화와 제품 품질과 관련이 있다. 즉, 재제조가 핵심 비즈니스나 인프라, 역량과 맞지 않을 수 있다. 또는 (그럴 필요는 없지만) 신제품 판매 전략과 상충될 수도 있다. 카니발리제이션cannibalization 을 피하기 위해 기업들은 별도의 유통 채널을 두고 재제조된 제품을 판매할 수 있다. 일례로 델은 온라인 상에 델 아울렛을 개설해 판매하고 있다.

제품 수명 연장 모델 사례

품질과 내구성이 뛰어난 제품을 만드는 것이든, 중고 제품을 개조해 재판매하는 것이든, 수리나 재제조, 모듈 방식으로 업그레이드될 수 있는 제품을 만드는 것이든, 점점 더 많은 기업들이 제품의 유효 수명 연장을 통해 가치를 발굴하고 있다. 이로 인해 신규 자원으로 만든 신제품에 대한 수요는 감소되고, 매립지에 쌓이는 쓰레기도 줄어들며, 수년간 사용된 제품이더라도 여전히 내재되어 있는 가치를 상당히 보존할 수도 있게 되었다. 아마도 가장 중요한 점은 이 모델을 제대로 실천하는 기업들은 제품을 많이 판매하는 데만 의존하지 않고, 새로운 수익원을 개발할 수 있다는 점이다.

아래 기업들의 사례처럼 이는 판매자와 구매자 모두에게 유익한 방안이다.

캐터필러. 재제조를 통한 이익 수확

세계적인 건설 장비 제조업체인 캐터필러는 1973년부터 부품을 재제조하고 있다. '캣 리맨Cat® Reman' 비즈니스는 이제 전 세계 17곳에서 약 4천 명의 고용을 창출하고 있다.[25] 제품을 보유하며 재제조한다면 제품 소유권을 유지한 채 잔여 가치를 회수할 수 있으며 고객들에게 가치를 부가할 수 있다는 인식이 경영진 사이에서 점차 커지면서 재제조 결정이 이루어졌다.[26]

더욱 면밀히 검토한 결과, 캐터필러의 제품 라인은 제품 수명 연장 모델에 더욱 적합한 것으로 판명되었다. 동력 전달 장치와 같은 복잡한 내구성 부품은 수리와 업그레이드에 적합했다. 10%의 부품만 재제조하면 되기 때문이었다.[27] 또한 캐터필러는 이미 예전부터 제품 지원 및 서비스 체계를 갖추고 있었다.

그럼에도 캐터필러는 설계상 우선 사항들을 다시 점검할 필요가 있었다. 이에 기업의 목표를 효율성 극대화에서 분해와 재제조가 쉬운 제품으로 바꾸었다. 일례로 가장 잘 알려진 캐터필러 부품인 실린더 내경에 탈착 가능한 보호관이 있는 엔진 블록을 살펴보자. 과거에는 엔진 블록을 다시 만들려면 엔진 실린더의 직경을 넓히고 더 큰 피스톤을 사용해야 했다. 그런데 이 프로세스가 3번만 반복되어도 제품 품질에 영향을 미치는 게 문제였다. 하지만 이제는 보호관만을 제거해 교체하는 것이 가능해져 신제품과 같은 성능을 유지할 수 있게 되었다.[28]

캐터필러 운영 비용의 65%를 물질이 차지하는 상황에서[29] 캐터필러는 자원을 보다 덜 사용하는 방향으로 성장 영역을 찾아야 했다. 그런 점에서 재제조는 물질 사용을 최대 100%까지 감소시켜 물질 효율성 제고와 인건비 감축 위주의 전략을 펼치는 경쟁자들보다 우위를 확보하게 만들었다. 또한 재제조는 시장 점유율을 높이려는 저가 제품 생산 업체들의 공격을 막아주며, 캐터필러의 명성에 흠집 낼 수 있는 제3자 업체를 통한 캐터필러 부품의 재제조를 미연에 방지했다.

캐터필러는 고객들이 중고 부품을 반납할 유인책도 제공한다. 즉, 고객들은 제품을 반납할 때 재제조 부품을 할인 가격으로 교환할 수 있는 '코어 적립금 core credit'을 받는다.[30] 기업 입장에서는 유인책을 통해 물질 비용을 낮추고 유효 수명이 거의 막바지에 이른 제품에 대한 지배권을 회복할 수 있도록 해준다. 캐터필러는 재제조 제품을 신제품보다 50% 낮은 가격에 판매하지만 보증 기간은 동일하게 제공한다. 또한 재제조 제품을 생산할 때 에너지 소모량이 신제품에 비해 85%나 낮다는 장점을 강조하며, 환경에 대한 의식이 높은 고객들에게 호소한다.[31]

그런데 상당수의 기업들은 이런 전략이 자기 제품의 판매량 감소를 가져올 거라고 우려한다. 물론 재제조되거나 개조된 장비는 카니발리제이션 우려가 낮거나 존재하지 않는 시장과 고객군을 표적으로 현명하게 판매될 필요가 있다. 하지만 매출의 감소가 야기된다 해도 재제조는 여전히 매력적일 수 있다. 사실 신규 자원으로만 만들어진 제품을 판매하는 것과 비교할 때 20% 할인 가격으로 판매되는 재제조 제품의 매출이익은 50% 정도 높다. 게다가 재제조 제품이 임대로 제공된다면 원래의 매출이익보다 최대 2.75배 높은 수익을 거둘 수 있다.[32]

캐터필러는 제품 수명 연장 모델에 신기술을 통합하기도 했다. 캐터필러는 딜러들이나 고객들의 손에 있는 부품이나 기계를 추적하기 위해 '제품 링크Product Link'라는 디지털 기술을 사용한다. 이 무선 시스템은 사용자들에게 이벤트가 발생하면 이를 알려주고, 기계 위치 정보도 제공함으로써 비효율적인 사용을 방지하고 운영 비용을 낮추는 데 도움을 준다. 또한 설비 가치를 보존하기 위한 예방 정비에도 도움을 준다.[33] 여기서 핵심은, 고객들이 제품 고장으로 인해 비용을 과도하게 치르기 전에 미리 사용 사이클에서 철수시키는 데 있다.

이는 말처럼 쉬운 게 아니다. 물론 그로 인해 얻는 수익도 훨씬 크다. 캐터필러는 매년 수백만 개의 부품을 재제조하고 있으며, 그 물량도 증가하고 있다. 2009년 약 5만 5천 톤 정도에서 2013년에는 7만 8천 톤 이상으로 상승했다고 한다.[34] 이로 인한 효익은 강력하다. 실린더 헤드를 재제조하는 프로세스의 경우 물과 에너지 사용량은 각각 93%, 86% 감축되었고, 온실가스 역시 61% 덜 배출되었다.[35]

월마트, 다시 도입된 보상 판매 비즈니스

동일 매장 매출same-store sales의 하락을 겪은 월마트는 예전에 철수했던 서비스를 다시 함으로써 신규 고객을 유치하기로 결정했다. 중고 비디오 게임을 회수해 판매하기로 한 것이다.

2009년 월마트는 매장에 키오스크를 두고 비디오 게임 보상 판매를 시도했다. 이플레이e-Play 와 공동으로 진행한 이 프로그램은 효율성 문제로 결국 실패했다.36 그러다 '전자 제품 환매 전문 업체'라고 자칭하는 씨익스체인지CExchange 와 파트너십을 맺고 스마트폰 환매 프로그램을 다시 시작한 것이다.37 물론 전자 제품 개조는 씨익스체인지가 담당했다.

월마트는 3,100개 매장에서 월드 오브 워크레프트World of Warcraft 게임을 전면에 내세우며 보상 판매 프로그램을 론칭했다. 이를 통해 90억 달러 규모의 비디오 게임 판매점이자 2013년 연말 시즌에 중고 판매로 5억 6천7백만 달러 매출 중 18%를 차지했던 게임스톱에게 도전장을 내밀었다.38 가젤과 같은 신규 진입 업체들도 차별적인 고객 경험을 제공함으로써 중고 게임을 판매하는 베스트바이Best Buy 와 경쟁하려고 했다.

월마트 프로그램을 통해 고객들은 엑스박스Xbox, 플레이스테이션PlayStation, 닌텐도Nintendo 등에서 구동되는 게임을 교환할 수 있으며, 월마트 매장에서 다른 상품을 구매할 수 있는 즉석 포인트를 받을 수도 있다.39 이를 통해 보다 많은 게임 플레이어들이 매장을 방문해 다른 상품들도 많이 구매하도록 유도했다.40 신제품을 생산할 필요가 없기에 환경에 유익하고, 고객에게도 유익한 이 프로그램을 통해 수거된 게임은 개조 프로세스로 보내져 신제품과 같은 상태로 만들어진 후 저렴한 가격에 판매된다.

이제 어떤 일이 일어난다고 해도 월마트가 '게임 종료'를 선언할 일은 없을 듯 하다. 월마트의 최고 마케팅 책임자는 언론을 향해 다음과 같이 말했다. "게임은 앞으로도 계속 주요 비즈니스로 자리매김할 것입니다. 우리는 20억 달러 규모의 중고 비디오 게임 시장을 주시하고 있습니다. 우리가 시장을 흔들며 경쟁하면, 혜택을 누리는 이들은 바로 우리 고객들입니다. 비디오 게임에 들이는 돈을 아낄 수 있고, 그들이 원하는 방식대로 소비할 수 있는 유연성을 가지게 되기 때문입니다."[41] 이렇게 선언한 날, 게임스톱의 주가는 약 7% 하락했다.[42] 물론 아직은 누가 이길지는 모르는 게임이지만 말이다.

에코ATM™. 중고 전자 기기를 위한 뉴 테크놀로지

창업 전문가인 마크 보울스Mark Bowles는 다른 사람들은 쓰레기로만 보았던 것에서 기회를 찾았다. 전자 기기 중에서도 휴대폰들은 신제품의 홍수 속에 일상적으로 버려지면서 전 세계적으로 유독한 전자 폐기물이 급속도로 쌓이고 있다. 2008년 보울스는 세계 휴대폰 중 단 3%만이 재활용된다는 사실을 알게 되었다. 미국의 환경보호청Environmental Protection Agency, EPA에 의하면, 미국 내 모바일 기기의 재활용률은 12% 이하였다.[43] 휴대폰은 비소, 리튬, 카드뮴, 수은, 아연 등과 같은 독성 물질을 함유하고 있는데, 이들은 매립지에서 토양이나 지하수로 흘러 들어가 문제가 될 수 있다. 미국의 전자 폐기물 대부분이 재활용률이 낮은 인도나 아프리카, 중국 등으로 운송된다는 점에서 더욱 그러하다. 참고로 새로운 모바일 기기를 만들 때 평균 3톤의 독성 폐기물이 나온다.[44]

이에 보울스는 뭐라도 해야겠다는 생각에 2008년 에코ATM ecoATM을 창업했다. 이후 키오스크를 활용한 셀프 서비스 시스템을 구축, 중고 휴대폰들을 다시 사들이기 시작했다.⁴⁵ 중고 휴대폰을 내놓는 소비자들은 그 즉시 대당 1달러에서 300달러 정도의 현금을 받거나 매장에서 사용할 수 있는 포인트, 기프트 카드 등을 받는다. 수익금의 일부나 전부를 자선 단체에 기부할 수도 있다. 그렇게 회수된 휴대폰은 개조나 재활용을 위해 재판매된다.

에코ATM 키오스크를 사용하려면 고객들은 구멍 안으로 휴대폰을 밀어넣기만 하면 된다. 그러면 키오스크는 휴대폰을 스캔하며 기기의 모델, 유형, 상태 등을 파악한다. 키오스크에 내장된 인공 지능과 컴퓨터 영상기를 통해 4천 개가 넘는 기기를 감별, 평가할 수 있다. 스캔하는 동안 키오스크 스크린을 통해 전자 폐기물이 환경에 얼마나 해로운지 공유하며 대화를 나눈다. 이때 고객들은 반드시 자기 신분증을 제시하고 카메라 앞에 서야 한다. 에코ATM은 익명 거래를 허용하지 않기 때문이다. 또한 고객들이 제품 코드를 입력하면, 분실물이나 장물이 아닌지 분석한다. 물론 고객들은 해당 휴대폰이 자기 소유임을 동의하며 지문 사인을 해야 한다. 이 과정이 모두 끝나면 키오스크는 가격을 제시하는데, 소비자는 이를 받아들이거나 거부할 수 있다. 동의하면 에코ATM 본사 담당자는 키오스크에 설치된 카메라를 통해 신분증을 확인한 후 돈을 지급한다.⁴⁶

2014년 7월 31일 현재까지 에코ATM은 미국에 약 1천1백 개의 키오스크를 설치했으며, 3백만 개가 넘는 휴대폰을 회수했다.⁴⁷ 이렇게 회수되거나 재사용된 현황은 아래와 같다.

- 250톤이 넘는 휴대폰

  '우주선 3개' 분량의 플라스틱, 금속, 기타 독성 물질들
- 30톤 이상의 구리

  28톤의 구리로 만들어진 자유의 여신상을 하나 더 만들고도 남는 양
- 700 kg의 은

  0.031 kg의 은으로 만들어진 미국 은화 22,540개를 만들 양[48]

에코ATM의 성장성에 주목한 코인스타™는 2013년 7월 3억 5천만 달러에 에코ATM을 인수했다.[49] 참고로 코인스타는 셀프 동전 계수기, DVD나 비디오 게임을 파는 키오스크 레드박스Redbox로 유명하다.

현재 에코ATM은 많은 경쟁자들과의 격심한 경쟁에 직면해 있다. 키오스크를 사용하는 경험이 인간미가 없어 보인다는 게 단점으로 지적되자, 키오스크에 인간적인 특성을 가미하기도 했다. 또한 고객이 거래를 주저하면, 키오스크는 3달 후 휴대폰 가치가 얼마나 더 떨어질지 암시하면서 슬쩍 찔러보기 식의 제안을 던지기도 한다.

제품 수명 연장으로
가는 길

대부분의 소비자가 혁신을 수용할 것이라는 데는 의심의 여지가 없다. 삶을 향상시킬 신제품 구매를 즐기고, 좋아하는 브랜드의 신상품 출시

소식에 흥분한다. 번쩍거리는 신규 모델을 뽐내는 오토쇼를 간절히 기다리지 않는 자동차광이 어디 있겠는가?

그러나 현재 진행되는 혁신은 부정적인 면을 가지고 있다. 자동차, 휴대폰, 텔레비전 등이 쓸모 없어지거나 기능이 멈춘다면, 무엇을 할 수 있을까? 이들을 계속해서 쓰레기 매립지로 추방시키는 일은 소비자들에게 새 차나 새 제품을 포기하라고 말하는 것처럼 현실적인 옵션이 아니다.

결국 제품의 유효 수명을 연장시킴으로써 폐기 제품들이 매립지로 가는 것을 방지할 뿐만 아니라 새로운 수익도 창출할 방안을 강구해야 한다. 이는 고객들로부터 제품이나 유용성을 빼앗지 않고도 가능하다. 캐터필러나 월마트, 에코ATM이 했듯이 말이다. 그렇게만 할 수 있다면 수익 창출을 물량이 아닌 수명 연장에 결부시킴으로써 신규 자원 의존도도 끊을 수 있다.

Circular Economy

Chapter 7

공유 플랫폼 모델

유휴 자산의 적극적인 사용

Circular Economy

공유경제는 세계적으로 새로운 물결을 만들며 미디어의 주목을 받고 있다. 잡지와 신문, 텔레비전에선 에어비앤비, 리퀴드스페이스LiquidSpace, 리프트와 같은 기업들이 자신의 업종에서 기존 체제를 어떻게 뒤엎고 있는지 나온다. 물론 기존의 강자들은 이렇게 판을 흔드는 기업들을 적으로 간주한다.

순환경제의 네 번째 비즈니스 모델은 공유 플랫폼으로, 공유경제와 밀접하게 연결되어 있다. 이 모델은 플랫폼을 통해 제품 소유주들과 제품을 사용하려는 이들을 연결시킨다. 이렇게 공동 접근과 공동 소유를 허용함으로써 제품 생산성을 제고시킬 수 있다.

공유 플랫폼 모델은 다수의 소비자들이 동일 자원을 함께 사용함으로써 새로운 제조에 대한 수요를 감소시킨다. 또한 신제품을 생산하지 않고도 소비 성장을 가능하게 한다. 게다가 사용자들은 유연성과 가용성도 증대된다. 매장처럼 특정 지점에서 판매되는 협소한 범위의 제품만 제한적으로 사용할 수 있는 것이 아니라, 다양한 장소에서 다양한 가격대로 수천 개의 제품에 접근할 수 있기 때문이다. 이러한 플랫폼을 중심으로 형성된 커뮤니티 덕분에 소셜 요소도 추가될 수 있다. 기업 입장에서 보면 공유 플랫폼을 통해 완전히 새로운 수익원을 창출하게 된다.

공유경제는 순환경제와 그 개념이 다르긴 하지만, 중복되는 측면도 분명히 존재한다. 공유경제 활동은 실질적으로 하나의 제품을 여러 명의 고객들에게 제공함으로써 추가 자원 사용이 없는 소비라는 점에서 명백히 순환이다. 또한 공유경제 활동 역시 자원 이용률을 높이고 수명이 길게 유지되도록 제품을 설계해야 하는 동기가 발생하는데, 이 모두 순환경제의 목표라 할 수 있다.

공유경제 전문가이자 콜래보래티브 랩Collaborative Lab 의 최고 전략 책임자인 에이프릴 린April Rinne 은 다음과 같이 지적한다.

소셜 요소, 즉 공유경제에 있어 핵심 요소인 커뮤니티 구축은 순환경제에서 반드시 필요한 건 아닙니다. 두 개념의 중요한 차이점은 분명합니다. 공유경제는 인간관계뿐만 아니라 기술이나 금융 자산 등을 포함해 충분히 이용되지 않은 모든 것들에 초점을 맞추고 있는 반면, 순환경제는 제조와 소비와의 관계에 초점을 맞추며 천연자원의 사용이나 환경에 영향을 미치는 것에만 집중합니다. 이는 순환 비즈니스 모델과 공유 기반의 비즈니스 모델을 구분하는 특징으로 이어집니다. 일례로 릴레이라이드RelayRides 와 같은 P2Ppeer-to-peer 나 집카와 같은 B2C 플랫폼은 공유경제라 할 수 있지만, 차를 제조하는 물질에 따라 부분적으론 순환경제가 아닐 수 있습니다.[1]

공유 플랫폼 모델이란

　공유 플랫폼 모델은 자원의 렌트와 공유, 맞교환, 대여, 기증, 물물교환 등을 용이하게 한다. 플랫폼 소유주는 제품 자체를 제공하지는 않지만, 유휴 자원에 대한 수요와 공급을 연결시킴으로써 수익을 창출한다. 이들은 플랫폼상의 모든 거래에 대해 일정 비율의 수수료를 챙김으로써 돈을 번다. 예를 들어 우버는 고객들이 지불하는 모든 요금에 대해 20%를 가져간다.[2] 때론 수집된 데이터나 보완 제품, 보험 등을 판매함으로써 수익을 창출하기도 한다.

　공유경제의 규모를 가늠하는 것은 경계를 어떻게 정하느냐에 따라 다르다. 신개념이기에 신뢰할 만한 연구 자료도 별로 없다. 누가 했느냐에 따라 2014년 그 규모는 30억에서 300억 달러로 차이가 나긴 하지만, 잠재 시장 규모는 천억 달러가 넘으며 연평균 성장률도 최대 25%에 달할 것으로 추정된다.[3,4,5,6] 이런 성장은 다음과 같은 공유경제의 선두 주자들이 이끌고 있다. 2013년 2억 5천만 달러 매출에 100% 성장률을 기록한 에어비앤비[7], 확보된 자금만 3억 3천3백만 달러인 리프트[8], 2013년 2억 달러 매출에 2014년 600% 성장한 우버[9,10] 등이 대표적이다.

　물론 공유라는 개념은 새로운 것이 아니다. 그러나 현재의 공유 개념에 다른 점이 있다면, 디지털 기술의 발전으로 인해 대량 공유를 효율적으로 할 수 있는 기회가 열려 있다는 것이다. 이는 공유경제를 넓게 퍼지게 만드는 이유이기도 하다. 실제로 우리의 연구 결과에 따르면, 기술

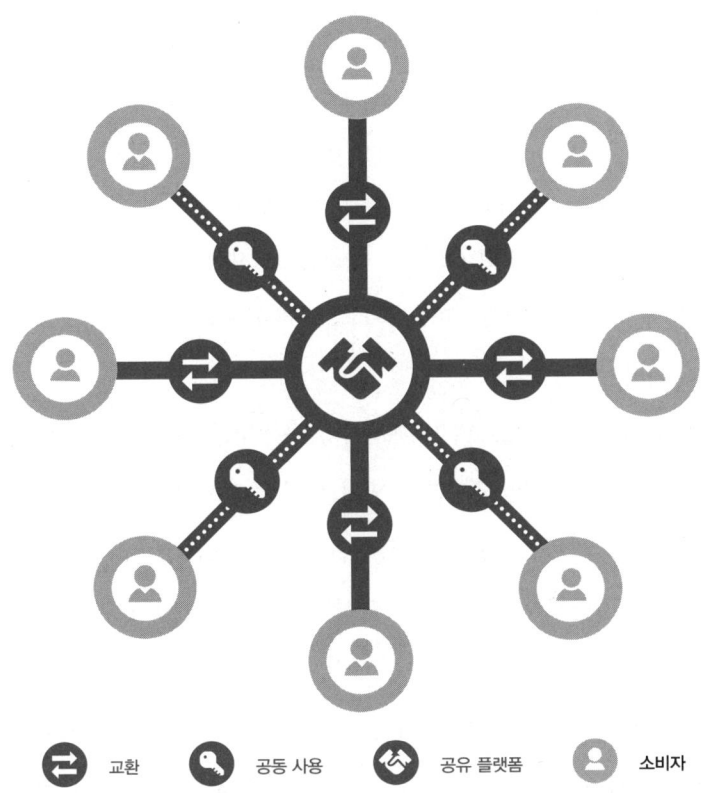

공유 플랫폼 모델

⇄ 교환　🔑 공동 사용　🤝 공유 플랫폼　👤 소비자

이야말로 공유 플랫폼이 현재의 자원 구매/사용 방식을 흔들어 놓을 결정적인 요소라는 사실이 드러났다. 모든 공유 플랫폼의 성공은 인터넷을 기반으로 하고 있었다. 모바일 소프트웨어, 소셜 커뮤니티, 위치 추적 서비스 등도 활용하고 있었다. 이를 통해 공급 상황과 지역을 실시간 파악할 수 있음은 물론이고, 자원 공유의 속도와 보안, 편의성 등을 향상시켰다. 그 외에 원격 진단, 원격 잠금 해제, 데이터 분석, 신원 확인 등과 같은 디지털 기술 역시 공유 플랫폼에 있어 중요한 요소들이라 할 수 있다.

공유 플랫폼의
사용자들

소비자들의 인식 측면에서 볼 때 공유 플랫폼은 엄청난 성장 가능성을 가지고 있다. 세계적인 리서치 업체인 닐슨Nielsen Company이 2014년 수행한 연구에 따르면, 전 세계 온라인 소비자 10명 중 7명(68%)은 돈을 받고 자신의 소장품을 공유 커뮤니티에 제공할 의사가 있으며, 3분의 2(66%)는 공유 커뮤니티에 올라온 제품을 사용할 수 있다고 밝혔다.[11]

초기 공유 모델은 보트나 비행기처럼 구매하기 어려운 고가의 제품을 공유하는 데 집중했다. 하지만 향후에는 거기에만 머무르지 않을 가능성이 높다. 전통적인 소매점보다 더 유연하고, 접근도 용이하며, 가격도 낮은 제품들을 취급하게 되면서, 사실상 모든 제품과 산업이 영향을 받을 수 있기 때문이다. 닐슨 조사에 따르면, 전 세계 응답자의 4분의 1 이상(28%)이 수수료를 받고 전자 기기를 공유하거나 대여할 용의가 있다고 밝혔다. 그 외에도 전동 공구(23%), 자전거(22%), 의류(22%), 가정용품(22%), 스포츠용품(22%), 자동차(21%), 아웃도어 캠핑 물품(18%), 가구(17%), 집(15%), 오토바이(13%), 애완동물(7%) 등을 대여할 용의가 있다고 조사되었다.[12]

물론 욕구와 행동 사이의 차이를 과소평가해서는 안 된다. 그렇게 생각하더라도 행동이 바뀌기까지는 시간이 걸리는 법이다. 기업 측면에서의 행동 변화도 필요하다. 즉, 소비자들이 번거롭거나 불편함 없이 공유할 수 있도록 만들어야 한다. 그럼에도 최근 들어 대세까진 아니지만 소비자들은 확실히 변화를 위한 준비를 갖춘 듯 보인다. 2014년 영국에서 조사된 연구에 따르면, 영국인의 64%는 전년도에 어떤 형태로든 협력/공유 활동에 참여했으며, 이들 중 거의 절반이 이를 위해 인터넷을 활용한 것으로 파악되었다.[13]

별로 놀라운 사실은 아니지만, 젊은 사람들일수록 이 모델을 열렬하게 수용한다. 이들은 제품을 소유하는 대신 공유하고 대여하는 데 더욱 개방적인 자세를 가지고 있으며, 공유 플랫폼이 자리잡고 있는 인터넷과 모바일 앱을 보다 쉽게 수용한다. 지역적으로는 아시아 태평양 지역의 소비자들이 공유 커뮤니티 참여에 가장 적극적이며, 라틴 아메리카, 중동/아프리카 등이 그 뒤를 잇고 있다.[14]

또한 공유 플랫폼은 인구가 밀집된 대도시에서 적합하다. 수요와 공급이 많고, 빌리고 반납하느라 오가는 거리가 짧으며, 소유 물건을 보관할 장소는 부족하기 때문이다.

공유 플랫폼은 개인 소비자들만 사용하는 건 아니다. 기업들도 오프라인 매장 대신에 제품을 시장에 내놓을 방법으로 공유 플랫폼을 활용하기도 한다. 소비자들을 활용해 제품을 배송하는 기업도 있다. 이는 공유 플랫폼과 PaaS 모델의 조합을 만들어내기도 한다. 즉 PaaS 모델을 채택한 기업이 제3자 공유 플랫폼에 제품을 올린다면, 공유를 통한 접근 및 가용성의 극대화와 PaaS 제품의 품질 유지라는 두 요소의 강력한 조합이 만들어지는 셈이다. 그 결과 사용자들이 어떤 상황에서도 고품질의 제품을 저렴하게 이용할 수 있게 되면서 제품 보유율은 급속도로 하락할 수 있다.

C2C에서 B2B로

다른 순환경제 모델과 달리 공유 플랫폼 모델은 기업 대 기업(B2B)보다는 소비자 대 소비자(C2C), 사용자 대 사용자(P2P) 모델에서 출발했다. 현재 가장 성숙한 시장 역시 차량, 승차, 주거, 별장 등으로 이는 모두 C2C 시장이다.

그런데 C2C 공유 플랫폼이 성숙해지면서 B2B 모델로도 확대되고 있다. 활용률이 낮으면서도 고가의 자산인 경우 더욱 그러하다. 2012년에 설립된 공유 플랫폼 기업인 스토어프론트Storefront는 팝업스토어(특설매장) 용도로 소매점을 단기 임대한다.[15] 델리브는 소매업체들의 통상적인 배송 서비스에 대한 대안으로 '크라우드 운송'을 이용할 수 있는 플랫폼이다. 델리브는 쇼핑몰 운영자들이나 소매업체들과 파트너십을 맺고 크라우드 소싱으로 모집된 운전자들을 통해 저비용 고품질의 당일 배송 서비스를 제공한다.[16] 소매 배송 분야의 우버인 셈이다. 겟터블Getable이라는 스타트업 기업은 건설업체와 그들이 보유한 장비를 대여하려는 이들만 표적으로 한다.

유휴 굴착기, 트랙터, 굴삭기 등을 취급하는 B2B 공유 플랫폼인 플루브투FLOOW2는 기업이나 기관들이 장비, 서비스, 노하우, 인사관리 기술 등을 공유할 수 있도록 해준다. 자신들을 '세계의 리셋 버튼'이라고 묘사하는 플루브투는 건설에서 헬스케어, 농업, 기술, 부동산, 전문 서비스 등에 이르기까지 2만 5천 유형의 자산과 서비스에 대해 수요와 공급을 연결시켜 준다. 참고로 이 플랫폼의 미션은 '수익, 지구, 사람 간의 균형을 통해 글로벌 생산 과잉을 감소시키자'이다.[17]

플루브투의 설립자인 킴 초아Kim Tjoa 는 B2B 공유 이용이 더딘 이유로 부분적으로는 과잉 생산 용량이나 자산을 다른 기업과 공유하는 것에 대해 불편하게 여기기 때문이라고 여겼다. 그는 이렇게 말했다. "비즈니스를 확장하는 데 있어 주요 장벽은 사고방식입니다. 현재는 기업들이 다른 기업에게 자산을 빌려주는 것을 낯설어하고, 이를 기회라기보다는 위험으로 인식합니다. 시대가 바뀌고 있는데도 여전히 수익 창출과 자산 활용의 기회로 여기지 않는 거죠."[18]

공유 플랫폼을 사용하는 기업들은 보다 적은 자원으로 효율적으로 수익을 창출하고 자산을 이용할 수 있다. 때론 직원들이 참여하는 공유 플랫폼을 운영할 수도 있다. 일례로 회사 차량 이용률을 높이기 위해 공유 플랫폼을 활용한다면, 이는 운전자인 직원들과 회사 모두에 이익이 될 수 있다. 물론 그러기 위해선 자원을 중심으로 팀을 조직하고, 자원이 적절하게 사용되고 있는지 확인할 수 있어야 한다.

브라질의 온라인 차량 공유 업체인 까로네타스Caronetas Caronas Inteligentes 는 직원들 간의 카풀과 차량 공유를 장려하기 위해 여러 기업들과 긴밀하게 협력한다. 까로네타스의 공유 플랫폼 모델은 전반적으로 연료 사용은 감소시키면서도 자원 이용을 증대시킬 뿐만 아니라, 다른 사람들에게 이동 수단을 제공함으로써 돈을 벌거나 절약할 수 있도록 해준다. 참고로 까로네타스의 소유주인 마르시오 니그로스Marcio Nigros 에 따르면, 이 경제적인 요인이 까로네타스 공유 플랫폼 사용자들 중 85%의 주된 동기라고 한다.[19]

직원인 사용자들은 온라인 플랫폼을 통해 이동 수단을 제공하거나 찾을 수 있으며, 사용자의 회사 이메일 주소를 통해 인증된다. 까로네타스에도 항공사의 마일리지 프로그램과 유사한 프로그램이 있다. 이를 통해 운전자들은 이동 수단을 제공하거나 차량 자체나 좌석, 자전거 등을 제공함으로써 마일리지를 모을 수 있다. 실제 금전적인 거래로 마일리지를 살 수는 있지만 정부 규제로 인해 마일리지를 화폐로 교환할 수는 없다. 대신 마일리지로 까로네타스가 지정한 매장에서 쇼핑할 때 사용할 수 있는 상품권을 구매할 수 있다. 까로네타스는 이 상품권이 사용될 때 소정의 수수료를 받는다고 한다.[20] 950개가 넘는 기관에 종사하는 25만 명 이상의 직원들이 이미 이 서비스에 가입했다.[21]

이 기업은 세 단계를 거쳐 발전했다. 처음에는 사내 이동 수단 공유를 제공하는 것으로 출발했다. 이후 다른 회사와 협력해 두 조직의 직원들이 서로 이동 수단을 공유할 수 있도록 진화했다. 그러다 이제는 다수의 기업들이 참여하며 여러 회사들의 직원들이 이동 수단을 공유하는 단계로 발전했다.

우리는 조사를 통해 이미 거대 기업들이 공유 트렌드를 정식 비즈니스 기회로 인식하기 시작했다는 점을 알게 되었다. 컴페어앤셰어 Compare and Share 의 최고 공유 책임자이자 세계적인 공유경제 전문가인 베니타 마토프스카 Benita Matofska 는 이렇게 설명했다. "문화적인 변화가 진행 중입니다. 미래 비즈니스의 운영 방식을 말합니다. 이에 적응하지 않는 기업은 시장에서 쫓겨나게 될 것입니다."[22]

어떻게
시작해야 할까

최근 연구에 의하면, 사람들이 공유를 선택하는 3가지 주된 이유가 있다고 한다.[23] 편리성의 증대, 더 낮은 가격, 더 나은 제품이나 서비스 품질이 바로 그것이다. 이는 언제나 고객들이 원하는 것이다! 우리는 공유 플랫폼 모델을 효과적으로 실행하기 위한 열쇠로 이 세 가지와 더불어 또 하나의 요소를 설명하고자 한다.

편리성

고객들은 그들이 이용할 수 있는 자원의 범위가 확장되기 때문에 공유 플랫폼을 좋아한다. 전통적인 자전거 렌탈 프로그램에서 자전거 공유 프로그램으로 바꿔 생각해보자. 몇 군데 렌탈 가게에서 공유 자전거를 픽업할 수 있는 수천 개의 지점으로 바뀐다. 몇 집 건너, 다음 블록에 사는 누군가로부터 자전거를 빌리는 것은 몇 킬로미터 거리의 렌탈 가게에 가야 하는 것보다 훨씬 더 매력적이다.

또한 고객들은 단순 결제 시스템을 통해 안전하게 거래하고, 현재 사용 가능한 자원을 쉽게 다 볼 수 있으며, 언제 어디서든 이용할 수 있어 공유 플랫폼을 좋아한다.

그러므로 공유 플랫폼 모델을 실행하려는 기업은 사람들이 실제로 이 플랫폼을 어떻게 사용하는지 추적해 이용 행태를 분석함으로써 재빨리 적절한 기능을 개발, 조정할 수 있어야 한다. 선별과 평가, 실적이 부진한 공급자의 퇴출뿐만 아니라, 이메일이나 SMS, 기타 채널을 통해 빠르고 효율적인 커뮤니케이션도 수행해야 한다.

그러려면 틈새 시장에서 출발해 점차적으로 확장하거나, 오프라인 소매업체와 협업해 충성 회원들에게 접근하거나, 인근 클럽이나 단체와 같은 기존의 오프라인 커뮤니티를 활용함으로써 공급자와 사용자를 많이 확보해 참여하기 편리하게 만들어야 한다.

세계적인 숙박 공유 사이트인 에어비앤비는 공급과 수요의 임계치에 도달하자 엄청난 성장을 경험했다. 5백만 건의 예약이 성사되기까지는 몇 년의 시간이 걸렸지만, 예약 건수가 그 두 배인 천만 건이 되기까지는 불과 5개월이 필요했다.[24] 2014년 9월 현재 에어비앤비에 등록된 건수는 80만 건이 넘으며, 2천만 명이 넘는 고객이 이용하고 있다.[25] 에어비앤비는 공유 플랫폼이 실질적으로 작동을 하려면 규모가 필요하다는 것을 이해했고, 규모를 키우기 위해 온 힘을 집중했다.

때론 두터운 고객층과 진보된 기술력, 공유 플랫폼을 가진 기업들 간의 파트너십을 통해 많은 고객들을 모을 수 있다. GM의 온스타OnStar 와 미국의 P2P 차량 공유 서비스업체인 릴레이라이드가 맺은 파트너십이 그 예다. GM의 온스타 가입자 1천오백만 명은 자신의 차량에 이미 장착되어 있는 온스타에 연결해 릴레이라이드 사이트에 자신들의 유휴 차량을 대여용으로 내놓을 수 있다.[26] 릴레이라이드로 차량을 렌탈한 사용자들은 자신의 스마트폰을 이용해 간단히 온스타가 장착된 예약 차량의 시동을 걸 수 있다. 이러한 기술의 통합은 온스타 가입자들에게는 자신의 차량을 보다 쉽게 대여할 수 있게 해주었으며, 렌탈 이용자들에게는 차량에 대한 접근을 더욱 용이하게 만들어주어 릴레이라이드의 가입률을 높여주었다. 또한 공유 플랫폼을 통해 수집된 데이터는 데이터 공유를 통해 추가 수익원이 될 가능성도 있다. 그런데 여기서 명심해야 할 사항이 있다. 이런 파트너십의 기회를 잡으려면 혁신적인 사고가, 파트너십을 성공적으로 관리하려면 많은 기업들에게 여전히 부족한 협업 및 조인트 벤처 관리 능력이 필요하다는 점이다.

가격

현실적으로 공유 플랫폼의 가장 큰 유인책은 소유하거나 대여하기 위해 지불하는 가격보다 저렴하게 접근할 수 있다는 점이다. 따라서 이 비즈니스 모델의 경쟁 전략은 구매나 대여 비용보다 공유 서비스 이용 비용을 낮게 유지하는 데 있다. 공유 플랫폼에 자원을 제공하는 사용자들은 일반적으로 유휴 자산을 통해 '부가' 소득을 얻을 수 있기 때문에 상대적으로 저렴한 가격이 가능하다.

또한 공유 플랫폼을 통해 고객들은 자신의 니즈에 맞게 다양한 가격대의 여러 제품에 접근할 수 있다. 예를 들어 시내에서 주로 이용 가능한 숙박 옵션은 일반적으로 크고 비싼 호텔들뿐이다. 하지만 공유 플랫폼을 통해 여행자들은 자신의 니즈에 따라 여러 특색을 갖춘 다양한 가격대의 도심 인근 아파트 중 한 곳에 머무를 수 있다. 일반 호텔 비용보다 낮은 비용으로 진정한 경험을 할 수 있게 된 것이다.

품질

오늘날 자신만을 위한 '맞춤' 경험을 원하는 소비자들은 공유 플랫폼에 관심을 보인다. 이러한 경험이 특별한 집이나 진귀한 자동차 모델처럼 독특한 제품이나 서비스에서 나오든, 거래의 일부인 사람들과 교류하는 것에서 오든, 개인화된 서비스는 공유 플랫폼 비즈니스 모델의 주요 차별화 요소가 될 수 있다.

그러므로 고객의 경험에 세심한 주의를 기울이는 것이 그 무엇보다도 중요하다. 온라인상의 상호 작용에 크게 의존하는 이 모델의 특성상, 훌륭한 사용자 인터페이스를 갖추는 것이야말로 명확하고 강력하며 독특한 고객 경험을 제공하는 데 있어 핵심이다. 즉 사용자 인터페이스는 직관적이고, 사용하기 쉬워야 하며, 시각적으로도 매력적이어서 고객이 원하는 것을 쉽게 찾을 수 있도록 해주어야 한다.

기업이 취급하는 제품이나 서비스에 대한 공식 품질 표준을 정해두는 것도 중요하다. 허용되는 (또는 허용되지 않는) 제품이나 서비스 유형, 상태 요건, 제공품 묘사 가이드라인 등이 이 표준에 포함되어야 한다.

예컨대 B2B 공유 환경이라면 기업은 예방 점검과 정비를 통해 품질을 보증할 수 있어야 한다. 공유 플랫폼 업체가 정비를 직접 담당할 필요는 없으며, 플랫폼을 통해 자산 공유 기업들에게 제3자 관리 서비스 솔루션을 제공할 수도 있다. 즉 건설 장비나 트럭, 의료 기기 등을 공유 플랫폼에 올리는 회사는 자산을 추적, 관리하는 데 필요한 사물통신 솔루션을 구매하면 된다.

제조업체나 소매업체들은 자기 제품과 고객 서비스의 질을 향상시키기 위해 공유 플랫폼과 손을 잡거나, 자체적으로 플랫폼을 구축하기도 한다. 세계 최대의 트럭 OEM 업체 중 하나는 자체 브랜드 커뮤니티에 유휴 트럭들을 사고 팔 수 있는 트럭 공유 플랫폼을 구축하는 방안을 검토하고 있다. 이 플랫폼은 고객들이 트럭을 최대한 활용할 수 있도록 도와줄 것이다. 뿐만 아니라 고객들의 트럭 이용 방식에 대한 통찰력을 얻는 데도 유용할 것이다. 이렇게 획득한 통찰력은 제품의 품질과 성능을 향상시킬 방법을 개발하는 데 사용될 수 있다.

그런데 사용자들이 제품을 잘못 다루거나, 임대용 건물을 관리하지 않는 건물주처럼 소유주들이 공유 제품을 제대로 관리하지 못하는 공유 환경에서는 제품이 파손되거나 잘못 사용될 가능성이 상존한다. 따라서 제품이 좋은 상태로 반납되었을 때 보증금을 환불해준다거나, 성능이 좋을 경우 포인트가 누적된다거나, 쌍방 평가를 통해 명성을 관리하는 등 소유자와 사용자 모두에게 보상을 제공하는 장치가 반드시 필요하다.

신뢰

대부분의 공유 플랫폼이 이용자들을 안심시킬 방안을 찾는 데 열심이지만, 사기와 신뢰 이슈는 이 모델이 충분한 사용자 규모를 확보하는 데 있어 가장 큰 난관으로 대두된다. 공유 자원이 어떻게 다루어지는지 완벽하게 감시하거나 통제하는 것은 불가능하다. 그러므로 이 모델이 작동하려면 사용자들이 서로를 충분히 신뢰할 수 있어야 한다. 이런 신뢰를 구축하기 위해 소셜 미디어나 고객 리뷰 등의 수단에 의지하기도 한다. 많은 기업들은 페이스북 Facebook, 링크드인 LinkedIn 등의 소셜 플랫폼들과 연결해 사용자들이 공유할 사람들과 교류하고 만날 수 있게 해준다. 몇몇 플랫폼들은 사용자들이 후기를 올리도록 해서 이전 사용자들의 직접 체험을 검토할 수 있게 해주기도 한다.

더 나아가 많은 플랫폼들이 이제는 사용자들을 더욱 안심시키기 위해 서비스 보험을 제공하기도 한다. 에어비앤비는 2011년 언론에 널리 알려진 큰 사건을 하나 겪게 되는데, 에어비앤비를 통해 임대가 된 샌프란시스코의 한 아파트를 이용객이 파손시킨 사건이다. 이 이용객은 소유주의 보석과 하드 드라이브, 여권, 신용카드 등을 훔치기도 했다. 이로 인해 에어비앤비는 보험 서비스를 시작했다. 24시간 고객 서비스 핫라인 구축과 5만 달러(나중에는 백만 달러로 인상)의 호스트 보호 프로그램, 신뢰 및 안전 담당 부서의 설립 등과 같은 보안 대책을 도입함으로써 이에 대응한 것이다.[27]

때론 자신들의 커뮤니티를 강화하고 사용자들 간의 신뢰를 보다 강력하게 구축하기 위해 현장 이벤트를 개최하기도 한다. 역시 에어비앤비가 이런 이벤트를 앞장서서 시도했다. 에어비앤비의 '밋업Meetups'은 여행자들이 여행하는 동안 그 지역의 로컬 활동에 참여할 수 있도록 모이게 하는 프로그램이다. 이 프로그램은 에어비앤비의 커뮤니티 회원들이나 에어비앤비 직원들에 의해 조직될 수 있다. 현장 이벤트로는 현지 정원에서 봉사하기, 인근 건축 기행, 임대 정보 교환 등이 포함되며, 방문 지역의 에어비앤비 커뮤니티를 위한 파티 개최도 해당된다.[28]

확장에 있어
주요 도전들

　선구적인 기업들은 공유 플랫폼에 등록된 제공품을 이미 상당한 규모로 확보하고 있다. 그러나 그 과정에서 여러 도전 과제에 직면했다. 공유경제를 비판하는 사람들은 경제에 미칠 부정적인 영향과 장기적인 실행 가능성에 우려를 표했다. 이런 비판 중 일부는 정책 입안자들이나 선두 기업들이 대응해야 하는 타당한 비판이며, 어떤 것들은 공유 플랫폼 비즈니스에 뛰어들려는 기업이라면 반드시 알아야 하는 비판이다.

　또 하나의 비판은, 공유경제 기업들이 전형적인 이윤 추구 기업들과 다를 바 없이 운영된다는 점이다. 공유 플랫폼 모델은 충분히 활용되지 않는 자원에 접근하는 새로운 접근법과 관련이 있다. 이 모델은 제품이나 자산을 공동 소유하거나 공동 접근하는 혁신적인 방안을 제공한다. 이 새로운 거래의 경제적인 요소는 상관없이 말이다. 사실 공유경제 활동이 다른 경제 활동보다 이타적이어야 한다는 조건은 없다. 공유 거래를 촉진하는 기업의 목적이 순전히 이윤 추구일 수도, 아닐 수도 있다. '공유'라는 용어가 반드시 커뮤니티 기반이거나 무료 교환을 의미할 필요는 없다. 단순히 보상으로 과잉 자산을 제공하는 것일 수도 있다.

　더 이상 원하지 않는 것들을 거래하는 온라인 시장 옐들Yerdle 을 한번 생각해보자. 옐들은 버려질 제품을 효율적으로 활용함으로써 순환경제를 지원하고, 환경 발자국을 감소시킨다. 미국에만도 장롱이나 창고에 처박혀 있는 사용 가능 제품의 가치가 5조 달러에 이를 것이라고 추산하는 옐들은 궁극적으로 신제품 구매의 25%를 공유 솔루션으로 대체하기를 기대한다.[29,30] 그런데 어떤 사람들은 옐들을 무료 공유 공간으로 이해한다. 금전적인 거래가 일어나지 않기 때문이다. 실제로 옐들에선 화폐가 오가진 않는다. 그 대신에 거래 과정에서 포인트를 받아 사용할 수 있다. 그래서 어떤 사람들은 이 포인트 시스템이 화폐의 한 형태이며, 향후 옐들의 수익원으로 전환될 수 있다는 점에서 '무료'가 아니라고 여긴다.[31] 하지만 이런 논쟁이 순환경제의 핵심은 아니다. 사실 옐들의 비즈니스는 공익 요소가 있긴 하지만, 그것이 일차적인 비즈니스 동기는 아니기 때문이다.

두 번째는 공유경제가 불안정하고 혜택도 많지 않아 새로운 유형의 근로 빈곤층을 만들어낸다는 비판이다. 이는 주의를 요하는 타당한 비판이다. 특히 정책 입안자들과 기업들은 착취와 열악한 노동 조건을 통제할 규제와 비즈니스 윤리를 반드시 갖추어야 한다. 사실 공유 플랫폼은 전통적인 의미에서 고용을 창출하지 않는다. 오히려 기존 제품의 활용을 더욱 용이하게 만들어줌으로써 제조 관련 직업에 대한 수요를 감소시킨다.[32] 또한 공유 플랫폼은 소규모 사업가들의 소득 창출 외에는 별 도움이 되지 않는다는 점도 있다. 하지만 공유 플랫폼은 사람들이 충분히 이용되지 않은 자원으로부터 추가 소득을 얻을 기회를 열어준다는 긍정적인 면도 가지고 있다. 또한 공유 플랫폼을 선택하면 반드시 일한 만큼 벌 수 있다고 느낄 수 있다.

2014년 12월 현재 50개국 250개 도시에서 운전자와 이용자를 연결시켜 주는 우버가 좋은 예다.[33] 우버 운전자들의 임금에 대한 의견은 일반 택시보다 낫다는 만족감에서 최저 임금 이하라고 한 불만에 이르기까지 다양하게 나타난다. 이 직업은 훈련을 그렇게 필요로 하지 않으며, 시간도 유연하게 사용할 수 있다. 택시 운전수와 우버 운전수 모두 다양한 비용을 부담해야 하지만, 그래도 우버 운전수가 보다 매력적으로 다가온다. 비정규직을 감수해야 하는 이민자들이나 부업을 찾는 사람들, 퇴직자들에게는 더욱 그러하다.[34] 하지만 우버는 운전수들에 대해 책임을 지지 않는다는 불만을 토로하는 이들도 있다. 그 결과 우버 운전수들은 새로운 풀뿌리 네트워크 방식으로 노동조합을 결성해 집단적으로 행동하기도 한다.[35]

　마지막으로 어떤 이들은 공유경제가 공정 경쟁에 위배되며, 세금과 규제를 회피함으로써 공식적 경제에 속한 기업들과 직업들을 위협한다고 주장한다. 이 또한 타당한 비판이다. 호텔에서 방을 빌릴 때에는 세금이 적용된다. 그러나 방을 공유하는 호스트는 이런 세금을 항상 지불하지 않는다. 또한 택시 회사가 지불하는 세금을 차량 공유자들이 항상 지불하는 것도 아니다. 게다가 호텔의 경우 집을 공유하는 개인들은 따르지 않아도 되는 안전 표준을 준수해야 하기도 한다. 우버와 같은 공유 플랫폼이 성장하면서 동종업계의 협회, 조합, 연합회 등은 자신들을 보호하기 위해 집단으로 이의를 제기하고 있다. 이런 반대들은 대체로 올바른 규제를 요구하기보다는 경쟁자에 대한 방어 행위처럼 보인다. 물론 공유 플랫폼들도 공평한 경쟁의 장에서 경쟁하고, 규제나 세법 준수를 확실히 해야 하는 경우도 있다. 몇몇 선두 공유 플랫폼들은 이미 이에 대한 조치를 취하고 있다.[36]

　EU 집행위원회 부위원장인 닐리 크로스Neelie Kroes는 다음과 같이 이 상황을 정확하게 요약했다.

디지털 기술은 우리 삶의 많은 면을 바꾸고 있습니다. 무시하고, 파업하고, 혁신을 금지한다고 해서, 이런 도전에 맞설 수는 없습니다. 운전수나 숙소 제공자, 설비 소유주, 기능 보유자들처럼 공유경제에 속한 사람들은 모두 세금을 지불하고 규칙을 따라야 합니다. 이를 확고히 하는 것은 정부와 지방 당국의 역할입니다. 그러나 우리 역시 동굴 속에 숨어서는 안됩니다. … 이제 지역이나 국가 수준에서 사람들이 한자리에 모여 혁신을 합리적으로 수용할 방안을 강구해야 할 때입니다. 우리는 디지털 혁명이 필요 없다고 생각하는 일부 산업을 보호하기 위해 모든 시민들을 범인 취급할 수도, 관광객들을 몰아낼 수도 없습니다. 다른 모든 사람들에게도 이는 공정하지 않으며, 현실적이지도 않습니다.[37]

공유 플랫폼 모델 사례

공유경제에 쏟아진 시선을 통해 알 수 있듯이 에어비앤비, 리프트, 우버와 같은 브랜드들은 이제 누구나 다 아는 이름이 되었다. 여기서 우리는 현재 잘 알려져 있지 않지만 곧 알려지게 될 공유 플랫폼 기업 세 군데를 더 살펴볼 것이다. 렌트 타이쿤Rent Tycoons 과 피어바이는 이웃 기반 공유 플랫폼이 변형된 형태이며, 3D 허브3D Hubs 는 3D 프린팅 기술 공유에 집중하고 있는 기업이다.

피어바이와 렌트 타이쿤.
디지털을 통한 이웃 간 공유

피어바이는 다양한 제품에 대해 P2P 대여 서비스를 제공한다. 2012년에 시작한 피어바이는 개인들이 쉽고 안전하게 물품을 공유할 수 있도록 플랫폼을 구축하려 했다. 또한 사람들이 현실 세계에 참여할 동기를 부여할 수 있는 (금전적인 요인이 아닌) 온라인적인 요소도 개발하기 원했다. 현재 피어바이는 충분한 사용자 수를 확보한 네덜란드와 벨기에의 모든 주요 도시에서 운영되고 있으며, 몇몇 미국 도시에서 시험 운영 중에 있다. 앞으로 피어바이는 여러 다른 나라로도 확장하고, 보험 상품이나 기타 연관 서비스도 도입하려 한다.

많은 가정들에 전혀 활용하지 않는 물품들이 많다. 피어바이는 자신이 사는 곳 근처에서 이런 물품들을 빌릴 수 있도록 돕는다. 회원들은 온라인이나 휴대폰, 소셜 미디어를 통해 필요한 물건을 요청할 수 있다. 그러면 피어파이 플랫폼은 이 물품을 가지고 있을지 모르는 가까운 이웃들 백 명에게 이 요청을 알려준다. 이후 근처의 누군가가 이 물품을 가지고 있으면, 요청자에게 알림이 가고 연결이 된다.[38] 현재 피어바이의 목표는 충분한 회원 수를 확보하는 것이다. 또한 사용자 간의 신뢰 구축을 지원하기 위해 거래 후 상호 평가해 평판을 관리하는 피드백 기능도 개발하고 있다.

그런데 피어바이는 수요와 공급이 연결될 때 어떤 수수료도 붙이지 않는다. 이렇듯 무료로 서비스를 제공하기에 DOEN 재단, 클린턴 재단 Clinton Foundation, 사노마 미디어 Sanoma Media 등 여러 기관들로부터 기금을 지원받는다. 부가적으로 피어바이는 대여자를 위한 보험, 만족한 회원의 자발적인 기부 등 몇 가지 사용자 기반 수익 모델을 시험하고 있긴 하다.[39]

피어바이의 설립자인 단 웨드폴Daan Weddepohl은 먼 미래에는 피어바이가 '물품 부문의 스포티파이Spotify'가 될 거라 말한다. 즉, 제조업체들과 협력해 모든 종류의 제품을 서비스 형태로 제공하는 플랫폼으로, 사람들이 뭔가 필요할 때 찾는 장소가 될 것이라는 말이다.[40] 피어바이의 공동 설립자이자 최고 기술 책임자인 엘키 보즈맨Eelke Boezeman은 이렇게 말했다. "우리는 네덜란드 전역에 진출해 약 1만 5천여 명의 회원을 확보했습니다. 그리고 런던, 베를린, 스페인, 뉴욕 등 다른 곳에서도 활성화된 커뮤니티를 보유하고 있습니다."[41]

렌트 타이쿤은 싱가포르 경제에서 이와 유사한 지위를 차지하고 있다. 렌트 타이쿤은 싱가포르 최초의 온라인 P2P 대여 시장으로, 10개가 넘는 제품 카테고리를 보유하고 있다. 렌트 타이쿤은 유휴 자산을 활용할 수 있도록 전체 과정을 조율한다.

렌트 타이쿤은 피어바이와 유사하게 제품이 공유되는 시장이긴 하지만, 그 접근법이 다르다. 피어바이는 빌리고자 하는 물품을 먼저 요청하는 형식이라면, 렌트 타이쿤에서는 사용자들이 먼저 그들이 대여해 줄 수 있는 물품을 등록해야 한다. 그런 후 물품 소유주는 대여 수수료와 해당 물품에 대한 임대 보증금 액수를 정한다. 이후 물품 소유주인 대여자와 빌리는 사람은 계약을 맺고, 대여 수수료와 보증금은 렌트 타이쿤을 통해 지급된다. 렌트 타이쿤은 주로 개인들이 참여하는 C2C 시장이긴 하지만, 일부 기업들도 참여하고 있다.

렌트 타이쿤의 설립자 스위토 유버Swito Yuber는 다음과 같이 말했다.

이 플랫폼을 이용하는 소비자들의 주된 동기는 비용을 줄이고 돈을 버는 것입니다. 싱가포르에 국한해 생각해보면, 가용 공간의 부족도 동기 중의 하나입니다. 이 P2P 모델을 이용해 사람들은 공간과 집의 한계를 넘어 자산을 공유할 수 있습니다. 이 플랫폼은 개인들이 온라인으로 물품을 제공/대여할 수 있게 해줍니다. 또한 집에 있는 자원을 공동으로 모으며, 친환경적으로 비용은 절약하고 돈을 벌 수 있게 해줍니다.[42]

피어바이처럼 렌트 타이쿤도 사용자 후기와 평가 시스템을 통해 강력하고 책임감 있는 대여 커뮤니티를 구축하는 데 집중한다. 이 기업은 싱가포르 중소기업청SPRING Singapore으로부터 자금을 지원받았는데, 이는 사용자들과의 신뢰 구축에 큰 힘이 되었다.[43] 게다가 렌트 타이쿤 설립자들은 빌리는 사람들이 이메일이나 전화로 그들과 직접 접촉할 수 있도록 허용함으로써 확신을 더해 주었고, 이들의 사적인 질문에도 대답했다고 한다.

유버는 향후 렌트 타이쿤이 수집하는 거래 데이터를 보다 많이 활용할 수 있으리라 믿는다. 그는 어떤 물품이 어떤 지역에서 인기가 있는지 추적하고, 이 데이터를 기업들에게 제공함으로써 새로운 수익원을 창출할 수 있을 것이라 생각한다.

3D 허브, 3D 프린팅의 소유자와 사용자 연결하기

3D 프린팅이 점점 더 대중화되면서, 사람들은 실제 3D 프린터를 구입하지 않고도 이용할 방법을 찾기 시작했다. 3D 허브는 그 시간이 지금이라고 생각한다.

3D 허브는 제조업체와 3D 프린터 소유주 간의 협력적인 생산 플랫폼을 제공한다. 즉 3D 허브 플랫폼을 통해 3D 프린터 소유주는 맞춤형 현지 생산품을 제공할 수 있다. 이렇게 프린팅 시설과 프린팅을 원하는 사용자들을 연결해줌으로써 3D 허브는 3D 프린터 시장을 더욱 유동적으로 만들고, 하나의 프린터를 여러 사람들이 활용할 수 있게 해준다.

3D 허브에 가입하면 프린팅을 원하는 사용자들은 온라인 커뮤니티에 등록할 수 있고, 3D 프린터 소유주들은 제공 서비스와 가격을 올릴 수 있다. 3D 허브 지도를 이용해 사용자들은 근처에 있는 3D 프린터를 찾을 수 있다. 또한 재료와 배송 시간, 픽업 절차, 가격 면에서 어떤 제공 서비스들이 있는지 볼 수 있다. 물론 다른 사람들의 후기도 확인할 수 있다. 이런 과정을 거쳐 사용자가 결정하면, 3D 허브는 결제를 지원하고 일정 비율의 수수료를 부과한다. 3D 허브는 제품이 배송될 때까지 결제 대금의 지급을 보류하는데, 잘못되면 환불받을 수 있게 함으로써 프린팅 제품의 품질을 보증해준다. 일반적으로 제품은 이틀 내에 배송된다.[44]

2014년 6월 현재, 3D 허브는 80여 국가에서 운영되고 있다. 3D 허브 네트워크는 시작한 지 1년도 되지 않아 5백 개에서 5천 개 지역으로 확장되었다. 또한 7억 5천만 명의 사람들에게 그들이 사는 곳에서 10마일 이내에서 3D 프린터에 대한 접근성을 제공하고 있다.[45]

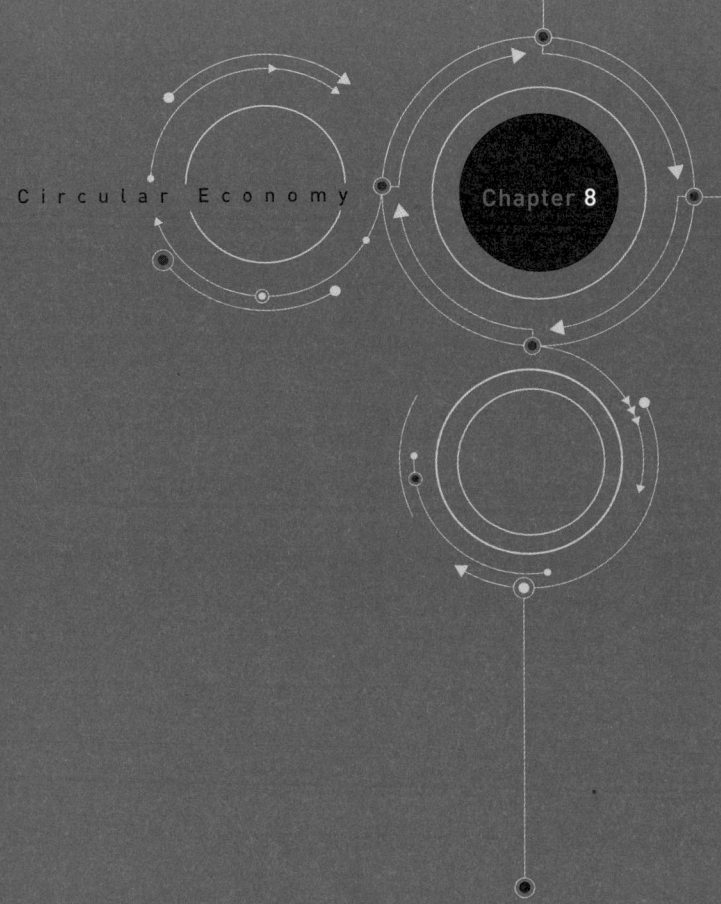

Circular Economy

Chapter 8

PaaS 비즈니스 모델
소유보다 기능

Circular Economy

사람들은 정말로 차를 소유하기를 원할까? 단지 이동 수단을 원하는 건 아닐까? 사무실 관리자는 어떤 전구를 사용해야 할지에 대해 관심이 있을까, 아니면 직원들을 위한 저비용 조명에 관심이 있을까? 소비자는 진정 옷장을 꽉 채우기를 원할까? 그보다는 그저 유행하는 매력적인 옷을 입기를 원하는 게 아닐까? 사실 많은 고객들은 후자의 옵션을 선택하려 한다. 즉, 특정 제품이 아니라 기능이나 성능을 구매하려고 한다.

세계적으로 여러 산업과 제품 카테고리에 걸쳐 고객들의 행동 패턴이 바뀌고 있다. 예전에는 구매하던 제품들(자동차, 자전거, 스마트폰, 의류, 프린터, 태양 전지판, 미술 작품, 타이어 등)에 대한 소유권을 포기하고 있다. 대신에 단기 또는 장기로 제품 기능에 대한 접근권을 확보하는 옵션을 선택한다. 이런 새로운 사고방식이 적용되는 것이 바로 PaaS 비즈니스 모델이다.

공유 플랫폼 모델과는 달리 PaaS 비즈니스 모델을 활용하는 기업들은 제품 소유권은 보유한 채 '제품 서비스 시스템'을 통해 최소 한 명 이상의 고객들에게 이 제품을 제공한다. 이 모델에서 기업들은 디자인, 사용, 관리, 재사용, 재제조, 재활용 등을 통해 제품 용도를 유지하기 위해 물리적인 제품과 서비스를 제공한다.[1] 이 모든 것은 제품의 '소비자'가 아니라 오히려 서비스의 '사용자'가 되는 고객들과의 긴밀한 협력으로 이루어진다. 연구 결과에 따르면, 제대로 관리만 된다면 이 모델은 환경 발자국을 20~50% 감소시킬 수 있으며 어떤 경우에는 90%까지도 감소시킬 수 있는 것으로 나타났다.[2]

구체적으로 PaaS 비즈니스 모델에는 사용량 기반 과금 모델, 리스 모델, 렌탈 모델, 성과 협약 모델 등 4가지가 있으며, 각 모델의 차이점은 다음과 같다.

- **사용량 기반 과금**
  고객들은 제품 그 자체보다는 제품의 사용을 구매한다. 즉 주행 거리, 시간, 인쇄량, 데이터 전송량 등 사용량을 기준으로 대금을 지불한다.
- **리스**
  고객들이 제품을 장기간 사용할 권리를 구매하는 것으로, 일반적으로 독점적이고도 사적인 접근권이 제공된다.
- **렌탈**
  고객들은 30일 이하의 단기간 제품을 사용할 권리를 구매한다. 렌탈은 일반적으로 리스 계약보다 유연하며, 고객들은 무제한 접근권을 보장받지 않는다.

- **성과 협약**

  고객들은 사전에 정의된 서비스와 품질 수준을 구매하고, 기업들은 그 결과를 보증하기로 약속한다. 이는 '깨끗하고 눈이 없는 거리'가 될 수도 있고, '건강한 실내 환경'이나 '밝은 시내 거리'가 될 수도 있다.

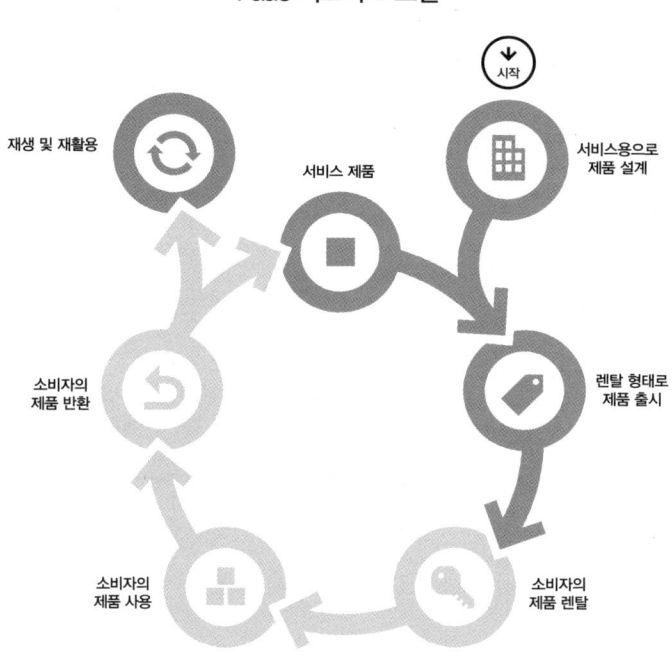

PaaS 비즈니스 모델

공급 업체들에게 있어 PaaS 비즈니스 모델의 초점은 배송 비용, 성능, 위험 절감 등에 기반을 둔 새로운 수익원을 창출하는 데 맞추어져 있다. 이 모델은 한정적으로나 주기적으로 필요하지만 구매할 정도는 아닌 제품(특별 목적 물품, 행사용 의류 등) 비용을 상당히 절약하게 만든다.

또한 제품을 자주 바꾸거나 업그레이드하기 원하는 소비자들은 그것이 자동차이든 스마트폰이든 간에 항상 '최신, 최고' 제품을 사용하려 한다. 이런 이들에게는 PaaS가 비용 효율적이다.

PaaS모델은 공급업자들이 사용자들은 할 수 없는 보증(가동 시간과 유지 보수, 기능, 가용성 등을 보장)을 제공할 때 더욱 효과적이다. 이는 이런 보증이 중장비 유지 보수 기술처럼 상당한 기술과 숙련도가 필요할 경우 비용 절감으로도 해석된다. 또한 고객이 한 제품의 다양한 옵션을 가지고 싶지만, 모두 구매하기엔 자금도 부족하고 보관 유지도 어렵다면 이 모델이 유용한 대안이 될 수 있다.

PaaS 모델은 고객이 제품을 소유, 유지, 폐기하는 과정에서 발생할 수 있는 재무적인 위험도 덜어준다. 데이터 센터의 고성능 서버들처럼 가동 시간 극대화를 요구하는 고가의 제품들이 여기에 해당한다. 그럴 경우 제품 자체를 구매하는 대신 클라우드 컴퓨팅처럼 서비스를 통해 원하는 기능을 구매하는 것이 재정적으로나 운영적인 측면에서 위험을 감소시킬 수 있다.

이 모델에서 일개 제품에 대한 사용자 수는 계약에 따라 한 명일 수도, 다수일 수도 있다. DVD와 CD를 대체한 넷플릭스와 스포티파이를 생각해보라. 이렇듯 많은 사람들이 동시에 접근할 수 있는 비물질적 제품의 경우, 서비스 이용자의 수에 사실상 제한이 없다.

PaaS 비즈니스 모델이란

PaaS 모델이 광범위하게 채택되기 시작한 건 불과 10여 년 전이다. 물론 그전에도 Paas 모델이 비즈니스에 활용되기는 했다. 대표적인 예가 1962년 롤스로이스Rolls-Royce가 도입한 파워바이디아워Power-by-the-Hour™라는 서비스이다. 이는 실제 운행 시간당 정액 비용을 지불하는 방식의 제트 엔진 및 부속품 교체 서비스를 고객들에게 제공하는 방식이었다.[3] 오늘날 많은 자동차 기업들은 리스나 카풀 등의 형태로 서비스를 제공함으로써 롤스로이스를 모방하고 있다. BMW와 식스트Sixt의 조인트 벤처인 드라이브나우DriveNow™, 다임러의 카투고car2go, 푸조Peugeot의 뮤Mu, 폭스바겐Volkswagen의 퀴카Quicar, 르노의 트위지Twizzy™, 혼다Honda의 카셰어Kahshare 등이 그 예들이다.

세계적인 타이어 업체 미쉐린이 론칭한 신규 비즈니스인 미쉐린 솔루션 역시 대량 거래 고객들이 타이어를 구매하지 않고 리스할 수 있게 해주는 혁신적인 프로그램이다. 미쉐린 솔루션은 고객들이 운행 거리에 따라 지불을 하는 형식으로 실질적으로 '타이어 서비스'를 판매한다. 고객들은 타이어를 소유하지 않기에 펑크로 곤란을 겪거나 유지의 번거로움을 겪지 않아도 된다.[4] PaaS 모델을 채택했기에 미쉐린 솔루션은 최대한 오래 사용할 수 있는 타이어를 개발할 동기도 가지게 된다. 또한 닳아 못쓰게 된 타이어를 회수해 가치를 뽑아내야 하는 동기도 부여받는다. 즉, 제품을 디자인하거나 재료를 선택할 때 회수된 타이어가 새 타이어나 완전히 다른 제품의 물질로 재가공될 수 있도록 해야 한다.

산업 설비나 건축 장비, 중장비 제조업체들도 상당히 성숙한 PaaS 서비스를 운영하고 있다. 대표적인 업체가 바로 스웨덴의 아트라스콥코Atlas Copco다. 공기 및 가스 압축기 등 산업 장비 제조업체인 아트라스콥코는 고객인 제조업체들에게 계약에 따라 그들이 소비하는 압축 공기만을 제공한다. 즉, 아트라스콥코는 계약 기간 동안 필요한 모든 장비와 설치, 유지, 예비 부품 등 일체의 서비스를 제공한다. 반면에 고객들은 설비 가동 시간과 압축 공기의 질, 에너지 효율성 등을 계약상 보증받는다. 물론 초기 설비 투자도 할 필요가 없다.[5]

미국의 솔라시티도 고객들의 지붕에 태양 전지판을 설치, 소유, 관리함으로써 가정과 기업, 정부에 태양광 발전을 제공한다. 이 기업의 성과는 놀랍다. 2014년 2사분기 결산 보고에서 CEO인 린든 라이브Lyndon Rive는 투자자들에게 이렇게 말했다. "고객들이 지불할 33억 달러가 향후 20년간 솔라시티에 들어옵니다. 이번 분기에만 8억 달러가 추가되었습니다. 이러한 성장, 우리 제품에 대한 수요는 우리의 예측을 확실히 뛰어넘는 수준입니다."

이 비즈니스 모델은 고객에게도 확실히 매력적이다. 해당 분기 동안 솔라시티가 확보한 신규 고객 수는 3만 명으로 이전 분기 대비 27% 상승한 수치이며, 이로 인해 총 고객 수는 14만 명이 되었다.[6] 고객들에게 '전지판이 아니라 전기에 지불하라pay for power, not panels'고 말하는 솔라시티는 2014년 11월 현재 시가 총액이 50억 달러를 넘어섰다.[7] 역시 미국 기업인 선런Sunrun[8]과 비빈트 솔라Vivint Solar[9]도 유사한 서비스를 제공한다.

고가 사치품 영역에서도 여러 신규 업체들이 다양한 고가 제품들에 대한 접근권을 제공하기 위해 PaaS 모델을 사용한다. 터닝아트TurningArt는 개인들이 예술품을 빌릴 수 있는 대여 서비스를 하고 있다. 영국의 걸밋츠드레스Girl Meets Dress™와 미국의 렌트더런웨이는 고가의 디자이너 패션 의류를 모든 사람이 접근할 수 있게 해주었다.[10] 렌트더런웨이의 회원 수가 5백만 명에 이르고 걸밋츠드레스가 2014년에 100%가 넘는 성장을 거둔 것을 보면, 고객들은 이런 비소유nonownership 모델의 진가를 알아본 듯하다.[11,12]

PaaS 모델의 매력

지금까지의 예들에서 보듯이, PaaS 모델은 운영비가 많이 드는 제품이나 고가의 제품, 장기 사용 제품 등 고객들이 소유하기에는 매력적이지 않은 제품들에 적합하다. 즉 제품을 한두 번이나 어쩌다 한 번 사용할 고객, 공간이 부족한 고객, 구매 자금이 부족한 고객, 유지 보수 능력이 부실한 고객, 핵심 사업에만 집중하고 싶은 고객에게 이상적이다. 이 모델은 소비자들 중에서도 특히 젊은 이들에게 더욱 매력적이다. 세대적으로 이들은 소유보다는 기능과 접근권에 대한 선호가 강하기 때문이다.[13,14,15,16]

고객들은 자신의 기호에 맞추어 주는 공급자와 공고한 관계를 구축할 수 있다는 이유로 PaaS 모델에 끌리기도 한다. 이때 공급자는 제품이 아니라 솔루션을 공급한다. 고객들은 필요할 때 언제 어디서나 그 기능에 편리하게 접근할 수 있다. 만약 솔루션이 자신의 기대에 미치지 못한다면, 언제든지 다른 제품으로 바꿀 수 있다. 결국 PaaS 모델은 고객 각자가 원하는 것에 맞춘 서비스를 공급하는 모델이다. 그런 의미에서 이 모델은 단순한 가격 제안을 넘어 고객 가치 제안을 향상시킨 혁신적인 모델이라 할 수 있다.

어떤 시장에서는 PaaS 기업의 출현이 다른 기업의 순환경제 참여로 이어지기도 한다. 영국의 막스앤스펜서가 그런 경우다. 막스앤스펜서는 물질 가격의 상승에 대비하고 고객 충성도를 강화하기 위해 순환 원칙들을 살펴보기 시작하는 동안, 시장을 흔드는 위협적인 신규 경쟁자들을 인지했다. 막스앤스펜서의 지속가능성 부문의 최고 책임자인 마이크 베리는 걸밋츠드레스와 같은 스타트업 기업들이 시장을 위협할 것으로 보았고, 이베이나 아마존과 같은 기업들도 이런 새로운 비즈니스 모델을 채택해 확장하게 되면 상당한 수준으로 시장을 흔들 수 있음을 깨달았다. 이에 그는 훨씬 더 광범위한 기회를 탐색하고 있다. "위기관리라는 점에서 의류 사업과 연관된 순환경제를 탐구하기 시작했지만, 탐구가 거듭될수록 우리에게 직접적인 비즈니스 기회가 많이 있음을 깨닫고 있습니다."[17]

PaaS 기업들은 전략을 구축할 때 제품의 전체 라이프사이클을 고려해야만 한다. 공급자가 제품을 소유하며 라이프사이클 관리 비용을 책임지고 있기에, 강력한 성능을 갖추는 것이 매우 중요하다. 기업 수익에 직접적으로 영향을 미칠 수 있는 빠른 품질 저하와 짧은 수명, 낮은 이용률, 낮은 재활용/회수율 등을 피하기 위해 제품은 최적으로 사용, 유지, 재사용, 재개조, 재활용되도록 설계되어야 한다. 품질이 저하되면 물질과 부품에 내재된 가치는 물론이고 '다음 사용자'의 이용 가치도 감소된다. 짧은 수명은 일찍 고장 나거나 유행에서 뒤쳐져 예상보다 빨리 수익원으로서의 가치가 상실됨을 의미한다. 낮은 이용률은 가동 시간을 최대한 활용한 수익 확보를 어렵게 한다. 그리고 낮은 재활용/회수율은 제품 수명이 끝날 시점에 잔존 가치를 놓친다는 것을 의미한다.

PaaS 모델의 중요한 특징은 제품 공급업자와 고객들의 목표가 실질적으로 동일하게 맞춰진다는 점이다. 고객들이 소유주가 되는 선형 모델에서는 합리적인 가격의 긴 수명 제품이 구매자들에게 대단히 바람직하다. 그러나 공급업자에게는 정반대로 낭비적인 사용이나 짧은 수명, 낮은 이용률이 신제품 판매에 도움을 주기 때문에 명성이나 브랜드 가치가 손상되지 않는 선까지는 수익 면에서 바람직하다. 하지만 순환 PaaS 모델에서는 공급자와 고객이 모두 같은 것을 원한다. 즉 오래, 자주 쓸 수 있고, 나무랄 데 없이 관리가 잘 되며, 성능이 우수하고 적절하게 회수되는 고품질의 제품을 원한다. 이 모두 고객들에게는 소유 비용을 감소시켜 주고, 공급자에게는 수익을 올려준다.

무엇보다도 PaaS 모델이 공급자에게 주는 가장 매력적인 혜택은 고객 참여에 미치는 영향이다. 이 모델의 일반적인 성격인 지속적인 고객과의 상호 작용을 생각해보라. 소유를 위해 구매에서 단 한 번 이루어지는 거래와 비교하면, 일반적으로 고객 충성도를 강화하고 고객 보유율을 높여준다. 이는 부가 제품 판매와 서비스를 통해 수익을 창출할 기회가 더 많음을 의미한다. 이러한 상호 작용은 제품 개발에도 요긴하다. 고객과의 상호 작용은 강력한 피드백 루프feedback loop를 구축함으로써, 상세한 용도와 기능, 기타 핵심적인 데이터를 수집해 신제품 개발을 위한 자료로 활용할 수 있다. 물론 이를 통해 고객이 원하는 것에 더더욱 보조를 잘 맞출 수 있게 된다.

어떻게
시작해야 할까

　PaaS 모델은 대량으로 신제품을 팔던 기업들에게는 완전히 다른 비즈니스 접근법이라 할 수 있다. 현재 PaaS 모델은 많은 조직들에 파문을 일으키고 있다. 액센츄어에 근무하는 동료 중 하나가 말했듯 '모든 제품은 서비스 대기 상태'에 있다.

　판매 채널에 대한 접근법도 달라져야 한다. 선형 모델에서 제품 판매는 매장이나 온라인을 통해 효과적으로 이루어질 수 있는 반면, PaaS 모델에서는 물리적인 채널과 디지털 채널의 혼합이 반드시 필요하다. 일반적으로 고객들은 처음에는 어떤 솔루션이 자기 니즈를 맞출 수 있는지 상의하기 위해 공급업자들과 만날 것이다. 그러다 협의를 마치면 그들의 사용 패턴과 비용, 성능 수준을 추적하거나 추가 서비스 및 업그레이드를 구매하기 위해 디지털 채널을 이용할 것이다.

　또한 공급업자는 사용 제품에 대한 유지, 보수를 수행하기 위해 물리적인 설비에 접근할 필요가 있다. 그럴 때 디지털 기술을 이용하면, 유지 보수를 더욱 효율적으로 수행할 뿐만 아니라 운영 비용도 감소시킬 수 있다. 실제로 사물통신, 모바일 기술, 데이터 분석 등은 자산의 효율적 관리와 PaaS 모델의 경쟁력 강화에 유용하게 활용된다. 즉, 제품이 제대로 사용되는지 확인하고 향후 유지 보수 니즈를 예측하는 목적으로, 사용자 행태를 분석하기 위해 제품을 원격 모니터링할 수 있다. 그럼으로써 필요한 곳에만 주의를 집중시킬 수 있고, 잠재적인 문제를 미리 예방하는 정비를 수행하며, 수리 비용을 최적으로 유지할 수 있다. 이를 고객 입장에서 생각하면, 고장으로 인한 작동 중지 시간의 최소화를 의미하는데, 고장 시간이 5~10%만 감소되어도 수익이 상당히 개선될 수 있다. 또한 이런 기술은 PaaS 기업들이 현장에서 자산을 관리하고 보수하는 데 필요한 자원 수를 감소시키는 데도 도움을 준다. 물론 사용자들에게 필요할 때 자력 해결 방안도 제공할 수 있다.

제품을 서비스로 제공하기 위해 기술을 활용하는 것을 극단적인 측면에서 보면, 물리적인 제품이 더 이상 필요하지 않음을 의미하기도 한다. 음악 산업은 그 길로 들어선지 한참 됐다. 스포티파이는 음악을 서비스로 제공함으로써 CD와 관련 장비를 없애버렸다. 휴대폰이나 컴퓨터를 통해 음악을 들을 수 있게 되면서, 무용지물이 되어버린 것이다. 이런 혁신이 지속되면 점점 더 물리적인 제품에 대한 니즈는 줄게 되고, 완전히 비물질화된 제품의 PaaS 모델을 통해 공급할 수 있는 서비스 범위도 확장될 것이다.

또한 PaaS 모델은 전통적인 '제조 판매' 접근법과는 수익 창출 방식이 달라야 한다. PaaS 수익은 일시불로 한번에 창출되지 않는다. 계약 기간 동안이나 서비스 사용에 따라 지급받는 수수료이기 때문이다. 하지만 PaaS에서도 제조 원가는 초기 투자 비용으로 지불되어야 하기에, 이는 재무상태표에 명기될 수 있어야 한다. 그러므로 PaaS 모델을 고려하는 기업이라면 자금 조달 방안에 대해 고민할 필요가 있다. 이 모델을 현실화하기 위해 때론 은행 등의 금융 기관들과 협력해야 할 수도 있다. 데소는 고객들에게 설치, 청소, 유지, 철거에 이르기까지 모든 과정을 포함하는 풀서비스 카펫 대여 옵션을 제공하기 위해 자산 기반의 파이낸싱 솔루션을 제공하는 세계적인 기업인 드 라지 랜든De Lage Landen International, DLL과 협력한 바 있다.[18]

PaaS 모델을 실행할 때 기업들은 기업과 고객 양쪽 관점에서 신중하게 경제성을 따져봐야 한다. 가치가 낮은 제품은 프로그램 관리 비용과 저렴한 가격으로 소유할 수 있는 옵션과의 경쟁 때문에 어려울 수 있다. 반면에 고품질의 고가 제품은 고객들이 구매할 때 거금이 들어간다. 게다가 이 제품들은 사용 후 잔여 가치도 크기 때문에, 새로운 서비스를 제공하거나 재판매를 통해 가치를 추가 확보할 수 있다. 결국 고가 제품일수록 PaaS 모델에 더욱 적합하다.

몇몇 대형 통신업체들의 PaaS 모델 추진이 실패했던 것도 핸드폰을 구매하는 대신 대여하는 데 더 많은 돈을 지불해야 하는 이유를 고객들이 수용하지 않았기 때문이다. 만약 이들이 노르웨이의 다국적 통신업체인 텔레노Telenor Group가 '체인지Change' 프로그램을 통해 한 것처럼 콘텐츠 판매와 신속 교체 주기 서비스를 번들로 묶는 접근법을 취했더라면, 실패하지 않았을지 모른다.[19]

전자 제품처럼 장기간 사용되는 경우에 발생하는 자본 비용을 고객에게 전가하면 전체적인 서비스 비용이 너무 올라갈 수 있다. 일반 소비자들은 자본 비용이라는 관점조차 생각하지 못하기에 더욱 문제가 된다. 이에 대한 해결책 중 하나는 금융 기관과 협력해 모두를 위한 가치를 창출할 수 있도록 부가 서비스를 붙이는 것이다. 이는 B2C 시장보다는 B2B나 인프라 등의 공공 영역에서 매력적인 방법이지만, 금융 기관이 이런 종류의 계산과 위험에 익숙해지면 B2C 시장으로도 확대될 수 있다. 그럴 경우 B2C에 적합한 솔루션은 다수의 사용자들로 자본 비용을 분산시키고, 프로그램 관리 비용도 공유하는 것이다. 클라우드 컴퓨팅과 코인 빨래방 등이 여기에 해당한다.

PaaS의 독특한 특성 중 마지막이 남았다. PaaS 모델은 대부분의 다른 순환 비즈니스 모델과도 어울린다는 점이다. 우리의 연구에 따르면, 이 모델을 채용한 기업의 80% 이상이 하나 이상의 다른 순환 모델과 혼합하고 있었다. 제품 수리와 업그레이드를 위해 종종 제품 수명 연장 모델과 짝을 이루기도 했다. 또한 PaaS 모델과 공유 플랫폼 모델 간에도 시너지가 있었다. 제품 접근과 가용성을 극대화하기 위해 공유 플랫폼을 활용할 수 있기 때문이다. 드라이브나우나 카투고 등이 이런 혼합 모델의 좋은 예다. 이들은 교통 서비스를 제공하기 위해 소유 자산을 제공하는데, 고객들은 공유 플랫폼을 통해 이를 이용할 수 있다. 이 서비스는 사용한 후 자동차를 다시 그 자리에 갖다 놓지 않아도 되기에, '유동 카풀'이라고도 불린다. 유동 카풀은 고정된 장소에서 제공되는 카풀에 비해 편리하다. 이는 공급업자들에게는 이용률과 수익의 향상을 의미한다. 이처럼 미래에는 자동차뿐만 아니라 여러 종류의 제품들이 '유동적으로 움직일' 가능성이 높다. 그 결과 전통적인 공급업자들은 혁신할 수밖에 없는 상황에 부딪히게 될 것이다.

확장에 있어
주요 도전들

PaaS 모델을 채택하는 것은 제품에서 서비스로 그 중심을 이동시켜야 하기에 만만한 일이 아니다. 그러나 보니 다음과 같은 도전 과제들에 직면할 가능성이 높다.

완전히 디지털화가 되지 않는 한 고객이 원하면 언제 어디서나 물리적으로 일할 수 있어야 한다. 그러기 위해 지역적으로 분산된 서비스를 관리하기 위해 지역 파트너들과 협업하거나, 고객 요청에 신속하게 대응할 수 있는 이동 서비스 팀을 만들어야 한다.

또한 PaaS 운영 규모가 커질수록 모든 자산의 위치와 상태에 대한 최신 정보가 더욱 중요해진다. 자동차나 자전거 공유 프로그램을 예로 들어보자. 어떤 시간에 어디에 있는지, 이용은 가능한지, 상태는 좋은지, 연료는 채워져 있는지 등에 대한 정보를 알 수 없다면 효율적으로 운영될 수 없을 것이다.

제품 반납 측면에선 기존 회수 채널을 활용할 수는 있다. 하지만 제품이 제대로 작동되는 상태인지 확인한 뒤, 그렇지 않을 때는 수리할 수 있어야 한다. 그러려면 어느 정도의 중앙 집중화가 필요하다. 즉, 현지 활동과 중앙 집중화된 활동 사이에서 균형을 잡아야 한다.

제품이 더 이상 사용될 수 없을 때 물질을 재활용하고 부품을 재제조하는 PaaS 기업들이 그 예가 될 수 있다. 여러 분산된 장소에서 소규모로 처리하는 대신, 지역에서 수거된 제품을 중앙의 가공 장소로 보내 처리하는 것이 규모의 경제 측면에서 나을 수 있다. 그러나 이는 물류 비용의 증가도 의미하기에 반드시 섬세한 절충이 필요하다. 여기서도 기술이 해결책이 될 수 있다. 우리의 경험상 PaaS 기업들은 지역과 중앙 모델을 혼합한 형태를 활용한다. 재제조는 파트너와 협력하는 중앙 집중식 모델을 통해 실행되지만, 재가공(예. 폐기 플라스틱을 플라스틱 원료 입자들로 전환)이나 재생산(예. 3D 프린팅 기술을 이용해 이 원료 입자들을 예비 부품으로 제작) 등의 작은 규모의 재활용은 현지에서 실행될 수 있다.

PaaS 모델을 채택한 기업들은 고객을 깊이 이해해 접근할 수 있어야 한다. 고객들은 제품을 소유할 경우 유지나 반환과 관련해 '숨겨진' 비용들이 많다는 사실을 간과할 때가 많다. 그러므로 소유 모델과 PaaS 모델의 총비용을 명료하게 설명해 고객들이 '일대일'로 비교할 수 있도록 해야 한다. 또한 신제품 구매를 독려하는 대신, 제품 기능을 최대한 활용할 수 있도록 도우미 역할을 해야 한다.

PaaS 모델은 한 순간 제품을 판매하고 끝나는 대신, 지속적으로 시장에서 제품 성능의 향상을 통해 가치를 창출해야 하기 때문에 공급업자들은 복잡한 장기 계약을 효과적으로 관리할 수 있어야만 한다. 또한 자신들의 서비스가 확실한 수익을 가져올 수 있도록 하기 위해 계약의 가치를 정의하고 평가할 수 있어야 한다. 고객들이 선불 지급 없이 사용 시간(실제 사용 가치)에 따라 지불하는 PaaS 모델의 경우에는 특히 더 유념해야 한다. 필립스가 워싱턴 D.C.와 맺은 협약이 좋은 예다. 필립스는 '서비스로서의 조명'을 제안하며 이 도시 주차장에 있는 1만 3천 개가 넘는 조명 기기를 시 당국에 한 푼도 청구하지 않고 모두 교체했다. 그 대신, 워싱턴 D.C.와 10년 관리 계약을 맺은 필립스는 새로운 LED 조명으로 기대

되는 연간 경비 절감액 2백만 달러 중 일부를 수익으로 확보했다.[20]

공유 플랫폼 모델처럼 PaaS 기업들도 사람들이 제품을 조심해서 다루지 않아 마모가 더욱 빠를 수 있음을 인지해야 한다. 부동산을 임대하는 건물주들은 이를 잘 안다. 그러므로 보증금이나 벌금, 의무보험, 보너스, 포인트/평점 등 사용자들에게 책임을 지울 수 있는 장치를 마련해야 한다. 장기적으로는 사용자들에게 제품을 올바르게 사용하는 법을 가르치는 것이 제품 오용을 최소화하고 제품 수명을 보다 오래 유지할 수 있는 길이다.

그런데 제품을 서비스로 구매하는 것에 대응할 수 있는 규제 인프라를 구축하는 데는 시간이 다소 걸린다. 일례로 네덜란드에서는 리스 제품에 대한 부가가치세VAT는 제품이 첫 '판매'될 때 전액 지불되어야 한다. 이 비용을 미리 확보해야 하는 PaaS 기업들에게는 비용적으로 큰 부담이다. 턴투Turntoo의 창립자인 토마스 라우Thomas Rau는 이러한 세금 체제야말로 바뀌어야 한다고 믿는다. 제조업체와 공급 업체, 최종 사용자 간의 자원 관리를 지원하는 컨설팅 비즈니스를 하는 라우는 이렇게 말했다. "가치를 파괴할 때 세금을 내는 대신, 가치를 부가할 때 내야 한다는 건 아주 이상합니다. VAT를 지불하는 대신 VDT, 즉 파괴가치세value destruction taxes를 지불해야 합니다. 그러면 기업 행동은 상당히 바뀔 겁니다."[21]

PaaS 비즈니스
모델 사례

실리콘밸리에서는 생활에 필요한 대부분을 PaaS 옵션으로 채울 수 있다. 크라우드컴퍼니 Crowd Companies Council 를 창업한 제레미아 오양 Jeremiah Owyang 은 사적인 영역이나 업무 영역에서나 최대한 제품을 빌리면서 '서비스로서의 삶 life as a service'을 살려고 노력한다. 실리콘밸리에 살고 있는 그는 PaaS 제품에 접근할 가능성이 다른 지역에 비해 크다는 것을 인지했다. 2013년 6월에서 2014년 4월까지 그가 개별적으로 구매한 물품은 54개도 되지 않았다. 의류와 음식, 교통에서부터 사무 공간, 어린이 장난감에 이르기까지 다양한 서비스를 이용했다.[22]

다른 지역에서 이 추세를 따라가는 것은 단지 시간적인 문제에 불과할 것으로 보인다. 다임러, 필립스, 머드진스와 같은 기업들이 앞다투어 PaaS 모델을 채택함에 따라 서비스를 통해 니즈를 해결할 수 있는 옵션을 보다 많이 가지게 될 것이다.

오늘날 다국적 기업의 신규 사업 부문에서 스타트업 기업에 이르기까지 많은 기업들이 PaaS 모델을 채택하고 있다. 앞으로 PaaS 모델이 성숙해지면 혁신적인 스타트업 기업들과 대기업들이 규모 확장을 위해 상호 교류할 것으로 기대된다. 이는 자동차 PaaS 모델의 선구자이자 렌탈 업계를 흔들고 있는 집카를 5억 달러에 인수한 에이비스 Avis 의 경우처럼 이미 일어나고 있는 일이기도 하다. 에이비스 회장인 로날드 넬슨 Ronald Nelson 은 이렇게 말했다. "이 결정은 미국은 물론이고 세계적으로도 우리

회사의 성장 잠재력을 신장시킬 것입니다. 또한 보다 다양한 소비자/상업 운송 니즈를 더욱 잘 충족시키는 기업으로 포지셔닝할 것입니다."[23]

다임러. 카투고를 통한 이동 서비스 제공

사람들은 항상 교통수단을 필요로 한다. 그렇다고 모든 사람들이 자가용이나 택시를 실용적이고, 비용 효율적이며, 즐겁다고 느끼지는 않을 것이다. 이러한 사람들이 카투고의 주요 표적이다.

2008년 독일 자동차 업체인 다임러의 별도 사업 부문으로 시작한 카투고는 차를 소유하거나 택시를 찾을 필요 없이 즉시 교통수단에 접근할 수 있도록 해준다. 사용자들은 온라인을 통해 서비스 이용 등록을 한다. 그러면 카투고는 지원자의 운전 면허증과 운전 기록을 조회한 뒤, 그 사용자에게 메일로 회원 카드를 보낸다. 등록이 되면, 고객들은 모바일 앱이나 웹사이트, 전화를 통해 자동차의 위치를 파악하고 예약한 후 찾아갈 수 있다.[24] 운행 거리가 아니라 사용 시간에 따라 돈을 지불하며, 보증금이나 주차료, 연료 등에 대해 추가적으로 돈을 낼 필요도 없다. 연회비도 추가 발생하지 않는다.

다임러의 교통서비스 분야 자회사인 무블Moovel GmbH의 아시아 태평양 비즈니스 개발 최고 책임자인 라이너 베커Rainer Becker는 카투고가 순전히 친환경적인 세계를 만들기 위한 의도로만 시작된 건 아니라고 기억한다. 사실 카투고는 다임러가 미래 도시 교통의 글로벌 트렌드에 대응하기 위해 보유 자원을 사용하는 혁신적인 방법을 찾는 과정에서 통근을 보다 쉽고 매력적으로 만들기 위해 탄생한 것이었다.[25]

고객들은 출발지에서 차를 픽업해 종착지에서 주차할 수 있는 편도 여행의 편리성을 즐긴다. 연료가 4분의 1 이하로 떨어지면, 차에 비치된 선불 연료 카드를 이용해 연료 탱크를 채울 수 있다. 그 경우 무료 이용 시간과 같은 서비스도 받는다. 이런 식으로 고객들은 이 모델의 순조로운 운영에 참여할 동기를 부여받는다. 즉, 주유하기 위해 추가 인력을 파견하지 않아도 되기에, 이 모델의 운영 효율성도 높아질 수 있다.[26]

카투고는 서비스 품질과 신뢰도를 향상시키기 위해 운행 데이터와 고객 정보를 십분 활용한다. 특정 시간에 자동차가 어디에 있는지 알고, 특정 구역의 사용률에 따라 자동차를 배분함으로써 분배 시스템을 향상시킨다. 또한 패턴을 파악하고 예방 정비를 수행하기 위해 차량 고장 정보를 사용하기도 한다.

소셜 미디어 또한 중요하다. 고객과의 연결을 계속 유지할 수 있고, 사용자 간의 경험 공유 커뮤니티를 구축할 수 있기 때문이다. 베커는 이렇게 말했다. "공유는 내가 무언가의 일부라는 개념을 가지고 있습니다. 내가 어떤 커뮤니티의 일부이며, 그 커뮤니티에 대한 책임을 가지고 있다는 개념입니다." 카투고는 때론 창문이 깨지는 등 훼손된 카투고 차량을 우연히 목격한 회원들로부터 전화를 받기도 한다고 언급했다. "이 차량들은 단지 카투고의 차만은 아닙니다. 회원들도 자신들의 책임이라고 느끼기 때문입니다."[27]

사실 카투고의 성공은 유연하고 편리한 서비스에서 찾을 수 있다. 차를 빨리 찾고, 편리하게 이용하고, 쉽게 반납할 수 있도록 만든 것이다. 수익성은 지정 장소당 고객 수와 대당 일일 예약 건수에 따라 좌우되므로 수요와 공급의 균형을 섬세하게 맞추어야 한다. 카투고는 유효 고객 수에 오르기까지 시간이 걸릴 수밖에 없음을 알고 있었다. 실제로 고객들이 자동차 공유 개념을 완전히 받아들이기까지 2년이나 걸리기도 했다. 어떤 지역에서는 기존 업체들의 방해가 문제되기도 했다. 2014년 5월, 카투고는 2012년 후반에 진출한 영국 시장에서의 철수 계획을 발표했다. 32개 지자체들과의 협의가 예상했던 것보다 훨씬 어려웠기 때문이었다. 또한 운영의 최소 수준인 5~8개의 일일 예약 수를 확보할 수 있는 규모인 만 명 회원도 모집하지 못했다. 하지만 그 시점에 로마와 밀라노에서는 약 11만 명의 사용자를, 독일에서는 7만 명의 사용자를 확보했다.[28]

이렇듯 다임러는 한정 자원에 대한 의존도를 줄이면서 새로운 수익원을 창출했다. 인구는 더욱 조밀해지고 자동차로 인해 더욱 혼잡해진 도시에서 자동차 공유 서비스는 차량 수와 주차 공간을 줄여줌으로써 친환경 도시를 만드는 데 기여하고 있다.

카투고는 고객 니즈와 수요를 충족시키기 위한 혁신을 꾀하는 노력도 기울이고 있다. 2014년 12월 현재 카투고는 유럽 전역과 북미의 25개 이상의 도시에서 백만 명이 넘는 회원들을 확보하고 있다.[29] 다임러는 다임러 모빌리티 서비스Daimler Mobility Services 라는 자회사를 만들어 카투고와 택시, 카풀 등의 연관 서비스를 다루도록 했다. 이런 움직임을 공표하며 다임러는 유럽 자동차 공유 고객 수가 2013년 70만 명에서 2020년에는 1천5백만 명으로 상승할 수 있다는 예측을 포함해 놀라운 통계 수치들을 언급했다. 이런 엄청난 시장 잠재력에 근거하여 다임러는 24개월 이내에 1억 유로 매출 달성을 목표로 정했다.[30]

필립스. 건물 조명 방식의 대혁신

전기를 PaaS로 이용하는 것에 대해 생각하지도 못하는 상황에서 조명을 서비스로 이용한다는 생각은 아무도 하지 않을 것이다. 그런데 이를 필립스는 시도했다.

필립스는 전구, 헬스케어 기기, 기타 전자 제품들을 판매하는 230억 유로[31] 규모의 세계적인 가전제품 기업이다. 필립스의 조명 비즈니스는 이 기업 전체 매출의 약 37%를 차지한다.[32] 또한 재래식 전구보다 훨씬 전기를 덜 쓰는 LED 전구 분야의 선두 업체이기도 하다.

필립스에 따르면 전 세계 전기의 19%는 조명용으로 사용되며, 연간 1,900메가톤의 이산화탄소를 방출하고 있다고 한다. 특히 미국의 빌딩 전기 사용량 중 조명이 차지하는 비율은 60%이며, 그중 80%는 구식 조명 설비를 사용하고 있다.[33] 이에 필립스는 에너지 효율이 좋은 조명 기술을 통해 에너지 비용을 50~70%까지 축소시킬 수 있으며, 지능형 제어장치도 사용할 경우 절감 효과를 80%까지 끌어올릴 수 있다고 발표했다.[34] 또한 세계적으론 절감 비용의 규모가 1280억 유로에 이르고, 이산화탄소 방출량의 감소 역시 2억 6천만 대의 차량에서 나오는 이산화탄소의 총량과 맞먹는 670메가톤에 이를 것이라고 주장했다.[35] 이는 필립스 라이팅 서비스Philips Lighting Service가 론칭된 핵심 동기가 되었다. 즉, PaaS 모델에 따라 조명 기기에 대한 소유권은 필립스가 보유하면서 고객들에게는 사용량에 따라 과금을 하는 방식으로 서비스를 제공한다는 계획이었다.

필립스 라이팅 서비스는 네덜란드 건축 회사인 라우 아키텍트Rau

Architects의 대표이자 턴투의 설립자이기도 한 토마스 라우가 필립스에 한 요청에서 시작되었다. 2009년, 라우는 사무실 조명을 바꾸고 싶지만 램프나 전선, 제어기, 조명 기기 등 조명 관련 제품을 구입하고 싶지는 않다고 말했다. 그는 필립스에 다음과 같이 말했다.

> 매년 내 건물들은 오랜 시간 불을 밝히고 있어야 합니다. 당신들은 이를 어떻게 해결해야 하는지 알 겁니다. 램프나 전기 등을 추가하면 된다고 생각할 수도 있죠. 그러나 그건 내 관심 사안이 아닙니다. 제품이 아니라 기능에 관심이 있을 뿐입니다. 즉, 조명을 사고 싶을 뿐 다른 어떤 것도 원치 않습니다.[36,37]

그래서 두 기업은 서비스 수준과 각기 다른 장소에서 사용할 조명 유형(차가운 조명, 따뜻한 조명 등)에 대해 합의를 했다. 이에 따라 필립스는 조명 전기 비용을 책임진다. 이는 필립스에게 에너지 소비를 감소시켜야 한다는 동기를 제공했다. 에너지 소비를 줄일수록 필립스의 수익성은 높아지기 때문이다.

필립스는 조명 시설을 설치하는 설비 업체와 협력해 라우 아키텍트에 약속한 서비스를 실행했다. 그 설비 업체는 천장에 LED 조명을 설치하고, 움직임이나 일광의 유무에 따라 조도를 조절하는 센서와 제어 시스템도 사용했다. 그 결과 이 조명 시스템은 라우 에너지 비용의 35%를 절약해주었다. 이후 필립스는 사무실마다의 에너지 소비에 대한 상세 정보를 제공하는 스마트 에너지 미터기를 설치했다. 이로 인해 필립스는 추가로 20%의 에너지 비용을 감축했다. 전체적으로 55%나 에너지를 절약

하게 된 것이다.[38]

필립스는 빌딩의 조명을 최대한 효율적으로 관리할 동기를 가지고 있다. 정보를 정밀 분석하기 위해 센서가 스마트 미터기를 거쳐 필립스로 데이터를 전송하려면, 사물통신 기술이 매우 중요하다. 물론 첨단 분석 기법도 중요하다. 전구의 퓨즈가 나가기 직전 등 적시에 유지 보수함으로써 운영의 향상을 도모할 수 있기 때문이다. 지능형 제품 데이터 또한 서비스를 향상시키고 한정된 투자만으로도 고객 니즈에 맞출 수 있게 해주었다.

"조만간 닥쳐올 자원 고갈도 문제지만, 물량 공세와 저가 공략에 기반을 둔 현재 모델은 과잉 경쟁을 불가피하게 야기시킵니다."라며 필립스의 CEO인 프란스 반 하우튼Frans van Houten 이 다음과 같이 말했다.

> 우리는 결국 패자만 남게 될 가격 전쟁으로 귀결되기를 원하지 않았습니다. 우리 비즈니스 모델을 가격 중심 모델에서 고객을 위한 총 소유 비용 중심의 비즈니스 모델로 전환함으로써, 조명 산업에서 시장 리더십을 유지할 포지셔닝을 점할 수 있다고 생각합니다. 즉, 조명을 서비스로 판매하는 것이야말로 우리 자신과 고객들에게 가치를 제공해줄 수 있는 가장 효과적인 방식입니다.[39]

그러나 필립스가 PaaS 모델로 완전히 전환된 건 아직 아니다. 진정한 성공은 필립스가 그들의 제품을 다시 생각할 때 실현될 것이다. 필립스는 아직까진 그들의 조명 제품을 PaaS에 맞게 재설계하도록 박차를 가하지 않고 있다. 그러나 이제 필립스는 수리와 부품 교체가 쉬운 제품, 성능이 뛰어나고 오래 지속되는 제품, 모듈식 디자인을 필요로 하는 제품을 만들어야 하는 동기를 갖게 되었다. 빨리 팔리고 자주 교체되어야 하는 제품을 만들기보다는 이례적일 정도로 오래 가는 성능 제품을 만들어야 한다는 생각에 고쳐되었다. 참고로 그들의 '녹색 제품Green Products'은 전체 매출의 51%를 차지하고 있다.[40]

점점 더 확장되는 서비스

PaaS 모델은 자동차 렌탈, 건설 장비 렌탈, 비행기 리스 등과 같은 틈새 산업에서 오랫동안 존재해왔다. 경제적으로 돈에 쪼들리고 환경에 대한 의식이 높은 소비자들로 이루어진 신세대의 출현과 혁신 기술의 등장은 이 모델을 보다 많은 제품들에 훨씬 더 큰 규모로 확장할 기회를 제공하고 있다. 그 결과 PaaS 업체들은 제품 수명은 연장시키고, 제조에서 사용, 폐기에 이르기까지 제품이 환경에 가하는 해로운 영향은 감소시키는 활동을 벌이고 있다.

지금까지 PaaS 모델은 장비 제조업체 등 공업 분야에서 많이 운용되었지만, 앞으로는 소비재 시장에서도 유용하게 사용될 가능성이 높다. 소유보다는 접근성을 선호하는 젊은 세대들이 나이가 들어가다 보면, PaaS 모델을 원하는 소비자들이 대세로 자리잡을 것이기 때문이다.

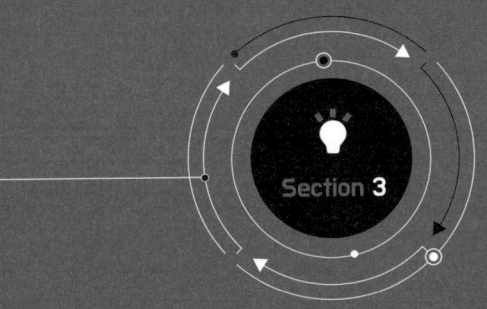

순환 우위의 창출

Chapter 9   순환 비즈니스 모델
Chapter 10 순환 우위 기술과 디지털 혁신
Chapter 11 가치를 창출하는 5가지 순환 역량
Chapter 12 정책의 힘

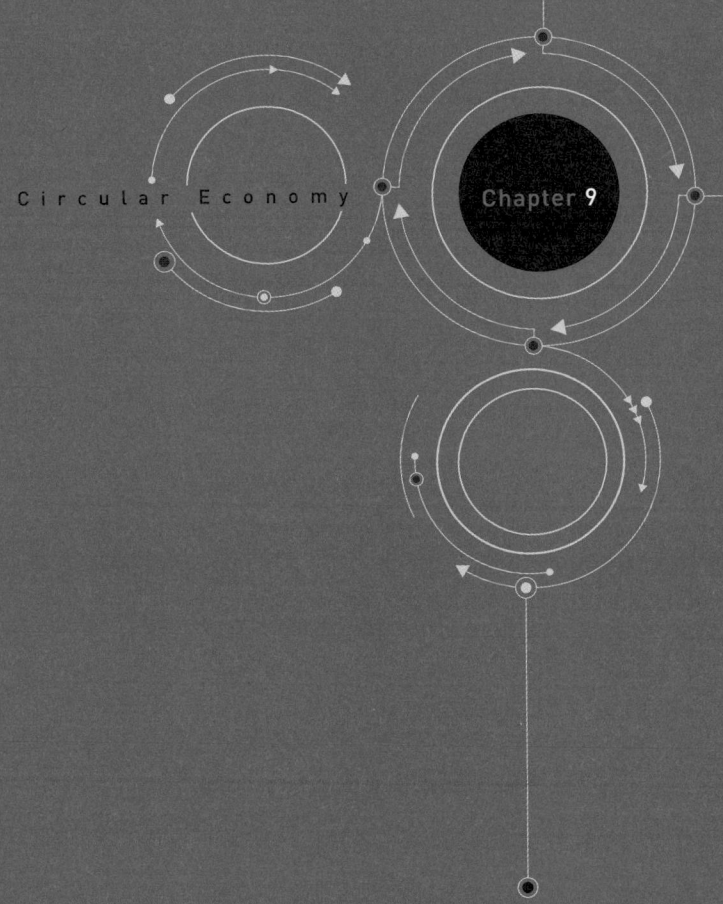

순환 비즈니스 모델

평가, 조력자, 생태계

Circular Economy

5가지 순환 비즈니스 모델은 자원이 부족한 미래를 대비하도록 할 뿐만 아니라, 완전히 새로운 방식으로 고객 행동과 니즈를 이해할 수 있도록 도우며, 단기적으로도 경쟁 우위를 제공한다. 이미 많은 기업들은 경쟁자들이나 스타트업 기업들이 이 모델들을 채택하고 있음을 알고 있으며, 어떤 기업들은 순환 원칙을 조기에 채택한 기업들이 시장을 장악하며 고객의 인정을 받고 있다는 사실을 아주 통렬히 깨닫고 있다.

2008년에 설립된 에어비앤비는 불과 6년 만인 2014년 현재 190여 국가에서 부동산 렌탈 서비스를 제공하고 있다. 지난 6년 동안 80만 건이 넘는 숙박지에서 2천만 명의 손님이 투숙하는 등 입이 벌어질 정도로 놀라운 성장을 달성했다.[1] 또한 2008년에 시작한 다임러의 자동차 공유 비즈니스 카투고 역시 2014년 11월 현재 90만 명의 고객을 확보했다.[2] 2006년에 설립된 전자 제품 재판매 업체인 가젤은 제품 수명 연장 모델을 활용해 2013년에 70억 달러 규모의 가전제품 '리커머스' 시장에서

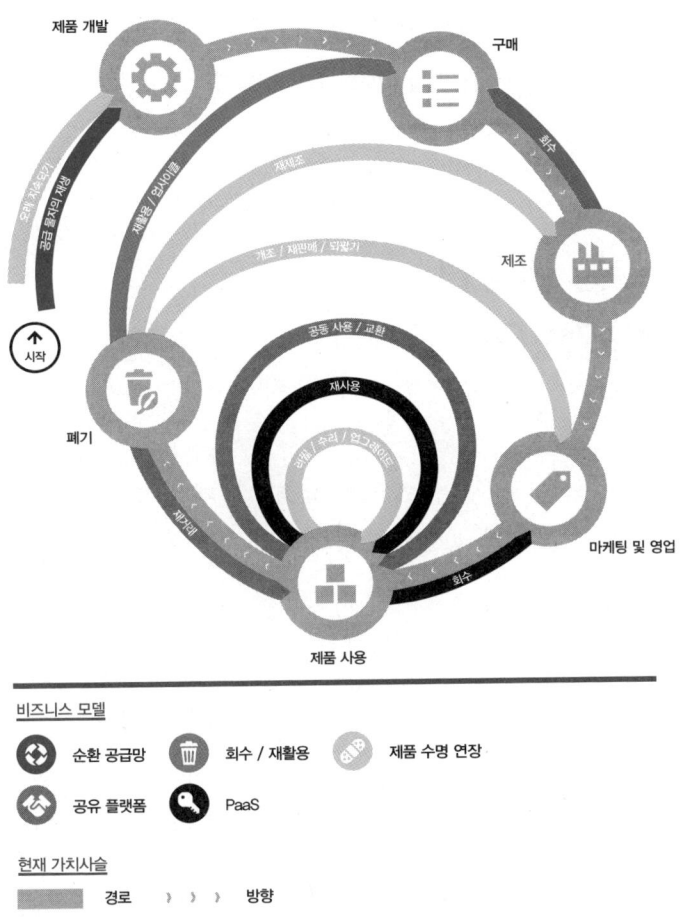

1억 달러의 매출 목표를 달성했다.[3] 애플과 안드로이드 스마트폰의 보상 판매 등을 통해 가젤은 2014년에 백만 명의 고객들에게 1억 7천만 달러를 지불하고 2백만 개가 넘는 기기를 사들였다고 발표했다.[4]

순환 비즈니스 모델을 통해 시장을 흔드는 것은 주로 스타트업 기업들이지만, 다국적 대기업들 역시 움직임을 보이고 있다. 개조와 재판매를 통해 제품의 유효 수명을 연장시키는 다임러나 BMW, 시스코와 'PaaS 조명'을 공급하는 필립스, PaaS 서적을 제공하는 아마존, 매장 내 비디오 게임 보상판매 프로그램[5]을 제공하는 월마트 등이 대표적이다.

대안들을 어떻게 평가할 것인가

이런 기업들의 성공을 가속화시킨 요소는 많지만, 모든 것은 기초부터 착실히 다지는 데서 출발한다. 즉, 자기 비즈니스에 맞는 순환 비즈니스 모델(모델들)과 최적의 전략을 선택하는 것이 기본이다.

적합한 모델 선택하기

앞서 말했듯이, 순환경제로의 성공적인 전환에 있어 적합한 비즈니스 모델과 실행 전략을 선택하는 것이 중요한데, 일반적으로 다음과 같은 단계들로 전개된다.

첫째, 기업이 자원을 어떻게 사용하고 있는지 진정으로 이해하는 단계다. 어디에서, 어떤 유형의 에너지와 물질이 어떤 제품에 최종적으로 사용되고 있는지, 고객은 어떻게 사용하고 폐기하는지 정확하게 알아야 한다. 다시 말해 자원 제약에 취약한 부분이 어디인지, 이 제약과 연관된 위험은 무엇인지 알아야 한다. 또한 가치사슬의 어느 부분에서, 그리고 생산 제품들 중 어느 제품에서 낭비적인 제조나 사용, 폐기로 인해 자원이 생산적으로 사용되지 않고 있는지도 알아야 한다.

그럴 때엔 여러 변화들이 손익에 어떤 영향을 미치는지 모델링 한 시나리오 분석이 유용하다. 그러려면 제품의 라이프사이클과 가치사슬 분석에 사용되는 도구들이 필요하다. 이를 통해 공급이 고갈되었을 때 비즈니스에 부정적인 영향을 미칠 물질은 무엇인지 이해하고 대체품의 이용 가능성에 견주어 이의 심각성을 잴 수 있다. 그러면 자원 생산성의 개선책을 찾는 데 노력을 집중시킬 수 있다. 이처럼 순환경제를 파악하려면 선형경제의 네 가지 폐기물 유형에서 출발하는 것이 좋다.

1. **버려진 자원**이란 지속적으로 재생될 수 없어, 소비하고 나면 영원히 없어지는 물질과 에너지를 말한다.
2. **버려진 라이프사이클** 제품이란 다른 사용자들에게 쓸모가 있음에도 인위적으로 수명을 짧게 하거나 폐기되는 것을 말한다.
3. **버려진 역량** 제품이란 불필요하게 쉬고 있는 제품을 말한다. 예를 들어 자동차의 경우 일반적으로 자기 수명의 90% 기간 동안 사용되지 않고 유휴 상태에 있다.
4. **버려진 내재가치**란 폐기된 제품에서 회수되어 다시 사용할 수 있도록 처리되지 않은 부품, 물질, 에너지를 말한다.

기업은 자원 비용이 높고, 자원이 고갈될 위기에 처해 있으며, 낮은 제품 활용률과 재활용률이 가치사슬의 주요 비효율성으로 지적되는 비즈니스 영역에 그들의 노력을 집중시킬 수 있다. 기업은 회수 비용을 낮추기 위해 어떻게 제품을 재설계하고, 제품 회수에 있어 어떻게 적극적인 역할을 하며, 제품의 이용률을 높이기 위해 고객 가치 제안을 어떻게 바꾸어야 하는지 탐구하기 위해 R&D에 투자할 수도 있다. 종종 간과되는 '수요 측면'에서의 관점은 가치 제안을 바꾸려고 할 때 유용하다. 반면에 물질을 약간 다르게 구성해 동일 제품을 내놓으려는 것은 일반적으로 효과적이지 않다.

기업들은 폐기물을 부로 전환하기 위해 자원 이용과 가치 제안을 어떻게 바꿀 것인지 탐구할 때 5가지 비즈니스 모델을 프레임워크로 사용할 수 있다. 물론 목표는 매출이나 비용, 위험, 명성에 미치는 영향 측면에서 '미래 경쟁력'을 확보하는 것이어야 한다. 이는 2가지 방법으로 달성될 수 있다. 성장을 확보하기 어려운 데다 점점 더 비싸지고 있는 한정 자원으로부터 분리시키는 것과, 새로운 순환적인 방식에 수익원을 연동시키는 것이다.

두 번째 고려 요소는 어떤 접근법을 취할지에 관한 것이다. 단일 비즈니스 모델을 사용하는 '순수' 접근법을 선택하거나, 2가지 이상의 모델을 사용하는 '혼합' 모델을 선택할 수도 있다.

우리의 연구에 따르면, 순환 비즈니스 모델을 성공적으로 이용하고 있는 기업들 중 약 70%는 단일 모델을 사용하고 있다. 나머지 30%는 몇 가지 모델을 혼용해 사용하는데 이 중 3분의 2는 2개의 비즈니스 모델을, 나머지 3분의 1은 3개 이상의 모델을 혼용하고 있다.

순수 접근법은 당연히 실행하기가 훨씬 쉽다. 스타트업 기업들이 종종 이 길을 선택한다. 즉, 한 가지 모델로 자기 비즈니스를 위한 기반을 다진 후, 규모가 커지면서 필요에 따라 다른 보완적인 모델들을 추가한다.

좀 더 복잡하기는 하나 혼합 접근법은 가치사슬을 보다 광범위하게 통제할 수 있기 때문에 더욱 큰 가치를 드러내기도 한다. 이러한 통제는 기업으로 하여금 가치의 상류와 하류를 보호할 수 있게 하고, 투자에 대한 혜택을 확실히 수확할 수 있게 해준다. 예를 들어 보다 오래 사용할 수 있고, 모듈화할 수 있으며, 재사용이 쉬운 제품을 설계함으로써 기업은 가치사슬에서 자원 생산성을 향상시킬 수 있다. 그러나 이러한 투자의 가치는 대부분 제품 수명 연장, 공유 플랫폼, 회수/재활용 모델의 몫이 되므로, 기업은 이 3가지 영역 모두에서 활동할 수 있다.

흔히 있는 일이지만 최악의 시나리오는, 기업이 공급 관점으로만 접근해 최첨단 물질의 훌륭한 순환 제품을 개발하지만 정작 이로부터 혜택을 취할 비즈니스 모델을 론칭하지 못하는 경우다. 일반적으로 이러한 혜택들은 사용과 폐기 단계와 관련되어 있어 수요 주도적일 수밖에 없다. 우리가 경험한 바로는, 고객들은 기꺼이 제품의 사용과 회수를 최적화시키는 기업의 적극적인 역할을 허용하지만, 기업들은 수익 창출을 정당화시키기 위해 고객 관계에 진정으로 가치를 부가할 수 있어야 한다.

혼합 접근법은 다음 2가지 상황에서 사용될 가능성이 크다.

1. 가치사슬상 복수의 영역(생산과 영업 등)에서 활발하게 활동하며 시너지 기회를 창출할 때, 예를 들어 어떤 기업이 의류를 생산해 판매한다면, 이 기업은 재판매와 재활용을 위한 회수 채널을 사용할 수 있다.
2. PaaS 모델이 사용되는 상황에서, PaasS 모델은 다른 비즈니스

모델을 도입할 강력한 유인책으로도 활용된다. 예를 들어 기업이 제품 사용 단계에서부터 수명이 종료할 때까지 그 제품에 대한 소유권을 가진다면, 수리나 재판매, 공유 플랫폼을 통한 공유도 가능하지 않겠는가? 제조업체가 PaaS 모델을 통해 고객과의 직접적인 채널을 구축하기로 했다면 제품 수명 연장 서비스도 제공할 수 있지 않겠는가? 실제로 PaaS 모델을 채택한 기업들 중 80% 이상이 PaaS 모델을 하나 이상의 다른 비즈니스 모델과 함께 사용하고 있다.

적합한 접근법 선택하기

기업은 자신들을 위한 하나 이상의 모델을 선택한 후에도 몇 가지 전개 옵션을 가진다. 어떤 접근법이 적합할 것인지는 여러 요소에 따라 달라진다. 기업의 포부, 기업이 직면한 위협의 정도, 투자할 수 있는 자본 규모, 투자 위험 감수도, 정책과 규제 환경, 현재 역량 등이 그것이다.

어떤 경우에는 소규모로, 집중적으로 시작하는 것이 좋다. 즉, 특정 영역에서 신모델을 시범 사용하다가 기회를 봐 규모를 키워가는 것이다. 이 옵션은 위험을 감소시켜 주긴 하지만, 신모델이 긍정적인 영향을 미칠 정도를 제한하기도 한다. 최악의 경우, 시험 프로그램은 투자 부족이나 소유권 부재에 직면할 수도 있다. 반면에 최상의 경우는 잠재력이 큰 시험 프로그램들이 대성공을 거둬 규모가 확대되는 것이다.

그와는 다른 상황도 있다. 순환 원칙을 선도적으로 빨리 채택하고 싶어 하거나, 자원 고갈이나 파괴적인 경쟁자로 인해 목전의 위협에 직면한 상황이라면, 처음부터 대규모로 시작할 수도 있다. 이는 반드시 종래의 비즈니스 모델에 대변혁을 가해야 함을 의미하지 않는다. 사내 각 부문의 리더들에게 순환 비즈니스 모델을 탐구해야 하는 책임을 부여하고, 변화에 대비하도록 하는 것만으로도 가능하다. 이는 더욱 위험한 제안이지만, 제대로만 진행된다면 훨씬 더 큰 이득을 빨리 거둘 수 있게 해준다.

세 번째 옵션은 자회사나 다른 회사와의 조인트 벤처로 신규 비즈니스 모델을 론칭하는 것이다. 위 두 옵션의 중도 노선인 이 방법은 자기 핵심 비즈니스를 위험에 직접 노출시키지 않고, 기존 규범이나 이해관계에 의해 신규 비즈니스가 제약 받는 일도 없도록 하면서 새로운 모델을 '가동시킬' 수 있도록 해준다.

다른 한편으로 보면, 분리된 벤처 기업은 모회사 최고 경영진이 주목하지 않기에 순환경제 원칙을 보다 광범위하게 적용시킬 기회가 제한될 수 있다. 또한 기존 조직 내에서 작동하는 것보다 비용이 더 들 수도 있다. 결국 이 옵션은 혁신의 자유와 투자 의향 간의 트레이드 오프인 셈이다. 물론 조인트 벤처의 경우 소유권을 다른 회사와 공유할 의지가 있다는 것을 시사하기도 한다.

외부 지원 환경을 어떻게
구축할 것인가

사내 노력은 순환 우위를 향한 첫 번째 필수 단계다. 그러나 선택한 모델을 실제로 작동시키려면 빈틈을 메울 수 있는 외부 파트너들을 불러들일 필요가 있다. 일반적으로 이러한 전환을 이루기 위해 필요한 모든 역량과 기술을 사내에 다 갖추고 있지 않다. 순환 모델을 채택하고 오랜 시간이 흘러도 여전히 스스로 모든 것을 다 할 수 없을지 모른다.

따라서 많은 기업들이 외부 조력자들을 끌어들인다. 이 조력자들은 유관 서비스를 통해 순환 비즈니스 모델을 적용하는 데 도움을 주는 기업들이다. 특정 서비스의 경우, 지원 업체들이 더욱 효과적으로 수행하므로 순환경제의 성공에 중요한 역할을 한다. 지원 업체들은 기업들이 새로운 비즈니스 모델을 수행할 때 발생하는 시간, 비용, 복잡성, 위험을 감소시킬 수 있도록 돕는다.

대부분의 지원 업체들은 시장에서 회수된 제품의 분류, 품질 관리, 재가공 등을 담당하면서 회수와 물류 체인에서 서비스를 공급한다. 이러한 회수 공급망은 기업의 운영 역량과 경험이 부족하기 쉬운 영역이고, 경제 효과를 거두기 위해 규모의 확대가 필요한 영역이기도 하다. 사실 대부분의 기업들은 오랫동안 시장으로 나가는 공급망을 다듬는 데만 집중해왔지 제품을 다시 회수하는 것에는 초점을 두지 않았다. 물론 높은 회수율을 성공의 신호로 여기는 일도 없었다. 그러나 순환경제에서는 반대다. 기업은 제품을 회수하기 위해 쌍방향으로 공급망을 운영하려고 한다.

패션 소매 기업인 H&M은 지원 기업이 어떻게 물류 및 처리 능력의 공백을 메울 수 있는지 좋은 예를 보여주고 있다. H&M이 제품 수명 연장 모델과 회수/재활용 모델을 실행하는 데 있어 외부의 도움이 중요했다. 즉, H&M이 재활용이나 재판매를 위해 중고 의류를 회수할 수 있도록 지원했다. 사실 H&M은 신제품 전시를 위해 진열대를 정리할 때 기존 재고를 유통 센터로 다시 보내는 등 이미 튼튼한 회수 물류 역량을 보유하고 있었다. 이를 활용한다면 중고 의류를 쉽게 회수할 수 있음을 인식한 H&M은 매장에 원치 않는 의류를 갖다 놓을 수 있는 코너를 만들기로 결정했다.[6]

그런데 여기서 H&M은 새로운 도전거리에 직면하게 되었다. 회수된 옷을 어떻게 분류하고, 품질은 어떻게 관리할 것이며, 어떤 옷이 어디로 가야 할지, 물질을 재사용해도 안전한지, 어떻게 결정할 것인지 등 과거에는 제기하지 않았던 질문들에 부딪치게 되었다.

이런 질문에 대한 해답은 직물 수거에서부터 분류, 등급 결정, 재활용에 이르기까지 전방위 솔루션을 제공하는 I:CO에서 찾을 수 있었다. I:CO는 미국과 유럽 등 전 세계 90개국 이상에서 수거 지점을 운영하며, 매일 700톤 정도의 중고 의류를 처리한다.[7] H&M이 매장으로 돌아온 중고 의류를 I:CO에 판매하면, I:CO는 이를 재판매하거나 직물 기반의 다른 제품을 만들 때 사용할 물질로 재활용한다. 즉, I:CO의 전문성을 활용함으로써 H&M은 글로벌 의류 재활용 프로그램을 최초로 론칭한 패션 기업이 되었다.[8] 이 회사의 대변인도 H&M의 장기 목표는 모든 방직섬유를 새로운 용도로 재사용, 재활용하는 것이라고 말한다.[9]

시장에서 제품 회수 흐름을 운영할 때에는 시장 그 자체를 지원 세력으로 활용하는 것도 좋다. 차량 소유주라면 누구나 배송 업무를 할 수 있도록 디지털 모바일 플랫폼을 사용하는 '크라우드 운송' 개념은 현재 시장에 제품을 전달하기 위해 활용되고 있지만, 시장에서 제품을 회수할 때도 가능하다. 대형 소매업체들은 대개 전체 도시를 커버하는 물류 네트워크를 통해 고객들이 끊임없이 드나드는 매장을 관리한다. 그러므로 '회수망' 프로그램은 차량 소유주들이 폐기 제품을 자사 매장이나 수거지점으로 가지고 갈 수 있도록 유도하면 된다. 즉 차량 미소유자가 픽업 요청을 하면, 차량 소유주는 현금이나 다른 종류의 보상을 받고 배송 업무를 맡는 식이다.

회수망 관리 외에도, 지원 업체들은 고객 기업에게 보다 효과적인 재사용과 재활용을 위한 제품 설계를 돕는 서비스를 제공하는 등 가치사슬의 초기부터 도움을 주기도 한다. 일례로 턴투는 성능 기반으로 판매되거나 분해 후 재사용이 가능한 물질들로 만들어진 가정용 전자 제품, 조명, 주차장, 건물 등을 위한 제품 설계와 비즈니스 모델을 개발하기 위해 여러 조직들과 협력하고 있다.

턴투가 설계한 제품이 가진 이점은 제조업체가 제품과 그 원물질의 소유권을 보유한다는 점이다. 턴투는 제품 수명이 종료하는 시점에 물질의 궁극적인 재사용은 물론이고, 제품이 사용되는 동안 모든 서비스와 유지에 대해서도 전적으로 책임을 진다. 턴투 프로젝트 중에는 주택 시공사에 'PaaS 세탁'을 제공하기 위해 세탁기 제조업체와 협력한 사례[10], 부분적이거나 전체적인 PaaS 인테리어를 제공하기 위해 여러 기업들과 파트너십을 맺은 사례[11], PaaS 조명이라는 상품을 개발, 시판하기 위해 선두 조명 업체와 협업한 사례, 재사용되거나 재사용 가능한 물질로 지은 모듈식 빌딩을 짓기 위해 다른 기업과 협업한 사례[12] 등이 있다.

또한 지원 업체들 중에는 순환 활동을 지원하는 플랫폼 기업들도 있다. 리사이클뱅크는 재활용률을 높이기 위해 지방 자치 단체 및 폐기물 관리 업체들과 파트너십을 맺기도 했다. 예컨대 리사이클뱅크는 가정용 쓰레기를 재활용하거나, 집에서 에너지를 보다 효율적으로 사용하거나, 물 사용량을 줄이거나, 더욱 친환경적인 제품을 구매하거나, 심지어 운전 대신 걸어서 출근하는 등 재활용이나 친환경적인 활동에 대한 보상으로 포인트를 제공한다. 그리고 리사이클뱅크는 소비자들에게 친환경 행동을 교육시키기 위해 디지털 플랫폼을 이용하기도 한다. 소비자들은 이렇게 얻은 포인트를 3천 개가 넘는 곳에서 할인을 받거나 구매할 때 사용할 수 있다. 2004년에서 2014년까지 리사이클뱅크는 450만 회원을 유치했고, 그들과 파트너십을 맺은 300개 커뮤니티에서 나온 약 17억 킬로그램의 폐기물이 재활용될 수 있도록 지원했으며, 2013년에는 회원들에게 6천만 달러 가치의 보상을 제공했다.[13,14]

온라인 및 모바일 사이트인 태스크래빗TaskRabbit은 작은 일거리를 이웃에게 위임할 수 있게 해준다. 사용자들이 위탁을 원하는 작업의 내용과 지불 가격을 등록하면, 사전 승인된 태스크래빗의 네트워크(2014년 11월 현재 3만여 명)가 입찰을 진행한다. 태스크래빗의 가치는 시간이 부족한 바쁜 사람들과 돈을 벌기 원하는 자영업자들을 연결시켜 주는 데 있다.[15] 그런데 태스크래빗은 스스로 할 수 없는 사람들을 위해 수리와 유지 업무를 대신해줌으로써 순환경제를 위한 조력자가 될 수도 있다. 다국적 기업들도 서비스와 업그레이드를 통해 제품 수명 연장 모델을 실행할 때 비용 효율적인 지역 서비스를 제공하기 위해 태스크래빗과 같은 플랫폼과 파트너십을 맺을 수도 있다.

4번째 유형의 지원 업체는 순환 모델의 채택을 지원하는 금융 서비스를 제공하는 곳이다. 이것이 드 라지 랜든, 즉 DLL이 하는 역할이다. 라보뱅크 그룹Rabobank Group의 일원인 DLL은 리스와 기업/소매 금융 서비스를 제공하는 글로벌 기업이다. DLL은 자신들의 라이프사이클 자산 관리Life Cycle Asset Management, LCAM 서비스를 통해 유효 수명 기간 내내 자산의 효과적인 관리를 돕는 맞춤화된 금융 서비스를 제공한다. LCAM 프로그램 매니저인 프리츠 엥헬라르Frits Engelaer에 따르면, 금융 위기 이후 고객들이 절약하기 위해 신규 구매보다 대여를 선호하기 시작함에 따라 이런 솔루션을 개발해야겠다는 영감을 얻었다고 한다. 엥헬라르는 이렇게 기억한다. "금융 위기를 겪은 후 우리들은 기업들이 반드시 새 장비를 필요로 하는 것은 아니라는 결론에 이르렀습니다. 특히 하루에 두세 시간만 사용되거나, 예비로 갖추고 있어야 할 때는 더욱 그렇죠."[16]

지원 업체를 고려할 때는 순환 원칙을 실제적으로 적용할 수 있도록 돕는 곳과 단순히 기존의 선형 모델을 보다 효율적으로 만들어주는 곳을 구분하는 것이 중요하다.

사실 자원 효율성은 기존 자원의 지속성을 강화한다는 점에서 중요하긴 하지만, 완전한 순환경제로 나아가는 데 절대로 충분하지 않다. 순환경제 리더인 미하엘 브라운가르트 박사와 윌리엄 맥도너는 환경 효율성과 환경 효과성의 차이를 강조했다.[17] 환경 효율성은 에너지 생산성을 향상시키는 반면 현재 생산과 소비 패턴에 여전히 갇혀있어 본질적으론 현재의 선형 모델을 '덜 나쁘게' 만드는 것일 뿐이다. 반면에 환경 효과성은 환경을 복원해 인간 활동이 유익한 영향을 미칠 수 있도록 고안된, 완전히 새로운 솔루션의 창조를 목표로 한다. 다시 말해, 석유를 보다 효율적으로 사용하는 것이 좋긴 하지만, 태양광 발전을 효율적으로 사용하는 것이 훨씬 더 바람직하고 순환적인 선택이다.

생태계를 어떻게 확장할 것인가

새로운 순환 비즈니스 모델이 뿌리를 내리고 기업들의 포부가 확대됨에 따라, 어떤 기업들은 지원 업체들에게 개별 활동을 담당시키는 수준을 넘어선 움직임을 보이기도 한다. 이들은 다양한 고객과 공급 업체, 핵심 파트너들을 참여시키기 위해 그들의 가치사슬을 거시적으로 살펴보기 시작했다. 이는 기업의 성과와 산업 운영 방식에 대한 비즈니스 모델의 영향력을 증대시킬 수 있는 순환경제 생태계의 도약에 불을 붙이고 있다.

모듈식 카펫 타일 제조업체인 인터페이스는 기존 비즈니스를 중심으로 형성된 생태계에 대한 좋은 사례다.[18] 순환 비즈니스의 선구자이자 부정적 영향을 제거하겠다는 목표를 향해 전진하고 있는 인터페이스는 순환 비즈니스 파트너들로 구성된 네트워크를 구축했다. 회수망에서 설치 업무에 이르기까지 인터페이스는 그들의 배출 제로라는 포부를 달성하기 위해 혁신 추진을 지원하고 공동으로 솔루션을 개발하는 파트너 네트워크를 필요로 한다.

인터페이스는 카펫 제조에 쓰이는 신규 원물질을 대신해 사용할 중고 어망을 수거하기 위해 필리핀의 비영리 조직과 협업하고 있다. 물론 이런 활동은 그 지역의 폐기물을 감소시키고 사회적으로도 긍정적인 영향을 미친다. 인터페이스는 공급업자들에게 재활용 물질을 찾아볼 것을 권고하고, 환경적으로 영향이 더 적은 물질을 요구하기도 한다. 그 결과 인터페이스는 뛰어난 내구성과 일부 통제된 재활용 루프를 활용함으로써 고객들에게 한층 더 저렴한 바닥재 모델을 제공하게 되었고, 고객들과의 관계도 더욱 공고하게 구축했다. 고객 유보율이 높아지고 고객 기반이 성장하게 되면 고객당 구매가 줄어드는 문제는 상쇄될 것이다.

인터페이스가 수선이 용이한 다양한 카펫 타일을 선보이면서 인터페이스의 유통 파트너들은 카펫 판매에서 수선 서비스의 제공으로 비즈니스 초점을 이동시키고 있다. 인터페이스의 이런 타일들은 카펫의 신규 판매는 감소시켰지만, 수선 및 장기 관리에 대한 수요는 증가시켜 인터페이스를 추천하는 파트너들에게도 이득이 된다.

칼스버그의 순환 생태계 구축

세계적인 맥주 제조업체인 칼스버그Carlsberg는 회수/재활용 모델의 효과를 확대하기 위해 순환 생태계를 구축하고 있다. 2014년 칼스버그는 6개의 글로벌 파트너들과 함께 칼스버그 순환 커뮤니티Carlsberg Circular Community를 론칭했다. 품질과 가치를 유지, 향상시킴과 동시에 재활용 및 재사용에 최적화된 차세대 포장법을 개발하기 위해서였다.[19] 칼스버그의 순환경제 프로그램 매니저인 시몬 호프마이어 보아스Simon Hoffmeyer Boas 는 이렇게 말했다. "이 프로젝트들 중 하나는 리필이 가능한 유리병을 시각적으로 더욱 매력적으로 보이게 만들어 소비자들을 사로잡는 것입니다. 좀 더 나아가 우리는 소비자의 태도를 변화시키고 싶습니다. 여기에는 재활용 포장이 단순한 쓰레기가 아니라 올바로 다루어진다면 지속적인 생명력을 지닌 귀중한 물질이라는 사실을 소비자에게 교육시키는 것도 포함됩니다."[20]

물론 칼스버그가 자신들의 모든 제조 공정에서 폐기물을 없애기 원한다면 새로운 역량들을 개발해야 한다. 칼스버그 그룹의 CEO인 외르겐 불 라스무센Jørgen Buhl Rasmussen 은 이런 개발 노력은 틀림없이 가치가 있는 것이라고 생각한다. "비즈니스 측면으로 보면, 이는 기획자나 사회는 물론이고 소비자를 위한 것입니다. 현실적인 목표를 설정하는 것은 중요합니다. '시작'은 항상 어려운 부분이죠."[21]

칼스버그는 이미 천연자원에 대한 의존도를 감소시킬 솔루션을 적용하고 있다. 여기에는 20번 이상 재사용되기도 하는 리필 유리병, 영구적으로 재활용이 가능한 음료캔 등이 포함된다. 또한 생산 부산물을 인근 농장에 판매하고 있으며, 폐수에서 바이오 가스나 재생 에너지를 생산한다. 또한 칼스버그는 패키지 회수의 복잡함을 연구하며 전체 흐름을 파악하는 것의 중요성을 이해하기 시작하면서, 파트너들과 함께 이 계획을 지속적으로 추진할 수 있기를 기대한다. 시몬은 다음과 같이 설명했다. "프로젝트를 하면서 우리는 결과물을 다른 방식으로 사용하고 있습니다. 우리의 비전은 가치사슬의 루프를 완전히 폐쇄하여 생산 프로세스를 최적화하고, 수명 종료의 초반에 동일하거나 더 큰 가치를 가질 수 있도록 패키징함으로써 폐기물 없는 사회를 만들고 지속적이고도 고품질의 업사이클링을 하는 것입니다."[22]

이 계획에 합류한 여섯 멤버들은 다음과 같다. 칼스버스의 캔 공급 업체인 렉삼Rexam, 유리병 코팅 업체인 아케마 그룹Arkema Group, 유리 포장 업체인 오웬스 일리노이Owns-Illinois, 수축 포장 업체인 RKW, 보드지 멀티팩 업체인 미드웨스트바코MeadWestvaco Corporation, 드래프트 맥주용 PET 맥주통 제조업체인 피테이너 매뉴팩처링 USA Petainer Manufacturing USA가 그들이다. 이들은 크래들 투 크래들 디자인 프레임워크를 사용하고 있다. 참고로 이 프레임워크는 EPEA Environmental Protection Encouragement Agency의 브라운가르트와 MBDC McDonough Braungart Design Chemistry의 맥도너가 크래들 투 크래들 로드맵과 제품 평가법을 개발하기 위해 만든 것으로, 물질의 가치와 품질을 저하시킬 수 있는 화학제품이나 첨가제가 들어있는지 밝히기 위해 고안되었다. 아무튼 이 계획의 목표는 2016년까지 크래들 투 크래들 인증 제품을 최소 3개 이상 확보하고, 15개의 기업들을 파트너로 참여시키는 것이다.[23]

라스문센은 칼스버그 순환 커뮤니티는 순환경제 물질을 사용하는 데 있어 선두 주자가 되고자 하는 칼스버그의 야심은 물론이고, 이러한 목표를 달성하기 위해 주요 파트너들을 참여시키는 것의 중요성을 보여주고 있다고 말했다. 그는 이렇게 설명했다.

우리는 우리 기업의 탄력성을 구축하고 자원 고갈이 점점 심화될 환경에 대비해 미래 성장을 위한 준비를 하고자 합니다. 또한 우리는 우리 비즈니스뿐만 아니라 환경과 사회에도 도움이 되는 솔루션을 개발하려고 합니다.

우리의 이러한 패키징 프로그램과 공급 업체들과의 협력은 큰 약진이라 할 수 있습니다. 우리는 공급 업체들과 파트너가 됨으로써 각 회사들이 혼자 할 수 있는 것보다 훨씬 더 많은 것을 이룰 수 있습니다.[24]

킹피셔의 야심찬 목표

인터페이스나 칼스버그처럼 영국 소매업체인 킹피셔도 폐기물이 없는 세상을 향해 분투하고 있다. 이 기업이 공언한 목표는 2020년까지 자신들의 매대에 폐쇄 반복형 루프 인증을 받은 제품을 1천 개 이상 비치하는 것이다. 그러려면 폐쇄 반복형 루프 혁신의 가치를 측정하는 도구를 개발하는 것도 중요하지만 역시 핵심 요소는 순환 프로그램을 위해 다양한 유관 기관들과 파트너십을 맺는 데 있다. 킹피셔는 순환경제 지원을 목적으로 올바른 규제 및 비즈니스 환경을 구축하기 위해 EU의 정책 수립을 돕는 유럽 자원 효율성 플랫폼의 창립 멤버다. 또한 킹피셔는 순환경제로의 전환을 가속화하기 위해 만들어진 기업 및 혁신가, 지역 네트워크인 엘렌 맥아더 재단의 CE100 프로그램 론칭을 돕기도 했다.[25]

킹피셔가 한 활동의 대표적인 사례가 바로 인피니티Infinite 다. 인피니티는 킹피셔 매장에서 나온 폐기물과 수명이 다한 DIY 제품에서 얻은 폐기물만으로 만든 최초의 100% 재활용 주방 조리대이다. 인피니티는 킹피셔를 비롯해 제조업체인 카스토라마Castorama France, 벨기에 화학 연구센터 세르테크Certech, 폐기물 재활용 업체인 베올리아 환경서비스

Veolia Environmental Services, 복합목재 제조업체인 오세우드Océwood®가 협력해 만든 결과물이다. 인피니티는 유사한 제품보다 30%나 가벼워 설치가 쉽고 파손도 줄여주며, 방수도 더욱 잘 된다. 그리고 신규 물질이나 유해한 화학제품으로 만들어진 것이 아니기 때문에 탄소 발자국도 훨씬 덜 남기고 천연자원도 보존한다.[26]

킹피셔의 전 CEO였던 이안 체셔 경에 따르면 생태계 협력과 생태계 전략에 의해 주도된 이러한 노력은 순환경제의 전반적인 성공에 있어 결정적으로 중요하다. 체셔는 이렇게 설명했다. "(우리의 노력은) 혁신을 자극하기 위해 실제로 보여줄 수 있는 것이어야 하고, 이론에서 실행으로의 전환을 위해 (이를 가속화하기 위해) 실현 가능해야 합니다. 혁신의 질을 높이는 현실의 사례와 일치하는 순환경제에 대해 이야기하면 할수록 더 좋아질 수 있습니다."[27]

지역 생태계 vs 글로벌 생태계

순환경제 생태계의 범위는 지역 최적화에서 글로벌 협력에 이르기까지 광범위하지만, 주변에서 제공받을 수 있는 것에 크게 의존할 수밖에 없다.

지역 생태계는 물리적인 상호 작용이 필요한 서비스나 즉시 사용되어야 하는 제품, 가치에 비해 운송비가 높은 제품, 특수 설비를 필요로 하지 않는 제품을 중심으로 형성된다. 또한 산업 공생으로 언급되는 지역 생태계에는 폐기물 재사용 프로세스를 최적화하기 위해 협력해야 하는 인근의 조직들이 포함될 수도 있다. 생태계에서 다른 조직에게 공급하는 물질을 만드는데 쓰이는 공유 부산물에는 물, 열, 가스, 유황, 기타 화학 성분들이 있다.

이러한 생태계의 사례들 중 하나는 덴마크에 있는 칼룬보르 심비오시스Kalundborg Symbiosis로, 칼룬보르 지역에 있는 8개의 공공 기관 및 민간 기업들로 구성되어 있다. 이 그룹에는 세계 최대의 인슐린 제조사인 노보 노르디스크Novo Nordisk, 세계 최대의 효소 제조업체인 노보자임, 북유럽 최대의 하수 처리장, 덴마크 최대의 발전소, 발틱 지역 최대의 정유 공장 등이 포함된다.[28] 또 다른 예는 중국 톈진 지야 공업 단지Tianjin Ziya Industrial Park가 있다. 이 공업 단지는 버려진 기계나 전자 제품을 활용하는 데 주력하는 단지들 중 중국 북부 지역에서 가장 큰 공업 단지이자, 재활용 가능 물질과 비철 금속의 중국 북부 최대 수거/유통 센터다.[29]

네덜란드의 4개 조직(로테르담 항만청The Port of Rotterdam Authority, 라보뱅크 로테르담Rabobank Rotterdam, 비커앤컴퍼니BIKKER & Company, 반 간제빙켈Van Gansewinkel)은 순환 센터Circularity Center를 설립하기 위해 힘을 모았다. 이들에 따르면 이는 순환경제에서의 비즈니스 및 지식 개발에 초점을 맞춰, '새로운 수익 모델을 만들고 순환경제로의 전환을 가속화하는 것은 물론, 원물질과 재료를 재사용'하도록 돕기 위해 만들어졌다. 이 센터가 착수한 첫 번째 프로젝트는 '플라스틱의 석유화Plastic to Oil'다. 센터 연구원들은 플라스틱 잔류물을 석유로 바꾸었다가 다시 플라스틱으로 만드는 것을 고민하고 있다.[30]

반면에 글로벌 생태계는 일반적으로 지역별 특성에 얽매이지 않거나 고비용의 전문화된 공장들을 필요로 하는 서비스가 포함된 기회들을 중심으로 형성된다. I:CO는 직물 가치사슬의 변화에 특화된 글로벌 생태계의 중심에 서 있다. 앞서 언급한 H&M과의 파트너십 외에도 I:CO는 세계적으로 중고 신발과 의류를 수거하기 위해 아들러, 아메리칸 이글 아웃피터스American Eagle Outfitters, 잭 존스Jack Jones, 퓨마, 노스페이스, 막스 슈즈Max Shoes, 볼콤Volcom 등 다양한 기업들과 파트너십을 맺고 있다.[31]

고객과 함께하는 생태계

순환경제 생태계는 순환경제 선구자들이나 공급 업체, 파트너들에게만 아니라 고객들에게도 큰 영향을 미칠 수 있다. 고객들은 선호 브랜드를 중심으로 순환경제의 원칙들에 대해 광범위한 토론이 이루어지고 있다는 사실과 상호 작용 지점이 증가한 것을 알아차리게 될 것이다.

사실 선형 비즈니스 모델에서 제조업체와 소비자 사이의 유일한 상호 작용은 판매 시점뿐이다. 그러나 순환 생태계에서는 소비자가 제조사나 이들의 생태계 파트너들과 제품 라이프사이클 전체에 걸쳐 상호 작용을 하게 될 것이며, 많은 경우 그 상호 작용은 제품 설계에서 시작해 제품 회수 서비스로 종료될 것이다. 이는 제조사와 소비자들의 관계 역시 바뀐다는 것을 의미한다. 순환 모델에서 제조사와 소비자의 동기는 자원 생산성을 중심으로 일치되며, 상호 작용을 위한 공간이 더욱 늘고, 관계는 보다 가까워지고, 충성도도 올라갈 수 있다. 이러한 생태계가 성장하며 모든 사용자 커뮤니티가 생태계 주변으로 생겨날 지도 모른다.

커뮤니티 구축에 관해서라면 테라사이클TerraCycle 을 이길 기업은 별로 없을 것이다. 회수/재활용 모델을 채택한 테라사이클은 재활용이 안 되는 폐기물을 수거하고 보내기 위해 20여 국가에서 6천만 명이 넘는 자원 봉사자들과 관계를 맺고 있다.[32] 테라사이클은 이러한 폐기물을 다양한 제품과 재료로 바꾼다. 수거는 집에서부터 학교, 사무실, 커뮤니티 그룹, 여러 조직에 이르기까지 광범위하게 이루어진다.

그런데 2013년에 2천5백만 달러의 매출을 거둔 기업이 공짜 노동력을 얻는 것이 가능할까? 이에 대해 테라사이클의 설립자인 톰 재키Tom Szaky 는 이렇게 말했다. "이들은 그저 우리의 목적, 우리의 미션을 발전시키기를 원합니다. 전통적인 기업은 절대 사람들을 이와 같이 움직일 수 없죠. 스타벅스Starbucks 가 커피숍 매장을 오픈하는 데 자원 봉사하려는 사람은 없을 겁니다."[33]

테라사이클의 생태계는 또한 미국을 비롯한 22개 국가들에 있는 백여 개의 브랜드들을 아우른다.[34] 물론 활동들을 지원하기 위해 온라인 및 모바일 기술을 활용하는 공유 플랫폼 비즈니스 모델에서도 커뮤니티 구축은 보편적이다.[35]

모듈식 스마트폰을 개발, 출시하는 데 주력하는 구글Google 의 아라 프로젝트Project Ara 를 중심으로 구축된 생태계도 있다. 구글은 소비자들에게 그들의 통찰력과 시각을 공유해달라고 요청함으로써 휴대폰을 개발하는 데 소비자의 참여를 독려하고 있다.[36] 이는 대부분의 기업들이 보편적으로 채택한 기술에 대한 '기밀' 접근법에서 크게 벗어난 것이다. 또한 구글은 모듈 폰 개발과 관련한 광범위한 의제들에 대한 인식을 높이기 위해 한 시민단체의 도움을 구하기도 했다.[37]

이 프로그램이 성공적이라고 가정했을 때, 고객이나 파트너와 구글의 관계가 어떻게 발전할지 상상하는 것은 어렵지 않다. 미래의 모델을 그려보라. 모듈 폰을 공급하는 구글, '하드웨어 앱 스토어'처럼 아라에 맞는 혁신적인 모듈 부품을 공급하는 다수의 공급 업체들, 중고 모듈을 거래하는 사용자 커뮤니티들, 테크리턴즈Techreturns 와 같은 파트너들, 수거와 수명 종료 폰의 회수를 담당하는 소매업체들이 있을 것이다.[38] 자신들의 역할과 각 단계별 수익을 명확히 정의함으로써 구글은 플랫폼 기업이 되고 고객들과의 상호 작용도 증가하게 된다. 이 모든 것은 구글이 순환 원칙에 따라 스마트폰을 위한 새로운 고객 가치 제안을 상업화했기에 가능하다.

오늘날의 생태계는 기업별로 특화되거나 기업 중심적인 측면이 강하다. 그러나 어느 시점에 이르면 보다 광범위한 산업계의 솔루션으로 진화할 수 있다. 그 시점은 생태계가 가장 영향력을 가지게 되는 때로, 간소화된 순환 비즈니스 모델의 채택을 통해 산업 전체가 스스로를 변화시킬 수 있는 플랫폼을 제공받을 때가 될 것이다.

순환 우위 기술과
디지털 혁신

10개의 대변혁 키워드

새로운 비즈니스 모델들은 기업이 순환경제를 수용할 수 있도록 강력한 옵션을 제공한다. 그러나 혁신적인 기술 지원이 없다면 이러한 비즈니스 모델만으로는 불가능하다. 소셜 네트워크, 모바일 기술, 빅데이터 분석, 클라우드 컴퓨팅, 사물통신 등 디지털 혁신은 물리 채널과 디지털 채널을 연결시키거나 사람들을 사물인터넷에 연결시킬 때 특히 효과적이다. 카셰어링과 같은 공유 비즈니스 모델이나 수리, 재판매 등의 제품 수명 연장 모델을 한번 생각해보라. 이러한 모델들은 새로운 개념이 아니다.

과거엔 정보 비용, 수작업 요구, 협력 장애물들로 인해 규모를 확장하기 어려웠지만, 이제 첨단 기술의 등장으로 이런 장벽들이 파괴되고 있다. 소비재나 생산 장비들을 공유하기 위해서는 정보를 교환하고, 인계계획을 짜고, 위치와 상태를 추적하는 등의 업무를 위한 맞춤 솔루션과 상당한 수작업이 필요했다. 하지만 이제는 다르다. 넥시아Nexia 나 이노번Innoverne과 같은 기업들은 원격 조정 소프트웨어(넥시아)나 화이트라벨white-label 소프트웨어 플랫폼(이노번)을 활용해 이런 물류 작업을 자동화하고 있다. 참고로 이노번의 화이트라벨 소프트웨어 플랫폼은 제품의 서비스화나 멀티스토어, 멀티채널, 엔드투엔드end-to-end 이커머스eCommerce, 역물류를 운영하는 데 쓰이고 있다.

사실 고객의 제품 사용에서 반환에 이르기까지 일관되게 순환 비즈니스 모델이 적용된 가치사슬을 설계하는 것은 디지털에 있어 새로운 개척 영역이다. 물리적인 세계와 디지털 세계가 합쳐지는 곳이자 아주 낮은 비용으로 사용자들과 시장, 수명 주기에 걸쳐 제품이 흐르기 시작하는 곳이기에 서비스와 유연성에 변혁을 가할 수 있다.

순환경제 리더들은 3개의 카테고리로 분류되는 10가지 파괴적 혁신 기술을 통해 그들의 성공에 동력을 공급하고 있다. 이 3개의 카테고리는 디지털 기술(정보 통신), 엔지니어링 기술(과학 기술), 하이브리드 기술(두 가지의 혼합)이다. 이러한 기술들은 기업이 더욱 자원 생산적인 공급망을 구축, 운영하도록 할 뿐만 아니라 그 어느 때보다도 광범위하고 심도있게 고객들과 연결될 수 있는 강력하고 새로운 방법을 제시하고 있다.

그럼 이제 구체적으로 순환 우위를 가져오게 하는 10가지 핵심 기술을 살펴보도록 하자. 모바일 기술과 사물통신(M2M) 기술, 클라우드 컴퓨팅, 소셜 네트워크, 빅데이터 분석, 모듈 디자인 기술, 첨단 재활용 기술, 생명 과학과 재료 과학 기술, 추적/회수 시스템, 3D 프린팅 기술이 그것이다.

디지털
기술

디지털 기술은 사용자들과 기계, 관리 시스템 간의 실시간 정보 교환을 가능하게 한다. 디지털 기술은 본질적으로 고객 중심적이고, 판매 시점을 훨씬 넘어서는 시점까지도 관계를 유지하게 한다. 디지털 기술은 PaaS, 공유 플랫폼, 제품 수명 연장 모델에 결정적으로 중요한 원격 가시성과 자산 제어를 향상시켜 준다. 비물질화를 가능하게 하고 물리적 자산이나 디지털 자산과 상호 작용하는 방식을 바꿈으로써 디지털 기술은 가치사슬 변형을 통해 추가 자원을 투입하지 않고도 확장을 가능하게 한다.

순환경제에 유용한 디지털 기술 5가지는 모바일 기술, 소셜 네트워크, 클라우드 컴퓨팅, 사물통신, 빅데이터 분석이다. 그럼 이제 구체적으로 각각의 기술을 살펴보기 전에 먼저 디지털 기술이란 무엇을 의미하는지 개략적으로 알아보도록 하자.

디지털 기술이란

모바일 기술은 사용자들이 필요한 시점에, 필요한 곳에서 콘텐츠에 접근할 수 있게 해주는 하드웨어와 운영 시스템, 네트워킹, 소프트웨어의 조합이다. 가장 눈에 띄는 예는 모바일 폰과 태블릿 PC가 있다. 모바일 기술은 개인과 기업이 언제 어디서나 제품과 서비스에 접근할 수 있게 해주며, 제품 수명 연장 모델이나 PaaS 모델, 공유 플랫폼 모델 등에 특히 중요하다.

사물통신(M2M) 기술은 인간의 개입 없이 자동적으로 정보를 교환하기 위해 여러 설비와 통제 센터를 허용한다. 이는 원격으로 자산을 모니터, 유지, 통제하는 데 도움을 주고 사용자들에게 실시간 정보를 통해 기능 향상과 비용 경감의 기회를 제공한다.

클라우드 컴퓨팅은 중앙에서 웹 기반 콘텐츠와 어플리케이션을 관리함으로써 소프트웨어를 설치하거나 무언가를 다운로드할 필요 없이 동시에 다수의 기기에서 이용할 수 있게 해준다. 기기는 일반적으로 인터넷과 같은 네트워크로 연결된다. 클라우드 컴퓨팅은 공유 플랫폼 모델과 PaaS 모델을 위한 중요한 지원 요소다.

소셜 네트워크는 사용자들 간의 커넥션을 구축, 유지하는 커뮤니케이션과 상호 작용 도구가 포함된다. 소셜 네트워크에는 페이스북, 트위터Twitter, 웨이보Weibo, 왓츠앱Whatsapp, 위챗Wechat, 링크드인 등과 같이 잘 알려진 채널 외에도 인터넷 포럼, 블로그, 위키, 협업 소프트웨어 등이 포함된다.

빅데이터 분석에는 두 가지 요소가 있다. 빅데이터는 매우 방대하고 복잡해 전통적인 어플리케이션으로는 관리하거나 분석할 수 없는 데이터 집합을 일컫는 용어다. 빅데이터 분석은 이런 데이터로부터 핵심 정보를 추출해 보다 바람직한 비즈니스 결정을 내릴 수 있도록 한다.

모바일
기술

 모바일 기술은 데이터와 어플리케이션에 보편적이면서도 저비용으로 접근하는 것을 가능하게 함으로써 순환 비즈니스 모델의 채택을 가속화한다. 소비 행동이 모바일화, 온라인화됨에 따라 종이에서부터 엔터테인먼트, 매장에 이르기까지 물리적인 자원에 대한 필요를 줄여준다. 과거에는 물리적으로 이루어진 소비를 디지털화한 것은 명백히 순환적인 것이지만, 순환경제에 있어 가장 중요한 것은 모바일 기기가 모바일을 제품 수명 연장과 공유 플랫폼 비즈니스 모델의 핵심 구성 요소로 만들면서 시장의 물리적 제품들을 더욱 스마트하게 관리할 수 있도록 해준다는 점이다. 이는 주로 다음 두 가지 방법으로 진행된다.

정보를 쉽게 찾을 수 있게 함으로써 공급과 수요를 연결

모바일 기술을 활용하면, 사용자들은 가용성이나 지역, 유휴 생산 능력, 상품 가격 등에 대한 정보를 쉽게 찾을 수 있고, 공급자와의 커뮤니케이션도 수월하게 할 수 있다. 공유경제의 선구자인 앤디 루벤Andy Ruben에 따르면, 미국에만도 장롱과 차고에 있는 유휴 제품의 가치는 5조 달러에 이른다고 한다. 루벤은 이렇게 말했다. "우리의 장롱과 차고는 세계에서 가장 큰 창고인 셈입니다."[1]

모바일 기술은 사람들이 사용하지 않는 제품을 공개해 판매하거나 빌려줄 수 있도록 해줄 뿐만 아니라, 다른 사람들에게 그런 제품들을 이용할 수 있다는 정보도 알려준다. 사용자들은 근처에 있는 제품을 찾고, 지도에서 제품들의 위치를 확인하고, 공급자들과 상호 작용을 하며 안전한 금전 거래를 하는 등 다양한 것을 할 수 있게 되었다.

메루카리Mercari 는 일본의 재판매 쇼핑 앱으로 2014년 1천4백만 달러의 매출을 달성했다. 2013년 7월 론칭한 지 일 년도 채 되지 않아 백만 개의 아이템이 등록되었고 150만 명의 사람들이 앱을 다운로드 받았다. 메루카리 앱에는 사진이나 실시간 배송 조회와 같은 기능이 포함되어 있다고 한다.[2]

8장에서 서술한 바와 같이 또 다른 예는 자동차 공유 플랫폼인 카투고로, 이 플랫폼은 고객들이 스마트폰을 이용해 근처에 있는 자동차를 찾도록 해준다. 리프트 역시 고객들이 근처에 있는 운전자를 찾아 이동을 공유하는 앱으로, 수요과 공급을 맞추기 위해 양쪽 사용자들의 위치를 조합한다.

이러한 플랫폼들은 미개발 자산의 가치를 발굴하는 중개 역할을 한다. 이러한 솔루션들은 B2C 시장에만 국한되지 않는다. 사내 자원 사용을 최적화하는 데 사용될 수도 있고, 기업 간 물류 방식으로 과잉 생산 제품을 교환하는 데 사용될 수도 있다.

원격 상호 작용을 통한 사용자 경험의 단순화와 향상

기업들이 자기 제품이 사용되고 회수되는 방식에 관여하는 것을 어렵게 만드는 전통적인 주요 장벽 중 하나는 높은 관리 유지 비용이다. 제품이 하나의 사용자에서 다른 사용자로 이동할 때마다 공급자 측의 누군가가 물리적으로 그 제품을 찾고 상태를 확인한 뒤 접근을 허용하는 등의 일을 해야 한다면, 이로 인한 비용이 서비스의 매력을 떨어뜨릴 것이다. 하지만 사물통신이나 빅데이터 분석과 같은 디지털 기술과 결합된 모바일 앱은 원격 제어와 예방 정비, 모바일 결제, 자동화된 모니터링 등을 가능하게 함으로써 이러한 문제를 해결한다.

미국 통신 회사인 버라이즌Verizon은 2014년 9월에 모바일 공유 서비스를 공개했다. 이 서비스는 차량을 위해 론칭됐지만, 궁극적으로 원예 기구에서 상업용 보관소, 보트, 컴퓨터에 이르기까지 모든 것에 대해 모바일로 접근할 수 있도록 설계되었다.[3]

기술과 소프트웨어가 향상되면서 모바일 기술을 통해 언제든지 모든 사람들이 거의 모든 것에 접근해 사용할 수 있게 되었다. 기업들은 시장에 있는 다량의 제품들을 원격으로 모니터할 수 있고, 고장 시간과 정전을 최소화하는 시스템을 계획해 필요할 때만 수리와 정비에 투자할 수 있다.

모바일 기술의 지속적인 발전과 함께 하나의 기기에 많은 기능들이 집중되고 있다. 애플의 아이폰이 첫 선을 보인지 불과 10년도 안 되어 전 세계적으로 스마트폰은 보편화되었다. 스마트폰은 이미 달력, 카메라, 결제 시스템, 티켓, 열쇠, 건강 확인 등 다양한 기능을 수행하는 일체형 기기가 되었다. 보다 많은 '물품'들이 계속해서 디지털 영역으로 이동함에 따라 소비자들은 그들이 찾는 것에 접근하고 기업은 사람들이 원하는 것을 순환시키기 위해 훨씬 더 모바일 기기에 의존하게 될 것이다.

사물통신(M2M) 기술

기계들끼리 커뮤니케이션할 수 있다는 사실은 새롭지 않다. 사실 사물통신(M2M) 기술은 공장 제어 시스템과 자동차 텔레매틱스에 오랫동안 사용되어왔다. 그러나 무선 네트워크 영역이 세계로 확장되고, 새로운 고속/고용량 모바일 네트워크가 모든 것이 연결될 수 있는 충분한 대역폭을 제공함에 따라 드디어 M2M이 대세로 사용될 수 있는 임계점에 도달했다. 여러 연구를 종합해보면, 모바일 기술을 통해 2015년에는 3억 개가 넘는 기기들이 연결되고, M2M을 위한 무선 접속의 연간 증가율은 25%에서 30%로 뛸 것이라고 예견되고 있다.[4]

이렇듯 기술 혁신과 새로운 어플리케이션은 M2M 커뮤니케이션을 위한 점점 더 강력한 기능을 제공하고 있으며, 커뮤니케이션 서비스와 하드웨어의 비용 효율성도 개선되면서 무선 M2M 기술 가격도 합리적인 선을 찾아가고 있다.

M2M 기술은 순환 모델에서 전통적으로 장벽이 되어왔던 고비용 현장 서비스 없이도 자산을 관리할 수 있도록 해주기에 공유 플랫폼이나 PaaS 모델에 특히 더 적합하다. 이는 산업 장비 제조업체인 SKF가 자산의 수명 기간 동안 유지와 모니터, 수리, 최적화를 위해 고객들에게 다양한 서비스를 제공하기 시작했을 시점에 깨달은 것이다. SKF의 기업 지속가능성 포트폴리오 관리자인 매그너스 로젠 Magnus Rosen 은 이렇게 말했다. "유지 관리가 필요한 시점을 예측해 자산 수명을 연장할 수 있도록

해주는 시스템의 상태를 이해할 수 있다는 점은 중요합니다. 특히 센서와 소프트웨어는 자산의 상태를 감지하도록 도와주는 데 있어 더욱 중요합니다."[5]

M2M 기술을 통해 제품에서 취한 데이터를 제조업체의 관리 시스템으로 보낸다. 이는 제조업체들이 그들의 제품을 원격으로 관리함으로써 (PaaS 모델에 있어 핵심 요소) 성능 기반 자산의 제공과 관련된 위험을 감소시킬 수 있도록 해준다. M2M이 이러한 방식으로 사용될 때 기업들에게 상당한 혜택을 제공한다. 즉, 전반적인 서비스와 유지 비용[6]을 30%까지[7] 낮추어 주고, 신규 비즈니스 기회를 창출하며, 주변에서 연주되는 음악에 반응하는 조명처럼 기존 서비스에 대한 사용자 경험을 향상시킨다.

액센츄어와 GE가 공동 수행한 2014년 연구 결과에 따르면, 효율성과 생산성을 개선시키기 위해 M2M이 빅데이터 분석과 결합되어 설비, 제품, 공장, 공급망 등을 연결하는 데 사용된다는 사실이 밝혀졌다. 8개 산업군에 걸쳐 조사된 기업의 80~90%는 이런 기술 조합이 기업의 최고 또는 상위 3개 우선 사항 중 하나라고 밝혔다.[8] GE 회장인 제프 이멜트 Jeff Immelt 에 따르면, 이러한 개선을 통해 향후 20년간 세계 GDP는 10조 달러에서 15조 달러만큼 상승할 것이라고 한다.[9]

조만간 모든 사물이 서로 연결되는 세상이 도래할 것이다. 이 또한 멋지지 않는가!

클라우드 컴퓨팅

물리적인 어떤 것을 디지털적인 대안으로 바꾸는 프로세스인 비물질화는 모든 산업을 멸종 위기 리스트에 올렸다. 여행사, 음반 가게, 신문을 생각해보라. 그런데 클라우드 컴퓨팅은 모바일 기술, 소셜 네트워크와 함께 비물질화의 핵심이다. 클라우드 컴퓨팅은 기업들로 하여금 인터넷을 갖춘 다양한 기기들에 웹 기반 콘텐츠와 어플리케이션을 공급하고 소셜 네트워크를 통해 고객들의 참여를 유도할 수 있도록 해준다.

기업이 클라우드를 통해 고객들에게 데이터를 전송함으로써 소비자들은 언제 어디서나 쇼핑하고 서비스를 이용할 수 있게 되었다. 소비자들은 집에서 쇼핑함으로써 시간과 비용을 절약할 수 있다는 사실에 끌린다. 실제로 쇼핑하러 외출하지 않아도 되니 시간을 절약하고, 스트레스를 줄일 수 있으며, 통상 겪게 되는 운전의 피로나 주차 비용을 신경쓰지 않아도 된다.[10] 또한 기업이 직접 매장과 콘텐츠를 관리함으로써 사용자들이 따로 수고하지 않아도 콘텐츠와 기능이 업데이트될 수 있다.

클라우드 서비스는 일반적으로 전통적인 IT보다 선행 투자 비용이나 운영 비용이 적게 든다.[11] 온라인 판매 채널은 오프라인 매장과 비교할 때 초기 투자 자본 비용이 낮고 관리나 임대 비용도 낮다. 게다가 비물질화된 자산은 물리적인 재고를 갖출 필요가 없으며, 디지털 제품 형태로 공유될 수 있다. 음악, 영화와 같은 디지털 제품들은 대응관계에 있는 물리적 제품들인 CD나 DVD와 비교할 때 자원도 적게 소비된다.[12] 실제

디지털 음악으로 인한 탄소 배출은 CD를 생산할 때 수반되는 탄소 배출보다 약 40~80% 적다.[13]

클라우드 컴퓨팅의 가장 큰 이점은 고객들이 원할 때마다 맞춤 제품을 공급하는 것이 보다 용이하다는 점이다. 소비자들은 CD를 사는 대신 특정 곡이나 곡목 리스트만 구매할 수 있다.

스포티파이는 클라우드 기반의 스트리밍 서비스 형태로 비물질화된 음악을 제공한다. 스포트파이 사용자들은 더 이상 물리적인 CD를 살 필요가 없다. 다양한 기기로 서비스에 접근할 수 있기 때문에 전용 하드웨어가 필요하지도 않다. 이러한 변화는 물리적인 제품의 생산과 운송을 줄여 자원 절약으로 이어졌다.[14]

실제로 자원 사용에 비물질화가 미친 영향은 상당하다. 유럽의 한 출판사는 32쪽 분량의 뉴스레터를 7만 부 인쇄 발행하던 것을 온라인 포맷으로 전환하면 134톤의 종이와 370만 리터의 물, 269배럴의 오일, 전기 55만 1천4십 킬로와트시, 1만 4천 킬로그램의 산업 폐기물을 줄일 수 있다는 사실을 발견했다.[15]

소셜 네트워크

소셜 미디어는 사람들이 친구들이나 가족을 찾고 이들과 연락하는 방법으로 출발했지만, 이제는 훨씬 더 다양하게 진화했다. 소셜 네트워크는 공유의 핵심이다. 기업들은 페이스북과 같은 기존 소셜 네트워크를 활용함으로써 공유 플랫폼 구축 비용을 크게 줄일 수 있다. 또한 제품 서비스를 향상시키는 데 도움을 줄 소비자 피드백을 보다 쉽고 빠르게 해줄 수 있다.[16] 게다가 비용이나 지연 문제가 생길 수 있는 직원을 거치는 대신 거래와 물류를 스스로 해결할 수 있도록 도와줄 수 있다. 특히 중고 제품 온라인 시장, 즉 이베이나 크레이그리스트는 이런 기능이 없다면 운영될 수 없을 것이다.

소셜 네트워크는 소비자 간의 신뢰를 구축하는 데도 필수적이다. 소셜 네트워크를 통해 사람들은 서로 정보를 나누고, 제품과 서비스에 대한 후기를 교환하며, 추천하고, 추가적인 정보에도 접근할 수 있다. 사실 소셜이라는 측면은 공유 플랫폼 전반에 신뢰를 촉진시키기 위한 전제 조건이다. 공유 스타트업 기업의 73%가 소셜 특성을 가지고 있고, 53%는 페이스북에 연결되어 있다는 연구도 있다.[17]

스페어투셰어 Spare to Share 는 기술과 순환적 사고를 비즈니스 모델의 핵심에 두는 스타트업 기업이다. 이 회사는 모바일 플랫폼을 통해 건물 내의 사설 소셜 네트워크를 구축한다. 이 네트워크는 사용자들이 이웃이나 건물 관리자와 기술이나 상품을 공유할 수 있도록 해준다. 스페어투셰어에 따르면 참여한 세입자들은 거주 의사가 35% 더 높아졌고, 전체 세입자의 45%도 건물 내에서 보다 많은 참여를 바라고 있다고 한다.[18]

기업들은 제품의 가치 제안을 강화하는 데 도움이 되는 아이디어를 제안하고 플랫폼을 개발하기 위해 사용자 커뮤니티에 의존할 수도 있다. 기업들은 소셜 미디어를 통해 잠재 고객들에게 쉽게 접근해 정보를 공유할 수 있게 되었다. 이를 통해 사용자들의 특성과 행동에 따라 특정 그룹을 겨냥한 마케팅 활동을 효과적으로 펼칠 수 있다. 그중에서도 특히 중요한 점은, 소셜 네트워크가 사용자들이 다른 사람의 후기를 볼 수 있음은 물론이고, 판매자의 제품과 서비스에 대한 후기를 공개적으로 작성할 수 있는 환경을 조성해줌으로써 고객 실망과 불쾌한 고객 경험이라는 위험을 감소시킨다는 점이다.

7장에서 소개한 릴레이라이드는 비즈니스를 구축하기 위해 소셜 미디어를 광범위하게 활용했다. 릴레이라이드는 단기간 차를 필요로 하는 사람들과 빌려줄 차를 가진 소유주들을 연결시켜주는 온라인 시장이다. 차주와 차량, 사용자들은 최대 백만 달러까지 차량의 물리적 손상에 대해 보호를 받는다. 사용자들은 페이스북 계정을 이용해 등록하기 때문에 릴레이라이드는 그 사용자의 기존 네트워크를 활용할 수 있게 된다. 신뢰와 안전을 강화하기 위해 사용자들이 사용 경험에 대해 상호 후기를 작성할 수 있게 함으로써 커뮤니티의 기대에 미치지 못하는 사람들을 공개적으로 '호명'할 수 있다.

빅데이터 분석

순환경제에서 기업들은 제품 판매 대신 사용을 통해 수익을 창출할 수 있다. 따라서 성장은 제품 사용 행태를 얼마나 잘 이해하고 이를 충족시킬 수 있느냐에 달려있을 것이다. 이는 기업이 완전히 새로운 방식으로 데이터를 모니터하고 분석해야 함을 의미한다. 특히 복잡한 빅데이터 분석은 순환 공급망, 공유 플랫폼,

PaaS 비즈니스 모델에 있어 중요하다.

빅데이터 분석은 제조업체에게 사용 패턴이나 사용자 요구 등에 대한 통찰력을 제공해줌으로써 자산 관리와 고객 제안을 최적화하는 데 도움을 준다. 기업은 제품이 어떻게 사용되는지에 따라 제품과 수익 모델을 맞출 수 있다. 예를 들어, 성능 기반의 PaaS 모델에서는 전통적인 제조 판매 방식보다 수익 측면에서 더욱 매력적인 것으로 만드는 연관 부가 서비스를 물리적인 제품과 묶어 판매할 수 있다.

과거 데이터에 근거해 사용자 행동을 예측하는 능력은 자금이나 인력, 천연자원의 불필요한 사용을 없애주면서 보다 효율적인 유지 관리를 가능하게 한다. 또한 사용자 행동을 분석함으로써 속임수 활동을 잘 감지하고 특정 위험의 감소 조치를 취할 최적의 타이밍을 정할 수 있다. 예를 들어 트래픽이 많은 기간에는 자산에 변화주는 것을 피하는 식으로 말이다.

빅데이터 분석은 디지털 루멘스Digital Lumens의 서비스 상품인 '지능형 조명 시스템intelligent lighting systems'의 결정적인 요소다. 보스턴의 조명 솔루션 기업인 디지털 루멘스의 서비스는 최대 90%까지 고객의 조명 에너지 사용을 절감시킬 수 있는 통합 시스템에 LED와 네트워킹, 소프트웨어 등이 연계되어 있다.[19] 디지털 루멘스는 사용자 행동과 요구를 분석함으로써 필요할 때만 전구를 사용하는 방식으로 제품 수명은 연장시키면서도 최적의 서비스를 제공할 수 있다. 물론 일반 분석으로도 대부분의 빌딩에는 충분할 수 있지만, 공항처럼 여러 유형의 사용자들이 있는 곳은 복잡하고 방대한 양의 데이터를 발생시키므로 빅데이터 분석이 무척 중요하다.

이처럼 제조업체와 고객 간의 관계에 새 지평을 열어주는 빅데이터 분석은 사물통신과 결합해 설비 운영을 개선하고 최적화하는 데에도 사용될 수 있다. 하이테크 영농 기업인 에어로팜AeroFarms 은 토양과 농약 없이 실내에서 재배하기 위해 빅데이터 분석을 활용한다. 이를 통해 물 사용을 90%까지 줄이고, 일반 온실에 비해 생산량을 30배까지 늘리며, 영양소도 골고루 살포할 수 있다. 즉, 식물들은 토양이 아니라 스프레이로 영양소와 물을 뿌린 천 위에 재배된다. 그리고 LED 조명을 통해 광합성하고, 최적의 재배 환경을 보장하기 위해 소프트웨어로 식물의 상태를 추적한다. 그 결과 식물들은 필요할 때, 필요한 것을, 필요한 양만큼 공급받는다.

순환경제 분야의 선구자이자 저자들과도 가까운 친구인 에어로팜 공동 설립자 데이비드 로젠버그는 한 토론에서 이렇게 말했다. "이 시스템을 통해 우리는 공급망 전체에 걸쳐 제품을 추적할 수 있습니다. 전체 투입/산출 사이클을 통제할 수 있으며, 최대한 정밀한 수준으로 향상시키기 위해 노력하고 있습니다."[20,21,22]

소프트웨어 분석 및 자동화와 결합된 이러한 형태의 하드웨어 정보 수집은 자원의 낭비적 사용을 막고 여러 산업에 걸쳐 적용된다. 빅데이터 분석으로 자산 유지 및 최적화 비용이 내려감에 따라 PaaS와 같은 순환 비즈니스 모델들의 매력도도 확실히 올라간다.

마지막으로 오픈 데이터open data 협력은 산업이나 도시 내에서 혁신을 주도하는 데 유용하다. 자원의 상태나 사용 패턴, 행방 등에 대한 정확한 정보는 전체 시스템의 효율성을 최적화하는 데 결정적으로 중요하다. 오픈 데이터의 대표적인 사례로는 '코펜하겐 커넥팅Copenhagen Connecting'을 들 수 있다.

코펜하겐 커넥팅은 물, 공기, 소음, 날씨, 폐기물, 에너지, 이동, 배출, 주차장 사용 정도, 교통, 자산 위치 등 다양한 도시 요소들에 대한 광범위한 데이터를 공유하기 위한 코펜하겐 시의 프로그램이다. 이 모든 데이터는 코펜하겐 시의 바람대로 자원 사용을 최적화하는 새로운 방법이 포함된 그린 이노베이션 green innovation 물결의 기초가 되었다.[23]

엔지니어링 기술

디지털 기술은 상대적으로 최근에 생겨났지만, 엔지니어링 기술은 지난 수십 년간 존재해왔다. 엔지니어링 기술 중에서도 순환 비즈니스 모델을 효과적으로 전개하는 데 있어 특히 핵심인 기술로는 세 가지를 들 수 있다. 첨단 재활용 기술, 모듈 디자인 기술, 생명 과학과 재료 과학 기술이 그것이다. 이 기술들은 재생 자원으로부터 신제품을 만들거나, 재활용과 재제조를 위한 제품과 물질의 수거, 회수, 처리 등을 위한 비용 효율적인 솔루션을 제공한다.

엔지니어링 기술이란

모듈 디자인 기술은 개인이 제품을 제조할 수 있도록 해주는 기술로, 분리와 부착이 가능한 표준 부품이 주로 사용된다. 이 방식은 부품을 교체하고, 수리, 개조, 재활용하는 것을 보다 쉽게 해주고, 경제적으로도 실행 가능하도록 한다. 모듈 디자인 기술은 PaaS, 제품 수명 연장, 회수/재활용 모델에서 중요한 역할을 한다.

첨단 재활용 기술은 전자 기기처럼 복잡한 제품으로부터 물질을 회수, 재활용하도록 만들어주는 기술을 의미한다. 또한 이는 여러 화학 물질들처럼 과거에는 재활용하기 어려웠던 물질을 재활용할 수 있도록 하는 기술도 의미한다. 첨단 재활용 기술은 회수/재활용 모델과 순환 공급 비즈니스 모델에 특히 중요하다.

생명 과학과 재료 과학 기술은 분자나 원자 단위의 물질 성분과 구조에 초점을 두고, 생명의 화학적 특징에 관심을 둔다. 이렇게 미세 수준으로 구조를 변형함으로써 물질 특성을 바꾸거나, 원하는 성질을 만들 수 있는 완전히 새로운 기회들이 창출될 수 있다. 전통적인 제품을 대체할 고품질 순환 대체재의 탄생을 가능하게 하는 생명 과학과 재료 과학 기술은 순환 공급 비즈니스 모델과 회수/재활용 모델에 매우 중요하다.

모듈
디자인 기술

모듈 디자인 기술은 제품이 기능하는 방식뿐만 아니라, 그러한 제품과 고객들 간 관계의 기간과 본질을 근본적으로 변화시키고 있다. 모듈 방식으로 설계된 제품이 고장 나

면 결함이 있는 부품만 교체하거나 수리하므로, 보다 오래 수명이 지속될 수 있다. 또한 완전히 새로운 물리적 기기이지 않더라도 모듈 디자인은 기능과 역량을 지속적으로 업그레이드함으로써 소비자의 기대에 보조를 맞출 수 있게 해준다. 게다가 물리적인 부가물을 통해 새로운 차원과 기능을 부가함으로써 의도적인 진부화에서 끊임없는 재생으로 방향 전환하는 것을 돕기도 한다.[24]

모듈 디자인 기술은 기업들이 신시장을 개척할 수 있도록 돕기도 한다. 즉, 저가 시장을 공략하기 위해 별도의 생산 라인을 구축하는 등의 고비용 투자 방안을 마련하지 않고도, 재제조 제품이나 수리 제품들을 통해 저가 시장에 진입할 수 있는 길을 열어주기 때문이다. 물론 쉬운 분해와 조립을 통해 보다 쉽게 제품을 제어할 수 있도록 해줌으로써 고장의 위험도 줄여준다.

제록스Xerox는 재제조용 디자인을 모든 제품에 적용하고 있다. 모듈 디자인이 적용된 제품은 부품 하나가 고장 나면 그 부품만 수리하거나 교체할 수 있으므로 실질적으로 제품 수명이 연장되는 효과를 얻을 수 있다. 또한 제록스는 중고 부품으로 제품을 생산하기도 한다. 중고 부품을 사용한 제품은 무게로 볼 때 부품의 60%가 중고 부품을 사용한 것이라고 한다.[25] 물론 고객들은 저렴한 가격으로 제품을 살 수 있고, 제록스는 신규 부품을 만들기 위한 원물질이 감소해 매년 수백만 달러의 비용을 절약할 수 있기에, 명백히 양쪽에게 모두 좋은 상황이다.

첨단
재활용 기술

재활용이라는 개념은 전혀 새로운 것이 아님에도, 많은 혁신들이 재활용 분야에서 일어나고 있다. 순환경제와 자원 효율성 관련 전문기관인 WARP에서 특별 고문을 맡고 있는 제라드 피셔 Gerrard Fisher 는 이렇게 말했다. "재활용을 훨씬 더 효율적으로 만들기 위해 개발된 다양한 재활용 기술들이 점점 더 순환 비즈니스 모델을 지향하는 기업들에게 기반이 되고 있습니다."[26]

첨단 재활용 기술은 제품의 다양한 부품과 물질을 식별, 분류하는 센서의 사용으로 종종 특징지어진다. 이 기능은 보다 많은 물질들을 효율적으로 파악, 분리, 재활용하는 것을 경제적으로 가능하게 만들고 있다. 도시 광산이나 사용 후 플라스틱, 직물 등에서 보듯이 말이다.

텍사스에 소재한 샤패럴 스틸 Chaparral Steel Company 은 고철을 기술적으로 재활용하는, 가장 진보된 제강 공장을 운영하고 있다. 전기로 Electric Arc 제강에 있어 가장 최신 기술을 보유하고 있는 샤패럴은 환경 목표를 달성하기 위한 혁신적인 프로젝트들을 론칭했다. 이 프로젝트들 중 하나는 STAR Systems and Technology for Advanced Recycling 프로젝트로, 자원 소비를 감소시키고 부산물의 가치를 향상시키기 위해 계획되었다.[27] 이 프로젝트는 6백만 불 이상의 새로운 매출을 창출시켰으며, 연간 290만 달러를 절약할 수 있게 해주었다.[28]

8장에서 논의한 카펫 제조사인 데소의 경우도 마찬가지다. 첨단 재활용 기술은 데소가 카펫 뒷판으로부터 실과 기타 섬유들을 분리시켜 재활용이 가능한 2개의 주요 원물질로 만드는 혁신 기술인 리피너티를 개발하는 데 중요한 역할을 했다. 여기서 재생 원물질은 추가 정제 단계를 거친 후 제조업체로 보내져 새로운 실을 생산하는 데 사용된다.[29]

기술 부문에서 첨단 재활용 기술은 어떤 기업에게는 비즈니스의 중추가 되기도 한다. 영국의 데이터서브그룹 Dataserv Group 은 소비자나 기업으로부터 수거된 전자 폐기물은 물론이고 ATM, 프린터, 복사기, 컴퓨터 등처럼 수명 종료 제품들을 처리하는 재활용 시설 네트워크를 운영하는 기술에 의존한다. 판매 가능 장비는 청소하거나 손을 보아 재판매용으로 보관하고, 구제할 수 없는 장비는 재활용을 위해 친환경 원칙에 부합하는 물질로 폐기, 분해하는 데이터서브 단지로 보내진다. 데이터서브의 기술 인프라에는 일련 번호나 부품 번호로 제품을 제어, 보고하는 자산 추적 시스템과 물류 및 폐기물 흐름을 관리하는 웹 기반의 제어/보고 시스템, 최종 사용자가 자기 제품이나 폐기물의 회수를 개시되게 해주는 온라인 솔루션 등이 포함된다.[30]

생명 과학과
재료 과학 기술

생명 과학과 재료 과학은 투입 대체품을 대규모로 양산화하는 데 중요한 역할을 한다. 이 분야에서의 지속적인 혁신은 새로운 순환 물질 옵션의 탄생으로 이어질 것이다. 또한 이는 산출물을 변형시켜 투입물로 사용될 수 있도록 할 수 있다. 그 대표적인 사례로 탄소를 재생 메탄올Renewable Methanol, RM 로 변환하는 것을 들 수 있다. 이렇듯 물질을 수거, 가공, 재사용하는 새로운 기회를 제공함으로써 산출물들이 여러 다른 산업에서 투입물로 사용될 수 있도록 해 더욱 상호 연결된 시장을 만들 가능성이 높다.

우리는 기업들이 보다 산업적 공생 관계를 구축한다면, 순환경제가 더욱 빨리 현실화될 것이라고 생각한다. 산업 간 사업cross-industry business 은 켈틱 리뉴어블즈Celtic Renewables 가 오늘날 하는 방식과 같은 연계 루프 구축을 통해 정보와 재료를 공유함으로써 밀접하게 협업하는 방식으로 진행된다.

스코틀랜드의 스타트업 기업인 켈틱 리뉴어블즈는 바이오 산업에서 나온 부산물을 이용해 차세대 바이오 연료와 다른 고부가가치 제품들을 생산한다. 켈틱은 4조 규모의 스코틀랜드 몰트 위스키 산업을 차세대 바이오 연료인 바이오부탄올을 개발하기 위한 출처로 보았다. 이제는 사라진 발효 기법을 재활용해 위스키 제조에서 나오는 2개의 주요 부산물인 '증류 찌꺼기(증류기에 남아 있는 구리 함유 액체)'와 '지게미(모주를 짜고 남은 보리 낟알)'를 혼합해 고부가가치의 재생 제품을 생산하게 될지 모른다.[31]

일부 시멘트 제조업체들도 다른 산업의 폐기물, 즉 제강 업체들의 슬래그를 이용해 시멘트를 생산함으로써 신규 물질에 대한 의존도를 줄이고 있다. 철을 생산할 때 생기는 부산물인 용융 슬래그는 건조하고 고운 입자로 만들어져 콘크리트를 배합할 때 시멘트의 일부를 대체하는 용도로 사용된다. 그 결과로 만들어진 콘크리트는 강도나 내구성, 균일성 측면에서 더욱 뛰어나다. 이렇듯 슬래그를 활용함으로써 신규 물질의 사

용을 완전히 없애고, 이산화탄소 배출은 98%까지 감소시켰으며, 에너지 비용은 86%까지 절감했다.[32]

생명 과학과 재료 과학 기술에 있어 또 다른 발전은 '자기 회복' 기능을 가진 재료를 만들어 제품이 더욱 오랫동안 사용될 수 있다는 데 있다. 공상과학 소설 같은 이야기로 들릴지 모르지만, 실제로 가능하다. 연구자들은 이미 균열을 메우고 퇴화를 방지하는 '면역 시스템'을 장착한 새로운 자기 회복 콘크리트를 개발하고 있다. 생명체처럼 스스로 회복하는 이 콘트리트에는 실제로 균열이 발생하면 어떤 문제가 생기기 전에 균열을 자가 밀봉하는 석회석 생산 박테리아가 함유되어 있다. 그럼으로써 자기 회복 콘크리트는 제품의 수명을 연장하고, 구조물의 총 수명 기간에 발생하는 비용을 50%까지 감소시킬 수 있다.[33] 자기 회복이 채택된 또 다른 제품은 타이어로, 타이어 펑크는 곧 옛날 말이 될지도 모른다.[34]

하이브리드 기술

하이브리드 기술은 독특한 방식으로 자산과 물질 흐름을 통제하며, 디지털 기술과 엔지니어링 기술의 장점들을 제공한다. 즉, 기업이 물질과 제품을 물리적으로 관리, 수거, 처리, 재가공하는 방법을 지원하면서, 물질과 제품의 이력과 위치, 상태, 적용 등을 디지털적으로 식별한다. 우리가 연구를 통해 발견한 가장 유망한 하이브리드 기술은 바로 추적/회수 시스템과 3D 프린팅이다.

하이브리드 기술이란

추적/회수 시스템은 제품을 추적해 최종 사용자에서 제조업체나 제3의 업체로 이전될 수 있도록 해주는 디지털 시스템이다. 이 시스템은 주로 제품을 가려내 분석하고, 고객들과 상호 작용을 하며, 지불 시스템과 연계된다. 그 결과 중고 제품들을 비용 효율적으로 수거하는 데 매우 중요한 역할을 한다. 우리의 연구에 따르면 회수/재활용, 제품 수명 연장, 공유 플랫폼 모델이 추적/회수 시스템을 활용하는 가장 보편적인 비즈니스 모델임이 밝혀졌다.

3D 프린팅이란 폴리머와 같은 고분자 원료들을 층층이 쌓아 천천히 물리적인 모델을 만드는 프로세스를 말한다. 3D 프린팅은 캐드 CAD 나 다른 3D 이미지 데이터 파일 포맷을 필요로 하며, 가동부를 이용해 이미지를 고형 물품으로 형상화한다. 즉, 3D 프린팅은 정밀 모델링 기술과 반자동 프린팅, 다양한 종류의 재료를 사용해 최종 결과물을 맞춤형으로 만들어낸다. 아직 완전히 성숙한 단계는 아니지만, 3D 프린팅은 순환 공급과 제품 수명 연장 모델에 적용되는 범위가 점점 더 확대되고 있다.

추적/회수 시스템

추적/회수 시스템은 다양한 방법으로 순환 비즈니스 모델을 지원한다. 예컨대 이 시스템은 효율적이고도 효과적인 물질 분류 기계처럼 중고 제품을 점검, 수리, 재생, 재사용, 개조, 재활용하기 위해 수거하는 활동을 더욱 비용 효율적으로 만든다. 또한 원격으로 제품을 평가함으로써 역물류 규모의 확대를 용이하게 만든다. 강력한 보안 기능을 가진 시스템은 컴퓨터 하드 드라이브처럼 민감한 정보를 담고 있는 제품도 재사용할 수 있도록 해준다. 게다가 소유자가 e-폐기물 규제를 준수하는지 여부를 확실히 파악하기 위해 자산의 위치를 찾고, 기록하며, 제어할 수 있게도 해준다.

이처럼 현대식 추적/회수 시스템을 활용하면, 중고 제품을 수거해 재탄생 시설로 다시 보낼 수 있다. 이것이 새로운 유형의 폐기물 관리 기업인 g2 레볼루션g2 revolution 이 하는 일이다. 이 기업은 미국 내 조직들을 지원하기 위해 리사이클로지스틱스Recyclogistics 라 불리는 5가지의 비용 효율적이고도 편리한 물류 솔루션을 고안했다. 또한 g2 레볼루션은 에코*트랙eco*trak* 보고 시스템을 통해 지역별, 고객별, 물질 유형별, 무게별로 재활용되고 있는 모든 물질들을 추적해 데이터를 수집할 수 있다.[35] 이러한 접근은 결실을 가져다 주었다.

2014년 g2 레볼루션은 560억 달러의 매출을 올렸다고 발표했는데, 이는 앞서 3년간 거둔 것보다 238% 성장한 수치였다.[36] 이와 유사하게 3M도 RFID, GPS, 무선 주파수, 전자기, 센서 감지, 무선 통신, 모바일 기기

등을 통해 자산을 추적, 관리할 수 있는 추적/회수 솔루션을 다양하게 구축하고 있다.[37]

3D 프린팅 기술

최근 몇 년간 대대적으로 광고된 기술 중 하나인 3D 프린팅이 점점 제조업 세계의 주요 참여자로 발전해가고 있다는 주장에는 이견의 여지가 없다. 3D 프린팅이 순환 비즈니스 모델의 주요 추진체 중 하나가 된 데는 몇 가지 이유가 있다. 그중 하나는, 기하학적 구조를 가진 부품을 정확하게 프린팅할 수 있게 됨으로써 수리가 용이해졌다는 점이다. 또한 순환 투입재, 즉 생분해성 물질이나 무한 재활용 물질을 확보할 기회를 창출하기도 한다. 예를 들어 메이커봇MakerBot 은 3D 프린터에 PLA라는 생분해 플라스틱을 사용하는데, 이는 나중에 다시 투입재로 재사용될 수 있다.[38]

이 기술은 내구성이 뛰어난 제품의 생산법 개발에도 유용한데, GE가 그 예를 보여주고 있다. GE는 20개의 각기 다른 부품으로 만든 기존 노즐보다 25%는 더 가볍고 5배 더 내구성이 강한 3D 프린팅 제트 엔진 연료 노즐을 생산하고 있다.[39] 3D 프린터는 물질을 정량만 사용하기 때문에 자원 절약도 상당히 된다.

순환경제에 3D 프린팅이 기여한 점 한 가지는 지역에서의 제품 생산을 보다 쉽게 만들었다는 점이다. 지역 가치사슬에서 3D 프린팅은 제품 설계나 개발, 출시 시점 등을 더욱 신속하게 운용할 수 있게 해준다. 운송이나 디자인/개발 비용도 감소시킨다. 일례로 주문 제작 플라스틱 사출 성형기를 제조하는 한 기업은 제조 비용을 만 달러에서 6백 달러로, 제조 시간은 4주에서 24시간으로 감축시켰다.[40] 또한 3D 프린팅은 재고 대량 확보나 거대 창고 없이도 맞춤 주문 제품의 대량 생산이 가능하도록 한다.[41] 게다가 보다 자원 효율적인 디자인, 심지어 과거에는 생산할 수 없었던 디자인도 이용할 수 있다. 지역에서 자원을 재사용할 수 있기 때문에 변덕스러운 국제 시장 가격으로부터 어느 정도 기업을 보호한다는 점도 빼놓을 수 없다.

3D 허브를 통해 3D 프린터 소유주들은 다른 소비자를 위한 생산자가 될 수도 있다. 3D 프린터를 가진 사람들이 가지지 않은 사람들과 공유함으로써 3D 프린터의 가동률을 높일 뿐만 아니라 회원끼리 3D 프린팅 경험을 공유하고 새로운 이용법을 개발할 온라인 커뮤니티도 개발할 수 있다.

새로운 기술을 넘어 새로운 역량으로

신기술은 순환경제를 향한 기업들의 진전을 가속화시키고 있다. 최근까지도 이 기술들은 앞서 살펴본 비즈니스 모델들을 지원하기 위해 존재했던 것은 아니었다. 아니, 영향을 줄 수 있을 정도로 충분하지는 않았다.

하지만 지속적인 기술 발전으로 이제 디지털 기술과 엔지니어링 기술, 하이브리드 기술의 융합은 새로운 순환 비즈니스의 물결을 만들고 있다.

그러나 이 모든 발전에도 불구하고 기술만으로는 순환 비즈니스 모델을 선택한 기업들에게 성공을 안겨주지 못한다. 새로운 업무 방식을 개발하고 제도화하는 데 있어 필수적인 신규 조직 역량들이 신기술과 조화를 이루어야만 순환경제를 현실화시킬 수 있기 때문이다.

Circular Economy

Chapter 11

가치를 창출하는 5가지 순환 역량

Circular Economy

순환 비즈니스 모델을 실행하는 데 기술도 중요하긴 하지만, 사실 순환경제의 성공은 전적으로 새로운 방식을 지원하는 역량에 달려 있다. 이런 역량들 없이 순환 비즈니스 모델을 채택하려는 기업들은 혜택을 얻기는커녕, 추가 비용만 양산하는 위험에 직면할 것이다.

실제로 적절한 역량을 갖추고 있지 않다면, 중고 제품을 회수하고 재가공하는 데 불필요하게 높은 비용을 치러야 할지 모른다. 내외부의 네트워크가 한 방향으로 움직이지 못하면, 출시 지연 상황을 맞을 수도 있다. 우리 경험상 가장 흔한 실수 중 하나는 순환 제품을 설계하며 수명 종료 관리 기능이나 파트너십을 고려하지 않는 것이다. 이는 디자인의 향상을 달성하고도 이익을 거두지 못하는 결과로 이어진다. 두 번째 실수는 이러한 역량과 기술이 지속적인 고객 참여에 실질적인 가치를 부가할 수 있을지 확인하지 않은 채 시장에 출시하는 것으로, 이는 고객 참여의 지연, 만족도나 지불 의사의 저하로 이어진다.

또 다른 위험은 고객들의 대안 확보로 매출이 감소할 수 있다는 점이다. 내구성이 더욱 좋아진 제품을 제공하면, 고객들의 신제품 구매는 줄어들 수밖에 없다. 그런데 연관 서비스를 제공하지 않는다면 이는 매출의 감소로 이어진다. 제품에 대한 접근권을 제공하는 것 역시 고객들이 더 이상 제품을 소유하지 않아도 된다는 의미이므로, 구매 감소에 대응하는 부수 서비스를 제공하지 않는다면 매출 감소로 이어질 수밖에 없다.

결국 순환 비즈니스 모델로의 이동은 기업의 운영 방식에 커다란 변화를 요구하기 때문에 조직 전반에 걸쳐 상당한 잔물결 효과를 유발한다. 특히 5개의 영역이 영향을 받는 것으로 파악되었는데, 이는 기업들이 주요 위험은 회피하면서 순환 모델로 성공적으로 전환하기 위해 통상적으로 요구되는 새로운 역량들을 의미한다. 그 첫 번째가 전략 영역으로, 복잡하고 협력적인 순환 네트워크 관리 역량이다.

전략.
복잡하고 협력적인 순환 네트워크 관리

순환경제 원칙들이 진전되기 위해서는 조직의 최상위 전략 레벨에까지 침투해야만 한다. 제품과 물질 처리량에 의존하는 선형경제에서는 명백하면서도 협소하게 정의된 핵심 역량에 집중할 때 수익성이 가장 좋다.[1] 그러나 순환경제 기업들은 처리량을 극대화하는 대신 재생 제품과 물질의 순환을 목표로 나아간다.

회수망에서 물질을 구하고, 중고 제품 시장에서 활동을 강화하며, 가치 사슬을 따라 발생하는 폐기물로부터 가치를 창출하고, 사용 중인 제품과의 관계에 깊게 개입하는 등의 활동들은 순환 모델로 나아가기 위해 취해야 할 전략적 변화들 중 일부에 불과하다. 즉, 자신들의 기존 핵심 역량을 뛰어넘어 사고할 수 있어야 하고, 전체 제품 라이프사이클에 걸쳐 운영되는 파트너 생태계를 구축할 수 있어야 한다.

《블루 이코노미》의 저자인 군터 파울리는 기업이 자신의 핵심 비즈니스를 초월하는 시각을 확보할 필요가 있음을 강조했다. 폐기물을 활용할 줄 아는 새로운 방법을 찾는 시각 말이다. 우리와 만난 파울리는 커피를 만드는 글로벌 소비재 기업의 한 경영진과 만난 이야기를 공유했다.

파울리: 당신 회사에서 나오는 커피 폐기물이 연간 얼마나 됩니까?

경영진: 350만 톤 정도 됩니다.

파울리: 그 커피 폐기물은 어떻게 처리하나요? 버섯 재배에 활용하면 어떨까요?

경영진: 우리는 버섯 재배업을 하지 않습니다. 하지만 해결책을 가지고 있습니다. 태우는 거죠.

그러면서 파울리는 다음과 같이 언급했다.

에너지 비용을 감축하는 것은 폐기물을 줄이는 것과는 아무 관계가 없습니다. 그보다는 폐기물에서 새로운 가치를 창출하기 위한 기회를 탐색하는 것이 우리가 해야 할 일입니다. 전 세계의 농부들과 기업가들은 건강한 식품을 생산하는 데 커피 폐기물이 유익하게 사용될 수 있음을 증명하고 있습니다. 그러나 핵심 비즈니스에만 집중하는 오늘날의 기업들은 이러한 기회들을 무시하고 있습니다.[3]

새로운 전략이 필요한 이유

기업이 순환 원칙을 통해 온전한 수익을 거두기 위해 새로운 전략을 수행해야 할 이유는 많다. 운영 비용 감축이 그 이유들 중 하나지만, 새로운 수익원 창출, 제한된 신규 자원과 물리적 제품 판매에 덜 의존하는 균형 잡힌 매출 포트폴리오, 고객과의 더욱 친밀한 관계 등도 중요하다. 신규 판매 시점에는 강력한 지위를 바탕으로 시장 점유율을 높게 가져가지만, 초기 거래 이후 거의 존재를 느낄 수 없게 되는 거대 기업들을 생각해보라. 비용 경쟁력이 있는 신규 재활용 물질을 찾기 위해 수명 종료 시점 관리를 강화하는 것은 좋지만 초기 판매와 제품 폐기 사이의 시기도 중요하지 않을까? 실질적인 고객 가치가 창출되는 지점은 어디라고 생각하는가?

결국 순환 비즈니스 모델을 도입하는 것은 제품 디자인에서 회수망, 그 사이의 모든 단계들, 즉 전체 가치사슬에 대한 변화를 요구한다. 필요한 모든 활동을 수행하는 것은 일반적으로 일개 기업의 역량을 넘어서는 일이며, 복잡성과 비용 역시 증가한다. 그러므로 핵심 활동을 양보하거나 시장 지위를 약화시키는 위험을 무릅쓰지 않는 한, 혁신적인 수익 모델과 고객 참여, 역물류 등에 맞춰 다른 기업들과 협업하는 편이 좋다.

순환 전략은 보다 강력하면서도 관리하기에 더욱 복잡한 혁신 역량을 필요로 한다. 장벽이나 비효율성, 기회들은 종종 제품 개발이나 연구 단계에 숨겨져 있지만, 소매나 물류, 애프터서비스 등의 단계에서도 발견된다. 네트워크에 속한 기업들은 뜻밖의 사건에 영향을 덜 받기는 하지만, 이들 역시 긴밀히 협력하면서 보다 개방적으로 성공 사례를 공유할 필요가 있다. 중요 데이터는 물론이고 전문 기술에 대한 접근권은 확실히 확보하면서, 가치사슬의 모든 중요한 단계에 대한 통제력을 보유하기 위해 자신들이 속한 네트워크 내에서 혁신을 꾀하는 게 좋다.

변화를 주도하는 주요 활동과 기술

변화 전략을 추진하기 전에 다음과 같은 2단계의 평가를 수행할 필요가 있다.

1단계 순환경제가 비즈니스 생태계에 미칠 영향 파악

1. **자원의 한정**

    발생할 수 있는 물리적, 환경적, 기타 제약과 연관지어 현재 자원 사용을 평가하라. 어디에서 어떻게 수익 기반이 확대되고 있으며, 변덕스러운 상품 가격과 규제 변화, 고객 선호 변화, 대체재의 등장, 공급 부족 등에 얼마나 노출되어 있는가? 기업과 제품 믹스, 가치사슬의 어느 부분이 가장 취약한가?

2. **고객 가치 제안**

    소비를 한정 자원 사용과 분리시키는 순환적인 접근이 얼마나 현저하게 고객 가치를 향상시키고 변형시키는지 예측하기 위해, 해당 산업의 제품, 서비스, 비즈니스 모델 혁신 지도를 그려보라. 이는 파트너 네트워크가 순환 우위를 캐기 위한 지도인 셈이다. 고객 가치 제안에 있어 파괴적인 변화 사례로는 엔터테인먼트 제품을 구매하지 않고 스트리밍하는 비물질화, 하드웨어를 부품별로 업그레이드할 수 있는 모듈화, 화석 연료 기반의 전력망 대신 태양광을 리스하는 분산된 순환 에너지, 카풀 등의 서비스 모델을 들 수 있다.

3. **기술 혁신**

    고객 가치를 자원 사용과 분리하는 데 있어 가장 중요한 기술들을 파악하라. 새로운 공유 플랫폼을 가능하게 해주는 모바일 기술이나 소셜 네트워크처럼 순환 비즈니스 모델을 도입하기 위해 어떤 기술들을 활용하고 조합할 수 있는가? 이러한 핵심 기술들을 안전하게 지키기 위해 파트너 구성은 어떻게 되어야 하는가?

2단계 다음의 4가지 폐기물 유형 감소로 인한 혜택 탐구

1. **버려진 자원**

    오늘날 어떤 종류의 재생이 불가능하거나 재활용이 어려운 에너지들이 이용되고 있는가? 이러한 자원을 대체할 가장 좋은 기회는 어디에 있는가? 기업은 이러한 대안을 사내 역량으로 만들어야 하는가, 아니면 공급을 확보하기 위해 다른 기업들과 파트너십을 맺어야 하는가? 기업은 이러한 재생 자원을 다른 기업에 공급하여 돈을 벌 수 있는가?

2. **버려진 라이프사이클**

    잠재적인 제품 라이프사이클과 실질적인 제품 라이프사이클의 차이는 무엇인가? 고장 나거나 구형이 되지 않고 오랫동안 고객에게 가치를 창출하려면 제품은 어떻게 재설계되어야 하는가? 신규 서비스와 수익 모델이 신제품에 대한 수요를 꺾는 대신 기존 제품 사용량을 현금화함으로써 연장된 라이프사이클을 상업적으로 현실성 있게 만들 수 있는가?

3. **버려진 역량**

    현재 제품 이용률은 어느 정도이며, 시장과 고객 세그먼트별로 얼마나 다른가? 유휴 기능을 활용해 사용량을 현금화할 수 있는 가장 큰 기회가 있는 곳은 어디인가?

4. **버려진 내재가치**

    제품은 어떻게 버려지는가? 재활용되는가, 소각되는가, 매립지로 보내지는가? 생산에 재투입될 수 있는 물질은 무엇이며, 어떻게 회수되고 있는가? 파트너들과의 개방 루프에 참여해야 하는가, 아니면 내부의 폐쇄 반복형 루프를 선택해야 하는가?

단계별 변화 전략의 추진

이러한 초기 평가는 순환경제를 움직이는 근원적인 추진 요인들이 비즈니스에 어떤 영향을 미칠 것인지 예상하고 이해하는 데 도움을 줄 것이다. 또한 특정 순환 원칙들을 적용하는 것이 이러한 요인들을 다루는 데 어떤 도움을 줄 수 있는지 이해하게 될 것이다. 물론 순환 제품이나 서비스들이 제공하는 비즈니스 기회를 식별해 실행 계획의 우선 순위를 매길 수도 있다.

폐기물 전문가나 고객 참여 전문가, 제품 설계 전문가 등 신규 전략을 지원해줄 파트너들이 필요한지 여부를 결정하는 데 이러한 평가 결과가 도움이 될 것이다. 순환 네트워크의 훌륭한 사례로, 아웃도어 웨어 업체인 팀버랜드와 타이어 업체인 옴니 유나이티드Omni United 간의 파트너십을 들 수 있다. 이들은 공동으로 순환경제 기회들을 평가하고, 폐기물의 원천을 식별하고자 협력해왔다. 그 결과, 옴니 유나이티드는 수명 막바지에 이르면 신발 밑창으로 재탄생될 수 있도록 만들어진 타이어를 개발했다. 이 타이어들은 신발로의 재탄생을 가능하게 하는 고무 배합을 적용함으로써 재래식 매립이나 폐기물의 에너지화 방식보다 훨씬 더 높은 가치로 탈바꿈했다.

타이어 소매업체들도 순환 네트워크의 한 축으로 기여하고 있다. 이들은 재활용 네트워크는 물론, 타이어 전용 회수 흐름에도 참여하기 때문이다. 무엇보다도 가장 중요한 점은 이것이 틈새 시장에 국한된 게 아니라는 점이다. 실제로 이는 북미 승용차 시장의 약 75%에 해당하는 90여 가지 타이어 제품군에 적용되었다.[4]

그렇다고 내부 협력과 순환 네트워크의 중요성이 과소 평가되어서는 안 된다. 순환 모델의 채택은 일반적으로 외부 관점에서는 가치사슬에 보다 광범위하게 개입해야 함을 의미하지만, 내부적으로 보면 함께 일한 적이 없는 일련의 조직들이나 사람들을 참여시킴을 의미한다. 예를 들어 제품 개발, 공급망, 소매, 물류 등은 하나 이상의 제품 라인과 부문들이 연관된 프로그램에서 중요한 역할들을 할 것이다.

우리의 경험으로 보면, 사내에서 소유, 권한, 예산 등에 대해 전략적으로 조정하고 합의하는 일은 결코 쉽지 않다. 그러나 이것이 주는 혜택은 엄청나다. 순환 모델의 진전은 물론이고, 다른 유형의 혁신과 경쟁력도 강화될 수 있기 때문이다. 이는 통상 새로운 내부 네트워크가 가져다 주는 부가 효과인 셈이다.

물론 이런 전략적 변화를 시도하려면 새로운 스킬들도 필요하다. 모든 순환경제 모델에서는 기업이 어떤 활동을 사내에서 자체 해결하고, 어떤 부분을 외주로 해결해야 하는지 결정할 스킬이 필요하다. 또한 광범위한 외부 파트너들을 관리하는 법도 배울 필요가 있다. 우리의 연구에 따르면, 파트너십 협상과 프로젝트 관리, 표준, 데이터 공유, 고객지향 활동 조정 등에서 이전과 다른 새로운 스킬이 특히 중요한 것으로 나타났다.

사례 분석.
르노

프랑스 자동차 업체인 르노야말로 순환경제로의 전략적인 변화를 감행하고 새 전략에 부합하는 네트워크를 성공적으로 구축한 모범 사례다. 참고로 이 네트워크는 순환 원칙을 지원하는 3개의 상호 보완적인 기업들로 구성되어 있다. 르노와 자동차 재활용 업체인 인드라INDRA, 글로벌 폐기물 관리 및 재활용 업체인 수에즈 인바이론먼트가 바로 그들이다.[5]

르노의 장-필리프 에르민Jean-Philippe Hermine[6]은 자동차가 다음 두 가지 이유로 순환경제에 딱 맞는 산업이라고 주장했다. 첫째, 투자 비용이 높다는 점, 둘째 물질 가격이 꾸준히 상승하고 있는데다 매우 불안정하기까지 하다는 점이다. 르노의 전략 환경 기획 부문 부사장이자 르노 인바이론먼트Renault Environment의 CEO인 에르민은 르노와 르노의 자회사 모두 직접 물질을 구매하는 것만큼이나 회수망을 통한 거래를 추진하고 있다고 말했다.

순환경제를 추구하기 위해 르노가 취한 변화를 상기하면서 에르민은 '주요한 진전은 특히 금속과 플라스틱을 가공하는 데 새로운 역량과 경쟁력 수단을 구축한 것이었다'고 말했다. 르노는 또한 수리용으로 재사용/재제조 부품 제공 서비스도 신규로 시작했다. 여기서 인드라와 수에즈 인바이론먼트와의 조인트 벤처가 주요한 역할을 한다. 세 기업이 기술과 자원을 공동으로 출자함으로써 수명 종료 자동차와 폐기물을 더욱 효과적으로 가공할 수 있게 되었다.

이들은 무게 기준으로 수명 종료 자동차의 95%를 회수한다는 야심찬 목표를 세웠다. 이를 위해 ICARRE 95°(Innovative Car Recycling 95%의 약자로, LIFE와 EU가 출범시킨 프로젝트)의 일환으로 몇 가지 공동 계획을 추진하고 있다. 여기에는 현재 프로세스에서 제품과 원물질의 재사용을 증가시키고, 수명 종료 자동차의 물질을 재활용하는 신규 프로세스를 개발하며, 자동차 산업의 모든 참여자들과 활발하게 협력하는 것 등이 포함된다.

이러한 노력은 이미 결실을 맺고 있다. 회수망에서의 금속 거래는 원물질 위험에 대한 효과적인 대비책이 되고 있으며, 고도로 '순환적으로 통합되도록' 함으로써 세계에서 가장 순환적으로 통합된 자동차 회사가 되게 만들었다. 참고로 르노의 가장 큰 순환경제 프로그램인 재제조는 1

억 3천만 유로 규모의 수익을 창출하는 그럴싸한 비즈니스로 성장했다.[7]

마지막으로 에르민은 장기적으로 르노의 이런 노력이 세계적으로 유사한 파트너십의 탄생을 유도해 결과적으로 친환경 활동의 개발에 박차를 가하게 될 것이라고 기대했다.

혁신/제품 개발,
다수의 라이프사이클/사용자용 디자인

선형경제에서의 전통적인 제품 디자인은 이중적인 도전에 직면해 있다. 즉, 목표 시장을 공략하기 위해 초기 투자비용은 낮게 유지하면서도 신제품에 대한 소비자의 기호를 만족시켜야 하는 과제가 놓여 있다. 이런 도전에 대처하기 위해 기업이 취하는 혁신과 제품 개발 접근법은 대개 신제품 출시로 시장을 장악하는 데 초점을 맞춘다. 하지만 이는 운영 비용보다는 생산 비용을 더욱 강조한 접근법이다. 하지만 순환 원칙을 채택한다면 복잡하면서도 '보다 장기적인' 관점을 수용하기 위해 초점을 변화시킬 필요가 있다. 즉, 고객 유치와 수익 실현뿐만 아니라, 제품이 한 사람 이상의 사용자와 하나 이상의 라이프사이클을 염두에 두고 디자인됨으로써 가치는 보존되고 폐기물과 같은 짐을 만들지 않아야 한다.

새로운 혁신/제품 개발 역량이 필요한 이유

본질적으로 순환적인 접근은 이중 구조다. 즉, 가능한 오랫동안 제품을 생산적으로 이용할 수 있도록 함과 동시에 항상 잠재 가치를 극대화시켜야 한다. 생산에 필요한 자원이 점점 더 고갈되고 있는 세계에서 이것이 얼마나 타당한 말인지 이해하기 쉬울 것이다. 기업은 제품을 보다 오래 사용할 수 있게 하면서도 제품의 유용성도 증가시켜 주기 위해 지속적인 업그레이드와 예비 부품, 서비스, 회수 서비스 등을 제공해야 한다. 이를 통해 기존 고객층으로부터 '최대한 뽑아내야' 한다. 중장비 분야의 세계적인 선두 기업인 알파라발Alfa Laval은 판매 후 시장 기회가 신규 판매 기회보다 최대 7배까지 높은 점을 깨달았다.[8] 즉 장비 판매로 1달러를 번다면, 버려진 역량과 버려진 라이프사이클을 감소시켜 7달러를 벌 수 있다. 이는 수명 종료 시점의 부품 물질 재활용과 함께 파괴적인 신규 비즈니스 모델로 이어질 것이다. 역으로 자원 공급 업체들 입장으로 보면, 이는 비용 효율적인 재생산을 고려하지 않고 단 한 번 사용할 예정이었던 에너지와 물질 공급 대신에 재생 공급품을 판매해야 함을 의미한다.

결국 이 모두는 새로운 방법으로 가치를 정의하고 측정, 추적해 포착할 수 있는 역량을 요구한다. 제품 개발, 조달, 판매, 애프터마켓 간의 확장된 협력은 반드시 필요하다. 그러려면 바람직한 내부 행동을 유도하기 위해 경영 방식을 재점검해야 할지도 모른다. 이는 결코 쉬운 일이 아니다. 예를 들어 제품을 판매하던 조직을 라이프스타일 솔루션과 서비스를 판매하는 조직으로 쉽게 변형시킬 수 있을까? 과거 비용 부문으로만 여겨졌던 서비스 부서나 신규 판매 지원 부서라면 더욱 어려울 것이다.

제품을 하나의 수명에서 다음 수명으로 이전시키거나 고객들 간 이동시키는 비용도 우려할 요소이긴 하다. 그러므로 다수의 라이프사이클과 사용자들을 위한 제품을 의도적으로 디자인함으로써 이전 비용이나 이동 비용을 낮추려고 하는 것은 당연하다. 물론 이는 혁신과 신규 비즈니스 모델로 이어질 것이다. 일례로 부품을 교체하는 것이 쉽고 저렴하다면 보다 많은 부품 업그레이드 서비스가 개발될 것이다.

게다가 제품을 추적, 정비, 업그레이드, 재제조, 재활용함으로써 고객 행동과 선호에 대한 유용한 데이터를 확보할 수 있다. 이런 데이터에서 얻은 통찰력을 제품 개발과 혁신에 사용할 기회를 갖게 되므로, 진술된 선호도가 아닌 드러난 선호도에 기반해 신제품을 개발할 수 있다.

변화를 주도하는 주요 활동과 기술

영국 왕립예술학회, RSA Royal Society for the encouragement of Arts, Manufactures, and Commerce[9]는 순환적 디자인을 위한 네 가지 모델을 다음과 같이 분류했다.[10]

1. **오래 지속되는 디자인**은 제품 수명을 오래 유지하기 위한 디자인으로, 사용자 업그레이드와 수리를 통해 연장된다.
2. **리스나 서비스를 위한 디자인**은 서비스 비즈니스 모델에 맞게 제품을 디자인하는 것으로, 제품 수명과 내구성을 늘리기 위해 보

다 높은 디자인 사양과 물질을 요구한다.
3. **제조에 재사용하기 위한 디자인**은 재사용을 위해 회수할 수 있고, 재제조를 위해 개조될 수 있도록 제품이나 부품을 개발하는 디자인을 말한다.
4. **물질 회수를 위한 디자인**은 물질 흐름에 제품이 신속히 흘러 들어와 재활용 원물질로 다시 나가는 것을 보장하는 새로운 시스템을 통해 물질을 다시 회수할 수 있는 디자인을 말한다.

이 네 가지 모델이 혼합되면 기업은 순환경제의 수요와 공급 양 측면 모두를 확실히 고려할 수 있다. 즉, 이 모델들은 기업들이 회수와 재생산을 위해 자원 사용과 제품 디자인을 최적화하고, 높은 활용률과 긴 수명을 위해 제품을 최적화하도록 해준다. 환경 발자국과 유독성, 재생 가능성을 고려한 최적의 재료 배합에 대한 분석(예, 재활용 플라스틱, 바이오폴리머, 재래식 플라스틱, 기타 대안들 간의 차이 분석)이 그렇듯, 총 라이프사이클 수익이 핵심적인 측면이다.

혁신 및 제품 개발에 대한 라이프사이클적 접근은 일반적으로 다음의 흐름을 따른다.

1. 위의 네 가지 순환 모델 각각을 고려한 신규 콘셉트 개발
2. 영향이 적은 물질의 선택과 재생/재활용 가능한 물질 사용의 증가
3. 무게와 부피(포장 포함)를 줄임으로써 전체적인 물질 사용 감축 및 수송과 보관에 필요한 에너지의 감축
4. 순환 생산 기술을 채택한 한 방직 회사가 생산 라인에서 배출되

는 물을 공장으로 들어오는 물보다 더 깨끗하게 만든 것[11]처럼 폐기물 제로와 순환 생산을 실현하기 위한 노력을 통해 에너지와 폐기물 모두와 관련된 제조 기술의 최적화

5. 운영 비용을 줄이고, 재사용이 가능하도록 사용자 단계에서 자원 수요의 감소
6. 신규 사용자에게 보내거나 생산에 재투입하기 위한 폐기 제품의 수송 비용 축소를 보증하는 수명 종료 후 관리와 물류의 통합

사례 분석.
머드진스

네덜란드 데님 의류 브랜드인 머드진스는 제품 디자인에 혁신적인 원칙을 적용함으로써 순환적인 관점으로 어떻게 제품을 개발할 수 있는지 보여준다. 독특한 점은 소비자들이 구매하지 않고 대여한다는 것이다. 이는 여러 라이프사이클을 거칠 수 있게 제품을 튼튼하게 만들어야 함을 의미한다.

디자인에 있어 핵심적인 고려 사항들 중 하나는 재활용 물질의 사용이다. 머드진스는 환경 문제와 신규 면직물 생산 관련 비용 문제로 재활용 면직물의 사용으로 방향을 전환했다. 머드진스는 현재 면직물의 약 30%를 재활용된 것으로 사용하고 있는데 향후에는 이를 50%까지 끌어올릴 계획을 가지고 있다. 물론 그러려면 재활용 면직물을 사용할 수 있도록 제품을 디자인해야 했다. 사실 재활용 면직물은 신규 면직물보다 결이 불규칙해서 상당한 도전 과제로 다가왔다.

또한 머드진스는 제품의 유효 수명을 연장하기 위해 대여 기간 동안 무료 수선 서비스를 제공한다. 그러므로 수선 요구를 최소화하고 비용도 낮추기 위해선 마모를 방지할 수 있도록 제품을 디자인해야 했다. 재사용 가능성도 걱정거리였다. 머드진스는 고객들이 제품을 반환하는 즉시 보증금을 환불한다. 그러므로 경제적인 효과를 거두기 위해서는 수선/재생, 재판매를 통해서나 신규 재료를 대체하는 재활용 대체재로의 재사용 등을 통해 최대한 재사용이 가능해야만 했다.[12]

일반적으로 의류의 수명은 3년이 안 된다. 디자인과 용도 조정을 통해 이 수명을 3분의 1 정도 연장시킬 수만 있다면, 의류의 공급과 세탁, 폐기에 있어 물질 사용을 20% 감축시킬 수 있다.[13]

2008년에 설립된 머드진스는 친환경적이면서도 공정 거래 물질로만 만든 의류를 판매하는 패션 기업으로 시작했다. 그러나 유기농 면직물의 구매는 시장에 나와 있는 것이 상대적으로 적어 여간 어려운 일이 아니었다. 이로 인해 머드진스는 어느 정도 통제를 유지하면서 제품의 수명 종료 시점에 새로운 제품을 만들 수 있는 유기농 면직물을 확실히 회수해 올 수 있도록 대여 개념을 도입하게 되었다. 즉, 패션 산업을 판매에서 서비스 공급자로 바꾸기 위해 폐쇄 반복형 물질 루프를 구축하고 크래들 투 크래들 데님 제품을 만들고자 했다.

또한 머드진스는 유기농 면직물과 공정 거래는 특정 고객들에게 호소력이 있음을 깨달았다. 구매 가격 대비 대여비에 끌린 사람들이 그들이다. 동일한 청바지를 소매가로 사려면 130유로를 지불해야 했지만, 대여 청바지는 12개월 계약서에 서명한 뒤 온라인으로 주문하면 20유로의 보증금에 매월 6유로의 월정액만 지불하면 되었다. 대여 기간 종료 후엔 청바지를 반환하고 10유로에 다른 것으로 바꾸거나 4개월을 다시 연장할 수 있는데, 그 후에는 그 청바지를 영구 소유할 수 있게 되었다.[14]

2014년 7월 현재 머드진스의 청바지를 이용하는 고객들은 1천5백여 명에 이르렀다. 머드진스의 목표는 백만 명의 대여자를 확보하는 것이다. 이 목표에 이르기 위해서는 대여가 되지 않던 제품 카테고리에 존재하는 개념적인 장벽을 극복해야 한다. 머드진스의 최고 경영자인 버트 반 손Bert van Son에 따르면 머드진스의 목표는 사람들이 다음과 같이 말하는 것이라고 한다. "나는 머드진스를 입지만 소유하는 것은 아냐. 멋지지?" 그는 고객이 청바지를 대여할 때 그 고객 역시 어느 정도 기업가가 되는 것이라고 생각한다. "이는 새로운 개념입니다. 소비자들은 그들의 마인드를 바꿔 전통적인 사고에서 벗어나 행동해야 합니다."[15] 패션 산업에서 앞선 기업 중 하나인 머드진스는 상당한 미디어의 주목을 받았는데, 이는 대여 청바지 개념을 강화하고 머드진스라는 브랜드 명성을 구축하는데 큰 도움을 주었다.

구매/생산.
순환 공급재

모든 순환 비즈니스 모델은 온전히 재사용할 수 있고, 생분해되며, 재활용이 가능한 고품질의 순수 무독성 물질의 지속적인 공급을 필요로 한다. 2020년까지 재생/재활용

이 가능한 플라스틱을 100% 사용하겠다고 선언한 이케아[16]와 같은 기업은 예측 가능한 품질을 가진 '순환 공급재'를 충분히 대량으로 구매할 수 있어야만 한다. 이는 물질 구매와 생산에 있어 몇 가지 중요한 역량 변화를 요구한다.

군터 파울리는 물품 조달이야말로 순환경제로 전환하는 데 있어 핵심 요소라고 강조했다. 기업들은 무한 순환에 최적화된 제품의 구매를 목표로 해야 한다. 종이 생산 물질로 채굴 과정에서 나온 폐기물을 사용하는 것은 비용을 낮추고 환경을 보호할 뿐만 아니라 섬유질 기반 종이에 비해 훨씬 더 재활용이 가능한 제품을 탄생시킨다.

생산 측면에서 보면, 제조 과정은 물질 가치와 품질을 꾸준히 보존하면서 광범위한 유형의 투입재들에 맞출 수 있어야만 한다. 시멘트를 생산하는 데 제강 과정에서 나온 슬래그 폐기물을 사용하는 것처럼, 부산물을 제품 생산에 어떻게 사용할지 아이디어를 개발할 수 있어야 한다.

물질 구매와 생산에 있어 성공적인 역할이라 함은, 사용 물질 중 상당량을 폐기물 흐름이나 지속가능한 방식으로 조달한 재생 가능 물질처럼 제한되지 않은 자원 기반에서 확보하는 것을 의미한다. 이는 상품 가격의 위험에 대한 대비책을 마련하고 다양한 여러 물질들에 접근할 수 있게 한다. 그러려면 새로운 자원 흐름을 인식하고 활용할 수 있는 역량을 보유해야 한다. 특히 폐기물 흐름을 업그레이드하거나 업사이클할 수 있는 역량이 중요하다. 이는 저가의 폐기물을 고가의 제품 생산에 재투입함으로써 수익을 얻을 수 있는 영역이기도 하다. 실제로 우리는 물질 가치를 10배 이상으로 상승시킨 여러 사례들을 직접 목도했다.

새로운 구매/생산 역량이 필요한 이유

순환적인 자원 흐름을 파악해 활용할 수 있다는 것은 다음의 이유들로 매우 중요하다.

- 신규 자원에 대한 수요의 감소는 자원 희소성과 불안정한 글로벌 상품 가격에 대한 위험을 감소시켜준다. 신규나 회수망을 통해 들어온 물질 등 여러 유형의 자원을 사용할 수 있는 유연성 역시 공급 위험을 감소시킨다.
- 온전히 재생 가능하고, 생분해 되며, 재활용될 수 있는 무독성의 순환(여러 번 재생 가능한) 물질을 사용함으로써 시장에서 스스로 차별화를 꾀할 수 있다.
- 선형 자원을 폐기물이나 재생 가능 자원으로부터 생산된 순환 공급재로 대체함으로써 비용을 낮출 수 있다.
- 이전에는 폐기물이나 부산물로 여겨졌던 것들을 가치 있는 제품을 창조하기 위해 재사용함으로써 새로운 수익원이 창출될 수 있다.

변화를 주도하는 주요 활동과 기술

순환 비즈니스 모델을 채택하려는 기업들은 현재 사용하는 물질의 환경 발자국과 잠재적인 대체재의 환경 발자국을 평가할 수 있어야 한다. 공급망의 상류에서는 공급자 현황을 고려하고, 재활용 업체를 포함한 대체재 공급자들을 평가할 수 있어야 한다. 하류에서는 폐기물을 감소시키거나 부가가치 창출로 이어질 재사용 기회를 포착하기 위해 현재의 폐기물 흐름을 분석할 수 있어야 한다. 그러려면 폐기물과 부산물들을 지속적으로 추적할 수 있는 모니터링 시스템을 구축해야 한다.

직원들 역시 폐기물을 감소시키기 위해 새로운 마음가짐으로 그들의 스킬을 업그레이드시킬 줄 알아야 한다. 즉, 산출물은 아무 가치가 없는 폐기물로 여겨질 것이 아니라 생산적으로 사용될 수 있는 것으로 여겨야 한다. 유럽 에너지 회사인 바텐폴 Vattenfall 을 한번 생각해보자. 바텐폴은 덴마크 소각 단지에서 나오는 플라이 애시 fly ash 잔여물을 건축 물질을 제조할 때 쓰는 투입재로 사용하는 방법을 발견했다. 폐기물에 대한 이런 혁신적인 사고는 약 3천3백만 달러에 이르던 연간 폐기물 처리 비용을 연간 4백만 달러의 수익원으로 만들어 주었다.[17]

이와 함께 물질 구매와 생산 전문가들도 다른 부서의 담당자들이나 다른 기업들과도 광범위하게 협력함으로써 신규나 회수망을 통해 들어온 다양한 물질들을 사용할 수 있는 혁신적인 방법을 찾아야 한다.

사례 분석. 스타벅스, 슈퍼밸류, 킴벌리 클라크

스타벅스는 구매 조달에 대한 혁신적인 접근이 어떻게 큰 이익을 안겨주는지 보여준다. 스타벅스는 일본 기업인 메니콘 Menicon 과 협력해 커피 찌꺼기를 가지고 무엇을 할 것인지 해답을 개발했다. 즉, 퇴비로 사용하는 대신 이 찌꺼기를 '커피콩 케이크bean cake'로 바꾼 것이다. 이 커피콩 케이크를 발효시켜 소 먹이로 만들었고, 이를 먹은 소는 품질이 보다 향상된 우유를 생산할 수 있게 되었다. 이 순환은 일본에 있는 일부 스타벅스 매장이 우유를 그 농장에서 구매해옴으로써 완성된다.[18]

미국 식료품 체인인 슈퍼밸류SUPERVALU도 창의적인 사고를 통해 자원 흐름을 새롭게 활용함으로써 수익을 창출했다. 슈퍼밸류는 전사적으로 폐기물 제로라는 목표를 세운 뒤, 폐기물 제로 프로그램Zero Waste Program을 추진했다. 그 결과 2011년 매립 쓰레기를 전년도에 비해 2만 8천톤 이상 감소시켰고, 쓰레기 비용 역시 340만 달러 줄였으며, 재활용 수입으로 3천6백만 달러 이상을 거두었다.[19]

남미의 킴벌리클라크 프로페셔널Kimberly-Clark Professional은 '폐기물과 완제품 교환' 프로그램을 시작했다. 이는 다른 기업에서 생산한 중고 재활용 섬유를 킴벌리클라크의 완제품과 교환하는 프로그램이었다. 폐기물을 방지하고 중고 물질의 가치를 극대화하겠다는 킴벌리클라크의 야심찬 목표로 시작된 이 프로그램은 제품 생산과 재활용을 위해 필요한 섬유를 보다 안정적으로 공급받을 수 있는 방법을 제공했다. 그 결과 연간 360톤이 넘는 중고 섬유를 27개 참여사들로부터 수거할 수 있게 되었다. 참고로 현재 이 프로그램은 중앙 아메리카, 카리브해 지역과 안데스 지역의 국가들에서도 시행되고 있다.[20]

판매/제품 사용,
지속적인 고객 참여

 지금까지 우리는 순환 비즈니스 모델을 채택하는 데 필요한 내부 역량에 초점을 맞추어왔다. 그런데 외부적으로도 매우 중요한 역량이 있다. 가장 큰 변화는 지속적인 고객 참여라는 개념을 수용해야 한다는 점이다. 즉, 일회성으로 제품 판매에 집중하는 대신에 서비스를 제공하고, 사용자들이 수명 주기 내내 제품의 유용성을 극대화하는 것을 도우며, 지속적으로 고객들을 참여시켜야 한다. 그러기 위해선 신뢰 구축, 제품 사용 보장, 제품 수명 종료시 반환이나 처분을 장려하는 것 등의 역량을 필수적으로 갖추어야 한다.

또한 애프터서비스도 라이프사이클을 관리하는 데 있어 중요한 역할을 해야 한다. 즉, 지속적으로 자산을 파악하고, 제품 기능을 최적화하며, 회수하고, 제품 사용 중 영향을 보고할 수 있는 역량을 갖추어야 한다.

새로운 판매/제품 사용 역량이 필요한 이유

지속적인 고객 참여는 여러 측면에서 기업에게 혜택을 준다. 첫째, 고객 니즈와 실질적인 기호를 좀 더 깊게 이해할 수 있도록 해준다. 즉, 수명 연장 제품과 서비스를 통해 새로운 수익을 창출하는 데 통찰력을 줄 수 있다. 둘째, 브랜드 이미지를 제고하고 시장 점유율을 높일 수 있도록 돕기도 한다. 예를 들어 소유보다 사용 서비스를 가치있게 여기는 새로운 고객들을 끌어들임으로써 이를 실현할 수 있다. 셋째, 고객을 가까이 함으로써 수명 종료 제품을 반환하도록 부추길 수 있다. 이를 통해 수명 종료 제품을 충분히 확보해 유용한 부품이나 중요한 물질을 재확보할 수 있다. 이렇게 재활용 부품을 사용함으로써 생산 비용을 감소시킬 수 있으며, 최적화된 예비 부품 관리를 통해 서비스 비용도 줄일 수 있다.

변화를 주도하는 주요 활동과 기술

고객과의 원활한 관계는 기업의 성공과 성장에 있어 필수적이다. 순환 모델로의 전환은 이 관계에 부정적으로 영향을 미치지 않고 오히려 강화한다는 점에서 대단히 중요하다. 이는 기업이 다음의 5가지 고객 중심 활동 영역에서 뛰어난 활약을 보여 주어야 함을 의미한다.

1. **요구 조건 이해하기**

    고객의 '실질적인' 욕구와 니즈, 사용에 초점을 맞출 줄 알아야 한다. 그러려면 제품 사용 중이나 수명 종료 후 회수할 때의 장벽과 기회를 파악하기 위해 시장 조사, 고객 피드백, 소셜 미디어, 시장 데이터 등을 필히 활용해야 한다.

2. **사용 단계를 위한 혁신**

제품 수명 연장 모델과 회수/재활용 모델에서 특히 중요한 것은 시장에 내놓을 새로운 제품이나 서비스의 개발과 판매에 관련된 활동들이다. 여기에는 제품 사용에 가치를 부가하는 새로운 제품이나 서비스를 구상하는 것도 포함된다. 그러기 위해 적절한 지배구조, KPI, 회사 소유권 등을 명료하게 정한 뒤 뜻을 같이 하는 동맹이나 비즈니스 파트너들을 선정할 필요가 있다. 고객 가치 제안을 명료하게 만드는 것, 이를 제대로 커뮤니케이션하는 것, 사용 단계의 제품이나 서비스를 수익화하는 방안을 찾는 것 등은 모두 필수적인 구성 요소다.

3. **연결과 데이터 접속의 강화**

    고객 커뮤니티와 고객과의 협력은 제품의 전체 라이프사이클에 걸쳐 고객과 긴밀한 관계를 유지하는 데 있어 필수적이다. 이는 제품이나 서비스 개발을 추진하기 위해 사용될 데이터와 사용자 행동 피드백을 수집할 수 있도록 도와준다.

4. **예비 부품 관리의 최적화**

    신규 또는 개조된 예비 부품 중 어떤 것을 제공할 것인지, 결함 진단과 현장 서비스 비용을 어떻게 감축시킬 것인지 등을 결정하기 위해 새로운 제품과 서비스를 중심으로 예비 부품 관리 전략을 실행해야 한다.

5. **채널 파트너들의 효과적인 관리**

    효과적인 애프터서비스를 제공하고, 파트너들을 새로운 비즈니스 모델과 회수망에 참여시키기 위해 채널 파트너들(소매업체, 딜러, 유통 업체 등)과 협력할 필요가 있다. 여기에는 예컨대 유통 센터로의 회수 물류나 공동 사용 서비스를 통한 사용자 간 제품 이동 등과 같이 고객이 이를 수행하도록 독려하는 방법을 찾는 것도 포함된다. 이는 이베이가 채널 파트너들에게 거래 관리와 고객 배송에 대한 책임을 지우는 것과 같은 방식이라 할 수 있다.

판매, 마케팅, 서비스 담당자들의 스킬도 이러한 새로운 활동들에 맞추어 진화해야만 한다. 예를 들어 판매나 마케팅 담당자들은 단발성 판매에서 지속적인 참여로 전환하기 위해 고객과의 신뢰를 보다 튼튼하게 구축할 수 있어야 한다. 또한 고객과 제품에 접근하는 방법을 개발하기 위해 채널 파트너들과 협력할 수 있어야 한다. 마찬가지로, 자산 라이프 사이클 관리라는 개념도 이해할 수 있어야 하는데, 이 개념은 일반적으로 고객 행동과 상황에 대해 보다 많이 이해하고 더욱 깊게 관여할 것을 요구한다. 최적의 참여 유도 전략과 서비스 개발을 지원하기 위해 사용 단계 데이터를 분석할 수 있는 IT 활용 능력 역시 보유해야 한다.

사례 분석.
SKF

산업 장비 제조업체인 SKF 그룹은 자산 효율성과 제품 수명 연장에 집중하기 위해 순환 원칙을 채택함에 따라 자신의 비즈니스를 제품 중심에서 고객 중심으로 변형시켰다. 백 년이 넘는 역사를 가진 SKF는 고객들에게 베어링, 씰, 윤활 시스템, 선형 모션, 구동 장치, 메커트로닉스 솔루션을 제공하고 있다. SKF는 획득한 산업 자산에 대한 이해를 바탕으로 고객 자산을 작동 기간 내내 유지, 모니터링, 수리, 최적화하는 진보된 서비스와 기술을 개발했다.

그 결과 SKF는 단순한 부품 공급 업체 이상의 기업이 될 수 있었다. 현재 4만 6천 명의 직원을 두고 있는 SKF는 실질적으로 고객이 기계 소유에 따른 총비용을 최소화하면서도 생산성을 극대화시킬 수 있도록 지원한다. 또한 고객의 서비스 사용에서 얻은 지식을 차세대 장비를 설계하는 데 활용하는 등 제품 개발에 투입함으로써 자산 관리 루프를 폐쇄할 수 있다.[21] 실제로 9조 원에 이르는 순매출액의 39%가 자산 효율성 최적화Asset Efficiency Optimization 서비스를 담당하는 산업용품 시장 및 지역 판매 서비스Industrial Market, Regional Sales and Service 부문에서 창출된다.[22]

이 부문의 사장인 바탄 바르타니안Vartan Vartanian 에 따르면 '범용화의 덫commodity trap'을 피하고 솔루션 기업이 되기로 한 선택은 SKF에게는 자연스러운 일이었다. 바르타니안은 다음과 같이 말했다.

지난 20~30년간 이어진 경제적 압박과 글로벌 경쟁, 사고방식의 변화 등은 단순히 적정한 판매 수익으로 훌륭한 제품을 판매하는 것이 어느 시점에 이르면 더 이상 경제적으로 타당하지 않다는 것을 의미했습니다. 문제는 SKF의 비즈니스에도 유익한 방식으로 고객들의 생산성과 지속가능성을 어떻게 향상시키느냐 하는 것이었죠. 제품의 탄생에서 사망에 이르기까지 전 수명을 관리하는 라이프사이클 접근법을 채택함으로써 우리는 제품의 모든 단계에 새로운 가치가 부가된다는 점을 확실히 했습니다. 그리고 단순히 제품 판매에 그치지 않고 전반적인 고객 시스템의 효율성에 초점을 맞춤으로써 타당성을 향상시켰고 많은 경쟁자들을 물리치고 선도자 우위 효과를 창출했습니다. 오늘날 우리는 자산 효율성 최적화의 개발과 실행을 지원하기 위해, 총 소유 비용이나 본의 아닌 고장 시간, 중요 부품 평가와 같은 지표를 사용합니다."²³

회수망.
기회 주도형 회수

새로운 역량이 필요한 다섯 번째 영역이자 단언컨데 전체 순환 루프를 묶는 영역은 바로 역물류와 회수망이다. 이는 또한 '폐기와 수거'로 알려져 있기도 하다. 이 영역의 목표는 시장으로부터 회수 대상이 되는 수명 종료 제품과 부품, 물질 등에 대해 최적의 물량과 품질 믹스를 찾는 것이다.

순환경제에서 실질적인 역물류 기능이 여전히 정부 규제를 준수하는지는 반드시 확인해야 한다. 가장 귀중한 자원의 역구매와 지역에서의 물질 재사용을 빈틈없이 추진하기 위해서는 고객들과 직접적으로 교류하는 것도 필요하다. 더 나아가, 역물류 기능에는 회수된 자원의 가용성을 측정하기 위해 회수 자원의 품질을 정확하게 평가할 수 있는 방법이 포함되어야 한다.

새로운 회수망 역량이
필요한 이유

이전부터 회수망은 전자 업체가 e-폐기물의 수거와 처리를 책임지는 것처럼 규제 준수를 위해 어쩔 수 없이 운영되어왔다. 하지만 순환경제에서는 규제 준수에서 비용 절감과 수익 창출로 그 추동력이 이동한다. 수명 종료 제품에 잔여 가치가 남아 있다면, 회수망을 통해 다음 라이프사이클을 위한 가치를 찾고 추출할 수 있어야 한다. 이것이 존슨앤존슨Johnson & Johnson과 P&G, 유니레버Unilever, 월마트 등이 2014년에 1억 달러 규모의 '폐쇄 반복형 루프 펀드Closed Loop Fund'를 론칭하기로 한 결정의 바탕이 된 철학이다. 이 펀드는 원래 미국 내 재활용률을 높이기 위해 월마트가 창안한 개념으로, 기업들에게 저비용으로 고품질의 재활용 물질에 대한 접근을 보장하는 과정에서 부수적으로 나온 것이었다. 이 펀드는 현재 재활용과 회수망 인프라를 위한 투자 자본에 대한 접근을 제공하면서 도시들과 협력하고 있다. 이 펀드에 따르면 열악한 회수망 인프라로 인해 미국에서만도 매년 110억 달러라는 엄청난 가치의 포장재가 매립된다고 한다. 이들은 지방자치 단체에 무이자 대출을 제공하고 있는데, 1억 달러라는 돈이 회수망 인프라라는 관점에선 큰돈은 아니지만 시장으로부터 자원을 회수하기 위해 기회 중심적 접근법을 취하는 첫 번째 단계라 할 수 있다.[24,25]

사실 강력한 회수망을 통한 물질의 회수는 비용을 감소시키는 역할을 한다. 회수와 수거, 재가공 비용이 신규 물질의 구매보다 낮기 때문이다. 일반적으로 가공 비용이 낮을수록 회수망은 더욱 매력적이다. 이 말은, 재사용과 재활용, 부품 수거, 수명 종료 제품의 회수가 편리하게 제품을 설계하는 것이 회수망을 통한 물질 회수를 경제적으로 더욱 매력적으로 만들 수 있음을 의미한다. 물론 궁극적인 목표는 자원 가치를 항상 최상의 상태로 유지하는 것이다. 예를 하나 들어보자. 스마트폰의 경우 재활용 물질로서의 가치는 0.24%에 지나지 않지만, 재사용 스마트폰은 원래 가치의 약 48%를 지닌다.[26] 그렇다고 재활용을 무시할 필요는 없다. 우리와 함께 일한 한 글로벌 소비재 기업의 경우 제품 회수와 재활용 계획을 정교화한 결과 물질 비용을 10~15% 낮추는 효과를 얻었다.

자원을 재활용할 때 핵심적인 고려 사항 중 하나는 가치를 보장해야 한다는 것이다. 이는 재활용 물질이 동일 품질의 신규 물질을 대체할 수 있거나 더 높은 가치로 사용될 수 있도록 '업사이클'될 수 있음을 보증한다는 의미다. 그렇지 않다면 재활용 물질들은 의미가 없다. 이는 재활용과 회수의 고민일 뿐만 아니라 제품 개발에 대한 고민이기도 하다.

회수망은 다른 연계 제품이나 서비스와 결합하면 수익 향상에 도움을 주기도 한다. 예를 들어 다른 제품이나 서비스를 판매하는 기회로 제품 회수를 활용할 수도 있고, 폐기 제품을 개조해 보험과 같은 새로운 유형의 서비스나 부가물을 끼워 다른 고객군에 재판매할 수도 있다.

변화를 주도하는 주요 활동과 기술

효과적인 순환 회수망을 개발하고 운영하는 것은 표적 가치를 이해하는 것에서 출발한다. 즉, 시장, 고객군, 제품이라는 관점에서 어디에서 가장 큰 규모로 가치의 손실이 일어나는지 파악하기 위해 각 제품들의 수명 종료 후 잔여 가치를 파악하는 것이다. 가치의 잠재성이 파악되고 나면 그러한 가치를 재포착하기 위해 고객 센터, 반납 장소, 집적 시설, 재가공 센터 등을 포함한 역물류 네트워크를 적절히 설계해야 한다. 이 네트워크에서 가장 중요한 요소는 회수 제품을 재가공하거나 재제조하는 것이다. 스스로 시설을 짓거나 운영할 수도 있고, 제3자와 파트너십을 맺을 수도 있다. 혁신적인 사례들 중에는 폐기물이나 재활용 산업을 거칠 필요 없이 시장에서 회수 물질을 직접 구매하기 위해 공급 업체들과 협업하는 방식으로 회수망을 운영하는 경우도 있다. 우리가 경험한 바로는 매장 내 재활용이라는 개념을 시험하고 있는 이들도 있는데, 이들은 3D 프린팅처럼 부가적인 제조를 활용해 회수 제품을 즉석에서 재가공하기도 한다.

회수망이 순조롭게 운영되려면 역구매와 회수 활동을 추적하고, 회수망 물량과 상태를 모니터하며, 품질 관리와 검사를 할 수 있도록 적절한 분석 및 IT 시스템이 반드시 필요하다. 우수한 데이터 관리 역량 또한 수요/공급 계획을 위해 중요하다. 신제품 출시나 인프라 개발, 계절성 구매 행태 등의 이유로 고객 행동이 바뀔 수도 있기에 회수 물량은 통제를 벗어나기도 한다. 이러한 이유로 회수 물질의 공급은 신규 자원의 공급에 비해 안정성이 떨어질 수 있기에, 여분 물량을 거래하거나 비축할 필요도 있다.

새로운 스킬들도 필요하다. 선형 공급망에서처럼 물품 이동이 고객에게 일방으로 가는 것이 아니라 쌍방향으로 이루어지므로 이를 효율적으로 수행할 수 있게 물류 직원들을 훈련시켜야 한다. 생산 담당자들 역시 잠재성이 큰 수명 종료 제품과 회수를 목표로 하는 부품을 파악하고, 이 부품들을 가치있게 활용하기 위해 소매업체나 시장과 협력할 줄 알아야 한다. IT 담당자들은 거래 비용을 낮추고 고객들이 제품을 더욱 쉽게 반납할 수 있도록 고객 참여 플랫폼을 구축할 수 있어야 한다. 그리고 영업 및 마케팅 담당자들은 비용 부담을 최소화할 수 있는 방식으로 고객들이 수명 종료 제품과 이별하도록 독려하는 협상력과 서비스 개발 스킬을 갖추어야 한다.

이러한 스킬들을 갖춘다면 회수망을 순조롭게 운영할 수 있을 것이다. 또한 회수망 그 자체의 비용 효율성도 보장할 수 있다. 회수망 비용이 높은 것은 순환경제에 있어 가장 큰 장벽 중 하나다. 규모가 충분히 크지 않고 스킬이 낮을 때엔 회수와 처리, 물류, 가공 등과 관련된 비용은 회수 자원의 가치보다 높을 수 있다. 다행스럽게도 비용 효율성을 높일 수 있는 잠재력은 상당하다. 가장 인상적인 사례 중 하나는 전체 폐기물 물량을 62% 감소시킨 GM으로, 2011년에서 2014년 사이에 회수망의 자원 1톤당 비용을 90%까지 절감시키는 데 성공했다. 데이터는 이러한 여정의 중추가 되었다. GM은 가치에 따라 폐기물 흐름을 지속적으로 최적화할 수 있는 단일 자원 데이터 관리 시스템을 사용한다. 이를 통해 폐기물 데이터는 생성, 재사용, 재활용되는 모든 물질들을 추적해 개선의 기회를 식별하는 데 사용된다.[27]

사례 분석.
시스코와 리사이클뱅크

지난 몇 년간 시스코는 회수망을 활발히 운영하며 이익을 실현했다. 세계적인 네트워크 장비 업체인 시스코는 고객들이 더 이상 필요로 하지 않는 장비를 반환할 수 있도록 하는 9가지 역물류 프로그램을 구축했다. 가능하다면 회수 제품들은 신제품과 같은 상태로 재제조된 후, 신제품과 같은 보증 기간과 지원 옵션을 제공받는다.

이 프로그램들은 2012년에만도 1만 3천 톤이나 되는 양의 폐기물을 없앴다.[28,29] 그것도 신제품 대비 최대 80%나 비용이 덜 드는 3,500여 개의 제품 목록을 구축하면서 말이다. 결과적으로 고객들도 돈을 절약할 수 있다. 2012년에만도 회수 제품의 25%가 개조되었거나, 재판매 또는 재사용되었다. 이는 전년도에 비해 47% 상승한 수치다. 2014년에는 시스코 장비의 3억 6천만 달러 이상이 재사용되었다.[30,31] 2001년 이래로 80개국의 2만 8천여 고객에게 시스코 인증 개조 장비 Cisco Certified Refurbished Equipment 가 제공되었다.[32]

고객들의 회수망 참여를 돕는 기업들도 있는데, 자기 구역 내의 재활용률을 높이기 위해 지방 자치 단체 정부나 폐기물 관리 기업들과 파트너십을 맺고 있는 리사이클뱅크가 대표적이다.

리사이클뱅크의 CEO인 하비에르 플레임은 이렇게 설명했다. "소비자 가치를 창조하려면 관련성부터 찾아야 합니다. 지속가능성은 아직도 소비자들의 마음 속에서 우선순위를 차지하지는 못하고 있죠. 일반적으로 가정에는 건강이나 돈과 같은 다른 걱정거리들과 우선순위들이 있습니다. 문제는, 지속가능한 미래를 위해 보다 현명한 선택을 하도록 사람들을 격려하고 보상하는 동시에, 지속가능성을 어떻게 모든 사람들의 삶에 관련 있게 만드느냐는 겁니다."[33]

그 해결책은 소비자들에게 재활용 포인트를 지급해 할인받을 수 있도록 하거나, 거래할 때 사용할 수 있도록 하는 것이다. 플레임은 리사이클 뱅크의 프로그램들이 소비자들의 마음 속에 재활용의 중요성을 인식시키는 데 중요한 역할을 한다고 생각한다. 소비자들은 친환경적인 행동을 함으로써 얻게 되는 보상을 통해 혜택을 보고 있다. 그리고 이들의 행동 변화는 환경에도 혜택을 안겨줄 수 있다."[34]

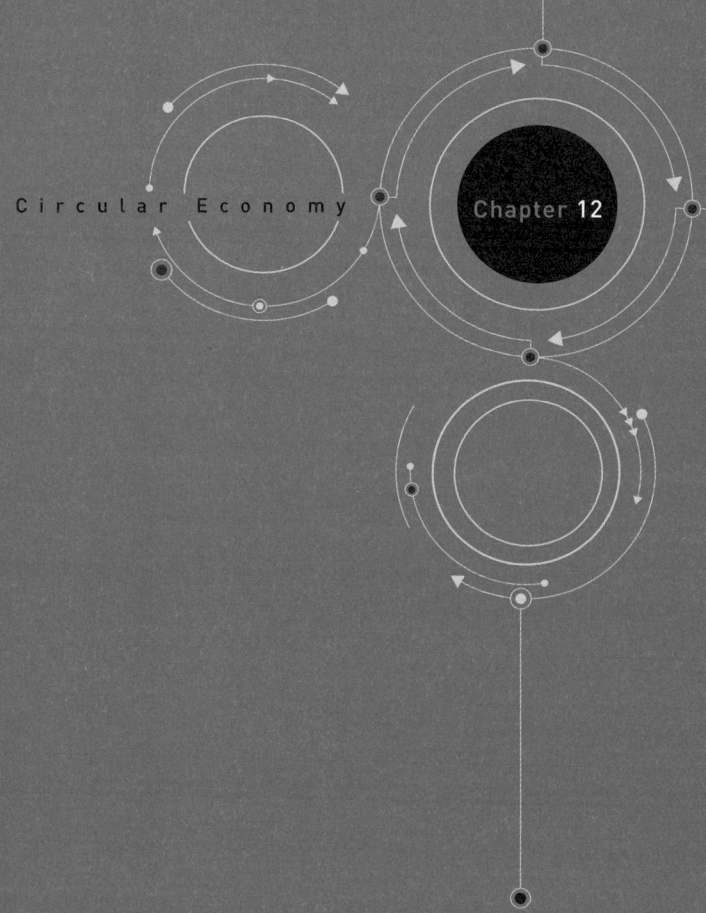

Circular Economy
Chapter 12

정책의 힘

순환경제가 점점 더 지지를 얻고 있지만 여전히 변화의 속도를 늦추는 몇 가지 장벽들이 있다. 이러한 장벽들에는 재활용 물질의 불규칙한 품질, 순환적 사고가 결여된 제품 설계, 조만간 구형이 되는 제품에 의존하는 가치사슬, 선형 방식의 성장 독려와 평가, 가치사슬 전반에 걸쳐 제품을 추적하고 통제하는 수단의 부족, 시장으로부터 효율적으로 자원을 회수하는 인프라의 부족 등이 포함된다. 그러므로 빠르게 규모를 확장하려면 정책, 기술, 투자, 소비자 등 여러 영역을 포괄하는 시스템적 접근이 필요하다.

이러한 장벽들을 감안하면, 비즈니스 리더들이 글로벌 이슈를 해결하는 데 있어 산업계가 보인 진전에 대해 만족하지 못하는 것은 놀랍지 않다. 우리가 주도한 2013년 액센츄어와 유엔 글로벌 콤팩트의 공동 조사에 따르면, 100개국, 25여 개 부문의 세계 최고 경영자들 1천 명 가운데 단 32%만이 세계 경제가 증가하는 인구의 수요를 충족시킬 수 있는 궤도에 올라있다고 믿고 있으며, 단 33%만이 기업이 전지구적인 지속가능성 과제를 해결하기 위해 충분히 노력하고 있다고 생각했다. 또한 조사대상 CEO들의 단 38%만이 개선된 지속가능성으로 인한 비즈니스적인 혜택을 정확하게 계량화할 수 있다고 생각했다. 우리의 이러한 경험은 오늘날 기업들이 보다 빠르게 진전할 의지는 있지만, 변화를 가속화하기 위해 고객들이나 투자자들, 정책 입안자들로부터 충분히 강력한 신호를 얻지는 못하고 있음을 보여준다. 현재 순환경제는 장기적인 자원 관리와 철저히 단기적인 비즈니스 이익 사이에 직접적인 관련성이 있음을 제시하고 있긴 하지만, 지구와 사회를 위한 최상의 것이 회사의 이익을 위해서도 최상의 것이 된다는 것을 보장해주는 정책 입안자들 없이는 충분히 빠른 속도로 실현되지 않을 것이다.[1]

정책 개입이 필요한 이유

정책 개입은 순환 비즈니스 모델의 채택에 박차를 가하고 장벽을 제거하는 데 있어서 중요한 역할을 할 수 있다. 이런 이유로 CEO들은 정부가 보다 많이 개입하고 조치를 취해주기를 기대한다.

우리가 조사한 CEO들 중 83%는 지속가능성이 좀 더 진전되기 위해서는 정부와 정책 입안자들이 민간 부문을 활성화하기 위해 더 많은 것을 해야 한다고 생각했다. 약 85%는 녹색 성장을 지지하려면 보다 명확한 정책과 시장의 신호가 필요하다고 요구했다. 그리고 81%는 글로벌 경제를 위해 정부가 '환경과 자원 제약이라는 지구 한계성 내에서의 경제 성장'을 위한 정책적 프레임워크를 짤 필요가 있다고 느꼈다. 게다가 84%는 기후 변화에 대한 명확한 국제적 협약과 규제는 그들의 노력을 가속화시키는 데 도움을 줄 것이라고 주장했다. 요약하자면, 비즈니스 리더들은 국제적으로, 국내적으로, 지역 단위로 정부의 개입이 좀 더 활발해지지 않고서는 집단적이고 혁신적인 영향을 일으키지 못할 거라고 생각했다.[2]

브라스켐Braskem의 CEO인 카를로스 파디가스Carlos Fadigas는 이 상황을 다음과 같이 명확하게 요약했다. "기업은 항상 규칙을 준수해야만 합니다. 따라서 규칙이 올바른 방향으로 변한다면 기업도 변할 것입니다. 그러나 사회 전체적으로 아직 이러한 결정을 내린 것은 아니기에, 우리가 할 수 있는, 혹은 우리가 해야만 하는 것을 하기까지는 아직 갈 길이 멀죠."[3]

정책은 순환경제 시장의 성장에 있어 결정적인 역할을 한다. 많은 경우에 정책은 핵심적인 조력 요소다. 정책은 세 가지 요소들, 즉 자원 생산성을 우선적으로 고려하도록 하는 재정적인 기업 유인책, 폐기물 생성을 억제하는 규제, 순환적인 자원 흐름을 촉진시키는 정보 및 물리적 인프라를 혼합한 시장 프레임워크를 구축함으로써 실천을 유도할 수 있다. 생산자 책임, 폐기물 조세, 상품 표시제 등은 잘 알려진 예들이지만 이외에도 많이 있다. 우리는 이 장에서 가장 유망한 정책 대안들 중 몇 가지를 논의하게 될 것이다.

공유경제는 정책이 어떻게 순환 원칙의 광범위한 채택을 촉진하거나 방해할 수 있는지에 대한 예를 제공한다. 인류 사회가 시작되었을 때부터 상품과 자산을 공유하는 것은 비공식적으로 존재해왔지만, 모바일 기술과 소셜 네트워크는 소비자들이 훨씬 방대한 규모로 다양한 범위의 제품들을 공유할 수 있도록 도우며 공유를 더욱 효율적으로 만들었다.[4] 온라인 접속으로 고가의 자산 외에 일상 제품들도 공유할 기회가 증가했다. 이 모델은 활용률이 떨어지는 자산을 통해 돈을 벌고자 하는 소유주들이나 구매가의 일부만 내고 제품이나 서비스에 접근하고 싶어 하는 대여자들에 의해 수용되었다.[5]

공유경제는 공유를 통해 자산을 더욱 효율적이고도 효과적으로 사용하게 되면서 편의성이나 비용 절감, 환경 발자국의 감소 등 많은 이점을 제공한다. 커뮤니티가 얻는 혜택으로는 주거 조건의 개선, 사회적 고립의 감소, 재정적 혜택 등이 있다. 미국에 있는 국립 건축 박물관 National Building Museum 이 수행한 한 연구에 따르면, 차량 공유를 통해 1만 5천 대의 자가용이 줄어들 때마다 지역 경제에 1억 2천7백 달러가 절약되는 효과가 있다고 한다.[6]

그러나 작은 아이디어, 즉 공식화된 공유에서 세계적으로 법률적인 문제가 생기기 시작했다. 세금에 관한 문제다. 세금은 누가 내야 하는가? 어디서 그리고 언제?[7] 공유자들은 기업으로 등록되지 않았기에 비과세 소득이 생겼다.[8] 이는 정부가 세금 수익의 기회를 놓쳤음을 의미했다. 보험 문제 역시 복잡해지기 시작했다. 자산들이 보험 규정을 따르지 못하기 때문이었다.[9] 우버와 같은 기업들은 규제 부문인 택시와 규제 없이 경쟁하기 시작했다.[10] 자동차 사고는 차량 공유 모델에 대한 공공, 정부 당국, 보험사 모두의 심사를 더욱 엄격하게 강화시킬 수밖에 없었다.

새로운 공유 솔루션이 기존의 정책적 틀과 충돌할 때 많은 질문들이 발생한다. 소비자의 권리를 보호하기 위해 공유 서비스의 어떤 요소를 규제해야 할까? 혁신을 억압하는 과도한 비용과 행정적인 부담을 지우지 않으려면 어떻게 해야 할까? 기업들이 틈새시장을 지배하게 되면서 독점 기업처럼 행동한다면, 정책이 어떻게 이를 방지할 수 있을까?

결론적으로 비정책적 장벽을 제거하고, 새로운 유인책을 도입하며, 정책 자체가 장벽이 될 때 그 해결책을 파악하기 위해서는 이 책에 나온 다섯 가지 비즈니스 모델 모두에 적용되는 정책 프레임워크의 개발이 절실히 필요하다.

정부 대응의 출현

정부가 이러한 도전들을 모르는 것은 아니다. 방법은 달라도, 세계 지역이나 국가, 지방 단위의 많은 공공 기관들이 순환경제를 활성화하기 위한 조치를 취하고 있다. 아직 드문드문 실행되고 있는 단계이긴 하지만 말이다. 물론 정책과 규제에 대한 니즈도 점증하고 있다.

예를 들어 유럽에서는 EU 집행위원회, 회원국가들, 민간 기구들에게 보다 자원 효율적인 경제로 전환하는 여정에 높은 수준의 가이드를 제공하기 위해 EU 자원 효율화 로드맵 위원회 European Resource Efficiency Roadmap[11]와 이와 관련된 자원 효율화 플랫폼이 창안되었다. 이 위원회는 환경적으로 유해한 보조금을 단계적으로 철폐하고, 순환경제를 가속화 시키며, (곧 설명하게 될) 제품 패스포트나 산업 공생 계획 등을 도입하면서 B2B 자원 효율성 향상과 같은 업무에 집중한다.[12]

EU 집행위원회 환경 담당 위원인 쟈네스 포토츠닉은 한 인터뷰에서 그 전략에 대해 상세히 설명했다.[13]

EU 집행위원회는 스마트하고, 지속가능하며, 통합적인 경제를 위한 EU 2020 전략에 자원 효율성을 구조적인 경제 정책의 한 기둥으로 확고하게 세웠습니다. 우리는 정책 행위가 진정한 변화를 가져올 수 있는 영역에 집중하며, 정책 모순이나 시장 실패와 같은 구체적인 장애물들과 씨름합니다. 또한 자원 사용에 대한 실질 비용을 반영하지 않는 가격 문제의 해결, 보다 장기적이고 혁신적인 사고에 대한 필요, 우리 정책에 대한 라이프사이클적, 가치사슬적 관점 등과 같은 교차 주제들을 계속해서 촉구합니다.

예를 들어 2013년에 우리는 11개 회원국에게 소득에서 자원 사용이나 오염으로 조세 부담을 이동시킬 것을 권고했습니다. 2014년에는 이 로드맵에 순환경제 패키지Circular Economy Package를 보완했습니다. 목표는 재활용에 대한 의욕 수준을 제고하고, 재활용이 가능한 폐기물의 소각을 막으며, 쓰레기 매립을 없애는 겁니다.

특히 폐기물 기본 지침Waste Framework Directive과 매립 지침Landfill Directive, 포장 지침Packaging Directive에서 목표를 업데이트하고 개정할 것을 제안했습니다. 음식물 쓰레기, 건설 폐기물, 해양 쓰레기 등과 같은 특정 폐기물 문제도 다뤄집니다. 그러나 폐기물은 소비와 생산 루프의 일부에 불과하므로, 이 패키지는 보다 광범위한 순환 시스템의 관점에서 폐기물 법

안의 검토도 다루고 있습니다.

에코 디자인을 통해 유럽 시장에서 판매되는 제품이 충족시켜야 하는 최소한의 환경 기준을 설정하고 있으며, 이를 에너지 라벨에 연결시킴으로써 소비자들에게 그들이 구매하는 장비의 에너지 효율성을 고지합니다. 우리는 물 효율성, 대기 배출은 물론이고 내구성, 재활용성, 재사용성 등과 같은 다른 중요한 목표들을 통합함으로써, 단순히 에너지 효율성을 넘어 좀 더 멀리 나아가기 시작했습니다. 즉, 진정한 환경적 영향과 자원 효율성에 따른 이익에 집중하고 있습니다.

많은 연구 결과가 확인했듯이, 이 모두는 타당한 의미를 지니고 있습니다. EU에서 자원 사용량이 1% 감소될 때마다 23조 유로의 비즈니스 가치가 창출되며, 십만에서 이십만 개의 고용이 창출되는 효과를 가져옵니다.

(참고로 2014년에 있었던 이 인터뷰 후에 EU의 순환경제 패키지는 2015년도 개정안이 지지를 얻으면서 철회되었다.)

EU 정책 프레임워크의 목표는 공식적으로 '폐기물 체계 waste hierarchy'에 따라 첫 단계는 폐기물 방지를 위한 노력이고, 그 다음은 재사용, 재활용, 에너지 재생을 위한 노력이며, 마지막 수단으로 폐기 순을 따른다. 그러나 우리의 경험에 의하면, 재활용과 에너지 재생은 자주 이용되는 반면, 방지와 재사용은 우선순위에서 종종 밀린다. 실제로 재활용 인프라, 연구 개발, 목표 설정 등이 재제조와 수리, 재사용, 공유 등을 장려하는 정책보다 더욱 광범위하다. 그러나 정부가 수리와 같은 노동 집약적인 서비스에 대한 과세를 낮춤으로써 고용을 창출하고자 노력함에 따라 정책적인 관심도 성장하고 있다. 이것이 중요한 이유는 재활용은 5~10

개의 고용을 창출하고 매립 폐기물은 단 0.1개의 창출에 그치는 반면, 재사용과 재제조는 가공된 제품 1천 톤당 8~10개의 고용이 창출되기 때문이다.¹⁴

폐기물 처리 대기업들도 이를 깨달았는데, 수에즈 인바이론먼트는 영국 환경 감사 위원회Environmental Audit Committee 의 조사에서 다음과 같이 주장했다. "과거의 폐기물 전략은 지자체의 쓰레기 관리와 오염 물질 사후 처리에 극단적으로 편향되어 있었습니다. … 매립지에서 이러한 물질들을 '밀어내는' 정책은 밀려난 물질들을 다시 생산 경제로 '끌어들이는' 전략으로 균형을 맞추어야 합니다."¹⁵

2014년 영국 하원 보고서에는 세제 개혁, 물질 재생을 추진하는 조직에게 보다 많은 기금 지원, 재사용에 대해 보상하는 생산자 책임 규제 등을 통해 순환경제를 활성화시켜야 한다는 제안이 들어있다. 또한 이 보고서는 물질이 수거되고 재활용되는 지역과 물량에 관한 정보 범위를 넓히기 위한 활동도 제안했다. 데이터에 대한 제한된 접근이 물질 흐름을 분석하고 개선하는 데 장벽으로 작용하기 때문이었다.

보다 나은 대안이 있을 때에는 재활용이 안 되는 물질을 사용하지 못하도록 하고, 정부 조달 기준을 순환경제 촉진에 사용하자는 제안도 있었다.¹⁶ 영국 정부가 나중에 핵심 제안들 중 몇 가지는 거부했지만, 재활용률이 높은 소재로 제품을 더욱 저렴하게 만들고 회수와 재활용을 독려하기 위해 몇몇 부문에 생산자 책임 계획을 새롭게 도입하는 제안은 고려하기로 동의했다.¹⁷

덴마크는 '폐기물 없는 덴마크Denmark without waste' 전략을 실행하고 있다. 즉 자원에 내재된 가치를 보다 잘 활용하고, 폐기물의 환경적 영향을 최소화하며, 새로운 공공-민간 파트너십을 통해 재활용을 향상시키는 등의 노력에 집중하고 있다. 핵심적으로 강조하는 사안은 가정의 폐기물 재활용을 촉진하는 것이다. 이 프로그램은 2022년까지 82만 톤의 폐기물을 재활용으로 전환하는 계획을 잡고 있는데, 이는 현재보다 두 배로 뛴 수치다. 이 전략에는 폐기물 분리/처리 시설의 개발, 보다 스마트한 수거 방법과 데이터 시스템을 개발하기 위한 파트너십, 폐기 제품의 직접 수거 체계 단순화 등이 포함된다.[18]

스코틀랜드 정부의 스코틀랜드 자원 보호Safeguarding Scotland's Resources 프로그램은 물질 사용을 감소시키고, (a)재사용/재활용 대체재를 활용하고, (b)신규 자원이 지속가능한 방식으로 구매되어 효율적이고도 생산적으로 사용될 수 있도록 함으로써 최초나 신규 자원의 사용을 억제하기 위해 고안되었다. 이 프로그램은 2011년에서 2017년 사이에 폐기물을 7% 감축시키고 궁극적으로는 폐기물 제로를 지향하기 위해 20개의 행동 강령을 서술하고 있다. 이 정책은 자원 효율성을 통해 스코틀랜드 기업들과 조직들에게 연간 29억 파운드의 경비 절감 효과를 실현해준다는 바람을 담고 있다.[19]

네덜란드에서는 비영리 단체인 서클 이코노미Circle Economy 와 CSR 네덜란드CSR Netherlands , 암스테르담 경제협회Amsterdam Economic Board, 네덜란드 정부는 네덜란드를 순환경제로 전환시키자는 목표를 둔 '그린 딜Green Deal'에 서명했다. 이들은 2013년에서 2016년까지 물, 에너지, 농업, 영양 물질 등의 루프를 폐쇄하는 데 초점을 두고 50개의 순환 프로젝트를 착수했다. 그 결과 2016년까지 조달 과정과 정책, 전략에 순환 원칙을 통합시켰다.[20]

중국은 중화인민공화국 순환경제 촉진법Circular Economy Promotion Law of the People's Republic of China 을 통해 아시아에서 순환경제를 선도하고 있다. 이 법의 목표는 국가 발전을 위해 순환경제를 촉진하고, 자원 이용을 개선하며, 환경을 보호하고 개선하는 데 맞추어져 있다. 몇몇 지역과 지방 자치 정부들은 순환 활동들의 개발을 지원하기 위한 특별 기금을 조성하려 한다. 집중할 영역으로는 순환경제와 관련된 과학 기술 및 연구 개발 지원, 주요 순환경제 프로젝트 및 정보 서비스 실행 등이 포함된다.[21] 2014년 9월, 중국 리커창 총리는 진행 중인 프로젝트들을 공개적으로 지원하며 세계를 향해 다음과 같이 말했다. "우리는 친환경, 순환적, 저탄소 개발을 추구할 결의와 의지, 역량을 갖추고 있습니다."[22]

중요한 것은 중국에서의 정책적인 접근이 환경 관리와 재활용에만 국한되는 게 아니라는 점이다. 그보다 이러한 정책들은 추출과 생산에서 소매, 소비에 이르기까지 전 가치사슬을 아우르는 폐쇄 반복형 루프 물질 흐름이라는 전체 시각에서의 신개발 모델을 목표로 한다. 이 법은 물질 재활용은 물론이고 재사용, 심지어 제품의 서비스화 시스템을 지지한다.

지방 단위에서는 변화를 학습하고 주도하기 위한 시험 프로그램이 착수되었다. 여기에는 미시적 단계에서 전략 기업들과의 협업, 중간 단계에서 순환적 공업 단지의 설립, 거시적 단계에서 변화를 주도할 선구 도시와 지역의 선별 등이 포함된다.[23]

2013년 이래로 국가 공무원들뿐만 아니라 기업가들과 학계 인력들로 구성된 중국 순환경제연합회는 순환경제 성장을 촉진하기 위해 노력하고 있다. CACE는 순환 산업 생산물이 2015년에는 1.8조 위안(2930억

달러)으로 확대될 것으로 기대하는데, 이는 2010년의 1조 위안에서 크게 상승한 것이다.[24]

중국 정부의 주요 경제 정책 기구인 중국 국가개발개혁위원회의 부의장인 시젠화는 이렇게 말했다. "순환경제는 엄청난 잠재력을 가지고 있습니다. 이를 발전시키는 일이야말로 자원의 재활용과 지속가능한 경제 성장을 촉진시킬 것입니다."[25]

천연자원 부족 국가인 일본에서는 정부가 경쟁력을 유지하고 폐기물을 보관할 공간 부족을 해결하기 위해 오래 전부터 자원 생산성을 촉진하는 정책을 주도해왔다. 자원의 효율적인 사용을 촉진하는 일련의 법률 패키지인 '건전한 물질-사이클 사회를 구축하기 위한 기본법 Fundamental Law for Establishing a Sound Material-Cycle Society'이 2001년부터 시행 중이다. 이 정책 패키지는 폐기물을 감소시키고, 부품과 자원의 재사용을 촉진하며, 재활용을 증진시키는 것을 목표로 한다. 규제를 통해 포장, 가전제품, 식품, 건설, 차량 등을 포함한 광범위한 분야의 경제 부문들을 다루고 있다.

진척 상황을 추적하고 측정하기 위해 물질 생산성(톤당 금액), 재활용 상품의 사용률(퍼센트 기준), 폐기(톤 기준) 등 3개의 포괄적인 지표가 사용된다. 정책과 목표들은 시간이 흐르면서 마지막 지표를 줄여 앞의 두 가지 지표를 상승시키도록 고안된다.[26] 이 패키지의 일부는 국외를 향하는, 즉 수출하고 다른 국가와 협력을 하는 것과 관련되어 있다. 소비된 자원 1톤당 경제 활동이 중국보다는 7배 높고 대한민국에 비해 2배 높은 일본이 속한 이 지역은 전체적으로 개선의 여지가 상당하다.[27]

혁신과 고용 창출에 박차를 가하며 순환경제 허브 주도권을 잡으려는 도시나 지역들도 많이 있다. 서울은 '공유도시 Sharing City' 전략을 수행하면서 세 가지 영역에서 실행안을 가동 중이다. 시대에 뒤떨어지는 법의 개정, 공유 기업의 지원, 시민 참여 독려 등이 그 세 영역이다. 이를 실행함으로써 서울은 다른 참여자들의 실천도 지원할 뿐만 아니라 자체 자원을 활용하기도 한다. 예를 들어 거의 800개의 공공 건물들은 유휴 시간 동안 다른 사람들이 쓸 수 있도록 개방되었고, 오늘날까지 2만 2천 명의 시민들이 이 기회를 활용해왔다. 많은 성과들 중 몇 가지만 더 예를 들면 자동차 공유 인프라의 경우 거의 30만 회 이용되었고, 중고 상품을 거래하는 온라인 플랫폼에서는 2만 건 이상의 거래가 이루어졌으며, 혁신가들이 새로운 공유 솔루션을 개발할 수 있도록 1천3백 개의 데이터 세트가 공개되었다.[28]

싱가포르의 정부, 민간 부문, 비정부 조직 등으로 구성된 포장 협약 Packaging Agreement, SPA 은 소비재 제품과 공급망의 포장 폐기물을 감소시키는 것을 목표로 한다. 이로 인해 5년 동안 싱가포르 경제가 절약한 금액은 4천4백만 싱가포르 달러(약 3천5백만 미국 달러)에 달한다.[29]

캘리포니아는 독성 화학 물질, 유해 화학 물질을 바이오 기반 대체재로 바꾸는 것을 가속화시킬 목표로 '녹색 화학Green Chemistry' 패키지를 시행 중이다.[30] 국가적인 차원에서는 오바마 대통령은 순환 공급망 창출 산업의 발전을 촉진시키기 위해 '바이오경제Bioeconomy' 청사진을 내놓았다. 이 청사진에서 초점을 둔 것은 연구 개발의 촉진, 벤처 기업들을 위한 자금 제공, 실험실에서 시장으로의 전환 촉진 등이다.[31]

순환경제로의 전환을 주도하는
정책 프로그램

　이러한 프로그램들은 순환 원칙을 지지하는 정책 입안자들의 의지가 점점 더 강해지고 있음을 보여준다. 그러나 진정한 시스템적 변화를 위해서는 아직 갈 길이 멀었다. 이제는 구체적인 정책을 통해 약속을 이행할 시간이다. 순환경제로의 대대적인 전환을 촉진하기 위해 정부가 해야 할 것들이 아직도 많이 남아 있다.

　CEO, 정책 입안자, 전문가, NGO 단체, 학계 인사들과의 인터뷰를 통해 우리는 정부가 실행해야 하는 몇 가지 중대한 정책들을 파악하게 되었다. 이는 3개의 카테고리로 분류된다. 공정한 경쟁의 장 만들기, 폐기물 제로 지향하기, 자산의 생산성 제고 촉진하기가 그 세 가지다.

순환 모델과 선형 모델 간의
공정한 경쟁의 장 만들기

　　　　　　　　　　　　　　이는 정책과 순환경제에 관한 논의에서 제일 먼저 언급해야 할 주제다. 현재의 규제는 자원 사용의 확대를 통한 성장이 금전적으로 더욱 매력적이게 부각시킴으로써 순환 모델을 불리하게 만들고 있다. 순환 모델과 선형 모델이 각각의 힘으로 번창할 수 있도록 공정한 경쟁의 장을 만들려면 이러한 규제에 변화가 필요하다.

이러한 변화 중 하나는 과세를 노동에서 자원으로 이동시키는 것이다. 오늘날 노동자에게 부과되는 세금은 신규 자원에 부과되는 것보다 훨씬 높다. 이로 인해 기업들은 사람에게 투자하거나 자원 생산성을 높이는 프로세스에 투자하는 대신, 자원을 계속해서 소비한다. 실제로 유럽에서는 근로세가 전체 세제 수입의 52%를 차지하는 반면, 천연자원에 부과되는 세금의 경우 0.3%도 되지 않는다.[32]

화석 연료와 같은 일부 선형 자원을 이용할 때 여전히 보조금을 받고 있는 것도 사실이다. 근로세를 낮추고 자원 사용에 대한 세금을 올리게 되면 제조업체들은 재활용 물질, 한정되지 않은 자원을 보다 많이 사용해야 하는 동기를 부여받게 될 것이다. 근로세를 낮추면 인재를 고용하기가 더욱 쉬워지면서 고용도 신장될 것이다. 동시에 '오염자 부담 원칙'에 입각해 자원을 낭비하는 기업들에게 세금을 부과할 수 있을 것이다. 소비자에게 가는 부정적인 영향을 피하기 위해 과세 제도의 개정은 재정 중립적으로 이루어질 수 있다.

공정한 경쟁의 장을 만드는 데 다른 조세 수단들도 사용될 수 있다. 매립세, 물질 재활용을 촉진하기 위한 에너지 재생에 대한 세금, 부가가치세의 차별화 등이 이에 해당한다. 최근 한 보고서는 인터페이스 카펫의 하몬 아라시아Ramon Arratia 와의 인터뷰 내용 중 일부를 다음과 같이 발췌했다.

현재 우리가 보유한 100% 재활용 나일론으로 만들어진 제품은 5kg의 이산화탄소를 배출합니다. 시장에는 20kg의 이산화탄소를 배출하는 하이파일high-pile 나일론 제품도 있습니다. 둘 다 같은 부가세를 내고 있죠. 둘 다 같은 세금을 냅니다. 이것이 시장에 주는 신호는 무엇일까요?[33]

또 하나 고려할 중요한 점은 여러 자선 기관이나 NGO들이 순환경제의 일부 영역에서 중고 소매점과 같은 사업을 운영하고 있다는 사실이다. 이들은 대체로 이러한 활동을 지지하고 장려하는 특별 세제를 적용받는다. 이런 조직들의 활동은 때로 순환 모델을 강화하고 있는 영리 기업들의 활동과 중첩되기도 하는데, 영리 기업들의 경우 동일한 세금 우대 조치를 받지 못한다. 물론 이 두 그룹 사이에 공정한 경쟁의 장을 만드는 것은 복잡할 수 있다. 각 조직이 자신만의 독특한 가치에 대해 각자 변론을 펼치기 때문이다. 결국 조세는 순환경제 거래를 촉진함과 동시에 여러 세금 공제 조치와 얽혀 복잡해져서도 안 된다.

또 다른 사안은 환경적 영향의 비용을 제품 가격에 부가시키는 것이다. 고객이 지불하는 가격은 일반적으로 제조와 운송이 환경에 미치는 영향을 반영하지 않는다. 환경 비용을 제품 가격에 부가시키는 시장 체계를 구축함으로써 정책 입안자들은 제조업체에게 가격 경쟁력을 유지하기 위해 환경적 영향을 최소화시켜야 한다는 유인책을 주게 될 것이다.

그 좋은 사례가 바로 탄소세다. 즉, 연료들의 상대적인 탄소 함량에 근거하여 화석 연료의 사용에 대해 소비세를 부과하는 것이다. 가치사슬 전체적으로 환경 비용을 수량화하는 더욱 정교한 방법들도 기업이나 학계에 의해 개발되고 있는 중이다. 퓨마의 환경 손익계산서, 델프트 대학교Delft University에서 개발한 에코 비용Eco-Cost 측정이 대표적이다.[34,35] 이러한 개발에 힘입어 정책 입안자들도 여러 비즈니스의 환경적 손익을 평가할 수 있다. 물론 이는 경제 전반적으로 가격을 바로잡기 위한 거시적인 조치를 위해 탄소에 가격을 매기는 수준을 넘어 전진해야 할 이유가 있음을 의미하기도 한다.

◦◦◦ 폐기물 제로를 향한 속도내기

세계적으로 폐기물 양이 문제가 되고 있는 상황이라 각국 정부들은 현재 매립지에 집중할 수밖에 없지만, 애초에 폐기물을 방지하는 것이 보다 근원적인 해결책이다. 근본적으로 폐기물 제로 경제를 실현하기 위해서는 폐기 제품과 폐기 물질에 대한 수요가 존재해야 한다. 보유 가치에 대한 수요가 없을 때 그것은 폐기물로 불릴 수 있다.

폐기물에 대한 수요를 늘리기 위해서는 이것이 무엇인지, 사용 가능한 양은 얼마나 되고 품질은 어떤지, 어디에 있는지 등을 이해하는 데서 출발하는 것이 중요하다. 폐기물 물질 흐름에 대해 가용할 수 있는 정보량은 매우 적다. 문제를 더욱 어렵게 만드는 것은 국가마다 폐기물의 정의가 제각각이라는 점이다. 폐기물 흐름의 본질과 내용에 관해 기업에게 정보를 제공하는 국제 표준과 공개된 공공 데이터베이스를 갖출 수 있다면 얼마나 다양한 폐기물 흐름이 생성되고 있는지 쉽게 파악할 수 있을 것이다.

보다 좋은 데이터와 정의가 자리를 잡으면 정부는 폐기물 흐름에 대한 통찰력과 정보를 향상시키는 데 집중할 수 있다. 영국의 WRAP은 이에 대한 혜안을 제시한다. WRAP은 잉글랜드, 스코틀랜드, 웨일즈, 북부 아일랜드 지역에서 사용되고 있는 것으로, 이 지역에 속한 기업, 지방 정부, 커뮤니티, 개인들이 폐기물을 감소시키고, 혁신적인 제품을 개발하며, 자원을 효율적으로 사용함으로써 일정한 혜택을 거둘 수 있게 해준다. 2000년에 비영리 조직으로 설립된 WRAP은 영국 환경식품농무부와 스코틀랜드 정부, 웨일즈 정부, 북부 아일랜드 행정부, EU의 기금을 지원받는다.[36] WRAP에서 나온 데이터와 통찰력은 폐기물 전략을 구성하는 훌륭한 표본으로 세계적으로 사용되고 있다. 국제적으로 기금을 지원받는 WRAP의 국제 버전이 생긴다면 폐기물에 대한 우리의 이해와 폐기물에 대한 실제 시장 수요를 창출하는 방법에 대한 이해를 제고시키는 데 있어 기적을 낳을 수도 있다.

국제 표준, 데이터, 통찰력을 갖추고 있다고 할지라도 폐기물은 시대에 뒤떨어진 제도로 인해 여전히 많은 국가에서 지속적인 문제가 될 것이다. 법규는 폐기물에 대한 수요를 촉진하기 위해서가 아니라 대체로 투기를 방지하기 위해 고안된다. 많은 정책들은 별 생각없이 국제 폐기물 거래나 제품에 중고 물질을 사용하는 것을 금지한다. 국제 폐기물 거래와 신제품 제조 시 폐기물 사용을 보다 용이하게 하는 법규는 폐기물의 재활용과 재사용이 너무 복잡하고 위험하다고 생각하는 많은 기업들의 사고방식을 바꾸는 데 도움을 줄 것이다. 물론 법규를 개선했다 하더라도 여전히 문제가 해결되지 않을 소지는 많다. 법규에 따라 거래할 자원의 부족, 취약한 집행, 관리 감독의 부족, 부실한 교육 등이 문제로 대두될 수도 있다.

생산자 책임 재활용제도extended producer responsibility, EPR는 폐기물 흐름

에서 품질과 성능을 유지하는 데 도움을 주고 보다 생산적으로 사용될 수 있도록 폐기물 수요를 촉진시킨다. EPR 정책은 제품이 야기하는 잠재적인 피해를 포함하여 소비자가 사용을 마친 뒤에도 제품에 대해 책임지도록 한다. 이러한 정책은 가치사슬에서 폐기물을 제거하는 데 도움을 줄 뿐만 아니라 제조사들이 자신들의 제품에 무독성 물질, 쉽게 재사용될 수 있는 물질들을 사용하도록 장려한다. 또한 EPR은 제품이 공장 문을 떠나는 순간에 기업의 책임이 끝나지 않음을 전제로 하기에, 제품의 전체 라이프사이클을 고려하도록 장려하는 역할도 한다.

EPR 정책의 좋은 예는 유럽위원회의 전기 전자 폐기물 처리 지침 Waste Electrical and Electronic Equipment(WEEE) Directive 이다.[37] 또 다른 예는 프랑스 가구furniture 에 대한 EPR로 2012년에 개시되었다. 전면 시행되면 이 정책은 연간 2백만 톤이나 되는 물질의 회수와 재활용을 지원하게 되는데, 이는 파리 전체에서 생성되는 전체 폐기물보다 많은 양이다. 2013년 5월 현재, 프랑스에서 판매되는 모든 가구에 재활용 수수료를 표시해 두어야 하는데, 이를 통해 소비자들은 가시적으로 순환경제 인프라와 재활용 솔루션 개발에 공동 출자를 하게 된다.[38,39]

EPR 계획은 '프리사이클링precycling 할증료'라고 불리는 시장 기반 도구를 통해 전체 경제로 확장될 수 있다. 이는 순환경제 계획을 포함하여 시스템 변화 정책 개발을 추진하는 단체인 블라인드스폿 싱크탱크 BlindSpot Think Tank 의 설립자이자 대표인 제임스 그레이슨James Greyson 이 제안한 것이다. '프리사이클링'은 미래의 폐기물을 중지시키는 행동이다. 이는 버려지는 폐기물을 관리하는 데에서 폐기물이 되지 않도록 자원을 관리하는 것으로 시각을 변화시킨다. 프리사이클링 할증료는 폐기물이 되는 제품들이 대기와 토지, 물에 주는 위험에 근거하여 생산자들이 지불하는 의무 수수료다. 폐기물이 될 위험이 큰 제품들에는 높은 할증료가 매겨지므로 생산자들에게는 이 수수료가 순환 제품 디자인과 순환 모델을 지향하게 만드는 자극제가 된다. 이렇게 함으로써 이들 제품의 폐기물 위험은 감소되고 비용 축소와 자원 효율성 신장으로 인한 경쟁력을 획득하게 된다.

기업들은 보험 회사에 보험료를 지불하는데, 일반적인 보험료와는 달리 사회 전체적으로 폐기물 위험을 즉각적으로 제거하는 데 사용된다. 이는 순환경제를 대대적으로 실행하고 유의미하게 만드는 데 필요한 신속하고 전체적인 시스템 변화를 위한 재정이 될 수 있다. 또한 보험료는 자원 사용을 막는 가격 신호를 제공할 수도, 순환 모델로의 전환을 자극하는 문화적인 신호를 줄 수도 있다.

그레이슨은 우리에게 이렇게 말했다. "주된 방해 요소는 폐기물이나 기후 변화와 같은 거시적인 시스템 문제들이 작고 점진적이며 산발적인 노력들을 통해 해결될 수 있다는 한물간 가정입니다." 그는 이렇게 부연하기도 했다. "복잡한 글로벌 공급망의 폐기물 위험을 추적하는 빅데이터적인 시도는 이제 현대 기술을 통해 실현될 수 있습니다."[40]

폐기물 시장을 개발하는 데 또 다른 장애물은 제품이 무엇으로 만들어지는지에 대한 정보의 부족이다. 정보 부족은 고객들이 순환제품을 찾는 데 어려움으로 다가올 뿐만 아니라 제품의 재활용을 고려하는 업체들에게도 난관으로 작용한다. 이럴 때 글로벌 제품 패스포트global product passport는 원산지, 특성, 독성 성분 등을 포함하여 제품의 물질과 자원 내역에 대한 상세 정보와 내용물을 어떻게 회수하고 재활용할 것인지에 대한 지침을 제공할 수 있다. 물론 고객들이 정보에 입각한 구매 결정을 내리는 데 도움을 줄 수도 있다. 더욱 중요한 것은, 제품 패스포트는 기업들이 보다 쉽게 재사용될 수 있는 물질과 부품들로 제품을 설계하도록 유도한다는 점이다.

제품 패스포트를 보완하기 위해 정부들은 제품 표준에 재활용된 내용물을 사용하도록 하는 의무 요건을 포함시킬 수도 있는데, 이는 특정 국가들이 활용하는 국산 부품 사용 요건local content requirements 과 유사하다. 이러한 정책들에 패스포트가 정확히 어떠해야 한다고 명시하는 내용이 담겨있지는 않아도 되지만, 공통적인 표준을 공유할 필요는 있다. 이는 또한 환경 제품 선언Environmental Product Declarations, EPDs 과 같은 자발적인 프로그램들의 탄생을 부추기기도 한다. 제품 성분과 환경 영향에 대한 상세한 정보를 제공하는 것은 제품에 영양 라벨을 붙이는 것과는 매우 다르다. 제품 라벨에 원재료, 에너지 사용, 대기/물 오염 물질 등에 대한 함량표가 포함되기 때문이다.[41]

이러한 활동들 중 어떤 것들은 원대하고 힘든 실행 목표도 있지만, 재활용을 적극 장려하는 것처럼 쉽게 달성할 수 있는 목표도 있다. 기업이 만들어내는 폐기물 중 일정량을 재활용하도록 정하는 것은 충분히 정부의 권한 범위 내에 있는 일이다. 전 세계 정부들은 현실적인 목표를 설정하고 의무 불이행을 차단함으로써 각자의 지역에서 재활용을 촉진시킬 수 있다. 또한 재활용 의무 부과는 재활용 물질을 취급하는 신규 시장의 개발을 유도할 수 있다.

물론 주의할 사항이 있다. 적절한 상세 사항이 결여된 재활용 목표는 원하는 행동을 유발하지 못할 수 있다. 가장 흔한 실수 중 하나는 여러 유형의 동일 물질 흐름에 대한 재활용 목표를 설정하지 못하는 것이다. 사용 전pre-consumer 물질은 폐기물 흐름에서 보다 높은 순도와 품질을 가지고 있기 때문에 일반적으로 재활용이 더욱 용이하다. 반면에 사용 후 post-consumer 물질은 그 양이 많다. 그럼에도 재활용 목표는 종종 사용 전 물질의 재활용 양을 높게 잡고, 사용 후 물질은 낮게 잡거나 전혀 잡지 않는 방식으로 정해진다. 이 때문에 규모를 확장할 수 있는 솔루션을 활성화하는 데 실패하기도 한다.

마지막으로 대부분의 환경적인 성과는 단순히 정치를 통해서만 달성할 수 있는 것이 아니라 원대한 법률적 요구를 설정한 후 사람들과 조직들이 이를 따를 수 있는 역량을 갖추도록 함으로써 달성될 수 있는 점을 강조하고 싶다. 몬트리올 의정서Montreal Protocol가 대표적인 사례다. 또한 의도하지 않은 결과를 초래하지는 않는지 살피고, 요구 사항을 공개하는 것도 중요하다. 저항이 심해 변화가 더딘 환경에서는 NGO를 통해 법적 구속력이 없는 행동 강령soft law을 만들고, 온라인 캠페인이나 소셜 미디어를 이용해 집단적 망신을 주는 방식으로 집행할 수도 있다.

자산에서 최대한의 가치를 '뽑아내기'

주지하듯이 재활용만이 유일한 해결책은 아니다. 물질이 애초에 폐기물 흐름에 들어가는 것을 방지하는 가장 좋은 방법 중 하나는 오래 사용하는 것이다. 이것이 공유 플랫폼, 제품 수명 연장, PaaS 비즈니스 모델의 목표다. 불행하게도 규제는 이러한 모델들이 제공하는 것에 발맞춰 따라가지 못한다.

지금은 한물간 많은 정책들도 처음에는 재활용을 지원하기 위해 개발되었다. 하지만 지속적으로 업데이트하지 않는 정책은 환경적으로나 경제적으로 더욱 효율적인 수명 연장 모델의 경쟁력을 재활용보다 떨어지게 만든다.

일례로 폐차 처리 End of Life Vehicle 규정을 들 수 있다. 이 규정은 차량 재활용을 보장하는 자동차 제조업체에게 가점을 부여한다. 그런데 재제조에 대한 가점은 일반적으로 고려되지 않는다. 좋은 의도로 만들어진 또 다른 정책 유형으로, 연료나 에너지 효율성 표준처럼 효율성을 유도하고 혁신 기술을 사용하도록 하는 표준 설정을 들 수 있다. 이는 대체로 재제조에는 적용되지 않는데, 일부 재사용된 부품들이 효율성 기준을 충족시키지 않아 과세 적용되거나 전면 금지에 부딪치기 때문이다.

물론 이러한 정책들은 때로는 타당하다. 하지만 제품 수명을 연장함으로써 얻게 되는 환경적 혜택은 신제품의 성능 향상으로 인한 혜택보다 일반적으로 더 크다. 정부들은 초기 제조 단계뿐만 아니라 제품의 전체 수명을 고려한 표준과 규정을 개발할 필요가 있다. 특정 화학 물질이나 재료들의 사용 정보 공개를 명령함으로써 제품 내용물에 대한 투명성과 이해도를 강화시키는 정책들도 있다. 최초 생산자만이 제품의 내용물을 안다면 재제조, 수리, 개조 등과 같은 활동은 불가능하다. 다시 말하지만 전문 표준 규격과 증명서가 해답이 될 수 있다.

복잡한 디자인 때문에 수리와 재제조가 힘들다면, 제품 디자인도 자산에서 최대한 뽑아내는 데 있어 또 다른 장벽이 될 수 있다. 미국에서 테스트된 한 가지 제안은 정보공개청구법 Freedom of Information Act 의 범위를 확장해 재제조업체들의 요청이 있을 때마다 설계자들이 제품 구성품을 공개하도록 강제하는 것이다.[42] 이렇게 하면 재제조업체들은 제품 수명 연장과 같은 비즈니스 모델의 사업 효용성을 파괴할 수도 있는 리버스 엔지니어링 reverse engineering 에 투자하지 않아도 된다.

다른 사람들에게 서비스를 제공함으로써 스스로 소상공인이 되는 자산 공유에 있어 안전과 신뢰는 기본 요소다. 공유 모델을 사용하는 고객들은 그들이 지불하고 얻게 되는 것에 대해 막연하고 불안한 신뢰를 가지고 있다. 집 공유자들이 호텔이 따르는 안전 표준과 동일한 표준을 준수하도록 하는 것처럼 공동 안전 표준을 구축하면 마음의 불안을 해소하고, 공유 자산을 더욱 편하게 사용할 수 있게 된다.

'다른 누군가'를 기다리지 말라

순환 비즈니스 모델의 채택에 있어 지난 십여 년간 엄청난 진보가 이루어졌다. 그러나 아직도 진행해야 할 것들이 많이 남아 있다. 순환경제는 지난 250년간 만연해온 생산과 소비 모델로부터 극적으로 벗어나는 것이다. 이러한 필연적인 전향은 산업 행동에 있어 심각하고도 광범위한 변화를 요구한다. 즉, 정부들은 차기 경제 모델에 대한 투자를 독려하는 정책 프레임워크를 구축하기 위해 국경을 넘기도 해야 한다. 기업과 정부 모두가 순환경제를 전진시키기 위해 각자의 역할을 해야 한다.

기업은 스스로 순환경제를 채택하는 데서 출발할 수 있다. 즉, 환경적 영향을 최소화하고, 폐기물을 감소하는 설계를 지향하며, 자원 사용을 최적화함으로써 시작할 수 있다. 이 모두는 그들 자신과 고객들을 위해 사업적으로 타당한 방식으로 진행될 것이다. 변화를 위한 동력이 부족한 상황이라면, 순환경제를 저지하는 장벽들을 다룰 수 있는 규제적 프레임워크를 만들기 위해 정책 입안자들과 협력할 필요도 있다.

정부는 솔선해서 자신의 역할을 수행해야 한다. 지방과 지역 정부들은 시장을 움직이기 위해 많은 것을 시도할 수 있다. 특히 시 당국은 자체적으로 우선 사항을 설정하고, 자신들의 순환 전략을 구축할 힘과 책임을 가지고 있다. 도시들이 모든 천연자원의 75%를 사용하고, 전 세계 폐기물의 50%를 생성하며, 전체 온실가스 배출량의 60~80%를 차지하고 있는 점을 감안하면 더욱 그러하다.[43] 자원 효율적인 도시를 만드는 데 필요한 물리적, 디지털적 인프라를 구축하는 혁신안을 시 당국이 나서서 창안할 수도 있다.

중앙정부는 활동을 통해 본보기를 보여줄 수도 있다. 미국 농무부 United States Department of Agriculture, USDA 의 바이오 우선 사용 BioPreferred® 프로그램과 같이 공공 조달에 순환 원칙을 포함시킬 수 있다. 이 프로그램은 정부 기관들이 구매를 결정할 때 바이오 기반 제품들을 우선 고려하도록 한다. 즉, 바이오 기반 제품 구매를 법적으로 요구받는다. 또한 이 프로그램은 어떤 유형의 제품들이 이러한 조달 우선권을 적용받는지 정하고, 최소한의 바이오 기반 내용물이 명시되도록 한다. 새로운 법 적용과 혁신 추진을 목표로 하면, 1972년에 시장을 상당히 점유했던 바이오 기반 제품들은 연방 조달 우선권이나 인증, 라벨링 등에 대한 자격을 갖

추지 못하게 된다.[44]

순환경제의 규모를 확대하는 데는 기업과 정부 모두의 협력적인 노력을 요구한다. 한쪽이라도 없으면 진행이 더디고 임시적이며, 혁신적인 사람들이 주도하는 고립된 집단에 한정될지 모른다. 또한 순환경제가 모든 문제에 대한 만병통치약은 아니라는 사실을 인지하는 것도 중요하다. 제대로 운용된다면 순환 정책 패키지는 환경 발자국과 물질 사용을 감소시키고, 재활용률과 전반적인 자산 생산성을 끌어올리며, 고용을 창출하고, 지역 경제를 자극하며, 자원 수입에 대한 의존도를 낮출 것이다. 그러나 이것이 모든 환경 문제를 해결하지는 못하며, 반드시 사회적 상황을 향상시키는 것도 아니다. 세제 초점이 노동에서 자원 사용으로 옮겨갈 때 모든 산업에 다 혜택을 주는 것이 아닌 것처럼 말이다.

순환경제 정책 추진의 5단계

1단계.
정치적 비전 형성

변화를 강제하는 것은 규제나 법률이지만, 진전하기 위해 필요한 지원과 혁신, 허가를 확보하는 것은 아이디어와 비전이다. 순환경제는 대대적인 시스템 변화에 관한 문제다. 비즈니스 운영 방식이 달라지고, 소비자의 역할도 진화하게 될 것이다.

사람들이 이러한 여정에 오를 수 있게끔 독려하는 비전은 도시, 국가, 커뮤니티별로 다를 것이다. 또한 지역이 처한 상황이나 현재의 산업 구조, 개발 단계 등에 따라서도 다르게 나타날 것이다. 세계경제포럼의 차세대 글로벌 리더 태스크포스에서 피터와 공동의장을 맡고 있으며 덴마크의 전 환경부 장관인 아이다 아우켄은 다음과 같이 말한 바 있다. "아이디어로 사회를 바꾸어야 합니다. 장관이었을 때 저는 '폐기물 전략'을 '자원 전략'이라는 타이틀로 바꾸었습니다. 그 결과 저는 폐기물이 아니라 자원에 대해 말하게 되었죠. 또한 방송할 때면 가능한 한 구체적인 예를 많이 제공하려고 노력했습니다."

순환으로 가는 첫 번째 단계는 시민들과 산업을 하나로 묶을 수 있고, 지역적으로도 타당한 정치적인 비전의 형성이다.

2단계. 순환적 기회를 위한 규제 검토

비전이 자리를 잡고 나면 현재의 규제를 검토하고 새로운 규제를 개발할 필요가 있다. 그럴 때 이 장에서 서술한 세 가지 영역이 훌륭한 시작점이 될 수 있다. 즉, 공정한 경쟁의 장을 만들고, 폐기물 제로를 지향하며, 생산성 향상을 격려하는 것에서 시작하면 된다. 규제를 평가할 때는 유용한 프레임워크들이 있다. 그 중에서 네스타Nesta와 콜래보래티브 랩이 개발한 프레임워크 하나를 소개하고자 한다.[45]

정책/규제 이슈 평가 프레임워크

자산	해당 활동/비즈니스가 집중하는 자산은 무엇인가?
비즈니스 모델	어떤 비즈니스 모델이 해당 활동을 주도하는가?
공공 혜택	논의되는 활동/기업들이 가져오는 경제적, 환경적, 사회적 혜택(미시적, 거시적)은 무엇인가?
공공 위험	논의되는 활동/기업들과 관련된 위험은 무엇인가?
현재 정책	논의되는 활동/기업들을 직접 규제하는 정책이 현재 시행 중에 있는가? – 현재 정책이 수립된 것은 언제인가? – 이 정책은 어떠한 위험에 대한 대비책인가? – 이 정책이 보호하려는 대상은 누구인가? – 왜 이 정책이 시행되고 있는가?
시대에 뒤쳐진 것은?	논의되는 원천적인 위험이 여전히 존재하는가?
빠진 것은 무엇인가?	어떠한 정책이나 규제가 다루지 못하는, 최근에 생겨난 새로운 공공 위험이 있는가?

3단계. 세제 및 금융 혜택 지원 확보

가격 신호를 바로 잡는 것은 전반적인 환경 정책에 있어 핵심적인 과제이며, 순환경제를 위해서도 그렇다. 기업들이 비용을 절감하기 위해 직원을 줄이는 것보다 자원 생산성에 집중하도록 장려하기 위해서는 노동 대 자원의 세제 불균형이 조정되어야 한다. 또한 자원과 제품이 점점 더 하나의 라이프사이클에서 다음 라이프사이클로 넘어갈 수 있도록 과세 제도가 개발되어야 한다. 정부 역시 공공 조달과 본보기 프로젝트의 재정 지원을 통해 유인책을 제공해야 한다.

좋은 출발점은 정치적 비전에 기반한 핵심 지표와 목표를 개발하고, 이후 어떤 세금과 유인책이 지표를 개선하는 데 도움을 주는지를 평가하는 것이다. 여기서 단순히 재활용에만 초점을 맞추기보다는, 앞서 살펴본 5가지 순환경제 비즈니스 모델 모두를 살펴보면서 사용 자원 1톤당 GDP와 같은 자원 생산성 지표를 향상시킬 수 있는 지원 조치를 파악하는 것이 중요하다.

4단계. 연구, 교육, 정보 교류의 촉진

정부는 국가적인 단위로 기술과 역량 개발을 지원하는 데 있어 확실히 중요한 역할을 한다. 순환경제로의 변혁은 쉽지 않기에, 대학 프로그램, 디자인과 비즈니스, 과학의 협력, 교육 자료, 정보 캠페인 등을 통한 지원도 필요하다.

많은 지식 분야들이 관여해야 하지만, 행동 과학behavior science 과 데이터 과학data science 은 특히 더 중요하다. 행동 과학은 소비자들을 참여시킬 수 있으며, 제품이나 서비스가 고객들에게 포지셔닝되는 과정에 변화를 줌으로써 순환경제 행위를 용인된 규범으로도 만들 수 있다. 데이터 과학은 순환경제에서 더욱 복잡하게 된 제품과 자원 흐름을 다루고, 시장으로 들어가고 나오는 공급망에서의 안전한 이동을 가능하게 할 수 있다.

5단계. 새로운 파트너십 형성

마지막으로 다루는 주제이지만 중요한 것이 바로 새로운 파트너십이다. 특히 선구적인 산업 리더들과 혁신적인 스타트업 기업들의 초반에 더욱 필요하다. 순환경제는 종종 가치사슬에서 함께 협력해야 하는 각기 다른 이해 당사자들을 필요로 하기 때문에 파트너십이 더더욱 절실하다. 제조업체들은 소매업체들과 협력해야 하고, 소비자들은 제품이나 부품, 소재 등을 수거하는 기업들과 협력해야 한다. 궁극적으로 순환 비즈니스 원칙이 표준으로 자리잡게 되면 산업과 소비자들이 이런 파트너십을 독립적으로 형성할 수 있는 역량이 증가될 것이다. 그러나 초기에는 정부가 핵심적인 역할을 할 수밖에 없다.

이슈 1.
노동에서 자원으로의 과세 이동

천연자원은 점점 더 희소해지고 있지만 노동의 경우는 그렇지 않다. 2013년에 2억여 명의 인구에게 영향을 미쳤고, 2018년에 이르면 2억 1천5백만 명이 넘는 사람들에게 영향을 미칠 것으로 예상되는 전 세계 실업률은 활용 가능한 노동 인구가 양산되는 결과를 낳았다.[46] 그러나 대부분의 국가에서 세금 제도는 기업들이 풍부한 것을 활용하고자 하는 의욕은 적극적으로 꺾는 반면, 부족한 것은 추구하게 만들고 있다.

한 가지 해결책은 천연자원과 노동에 대한 과세 방식에 변화를 가하는 것이다. 즉, 자원 사용에 대한 세금은 올리고 노동에 대한 세금은 낮춤으로써 정부는 기업들에게 고용을 촉진하는 한편 천연자원의 사용은 최소화하도록 유도할 수 있다.

또한 이러한 세제 변화를 통해 '이중 배당double dividend' 효과를 얻을 수 있다. 즉, 고용은 더욱 매력적인 방안이 되어 기업의 생산성과 혁신을 신장시키고 제조, 수리, 서비스, 보수 역량을 향상시킬 수 있다. 그리고 재사용이 되지 않는 신규 자원의 비용 효율성이 떨어지게 되면서 기업들은 이러한 자원들을 보다 생산적으로 사용해야 할 동기를 강하게 가지게 될 것이다. 국제노동기구International Labour Organization, ILO가 수행한 한 연구에 따르면, 이산화탄소 배출에 대해 국제적인 세금을 부과하고 이로 인한 수익이 노동세를 삭감하는 데 사용된다면, 최대 1천4백만 명의 순 고용이 창출될 수 있다고 한다.[47]

독일은 이러한 세제 변화가 바람직한 효과를 거둘 수 있다는 강력한 증거를 제공하고 있다. 1999년에 제정된 독일 생태 세제 개혁German Ecological Tax Reform을 통해 독일은 연료와 에너지에 부과하는 세금을 점증적으로 인상하는 방안을 발표했다. 이로 인한 추가 수입은 비임금 노무비를 낮추고, 공공 연금 계획에 기여할 용도로 사용된다. 에너지 가격이 높을수록 에너지 절약과 효율성 향상에 대한 동기가 생기고, 비임금 노무비의 감소는 고용을 촉진하는 효과를 낳는다.

이러한 개혁은 25만 명의 고용을 창출한 것으로 추정된다.[48] 게다가 2007년에서 2013년 사이 EU 의회는 근로세 등의 복지에 부정적인 세금에서 자원 사용이나 오염, 환경 훼손에 부과되는 세금처럼 복지에 긍정적인 세금으로 전환하도록 몇 가지의 환경 세제 개혁 권고안을 내놓았다.

물론 이러한 세제 개혁 모두 이중 배당 효과를 발생시킬 수 있다.[49] 유럽위원회는 이러한 개혁이 환경 문제와 고용 문제를 동시에 개선할 수 있다고 믿는다. 그러나 이러한 권고안에도 불구하고 실질적인 개혁에 대한 광범위한 지지는 아직 드러나지 않고 있다.

이러한 세제 변혁을 옹호하는 NGO 단체 엑스택스 Ex'tax 는 개혁이 현실이 되는 것은 시간문제에 불과하다고 기대한다. 즉, 향후 5~20년 사이에 비즈니스 리더들과 정치인들 사이에 긴박감이 더해지며 전면적인 개혁이 이루어질 가능성이 크다는 것이다.[50] 언제 될지는 모르지만, 이는 근본적인 변화다.

그러므로 정부는 기업들이 새로운 비용 구조에 적응할 수 있도록 충분한 시간을 주어야 한다. 그리고 이러한 변화가 독일이 그랬던 것처럼 국가 단위로 작동한다고 할지라도 최대의 혜택을 얻고 자원 집약 경제가 경쟁 열위를 겪지 않도록 보다 상위 단위에서의 협조도 필요하다.

이슈 2.
생산자 책임 재활용제도의 실행

일단 제품이 판매되면, 제조업체들은 제품이 사용되고 폐기되는 방식에 대한 통제와 책임을 상실한다. 그러나 불행하게도 일부 소비자들은 한물간 제품을 사용하고 폐기하는 것에 대해 잘 모르거나, 그럴 능력이 없거나, 단순히 그럴 의지가 없다. 그 결과 귀중한 자원들이 낭비되고, 그로 인한 폐기물들은 환경적, 사회적 문제를 야기한다.

이 문제를 해결하는 방법으로, 앞서도 말했듯이 소비자가 제품을 사용하고 난 후에도 생산자가 그 제품에 대한 책임을 지도록 하는 EPR 정책을 들 수 있다. EPR은 일반적으로 제조업체가 제품 패스포트처럼 자신이 제조한 제품들에 대한 환경적 특징 정보를 공개하는 것은 물론이고, 제품의 수거와 재활용, 폐기와 관련된 전체 혹은 일부 비용을 물도록 강제한다. 또한 제조업체에게 자신의 제품이 야기시킨 것으로 판명된 환경 훼손에 대한 책임을 지운다. 이러한 책임은 제품의 전체 라이프사이클에 적용될 수도 있고, 부분별(사용과 마지막 폐기 단계를 포함)로 다르게 적용될 수도 있다.

EPR 정책의 유형에 따라 제조업체들은 개별적으로나 집단적으로 책임을 진다. 전자의 경우는 생산자가 자기 제품의 수명 종료 후 관리에 대해서만 책임을 지지만, 후자의 경우는 같은 제품 카테고리나 동종 업계에 속한 제조업체들이 하나의 그룹을 형성, 브랜드에 상관없이 해당되는 모든 제품의 수명 종료 후 관리에 대한 책임을 진다. 연구에 따르면 바람직한 디자인 변화를 주도하기 위해서는 개별적 책임이 더욱 효과적인 것으로 나타났는데, 이는 단일 기업이 독성 물질 제거나 보다 쉽게 회수가 되는 부품의 사용과 같은 변화로 인한 직접적인 혜택을 쉽게 느낄 수 있기 때문이다. EPR 정책의 범위는 유연하기 때문에 특정 제품을 선택한 뒤 추후에 선택 범위를 확대하는 방식을 통해 상대적으로 더욱 신속하게 실행할 수 있다.

EPR이 개별적으로 적용되느냐 혹은 집단적으로 적용되느냐와 상관없이 이 정책은 폐기물 처리 자본이 대체로 부족한 지방 자치 정부들의 폐기물 처리 부담을 덜어줄 수 있다. 또한 이 정책은 생산자들이 그들의 제품을 설계할 때 환경적 요인을 고려하고 제품 가격에 폐기 비용을 통합시킬 수 있도록 하는 동기를 부여한다.

사실 EPR 정책들은 수십 년간 존재해왔다. 초기의 예로는 1970년대에 다수의 국가들이 채택한 것으로, 소비자들이 사용 후에 용기를 반환하도록 유도하기 위해 음료수 캔이나 병마다 소액의 보증금을 지불하도록 한 것이다. 1990년도에 독일은 DSD Duales System Deutschland (현재 그린도트 Green Dot® 계획으로 알려진 정책)를 도입해 기업들이 그들의 포장을 수거하고 재활용하는 비용을 지불하도록 했다. 이 프로그램이 착수된 이래로 8천여 톤의 판매 제품 포장이 수거되었고, 포장지 재활용을 통해 연간 2억 2천5백만 유로를 절약했다.[51]

보다 최근인 2003년에 앞서 언급된 WEEE 지침이 유럽의 법률로 자리잡았다. 이는 제조업체들이나 유통 업체들이 전기/전자 제품의 폐기물에 대한 책임을 지도록 하는 법이다. 이 법은 기업들이 폐기물을 수거할 수 있는 인프라를 구축하도록 함으로써 소비자들이 무료로 제품을 반환할 수 있도록 했다. 2006년에 델은 재활용을 위해 자발적으로 델 제품을 무상으로 수거한 최초의 전자 제조업체가 되었다.[52]

회수와 재판매를 위한 혁신적인 모델이 가젤, 마주마 모바일 Mazuma Mobile, 포쉬마크, 스레드업 등 많은 소비재 기업에서도 출현하고 있다. 이는 점점 더 고객들이 제품 폐기에 대한 보상을 지불받도록 유도한다.

이 모델들 중 하나를 따르는 것이 EPR 정책을 수용한 기업들에게 있어 최상의 전략적 행동이다.

기업들은 정책 입안자들이 요구하기 전에 자발적으로 책임있는 생산자가 됨으로써 회수를 상업적으로 실행 가능하게 하는 쇄신을 시도할 수 있다. 정책 입안자들로서는, EPR 정책이 기업들로 하여금 규제 준수에 그치지 않고 좀 더 진전되도록 지지하고 독려하는지 확인하는 것이 중요하다. 기업들이 회수를 활용하는 방법을 찾음에 따라 시간이 지날수록 정책 그 자체는 쓸모 없는 것이 되겠지만 말이다.

이슈 3.
글로벌 제품 패스포트의 도입

제품을 재활용하고 재사용하기 위한 열쇠 중 하나는 제품들에 내재된 가치와 방출되었을 때 위험을 야기할 수 있는 위해 물질의 존재를 이해하는 것이다. 제조업체들이 제품이 무엇으로 만들어졌는지 공개하지 않기 때문에, 그리고 공개를 요구받지 않기 때문에 '무엇이 들어있는지' 파악하는 것은 불가능에 가깝다.

이를 해결하려면 '제품 패스포트'를 도입해야 한다. 제품 패스포트는 식품 영양 표시와 유사하게 제품의 함유 소재에 대한 완전하고 상세한 정보를 담고 있다. 이러한 정보는 제품의 유효 수명이 다했을 때 수거, 재생, 가공, 재활용되는 것을 더욱 용이하게 만들어준다. 또한 제조업체들로 하여금 제품 라이프사이클 초반부터 다른 사고방식으로 접근할 수 있도록 독려한다. 즉, 제품의 모든 구성 내용이 드러나야 한다는 사실을 안다면, 위험 물질을 포함시키지 않을 가능성이 크다. 역으로 제품 패스포트는 소비자들에게 그들이 구매하는 제품에 대해 현명한 선택을 내릴 수 있도록 필요한 정보도 제공한다.

선두적인 글로벌 자동차 제조업체들로 구성된 한 그룹은 2000년에 제품 패스포트라 할 수 있는 국제 부품 데이터 시스템International Material Data System, IMDS 을 론칭했다. IMDS는 완성차에 들어 있는 모든 부품에 대한 정보를 수집, 보존한다. 클라우드 기반의 공개 소프트웨어 어플리케이션 방식으로 운영되는 시스템의 비용도 저렴하고 접근도 쉽기 때문에 자동차 산업에 속한 거의 모든 OEM 업체들에 의해 채택되어 국제 산업 표준으로 자리잡았다.[53]

EU에서는 화학 산업 분야에서 2007년에 유사한 프로그램이 착수되었다. REACH Regulation on Registration, Evaluation, Authorization, and Restriction of Chemicals 가 그것이다. REACH는 화학 회사들로 하여금 그들의 제품이 야기하는 위험을 평가, 관리하는 책임을 지도록 한다. 또한 이는 기업들에게 적절한 안전 정보를 제공할 것을 요구하기도 한다.[54]

물론 실행에 있어 난관도 있다. 모든 함유 소재를 보고하도록 명령하는 것은 기업에게 행정적인 부담 위험을 지운다. 또한 기밀 정보로 간주될 내용을 공개해야 한다는 것이 강제적으로 보일 수도 있다. 게다가 제품 패스포트가 국가 단위로만 실행된다면 비용이 증가하고 국제 무역 거래를 제한하면서 경쟁 열위를 초래할 수도 있다.

하지만 IMDS와 같은 프로그램의 성공은 공동 목표를 가진 조직들이 상대적으로 단기간에 특정 산업에 있어 물질 투명성 과제를 어떻게 해결할 수 있는지 보여준다. 물론 제품 패스포트가 국제적으로 통용되기 위해서는 산업 간 표준(순환경제의 확대를 위해서 필요)과 기업 정부 간의 강력한 협력이 필요하다. 민간 부문이 유의미한 제품 패스포트를 구축하기 위해 힘을 모을 때 정부는 다양한 유인책과 규제를 통해 이 패스포트가 광범위하게 채택되도록 유도하는 데 큰 역할을 할 수 있다.

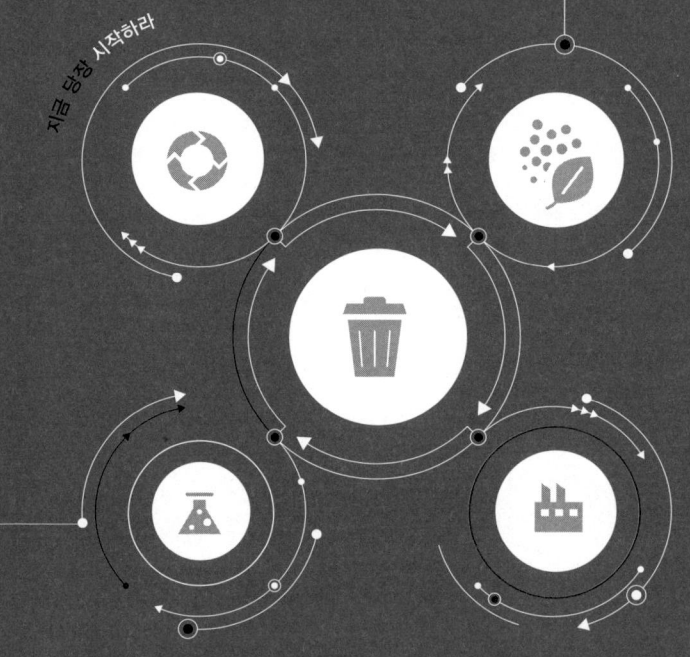

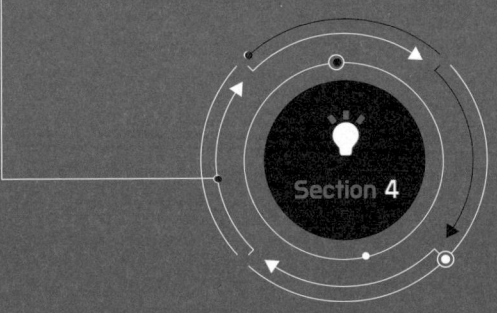

지금 당장
시작하라

Chapter 13 우위의 포착

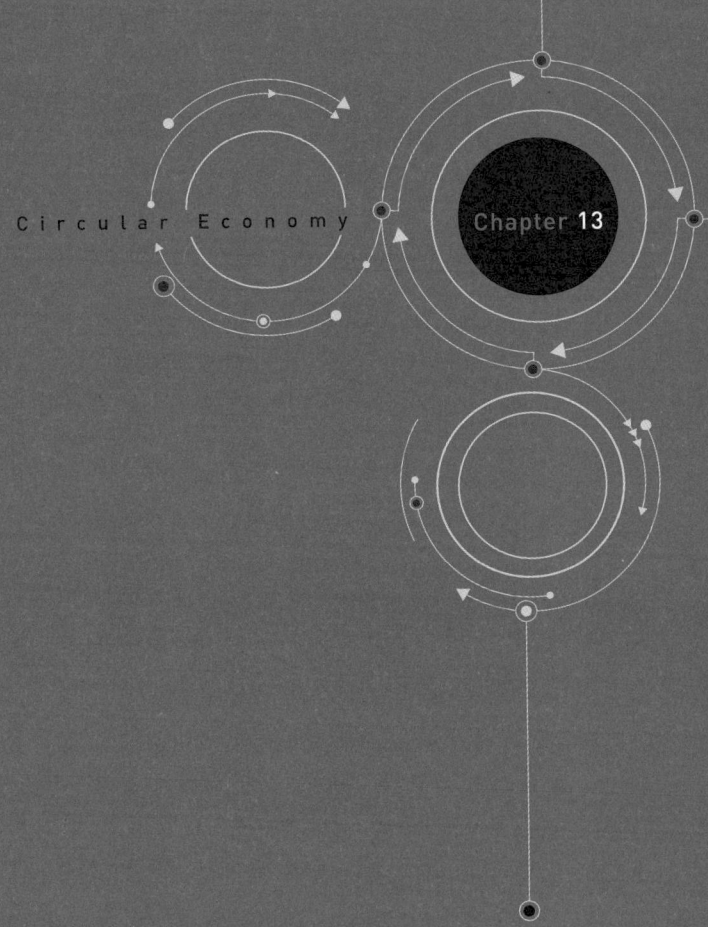

Circular Economy

Chapter 13

우위의 포착

지금 당장 시작하라

캐터필러, 필립스, 나이키, 에어비앤비 등 많은 기업들이 성공적으로 순환경제 비즈니스 모델을 개척하고 있다. 이들의 활동과 경험은 현재의 선형 성장 모델에서 순환 성장 모델로의 전환이 이미 일어나고 있음을 증명한다. 이런 현상은 성공적이고도 필연적인 결과다. 이런 이유로 시장, 지역, 산업에 관계없이 많은 조직들이 한정된 자원의 사용으로부터 성장을 분리시키기 위한 기초를 다지기 시작하고 있다. 그럼으로써 자원 생산성을 급속하게 향상시키고, 차별화를 강화하며, 비용과 위험을 낮추고, 새로운 수익원을 창출하며, 장기적으로 고객을 더욱 행복하게 만드는 새로운 비즈니스로 전환할 수 있다. 이 과정을 시작하려는 기업의 경영자들은 다음의 5가지 핵심 질문들을 던져볼 필요가 있다.

1. **위험과 기회**

성장을 위해 선형적인 접근을 지속한다면 우리 비즈니스에 발생할 위험은 무엇인가? 우리의 가치사슬에서 순환경제적 접근을 채택할 기회는 어디에 있으며, 이를 향한 여정을 시작하기 위해서는 무엇을 해야 하는가?

2. **가치 공학**

   우리가 고객에게 제공하는 진정한 핵심 가치는 무엇인가? 순환 비즈니스 모델은 어떻게 우리가 제공하는 방식을 다시 생각하게 하고, 보다 많은 것을 창출할 수 있도록 도와주는가?

3. **디지털 및 기타 기술**

   순환경제와 관련하여, 우리 비즈니스에 진정으로 중요한 기술 트렌드(과학, 공학, 디지털)는 무엇이며, 가치사슬을 와해시켜 새롭게 구축할 수 있는 방법을 지원할 기술은 무엇인가?

4. **역량**

   순환경제 비즈니스 모델로 전환하기 위해 우리의 운영 모델, 비즈니스 생태계, 역량을 어떻게 개선해야 하는가?

5. **타이밍**

   우리에게 선택권과 민첩성을 제공하는 포트폴리오를 구성하기 위해서 시작 시점과 채택 속도, 순환경제적 접근에 대한 의욕 정도 등에 대한 타이밍을 어떻게 잡을 것인가?

이 5가지 질문에 체계적으로 답변함으로써 경영자들은 조직의 전환과 보상 규모, 실행에 대한 긴급성의 정도를 설정하고 시작하는 데 필요한 주요 사안들을 결정할 수 있다.

첫 번째 질문.
위험과 기회

선형 성장 모델은 미래에서 차입해 온 성장이다. 기업들은 이 모델에 의존하여 성장해왔다. 선형경제의 위험과 순환경제의 기회를 이해하기 위해 조직들은 반드시 2가지 문제를 살펴보아야 한다. 한 가지는 자원의 유한성에 대한 노출 정도이고, 다른 한 가지는 현재 가치사슬에 있는 비효율성이 보여준 기회들이다.

선형경제의 위험

선형경제의 위험을 측정하기 위해 기업들은 자원 희소성과 환경 규제에 대한 노출도를 측정하는 취약성 평가를 수행할 필요가 있다. 원가 중 몇 퍼센트가 자원과 관련되어 있는가? 어떤 자원에 가장 많이 노출되어 있으며, 조직의 어느 부문(공급, 제조, 소매, 제품/지역/세그먼트)이 그러한가? 물가 상승이 수익에 얼마나 영향을 미칠 것이며, 판매 가격을 얼마나 인상시킬 것인가? 가격, 변동성, 타이밍 등에 대한 평가 결과는 어떠하며, 평가 결과상 비용 구조상 위험한 것은 무엇인가? 이러한 질문들은 단기와 장기적인 관점 모두에서 평가되어야 한다. 또한 향후 3~5년의 중기는 물론이고 10~15년의 장기간 동안 자원에 대한 니즈와 그로 인한 취약점을 모두 이해해야 한다.

조직들이 장기 전략을 고려할 때 수요와 공급의 기존 틀을 흔들어놓을 정도로 충분한 규모로 자원 대체제를 이용할 수 있는 시점이 언제일지도 고려해야 한다. 풍족하게 활용할 수 있는 자원에는 어떤 것이 있는가? 어떤 자원의 사용이 산업이나 지리적인 지역을 파괴시킬 수 있는가? 일례로 에너지 산업은 열을 생산하기 위해 나무를 사용하면서 나무에 대한 수요가 급증하고 있어, 미래에는 연료나 화학제품 등을 위해 나무를 소비하게 될 것이다. 이런 에너지 산업의 수요는 제지와 펄프 산업에 영향을 미치게 되고, 나무라는 자원을 놓고 경쟁하게 될 것이다. 직물 산업 또한 미래 자원의 원천으로 나무를 고려하기 시작하면서 공급을 더더욱 위협할 것이다. 그러므로 조직의 핵심적인 전략 과제에는 장기적으로 자신이 필요로 하는 자원은 무엇인지, 동일 자원을 사용하고자 하는 다른 산업들로는 무엇이 있는지 등을 파악하는 게 포함되어야 한다.

로열 DSM의 CEO인 페이케 시베즈마는 이러한 장기적인 관점의 중요성을 강조하며, 이렇게 설명했다. "저는 이것을 비즈니스의 미래 경쟁력을 만드는 일이라고 부릅니다. 우리가 자원을 어떻게 사용하고 분배하는지 그 수치를 보면, 이렇게 해서는 지속가능하지 않으며 우리 시스템을 재설계하는 것이 불가피함을 깨닫게 됩니다. 이에 우리는 DSM 비즈니스의 미래 경쟁력을 만들고, 선형에서 순환으로 전환함으로써 앞으로도 수십 년간 번영할 수 있도록 만들기로 결정했습니다." 장기적인 취약성을 평가할 때 오늘날의 자원 추세가 지속될 것이라고 가정할 수 없다. 재생 불가능한 자원으로부터 벗어나 앞서 논의한 지구 한계를 해결하는 것은, 정부는 물론이고 기업에게도 중요한 요소다. 이는 기업들에게 세계가 직면한 가장 큰 도전 과제들에 대한 해결책을 제공할 수 있는 기술적 전문성과 혁신적인 역량을 활용할 능력을 제공한다.

오늘 당장 정부 정책과 환경 법규의 미래를 알 수 없다 할지라도 이는 장기적으로 상당한 영향을 미칠 수 있다. 자동차, 가전제품, 포장, 에너지, 화학제품 등을 포함한 많은 산업들은 이미 전략적으로 강력한 대응을 해야 할 정도로 영향을 받고 있다. 한정된 자원을 불균형하게 사용하면서 결과적으로 환경 문제를 야기시키는 기업들에게 새로운 정책들은 예측할 수 없는 위험으로 다가온다. 따라서 자원 사용과 관련한 정책과 환경 규제가 점점 더 엄중해지고 있는 미래 시나리오를 고려하는 현명함을 가져야 한다.

과거 10년간 기업들은 위험 관리에 대한 관심이 크게 증가되었다. 그중에서도 수요 불안정과 관련된 위험에 역점을 두었다. 물론 위험을 분산하는 것은 중요하다. 하지만 선형적 사고는 본질적인 한계가 있다. 대체로 이러한 프로그램들은 위험을 줄이기 위해 비즈니스 모델의 변화를 고려하지 않는다. 어떤 기업이 특정 자원에 대해 크게 의존하고 있고 이 자원의 사용을 통해 상당한 수익을 실현하고 있다면, 그 기업은 수익 흐름에서 탄력성을 그다지 가지지 못한다. 하지만 그러한 자원 사용과 수익을 분리시키기 위해 순환경제 비즈니스 모델을 채택하게 되면, 비즈니스를 더욱 탄력적으로 만들 수 있을 것이다.

기업의 목표는 가장 위험에 노출되어 있는 자원으로부터 멀어지기 위해 다양화를 추구하고, 자원의 영향을 최소화하며, 수익을 보전하는 것이어야 한다. 이것이 최근 르노가 효과적으로 시행한 전략이다. 르노의 전략 환경 기획 부문 부사장이자 르노 인바이론먼트의 CEO인 장-필리프 에르민은 이렇게 말했다. "르노는 이제 신규 구매 물량만큼 수명 종료 제품이나 제조 폐기물로부터 금속을 수거해 제조에 투입하고 있습니다."[2] 르노는 변동이 극심한 상황과 원자재 가격 인상 등 공급 리스크에 효과적으로 대비하고 있는 것이다.

가치사슬의 비효율성

물론 순환경제 기반을 다지는 데 '두루 적용될 수 있는' 접근법이 있는 것은 아니다. 하지만 일반적으로 기회 파악은 순환적 접근을 통해 최소화하거나 제거할 수 있는 가치사슬상의 비효율성이 무엇인지 이해하는 데서 출발한다.

어떤 산업은 제조 과정이나 물류, 소매 과정에서 상당한 폐기물을 생성할지 모른다. 어떤 산업에서는 낮은 제품 이용률이 비효율성의 더 큰 원천이 되기도 한다. 최상의 효과를 얻기 위해서는 기회는 유의미하면서도 접근하기 쉬워야 한다. 예를 들어 한 기업이 자산 이용률과 폐기물 흐름 모두에서 비효율성을 발견할 수 있다. 그러나 전체 폐기물의 90%가 기업으로선 영향을 미치기 훨씬 힘든, 제품이 소비자의 손에 주어질 때 생긴다면, 자산 이용률을 증대시키는 것이 그 기업에게는 보다 나은 기회가 된다.

스웨덴 가전 대기업인 일렉트로룩스가 여기에 해당한다. 지속가능성 부문 수석 부사장인 헨릭 순스트룀은 이렇게 언급했다. "우리 제품이 환경에 미치는 영향의 80%는 사용 단계에서 일어나는데, 물질과 배송이 미치는 20%의 영향과 크게 비교됩니다."[3]

한 기업에 지배적인 가치의 원천이 무엇이냐에 따라 다음과 같이 기회는 매우 다를 수 있다.

- 의류 산업이 면직물 의존도를 줄이거나 석유로 만들어진 플라스틱 포장재를 지양하는 것처럼 이 산업에서 특정 자원에 대한 대체재를 광범위하게 구할 수 있는가? 보다 오래, 혹은 영원히 재생 가능한 자원을 만들 상당한 기회가 있을 수 있다.
- 이 산업은 지배적인 공급 원천을 1차 (신규) 원재료에서 2차 (회수망) 원재료로 옮길 것인가? 재활용과 자원 효율성을 신장시킴으로써 생산에서 폐기에 이르기까지 폐기물이 제로가 되는 연쇄 가치사슬을 만들 기회가 있을 수도 있다.
- 이 기업 제품의 소유주나 고객들은 협력과 공유, 사용자 간 거래를 통한 사용률 제고를 위해 그들의 행동을 변화시킬 것인가? 제품과 자산에 대한 접근과 전환 가능성을 더욱 용이하게 해줌으로써 보다 잘 활용할 수 있는 유동 시장을 구축할 기회가 있을 수 있다.
- 고객들이 총 소유 비용에 더욱 집중하고, 제품 전체를 정기적으로 교체하기보다는 부품 교체와 업그레이드를 요구하는 방향으로 행동할 것인가? 제품이 보다 오래 지속되는 장수 라이프사이클을 제공함으로써 늘어난 제품 수명을 통해 수익을 창출할 기회가 있을 수 있다.

앞서 12장에서 살펴본 유럽의 순환경제 패키지는 사전 대책 성격의 정책을 향한 큰 걸음이었다. 이는 자원 희소성과 자원 효율성 향상 요구에 대한 대응으로 재활용과 매립 쓰레기의 감소에 초점을 맞추고 있다.[4] 그러나 선형경제의 자원 공급과 수요의 불균형은 재활용만으로는 해결될 수 없다. 실제로 어떤 자원 흐름에 대해서는 재활용이 최선의 행동 방침이 될 수 없다. 순환 가치의 4가지 영역(버려진 자원, 버려진 역량, 버려진 라이프사이클, 버려진 내재가치) 모두를 고려하지 않는다면 EU 패키지는 순환경제의 가장 큰 기회들을 파악하지 못할 것이다. EU 환경국 European Environmental Bureau의 폐기물 정책 담당관인 피오트르 바르크작 Piotr Barczak은 이에 동의하며 다음과 같이 언급했다. "EU 패키지는 훌륭하지만 필요한 것에는 여전히 미치지 못합니다. 현재의 생산과 소비 패턴은 유지한 채, 더욱더 많이 재활용하는 것만으로는 순환경제를 구축할 수 없습니다. 우리가 만들어내는 폐기물을 줄이기도 해야 합니다."[5]

순환경제를 위한 최상의 옵션은 자원 노출 위험이 큰 곳이나, 4가지 선형 폐기물 유형 중 하나 이상을 제거하고 고객과 함께 그 결과와 회수된 가치를 공유할 기회가 상당한 곳에 존재한다.

두 번째 질문.
가치 공학

이 책의 핵심인 5가지 순환경제 비즈니스 모델들은 각각 제품과 부품, 물질, 과정에 내재된 가치를 밝히는 독특한 방법을 제공한다. 순환경제에서 최상의 길을 찾는 것은 그러한 가치를 포착하고 보존하기 위해 하나 이상의 비즈니스 모델을 어떻게 사용해야 하는지 이해하는 데 달려 있다. 그러려면 기업은 고객에게 제공하는 제품의 진정한 핵심 가치를 평가할 수 있어야 한다. 또한 순환경제 모델이 어떻게 그 가치를 보존하고, 보다 큰 가치를 포착하며, 가치 제공 방식을 변화시키는지 가늠할 수 있어야 한다.

가치를 밝히는 새로운 방법을 찾는 것은 전통적인 운영 방식과 기업 문화에 이의를 제기하는 것이기에 쉽게 달성할 수 없을지 모른다. 대표적으로 필라멘트 전구를 LED 전구로 바꾸는 것을 들 수 있다. LED 전구는 내구성이 훨씬 좋기 때문에 전구에 대한 고객들의 수요가 갑자기 확 줄어들었다. 그 결과 이러한 제품을 만드는 제조업체들은 큰 수익은 말할 것도 없고, 지배력마저 잃게 되었다. 그럴 경우 순환경제 비즈니스 모델 중 하나인 PaaS 모델이 이를 해결할 수 있는 개선책이 될 수 있다. 즉, 필립스가 한 것처럼 물량(전구의 수) 판매에서 성능(우수한 실내 조명) 판매로 고객과의 관계를 바꾸어야 한다.

기업들은 고객들이 그들의 제품이나 서비스를 이용하는 방식을 재구상해야 한다. 사람들이 원하는 것이 벽에 구멍을 내는 것인가, 전동 공구인가? 사람들이 관심이 있는 것은 차를 소유하는 것인가, A의 장소에서 B의 장소로 이동하는 것인가? 데스크톱 컴퓨터인가, 즉시 사용할 수 있는 소프트웨어 서비스인가? 음반과 도서 수집인가, 훌륭한 엔터테인먼트에 접근할 수 있는 기회인가? 물리적인 가게인가, 훌륭한 구색과 효율적인 결제 시스템인가? 고객을 구매자에서 제품의 사용자로 보는 것만으로도 극적인 사고방식의 전환이 일어날 수 있다.

때론 한정 자원에 대한 의존도를 낮추기 위해 순환적인 방법을 활용함으로써 가치를 발견하기도 한다. 그러나 이는 상업적인 수익 모델에 얽매이지 않는 새로운 시각을 취할 것을 요구한다. 기업은 근본적으로 그들의 제품이 고객에게 서비스를 제공하는 방식을 바꿀 수도 있고, 물리적인 제품을 완전히 없앨 수도 있다. 가치는 기업의 특정 가치사슬 부분에서 창출되지 않을 수도 있고, 고객과 함께 창출됨으로써 보호하기 어려울 수도 있다.

순환경제의 모든 가치를 극대화하지 않고 단순히 순환경제 방식을 채택하는 것은 실망스러운 투자 수익으로 이어질 수 있다. 예를 들어 어떤 소비재 기업들은 재활용을 고려해 제품을 설계하지만, 정작 회수망에서는 아무런 역할을 하지 않는다. 그로 인해 수익을 취하는 것은 폐기물 관리 회사들이다. 이와 유사하게, 전자 제품 기업들은 지속적으로 사용할 수 있는 훌륭한 순환 제품과 부품을 설계하고 있지만, 고객 가치 제안과 수익 모델을 바꾸지 않는다. 그러다 보니 고객들은 종종 그 의미를 이해하지 못하고 제품이 너무 비싸다고만 생각한다. 이 경우 기업은 수익 모델이나 비즈니스 모델, 소비자와의 상호 작용 방식을 바꾼다면 보다 심오한 가치를 포착할 수 있다. 물론 어떤 기회를 추구하기로 결정하든 수익 모델과 비즈니스 모델은 가치사슬에서 자신의 지위를 확보하고 수익원을 보호할 수 있어야 한다. 그 열쇠는 기업이 자신을 위해, 그리고 고객을 위해 가치를 창출하고 제품의 전체 라이프사이클에 걸쳐 그 가치를 수익화하는 방식에 대해 다시 생각하는 데 있다.

이는 B2B 식품 가공 및 패키지 솔루션 회사인 테트라팩이 하고 있는 일이다. 테트라팩은 고객 행동을 보다 잘 이해하기 위해 연구에 투자하고 있으며, 제품 수명이 끝날 때 재활용률을 촉진하기 위해 보다 좋은 재료를 사용한다. 왜 그럴까? 보다 효율적인 가치사슬은 순환 자재로 만든 포장에 대한 수요를 증가시킴으로써 가치사슬의 상류에서 가치를 창출할 수 있다. 폐기물 관리 회사, 정부 당국, 소매업체, 고객들은 재활용 포장을 선호하므로 테트라팩 포장에 대한 수요가 더욱 커지는 결과로 이어진다. 테트라팩의 환경 담당 임원인 마리오 아브레우는 이렇게 설명했다. "우리는 재활용업자들에게 보다 많은 가치를 부가해 주기 위해 폴리머와 알루미늄 재활용 솔루션을 개발하려고 노력하고 있습니다. 그렇게 되면 그들은 더 큰 수익을 거둘 수 있게 되겠죠. 그러면 그들의 경쟁 업체들도 더욱 우수한 품질의 재료를 요구하기 시작하면서 최고를 위한 선의의 경쟁이 시작됩니다. 더욱 좋은 재료에 대한 요구로 가격은 올라가고, 그 가치사슬상의 모든 곳에서 수익이 향상되고, 궁극적으로는 비즈니스와 재활용이 개선되는 결과를 낳게 될 겁니다."[6]

가치를 창출, 포착, 보호하는 방식을 파악함으로써, 그리고 그러기 위해 비즈니스 모델을 어떻게 바꾸어야 하는지 파악함으로써, 기업은 자신에게 적합한 단일형 또는 혼합형 순환경제 비즈니스 모델을 선택하는 데 필요한 통찰력을 얻게 된다. 이는 혁신적인 프로세스로, 최고 경영진에서 실무진에 이르기까지 조직의 핵심 리더들이 참여하는 것이 마땅하다. 순환경제 워크숍도 도움이 될 수 있다. 이러한 워크숍은 새로운 비즈니스 모델의 적용을 위한 많은 아이디어를 발견하고, 콘셉트를 더욱 발전시킬 열정을 제공하고, 이에 전념하게 만드는 기회가 될 수 있다. 일단 이 단계에 이르게 되면 운영 모델, 특히 순환경제를 실천하는 데 필요한 역량과 기술을 파악할 수 있게 된다.

세 번째 질문.
디지털 및 기타 기술

　기술의 급속한 발전은 기업이 순환경제 비즈니스 모델을 유익한 방향으로 확대할 수 있게 만든 핵심 추진력이다. 가치사슬이 순환적 실천을 지향할 때 경쟁과 힘의 역학 관계는 데이터 분석, 모바일, 첨단 재활용 기술 등과 같은 파괴적 기술을 통해 완전히 탈바꿈될 수 있다. 기술은 자원 흐름의 혁신을 주도하고, 소비자들을 참여시키며, 제품과 서비스 제공 방식의 급진적 변화를 가능하게 한다. 어떤 경우에는 가치사슬이 합쳐지고, 전통적인 가치사슬의 상류와 하류가 통합되기도 하는데, 이는 모두 기술 발전에 의해 가능하다. 최근 수행된 액센츄어의 조사에 의하면, 기업 중역들의 64%가 그들의 기업은 계속해서 현재 산업 내에서 성장하는 데 집중할 것이라고 말했지만, 60%는 향후 5년 내에 다른 산업이나 다른 산업과 함께하는 성장도 추구할 계획이라고 밝혔다.[7]

　이는 새로운 생태계와 이전과는 다른 경쟁자들을 의미한다. 통신 서비스를 제공하는 공공 기관, 홈 오토메이션home automation을 제공하는 IT 기업, 이동 서비스를 제공하는 자동차 회사 등 그 목록은 계속 늘어날 수 있다. 고객들이 상호 연결되어 더욱 강력해지고 까다로워지면서, 기업은 모든 영업 채널에서 고객들을 만나야 하고, 보다 큰 자유가 주어진 소셜 사용자 경험을 제공해야만 한다. 새로운 기술은 이전에는 연결된 적이 없던 가치사슬의 부분들을 연결시킨다. 이 모두는 다음과 같이 강조할 만한 직관적인 사실로 이어진다. 즉, 기업은 자신의 비즈니스에 중요한 과학, 공학, 디지털 기술 트렌드를 깊이 이해해야 하며, 이러한 트렌드들이 자신의 가치사슬을 어떻게 와해할 수 있는지도 이해해야 한다.

사실 기술은 꽤 뚜렷하게 특정 비즈니스 모델들에 연결되어 있다. 제품 수명 연장 모델이나 공유 플랫폼 모델, PaaS 비즈니스 모델은 실질적으로 디지털 기술 덕분에 성장하는 반면, 회수/재활용 모델과 순환 공급망 모델은 공학과 융합 기술 없이는 가능하지 않다. 특정 순환 모델을 지향하는 기업들은 그 모델이 어떤 기술을 요구하는지, 그 기술이 현재 자신들이 보유하고 있는지 아니면 새롭게 구축하거나 확보해야 하는지 등에 대해 평가해야 한다.

역량과 마찬가지로 순환 모델을 위한 적절한 기술 인프라를 구축하는 데는 다수의 전략적 옵션이 존재한다. 기술 인프라는 인수하거나, 조인트 벤처를 통해 획득되거나, 유기적인 투자를 통해 구축되거나, 파트너 기업들과의 협업을 통한 '대여' 방식으로 얻어질 수 있다. 많은 경우 자체적인 기술 인프라를 구축하려 하지만, 이는 비용이 많이 드는 옵션이다. 일례로 자체 IT 인프라 대신 소프트웨어 서비스와 클라우드 컴퓨팅 서비스가 좀 더 매력적일 수 있다. 물론 어떤 경우에도 적절한 데이터 정보 관리 시스템을 갖추는 것은 중요하다. 자원 관리자가 되고자 하는 기업이라면 전략을 짜고 실행하기 위해 가급적 많은 데이터를 확보할 수 있어야 하기 때문이다.

마지막으로 변화를 주도하는 데 CTO가 작성한 기술 로드맵과 순환 비즈니스 모델에 수반되는 요건들이 연결되도록 하는 것이 필수적이다. 기술, 지속가능성, 마케팅 부서 간의 협력은 어떤 유형의 혁신이 적절한지 고려하는 데 있어 결정적이다.

네 번째 질문.
역량

기업이 선택한 하나 이상의 비즈니스 모델에 따라 새로운 역량을 필요로 할 가능성은 매우 크다. 순환경제 모델을 채택할 때는 대체로 현재 있는 곳에서 가치사슬의 상류나 하류로 범위를 확장한다. 어떤 모델의 경우, 다른 유형의 재료를 구하기 위해 공급 업체들과 협력을 한다. 폐쇄 반복형 루프 생태계라면 자체 가치사슬에서 획득하기도 한다. 또 다른 모델들의 경우, 제품의 사용 단계에서 더욱 활발하게 활동하거나 제품의 수명 종료 시기에 소비자들을 참여시키기도 한다. 어떤 경우든 기업은 전통적으로 조직된 방식을 뛰어넘어 자신들의 핵심 역량을 확장시킬 필요를 느낀다.

새로운 역량 개발과 아울러 기업은 순환 비즈니스 모델에 이미 실행 중인 활동들을 맞출 필요도 있다. 예를 들어 제품 개발, 마케팅, 물류, 구매 등은 모두 순환 제품과 서비스 제공에 영향을 받는다. 그러므로 전사적으로 직원 모두가 순환경제의 필수 사항과 전략을 이해할 필요가 있다. 이케아의 지속가능성 부문 최고 책임자인 스티브 호워드Steve Howard 는 이를 다음과 같이 잘 요약했다. "한 방향으로 움직이는 효율적인 공급망을 구축하는 데만도 60년이 걸렸습니다. 아무리 빨라졌다고는 하나 양방향으로 움직이는 공급망을 구축하려면 최소한 6개월 이상 걸릴 겁니다."[8]

비즈니스 모델의 선택은 그 기업이 추구해야 하는 우선 역량이 어떤 것인지 상당 부분 알려줄 수 있다. 순환 공급망 모델은 협력적인 순환 네트워크를 관리하고, 자원 흐름을 중심으로 한 대외 구매 혁신과 이를 활성화시키기 위한 강력한 역량을 요구할 것이다. 순환 공급망 모델처럼 회수/재활용 모델도 자원 흐름의 혁신을 요구한다. 그러나 이 또한 다양한 종류의 대외 구매 역량을 요구하기도 한다. 제품 수명 연장 모델은 라이프사이클 전반에 걸쳐 가치를 창출하고 다수의 라이프사이클과 사용자들을 위한 디자인을 위해 제품 개발에 있어 혁신을 요구한다. 공유 플랫폼 모델을 사용하는 기업들은 판매와 제품 사용을 통해 파트너십 네트워크와 고객들을 관리하는 데 뛰어난 역량을 갖추어야 하며, PaaS 모델에 집중하는 기업들은 고객 중심 판매와 마케팅, 자산 라이프사이클 관리에서 강점을 보일 필요가 있다.

이렇게 자신에게 필요한 새로운 역량을 식별하고 나면, 전형적인 차이 분석gap analysis 을 통해 직접 구축하거나, 빌려오거나, 획득해야 하는 것에 대한 우선순위 목록을 구상한다. 순환 가치사슬에서 어느 부분을 사내에 두고 어느 부분을 외주로 돌려야 하는지에 대한 결정도 여기에 포함된다. 예를 들어 추적/회수 시스템과 관련된 기술이나 회수망을 갖추고 있지 않다면, 제3자와의 조인트 벤처를 통해 회수에 필요한 역량과 기술을 구축할 수 있다.

차이 분석이 끝난 후 이를 현실로 만드는 데 필요한 새로운 비즈니스 아이디어들과 새로운 역량을 나열한 긴 목록을 만들게 될 것이다. 여기서 현명한 계획이 필요하다. 디자인에서부터 제조, 소매, 역물류에 이르기까지 가치사슬의 각 연결점들을 따라 새로운 접근법을 시험하고 학습하는 것이 어떤 기업들에게는 가장 효과적일 것이다. 또 어떤 기업들에게는 한정된 역량 몇 가지에 집중하고 이를 마스터하는 것이 최상의 전략이 될 것이다. 어떤 것이 됐든 역량을 구축하는 데는 필수적으로 자금과 시간이 소요된다. 역량이 복잡하고 혁신적일수록 투자를 회수하는 데 보다 긴 시간이 소요될 것이다. 초기 자본 투자를 한꺼번에 감당할 수 없다면, 장기적인 변화를 위한 자금을 확보하기 위해 단기적인 수익원을 찾는 데 집중해야 할 것이다.

이케아는 새로운 콘셉트를 시범적으로 시행한 후, 고객에게 최상의 가치를 창출하고 수익을 발생할 기회가 가장 큰 곳에 먼저 적용하는 등 이를 특히 잘 실행한다. 이케아의 스티브 호워드는 이렇게 말했다. "각 국가들에게는 새로운 프로젝트를 시작할 자유와 융통성이 주어졌습니다. 프랑스에서는 한 매장에서 시험한 후 전국적으로 확대 시행을 했습니다. 이렇듯 우리는 시범 사례와 우수 사례들을 통해 확장의 기회를 엿보고 있습니다."[9]

여러 프로젝트들을 많이 시험해보는 것이 좋을 거라는 생각에 솔깃할 수 있지만, 이는 개별 프로젝트별로 배당 예산과 관심이 너무 적어 비즈니스 모델이 필요로 하는 역량을 효과적으로 수행하기 어렵게 만들 수 있다. 사실 시간이나 인력, 자금 등의 실질적인 자원 투입이 필요한 점을 고려하면, 신속하게 확장할 수 있는 프로젝트에 자원을 배당함으로써 수익 창출이나 비용 절감 등의 형태로 자체적으로 자금을 조달하는 게 좋다. 궁극적으로 기업이나 산업 특유의 요인들이 이러한 역량이 어떻게 개발되고 획득되어야 하는지 결정할 것이다. 중요한 점은, 현재의 비즈니스에 얽매이지 않는 환경에서, 인력들이 다른 우선순위나 목표에 얽매이지 않는 환경에서, 이러한 역량이 개발되고 드러날 수 있다는 것이다.

최근 여러 산업에서 나타나는 트렌드로 물가위험관리 Commodity Price Risk Management, CPRM 도구를 개발하는 것을 들 수 있다.[10] 오늘날 시장 환경에서는 물가에 대한 노출이 종종 기업을 위험한 상황에 처하게 만들기도 한다. 식품 회사에서 항공사, 자동차 제조사, 건설 회사에 이르기까지 물가 변화는 이윤 추구에 있어 가장 변동이 심한 요소다. 역사적으로 이러한 물가 움직임은 구매 기능으로 관리되어왔다.

그런데 최근 시장을 선도하는 기업들은 물가 위험을 사전에 관리하기 위해 에너지 산업계의 정교한 물가 관리 접근법 등을 모델로 전문 CPRM 역량을 개발하고 있다. 이들에게 CPRM은 단순히 위험을 통제하고 필요 자본이 어느 정도인지 결정하는 것에 그치지 않는다. 그보다는 위험과 수익 사이의 가장 타당한 상쇄점을 결정함으로써 자신의 이익을 극대화시키려는 적극적인 비즈니스 접근법이라 할 수 있다.

자원의 수요/공급 불균형의 세계에 들어가면 특수 CPRM을 개발하는 것이 타당하다. 물론 동시에 기업들은 재무성과를 문제가 많은 상품들로부터 가능한 한 전적으로 분리할 필요도 있다.

마지막으로 자신이 속한 산업이 순환 원칙을 채택하도록 기여하고자 하는 기업들은 그들의 대외 홍보나 정책 지원 역량을 개선할 필요가 있다. 비즈니스 개발, 투자, 고객 참여, 정책 발전 등에 대한 구심점과 역동적인 생태계가 될 수 있는 적절한 협회나 파트너와 관계를 맺는 것도 중요하다.

다섯 번째 질문.
타이밍

　가장 매력적인 순환 기회 중 어떤 것은 추진하는 데 시간과 자원이 필요하다. 순환경제로의 이동은 너무나 엄청난 것이기에 '불타는 갑판burning platform' 상황이 닥치면 이미 너무 늦었을지 모른다. 에어비앤비의 성장을 한번 생각해보자. 95년의 역사를 가진 업계 선두인 힐튼Hilton 호텔 체인이 가진 객실 수와 같아지기까지 2008년에서 2014년까지 불과 6년의 시간이 걸렸다.[11] 이를 좀 더 극적으로 말한 것이 에어비앤비의 설립자이자 CEO인 브라이언 체스키Brian Chesky의 2014년 1월 트위터 메시지다. "메리어트Marriott는 올해 3만 개의 객실을 늘리려고 합니다. 하지만 우리는 향후 2주 안에 그만큼 늘릴 것입니다."[12] 건물을 많이 지어 수용력을 확대하는 것이 아니라, 모바일 기술과 소셜 네트워크를 활용해 구축된 환경에 있는 기존의 낭비되던 수용력을 보다 현명하게 활용함으로써 달성될 수 있다. 에어비앤비 등의 기업들이 보여준 와해의 속도는 아직 현실이 되기 전이라도 미래 가능성에 대한 준비 작업을 해두는 것이 중요함을 보여준다. 그런데 기업들에게 선택권도 주고 탄력성도 주는 포트폴리오를 구축하기 위해서는 순환경제 접근법의 채택 시점을 언제로 잡아야 할까?

　어려운 질문이다. 쉽게 대답할 수 없는 질문이다. 단기적으로는 경제적으로 별 타당성이 없는 순환경제를 향해 전진하려면 기업이 해야 할 것들이 많다. 새로운 비즈니스 모델을 성공시키기 위해 기술과 역량, 시장 선도력 등을 구축하려면 시간이 상당히 걸리기 때문에 기업의 이런 역할은 장기적인 관점으로 봐야 한다. 하지만 문제는 그동안 자원 공급과 가격이 어떻게 변할지 아무도 모른다는 사실이다. 게다가 자원 관점을 한물간 것으로 만들 비즈니스 모델과 기술 혁신이 언제 밀려올지 알 수 없기에 투자와 시장 진입 시점을 정확히 고르는 것은 불가능하다.

순환경제를 향해 이동하는 과정에서 새로운 비즈니스 모델, 역량, 기술, 기존 산업의 와해, 새로운 정책 등 타이밍을 맞추어야 할 복잡한 이슈들이 많다. 변화의 속도와 방향을 설정하는 데 있어 고려해야 하는 불확실성과 조정을 해야 하는 가변적인 요소들도 있다. 그러다 보니 산업 전체에 적용될 수 있는 획일적인 타이밍을 제시하는 것은 불가능하다.

그렇긴 하지만 얼마나 빨리, 공격적으로 움직여야 하는지 구상하는데 도움이 되는 매트릭스 개념은 있다. 〈표 10〉에서 보듯이 이 매트릭스의 한 축은 버려진 자원과 내재가치에 대한 기업의 노출도(낮음/높음)를 보여주고, 다른 축은 기업이 속한 시장에서 버려진 역량과 라이프사이클의 수준(낮음/높음)을 보여준다. 매트릭스의 어느 지점에 해당하는지는 얼마나 긴박하게 대응해야 하는지 보여주는 지표가 될 수 있다.

예를 들어 금융 서비스 회사가 좌측 하단 코너에 해당한다면, 그 기업의 포트폴리오 중 일부에서는 금융 투자 상품이나 투자 기업들에 대한 파괴력으로서 순환을 고려해볼 가치가 있다고 할지라도, 순환경제로의 이동이 그렇게 긴박한 상황은 아니다. 반대로 자동차 부문은 자원 폐기에 대한 노출이 높고 버려진 역량과 라이프사이클의 정도도 높아 우측 상단에 위치하게 된다. 접객업이나 일부 소비재 산업의 경우 자원 제약 이슈는 낮지만 시장에서의 폐기물 정도가 높아 우측 하단에 위치하게

표 10. 순환 비즈니스 모델로의 전환 타이밍 매트릭스

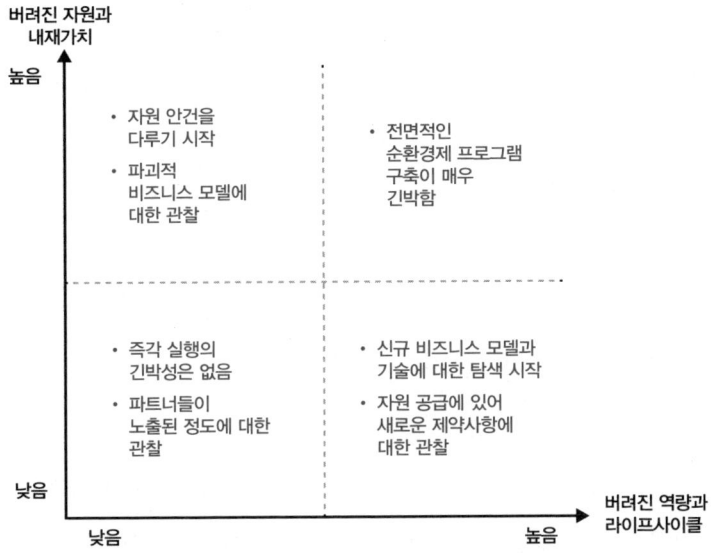

된다. 마지막으로 물류와 항공 산업과 같은 좌측 상단에 위치하는 산업들은 어떤 기업이 새로운 순환 솔루션의 돌파구를 찾는다면 극적으로 와해될 수 있다. 이러한 도전의 본질은 저마다의 전후 사정에 달려 있으며, 이것이 적절한 대응과 타이밍을 좌우한다.

기업 행동에 대한 타이밍에 있어 또 다른 중요한 면은 선도자로서의 이점(기술 리더십의 구축, 희소 자원 공급의 확보, 전환 장벽의 구축, 잠재된 고객 니즈 해결)과 불리한 점(무임승차 효과, 잘못된 기술에 투자, 역량 구축 실패, 호의적이지 않은 정책) 사이에서 미묘한 균형을 맞추는 것이다. 선도자 이점의 잠재성을 크게 하면 할수록 후발주자가 치러야 할 위험도 더욱 커진다. 공유 플랫폼 모델에서는 이베이의 성공이 보여주었듯이 시장을 활성화하는 인프라와 기술을 공급하는 데 있어 상당한

선도자의 이점이 있다. 인프라를 갖추었다는 것은 다른 기업들이 진입하는 데 높은 장벽이 되며, 제품의 사용 단계에서 수집된 데이터를 확보하는 데에도 상당한 이득이 된다. 이처럼 '승자 독식' 시장에서는 기업들이 초기에 시장에 진입하려고 한다.

위의 사례를 일반적으로 대규모 R&D 및 자본 투자를 필요로 하고 성숙해지면 시장 지위를 보호하기 쉽지 않은 순환 공급망 모델과 비교해보라. 자신이 시장의 리더이면서 적절한 유형의 동맹을 맺고 있다면, 앞으로 전진하는 것이 맞다. 그러나 그렇지 않다면 기다리면서 다른 기업에게 위험을 맡기는 편이 올바른 선택일 수 있다. 자동차 산업을 예로 들어보자. 어떤 기업들은 에탄올에 '전부'를 걸었다. 하지만 에탄올이 2, 3년 후에 총애를 잃게 되었을 때 이들은 시장이 진정으로 지향하는 전기 차나 하이브리드 자동차 등의 개발에서 뒤쳐져 있음을 깨닫게 될 것이다. 이들은 초기에 오로지 한 분야에만 집중했기 때문에 타이밍을 제대로 잡지 못한 것이다. 사실 전략적인 행동에 대한 탄력성이 없으면, 다른 옵션으로 전환하는 게 어려울 수밖에 없다. 이러한 도전은 순환경제에만 고유한 것은 아니지만, 타이밍 결정에 있어 대단히 중요한 측면이다.

결국 순환적이면서도 동시에 고객에게도 동반 이익이 되는 솔루션이 우세한 솔루션이 될 것이다.

타이밍을 고려할 때 다임러나 카투고처럼 독립된 순환경제 비즈니스로 시작할 수도, 이케아처럼 핵심 비즈니스에 큰 변화를 가할 수도 있다. 때론 비즈니스 전반적으로 순환성을 점차 향상시켜가면서도, 일부 영역에서는 빠른 속도와 확장력을 가지고 선별적인 '전면전'을 치르는 투 트랙 전략을 펼칠 필요가 있다. 사실 올바른 결정은 그 기업의 고객, 파트너, 제품, 조직 문화 등을 두루 대입한 방정식이라 할 수 있다.

- **고객**

    순환 제품을 찾는 고객 그룹이나 새로운 시장이 있다면, 기업은 기존 고객들에게 변화를 설득하기 전에 그 시장부터 포착할 수 있다. 반면에 현재 고객들이 순환 제품에 더 관심이 있다면 핵심 비즈니스에서 바로 출발하는 것이 합당하다.

- **제품**

    순환 제품이 기존 제품에 가치를 부가한다면, 이는 실질적으로 기존 비즈니스를 바꾸고 있는 것이다. 반면에 순환 제품이 전적으로 다른 제품이라면, 이는 다른 유형의 수요를 다룬다는 의미이기에 신규 비즈니스를 통해 지원하는 편이 좋다.

- **문화**

    기존 조직에 변화를 가할 때 더 많은 저항에 부딪치면 부딪칠수록 신중하고 고립된 방법으로 시작하는 것이 현명하다.

솔직히 말해 순환경제 자체도 채택하기 어려운 마당에, 적절한 타이밍을 정하는 것은 쉽지 않은 일이다. 이는 경영자들에게 모든 부서와 전체 가치사슬, 전체 산업을 총망라해 생각할 것을 요구하는데, 많은 이들이 제대로 해내지 못하는 게 현실이다. 또한 이는 핵심 비즈니스에서 이윤을 추구하는 일반적인 비즈니스 통념에 도전하고, 조직의 DNA를 근본적으로 바꾸어야 가능한 일이기도 하다.

로열 DSM의 CEO인 페이케 시베즈마는 이 원칙들을 수용하고 순환경제를 위해 채택해야 하는 사고방식을 다음과 같이 요약한다. "이는 사회, 환경, 경제라는 3개의 관점에서 동시에 가치를 창조해야 한다는 DSM의 목표와 전적으로 부합됩니다. 다시 말해 사람, 지구, 수익입니다. 조직과 가치사슬을 변화시키고 순환경제를 위한 경쟁력 있는 솔루션을 개발하기 위한 역량을 구축하려면 시간이 걸린다는 점은 분명합니다. 그러므로 시작을 위한 최적의 타이밍은 바로 지금입니다!"[13]

최적의 타이밍은 지금이다

순환경제로의 전환이 대부분의 조직들에게 벅찰 수 있음을 우리는 이 책 전체를 통해 보여주었다. 반면 많은 기업들이 겪은 구체적인 경험을 통해 노력하는 것 이상의 가치가 내재하고 있다는 것도 보여주었다. 사실 순환경제는 세계 경제의 지속적인 생존을 위해 반드시 필요하다. 사람과 지구의 희생을 요구하지 않고도 세계 번영과 고용, 성장을 가져다주기 때문이다.

점점 더 많은 기업들이 순환경제 원칙을 채택함으로써 진정한 비교우위를 획득해가고 있다. 이들은 전략, 기술, 운영 측면에서 진정한 변화를 만들어내며, 자원 효율성과 고객 가치 모두에 있어 혁신을 추진함으로써 경쟁자들을 앞지르고 있다. 조용한 혁명이 이미 진행되고 있는 것이다.

지난 250년 넘게 유용했던 현재의 성장 모델은 더 이상 지속할 수 없다. 훨씬 많아진 세계 인구의 급격한 수요 증가, 기업의 환경 발자국 감소에 대한 고객과 정책의 요구, 심화되는 자원 희소성, 더 이상 제어가 안 되는 폐기물, 기후 변화 등 이 모두가 총체적으로 선형경제 모델에 대한 사망 기사를 쓰고 있다. 이는 역으로 순환경제의 밝은 미래를 제시하고 있기도 하다.

순환경제를 언제 시작해야 할지 고민한다면 지금보다 더 좋은 타이밍은 없다고 확신한다. 지금부터 선형 모델을 역사 속으로 보내야 하는 동기에 대한 분명한 이해를 바탕으로 신규 비즈니스 모델과 기술, 역량에 전념해 선제적인 전략을 개발함으로써 탁월한 가치를 창출하고 향후 10년, 아니 그 이상의 순환 우위를 확보할 수 있는 혁신을 이룰 수 있다.

순환경제로 가는 여정에 건투를 빈다!

부록 1

방법론

이 책에 제시된 아이디어들의 개발은 세계경제포럼의 차세대 글로벌 리더(YGL)의 멤버들이었던 피터 레이시와 데이비드 로젠버그가 혁신과 새로운 비즈니스 모델에 초점을 맞춘 YGL 순환경제 태스크포스를 시작했을 때인 2010년에 시작되었다. 그 후 몇 년 동안 마크 볼랜드Marc Bolland, 엘렌 맥아더, 군터 파울리, 렌 사우어스Len Sauers, 존 워너John Warner를 비롯하여 다양한 전문가들과 리더들이 태스크포스 강연회에 참여하며 활기를 띠기 시작했다. 그러다가 2012년에 제이콥 뤼비스트가 태스크포스의 부의장으로 합류하면서 순환경제를 위한 실용 지침서를 개발하자는 아이디어가 구체화되었다. 이는 순환경제에서 성공을 정의하는 것이 무엇이며, 이를 성취하는 가장 좋은 방법은 무엇인지 등에 대한 본격적인 논의로 발전했다.

연구와 분석의 대부분은 미국, 스웨덴, 네덜란드, 독일, 인도, 중국의 액센추어 직원들을 포함한 글로벌 팀의 연구 결과를 순환경제의 경제적 시사점을 계산하기 위한 모델 개발과 인터뷰, 사례 분석 등과 결합했을 때인 2013년과 2014년에 이루어졌다. 이 모델은 천연자원의 수요와 공급, 생태계 관리, 인구와 경제 성장에 대한 기존 연구물들을 활용했다. 현재의 조사를 과거 데이터나 예측 자료와 결합한 이 모델은 기술 개발과 같은 변수들에 따라 조정하면서 천연자원의 수요와 공급을 예측했다. 이 모델은 기존 방식을 유지할 때 자원에 대한 과잉 수요의 규모, 아무 것도 하지 않을 때의 경제적인 결과, 급진적으로 수요를 감소시키기 위해 순환경제 솔루션을 실행하는 경제적 기회 등을 평가하는 데 사용되었다. 그 데이터 결과값은 부록 2에 실었다.

사례 연구에 있어 우리는 확장성과 검증된 상업적 성공에 집중했다. 대체로 120개의 사례가 깊이 분석되었고, 유럽과 북미에 집중하긴 했지만 모든 대륙의 사례를 다루었다. 이 사례들 중 65개는 대기업이었고, 35개는 중간 규모의 기업이었으며, 20개는 혁신적인 스타트업 기업들이었다. 사례 분석을 보완하기 위해 우리는 고위급 중역들이나 전문가들과의 심층 인터뷰를 50회 이상 진행했으며, 이는 이 책 전반에 반영되어 있다. 사례 연구와 인터뷰를 통해 얻은 조사 결과는 이 각각을 뒷받침하는 비즈니스 모델, 역량, 기술 등을 파악하기 위해 구조 분석 과정을 거쳤다. 그 결과 5개의 순환 비즈니스 모델와 각 모델에 상응하는 대표 사례들을 찾을 수 있었다.

모델링에서 추출한 데이터

다음의 도표들은 한정 자원과 에너지에 대한 미래의 초과 수요에 따른 순환경제의 기회와 함께 자원 수요와 공급을 측정하기 위해 분석한 핵심 데이터 중 일부를 담고 있다. 이 데이터들을 공개하는 이유는 명료성을 위해, 그리고 세부 수치에 관심이 있는 독자들을 위해서이다.

이 분석에서의 핵심은 DMC, 즉 '국내 물질 소비Domestic Material Consumption' 척도다. 즉, 한 국가나 전 세계의 물질과 에너지 자원 사용량을 톤으로 측정했다. 우리는 전체 DMC 척도와 '한정 자원'에만 국한된 척도를 모두 사용했는데, 후자는 희소 자원의 사용을 대표한다. 일례로 모래나 자갈과 같은 물질은 여기서 제외되었다. 이러한 이유로 '한정 자원'에 대한 수요와 공급 예측은 전체 DMC 수요와 공급이 아니라 한정 물질과 에너지만을 부분적으로 합한 것으로 해석되어야 한다. 전체 DMC는 새로운 순환적, 비한정적 자원이 개발되고 사용되면 상당히 높아질 수 있다.

표 11. 순환경제 비즈니스 모델에 의한 세계 경제 추가 생산 (GDP, 조 달러)

연도	기준치	낙관치	기대치
2020	1.6	1.3	1.5
2025	3.6	1.9	2.7
2030	6.3	2.6	4.5
2035	12.1	3.5	7.8
2040	18.4	4.6	11.5
2045	26.0	6.5	16.2
2050	41.0	9.6	25.3

출처_ 자원 수요와 공급 예측 데이터, 생산량 탄력성에 기초한 액센츄어 분석

표 12. 에너지를 포함한 한정 천연자원에 대한 초과 수요 (DMC, 10억 톤, 2015~2050)

연도	기준치	낙관치	기대치
2015	0	0	0
2020	4	3	3
2025	8	4	6
2030	12	5	9
2035	20	6	13
2040	29	6	18
2045	38	8	23
2050	48	10	29

출처_ 생산 성장, 발자국 강도, 생태용량 사용 예측치에 근거한 액센츄어 분석

표 13. 자원 공급 부족에 대한 생산량 탄력성

자원 공급 부족 한계치	20%	50%	75%	90%
생산량(GDP) 탄력성	0.33	0.37	0.43	0.55

출처_ 액센츄어 분석.
세계은행의 '국가의 부는 어디에 있는가 Where is the Wealth of Nations?', 세계은행 출판, 2006년, http://siteresources.worldbank.org/INTEEI/214578-1110886258964/20748034/All.pdf.
가엘 지로드 Gaël Giraud 와 제이너 카흐라만 Zeyner Kahraman 의 '1차 에너지를 통한 성장 의존도는 어느 정도인가? 50개국의 에너지 생산량 탄력성 How Dependent is Growth from Primary Energy? Output Energy Elasticity in 50 Countries (1970-2011)', 파리경제학교 Paris School of Economics, 2014년 4월 10일, http://www.parisschoolofeconomics.eu/IMG/pdf/article-pse-medde-juin2014-giraud-kahraman.pdf.

표 14. 분석에 사용된 인구와 생산량 예측 데이터 (1961~2050)

연도	1961	1962	1963	1964	1965	1966	1967	1968	1969	1970
세계 기준 인구 (10억)	3.1	3.1	3.2	3.3	3.4	3.4	3.5	3.6	3.6	3.7
세계 기준 GDP (1조 달러)	9.0	9.5	9.9	10.6	11.1	11.7	12.1	12.8	13.5	14.2

연도	1971	1972	1973	1974	1975	1976	1977	1978	1979	1980
세계 기준 인구 (10억)	3.8	3.9	3.9	4.0	4.1	4.2	4.2	4.3	4.4	4.5
세계 기준 GDP (1조 달러)	14.8	15.5	18.0	16.8	17.0	17.9	18.6	19.4	20.1	22.3

연도	1981	1982	1983	1984	1985	1986	1987	1988	1989	1990
세계 기준 인구 (10억)	4.5	4.6	4.7	4.8	4.9	4.9	5.0	5.1	5.2	5.3
세계 기준 GDP (1조 달러)	22.7	23.0	23.6	24.6	25.5	26.3	27.2	28.4	29.3	29.8

연도	1991	1992	1993	1994	1995	1996	1997	1998	1999	2000
세계 기준 인구 (10억)	5.4	5.5	5.5	5.6	5.7	5.8	5.9	5.9	6.0	6.1
세계 기준 GDP (1조 달러)	30.1	30.3	30.7	31.5	32.6	33.7	34.9	35.6	33.9	35.5

연도	2001	2002	2003	2004	2005	2006	2007	2008	2009	2010
세계 기준 인구 (10억)	6.2	6.2	6.3	6.4	6.5	6.6	6.6	6.7	6.8	6.9
세계 기준 GDP (1조 달러)	36.5	37.8	39.5	41.5	43.6	46.1	48.7	50.3	50.4	53.2

연도	2011	2012	2013	2014	2015	2016	2017	2018	2019	2020
세계 기준 인구 (10억)	6.9	7.0	7.1	7.2	7.3	7.3	7.4	7.5	7.6	7.6
세계 기준 GDP (1조 달러)	55.5	57.4	59.1	60.8	62.5	64.3	66.1	68.0	70.0	72.0

연도	2021	2022	2023	2024	2025	2026	2027	2028	2029	2030
세계 기준 인구 (10억)	7.7	7.8	7.8	7.9	8.0	8.1	8.1	8.2	8.3	8.3
세계 기준 GDP (1조 달러)	74.0	76.2	78.3	80.6	82.9	85.3	87.7	90.2	92.8	95.5

연도	2031	2032	2033	2034	2035	2036	2037	2038	2039	2040
세계 기준 인구 (10억)	8.4	8.4	8.5	8.6	8.6	8.7	8.7	8.8	8.8	8.9
세계 기준 GDP (1조 달러)	98.2	101.0	103.9	106.9	109.9	113.1	116.3	119.6	123.1	126.6

연도	2041	2042	2043	2044	2045	2046	2047	2048	2049	2050
세계 기준 인구 (10억)	8.9	9.0	9.1	9.1	9.1	9.2	9.2	9.3	9.3	9.4
세계 기준 GDP (1조 달러)	130.2	133.9	137.8	141.7	145.8	149.9	154.2	158.6	163.2	167.8

출처_ 엑센추어 분석.
연도별 GDP(1961~2013) : 컨퍼런스 보드의 '총 경제 데이터베이스 : 주요 결과', 2014년 1월 http://www.conference-board.org/elata/economydatabase/.
인구 : 미국 통계국 US Census Bureau, '국제 데이터베이스 International Data Base', 2014년 12월 23일 접속 기준. https://www.census.gov/population/international/data/idb/informationGateway.php.

표 15. 세계 발자국 강도 및 생태용량 사용 (2013~2050)

연도	2013	2014	2015
발자국 강도 (DMC 1톤당 생태 발자국 면적, 헥타르)	0.42	0.42	0.42
생태용량 사용 (10억 생태 발자국 면적, 헥타르)	20	20	20

연도	2016	2017	2018	2019	2020
발자국 강도 (DMC 1톤당 생태 발자국 면적, 헥타르)	0.41	0.41	0.41	0.40	0.40
생태용량 사용 (10억 생태 발자국 면적, 헥타르)	20	20	20	20	20

연도	2021	2022	2023	2024	2025
발자국 강도 (DMC 1톤당 생태 발자국 면적, 헥타르)	0.40	0.39	0.39	0.39	0.39
생태용량 사용 (10억 생태 발자국 면적, 헥타르)	20	20	20	19	19

연도	2026	2027	2028	2029	2030
발자국 강도 (DMC 1톤당 생태 발자국 면적, 헥타르)	0.38	0.38	0.38	0.37	0.37
생태용량 사용 (10억 생태 발자국 면적, 헥타르)	19	19	19	19	19

연도	2031	2032	2033	2034	2035
발자국 강도 (DMC 1톤당 생태 발자국 면적, 헥타르)	0.37	0.37	0.36	0.36	0.36
생태용량 사용 (10억 생태 발자국 면적, 헥타르)	18	18	18	17	17

연도	2036	2037	2038	2039	2040
발자국 강도 (DMC 1톤당 생태 발자국 면적, 헥타르)	0.35	0.35	0.35	0.35	0.34
생태용량 사용 (10억 생태 발자국 면적, 헥타르)	17	16	16	16	15

연도	2041	2042	2043	2044	2045
발자국 강도 (DMC 1톤당 생태 발자국 면적, 헥타르)	0.34	0.34	0.34	0.33	0.33
생태용량 사용 (10억 생태 발자국 면적, 헥타르)	15	15	14	14	14

연도	2046	2047	2048	2049	2050
발자국 강도 (DMC 1톤당 생태 발자국 면적, 헥타르)	0.33	0.33	0.32	0.32	0.32
생태용량 사용 (10억 생태 발자국 면적, 헥타르)	13	13	13	12	12

출처_ 예측 : 액센츄어 분석.
기록 데이터 : 국제생태발자국네트워크의 '데이터와 결과 Data and Results : 국가 발자국 계정 National Footprint Accounts', 2014년 12월 23일 접속 기준. http://www.footprintnetwork.org/ar/index.php/ GFN/page/footprint_data_and_results/.

표 16. 기존 자원 수요 (DMC, 10억 톤, 1961~2050)

연도	1961	1962	1963	1964	1965	1966	1967	1968	1969	1970
바이오매스	9	9	10	10	10	11	11	11	11	11
화석 에너지 매체	4	5	5	5	5	6	6	6	6	6
광석 및 공업용 광물	2	2	2	2	2	2	2	2	2	3
건축용 광물	4	5	5	5	6	6	6	6	7	7

연도	1971	1972	1973	1974	1975	1976	1977	1978	1979	1980
바이오매스	12	12	12	12	13	13	13	13	13	13
화석 에너지 매체	7	7	7	7	7	8	8	8	8	8
광석 및 공업용 광물	3	3	3	3	3	3	3	3	3	3
건축용 광물	7	8	8	8	8	9	9	10	10	10

연도	1981	1982	1983	1984	1985	1986	1987	1988	1989	1990
바이오매스	14	14	14	15	15	16	16	16	16	17
화석 에너지 매체	8	8	8	9	9	9	9	9	10	10
광석 및 공업용 광물	3	3	3	3	3	3	3	4	4	4
건축용 광물	10	10	10	11	11	11	12	12	12	12

연도	1991	1992	1993	1994	1995	1996	1997	1998	1999	2000
바이오매스	16	17	17	17	17	17	17	17	18	18
화석 에너지 매체	9	9	9	9	10	10	10	10	10	10
광석 및 공업용 광물	4	4	4	4	4	4	4	4	4	4
건축용 광물	13	13	14	15	15	16	16	16	17	17

연도	2001	2002	2003	2004	2005	2006	2007	2008	2009	2010
바이오매스	18	18	18	19	19	19	20	20	20	21
화석 에너지 매체	10	10	11	11	12	12	12	13	13	14
광석 및 공업용 광물	4	5	5	5	6	6	6	7	7	7
건축용 광물	18	19	20	22	23	25	26	27	28	30

연도	2011	2012	2013	2014	2015	2016	2017	2018	2019	2020
바이오매스	21	22	22	22	22	23	23	23	23	24
화석 에너지 매체	14	14	14	15	15	15	15	16	16	16
광석 및 공업용 광물	7	7	8	8	8	8	8	9	9	9
건축용 광물	32	33	34	35	37	38	39	41	42	44

연도	2021	2022	2023	2024	2025	2026	2027	2028	2029	2030
바이오매스	24	24	24	25	25	25	25	25	26	26
화석 에너지 매체	16	17	17	17	18	18	18	18	19	19
광석 및 공업용 광물	9	10	10	10	10	11	11	11	12	12
건축용 광물	45	47	49	51	52	54	56	58	60	62

연도	2031	2032	2033	2034	2035	2036	2037	2038	2039	2040
바이오매스	26	26	27	27	27	28	28	28	28	29
화석 에너지 매체	19	20	20	20	21	21	21	22	22	22
광석 및 공업용 광물	12	12	13	13	13	14	14	15	15	15
건축용 광물	63	65	66	68	69	71	73	74	76	77

연도	2041	2042	2043	2044	2045	2046	2047	2048	2049	2050
바이오매스	29	29	29	30	30	30	31	31	31	32
화석 에너지 매체	23	23	24	24	24	25	25	26	26	26
광석 및 공업용 광물	16	16	17	17	18	18	18	19	19	20
건축용 광물	79	80	82	83	85	86	88	89	91	92

출처_예측 : 액센츄어 분석.

역사 데이터(1961~2010): 프리돌린 크라우스만, 시모네 깅그리치, 니나 아이젠맹거, 칼-하인즈 에르브, 헬무트 하베를, 마리나 피셔-코왈스키, '20세기 세계 물질 사용, GDP, 인구의 성장', 《생태 경제학》, 68(10), 2009년 8월 15일.

인게 샤프트르지크Anke Schaffartzik, 안드레 마이어Andreas Mayer, 시모네 깅그리치, 니나 아이젠맹거, 크리스찬 로이Christian Loy, 프리돌린 크라우스만, '글로벌 메터불릭 트랜지션The global metabolic transition : 국지 물질 흐름의 지역별 유형 및 트렌드 Regional patterns and trends of global material flows, 1950~2010, 《세계 환경 변화 Global Environmental Change》, 26권, 2014년 5월. http://www.sciencedirect.com/science/article/pii/S095937801400065X.

표 17. 2050 시나리오상의 총 자원 공급과 하나의 지구 경제 (DMC, 한정자원, 10억 톤, 2013~2050)

연도	2013	2014	2015	2016	2017	2018	2019	2020
기준치	47	48	49	49	49	49	49	50
낙관치	47	48	49	49	49	49	49	50

연도	2021	2022	2023	2024	2025	2026	2027	2028	2029	2030
기준치	50	50	50	50	50	50	50	50	50	50
낙관치	50	52	50	51	51	51	51	51	52	52

연도	2031	2032	2033	2034	2035	2036	2037	2038	2039	2040
기준치	50	49	49	48	48	47	46	46	45	45
낙관치	52	52	51	51	51	51	50	50	50	50

연도	2041	2042	2043	2044	2045	2046	2047	2048	2049	2050
기준치	44	43	43	42	41	40	40	39	38	37
낙관치	49	49	48	48	48	47	47	46	46	45

출처_ 발자국 강도 및 생태용량 사용 추정치에 근거한 엑센추어 분석

표 18. 분석에 사용된 기준 물질 강도 (kg/달러, 2010~2050)

연도	2010	2011	2012	2013	2014	2015	2016	2017	2018	2019
바이오매스	0.39	0.39	0.38	0.37	0.37	0.36	0.35	0.35	0.34	0.33
화석 연료	0.25	0.25	0.25	0.24	0.24	0.24	0.24	0.23	0.23	0.23
광석 및 공업용 광물	0.13	0.13	0.13	0.13	0.13	0.13	0.13	0.13	0.13	0.13
건축용 광물	0.57	0.57	0.57	0.58	0.58	0.59	0.59	0.59	0.60	0.60
평균	1.34	1.34	1.33	1.32	1.32	1.31	1.31	1.30	1.30	1.29

연도	2020	2021	2022	2023	2024	2025	2026	2027	2028	2029
바이오매스	0.33	0.32	0.31	0.31	0.30	0.30	0.29	0.29	0.28	0.28
화석 연료	0.22	0.22	0.22	0.22	0.21	0.21	0.21	0.21	0.20	0.20
광석 및 공업용 광물	0.13	0.13	0.13	0.13	0.12	0.12	0.12	0.12	0.12	0.12
건축용 광물	0.61	0.61	0.62	0.62	0.62	0.63	0.63	0.64	0.64	0.65
평균	1.28	1.28	1.28	1.27	1.27	1.26	1.26	1.25	1.25	1.25

연도	2030	2031	2032	2033	2034	2035	2036	2037	2038	2039
바이오매스	0.27	0.27	0.26	0.26	0.25	0.25	0.24	0.24	0.23	0.23
화석 연료	0.20	0.20	0.19	0.19	0.19	0.19	0.18	0.18	0.18	0.18
광석 및 공업용 광물	0.12	0.12	0.12	0.12	0.12	0.12	0.12	0.12	0.12	0.12
건축용 광물	0.64	0.64	0.64	0.63	0.63	0.63	0.62	0.62	0.62	0.61
평균	1.24	1.22	1.21	1.20	1.19	1.18	1.17	1.16	1.15	1.14

연도	2040	2041	2042	2043	2044	2045	2046	2047	2048	2049	2050
바이오매스	0.22	0.22	0.22	0.21	0.21	0.20	0.20	0.20	0.19	0.19	0.19
화석 연료	0.18	0.17	0.17	0.17	0.17	0.17	0.16	0.16	0.16	0.16	0.16
광석 및 공업용 광물	0.12	0.12	0.12	0.12	0.12	0.12	0.12	0.12	0.12	0.12	0.12
건축용 광물	0.61	0.60	0.59	0.59	0.58	0.57	0.57	0.56	0.55	0.55	0.54
평균	1.13	1.11	1.10	1.09	1.07	1.06	1.05	1.04	1.02	1.01	1.00

출처_ 예측 : 액센츄어 분석
물질 사용 역사 데이터(1961~2010): 프리돌린 크라우스만, 시모네 깅그리치, 니나 아이젠멩거, 칼-하인즈 어브, 헬무트 하버르, 마리나 피셔-코왈스키, '20세기 세계 물질 사용.
GDP. 인구의 성장". 〈생태 경제학〉, 68(10), 2009년 8월 15일.
연도별 GDP(1961~2013) : 컨퍼런스 보드의 '총 경제 데이터베이스 – 주요 결과'. 2014년 1월. http://www.conference-board.org/elata/economydatabase/.

주석

핵심 요약

1. Accenture analysis based on World Bank data.(Pink sheets)
2. Macrotrends website, 'Crude Oil Price History Chart', accessed December 10, 2014, http://www.macrotrends.net/1369/crude-oil-price-history-chart.
3. 'World Poverty Statistics', Statistic Brain, accessed November 20, 2014, http://www.statisticbrain.com/world-poverty-statistics/.
4. MyWays website, accessed December 1, 2014, https://www.myways.com/
5. http://www.forbes.com/sites/stevenbertoni/2014/08/20/how-mixing-dataand-fashion-can-make-rent-the-runway-techs-next-billion-dollar-star/
6. SKF Group, 'SKF launches SKF Insight™, groundbreaking intelligent bearing technology', April 8, 2013, http://www.skf.com/group/news-and-media/newssearch/2013-04-08-skf-launches-skf-insight-groundbreaking-intelligent-bearingtechnology.html.
7. Drawing on primary and secondary research, Accenture analyzed more than 120case studies on companies representing a wide range of geographies and industries,with the most prevalent being companies in Europe or North America and in the textile, high-tech and apparel industries.
8. 'AkzoNobel and Photanol Developing Chemical Compounds of the Future', company press release, September 17, 2014, https://www.akzonobel.com/news_center/news/news_and_press_releases/2014/akzonobel_and_photanol_developing_chemical_compounds_of_the_future.aspx.
9. MarketsandMarkets, 'Renewable Chemicals Market worth $83.4 Billion by 2018', company press release, June 24, 2013, http://www.marketsandmarkets.com/PressReleases/renewable-chemical.asp.

10. Dr.Forbes McDougall, 'From waste to worth – zeroing in on waste', Inside P&G, accessed September 9, 2014, http://www.pg.com/en_UK/news-views/Inside_PG-Quarterly_ Newsletter/issue8/sustainability.html.
11. 'GM Makes the Business Case for Zero Waste', company news release, October 19. 2012, https://media.gm.com/media/us/en/gm/news.detail.html/content/Pages/news/us/en/2012/Oct/1019_Landfill-FreeBlueprint.html.
12. Dell, 'Dell Outlet – Go Green and Save Some Green', accessed February 3, 2015, http://www.dell.com/learn/us/en/22/campaigns/outlet-green-usdfh.
13. Caterpillar, 'Common Good: Sustainability That Benefits Our Customers, Stockholders, People and Planet', 2013 Sustainability Report, p.57, http://reports.caterpillar.com/sr/_pdf/CAT2013SR.pdf.
14. Yerdle website: https://yerdle.com/about. Accessed October 28, 2014.
15. Douglas MacMillan, Sam Schechner, and Lisa Fleisher, 'Uber Snags $41 Billion Valuation', The Wall Street Journal, December 5, 2014, http://www.wsj.com/articles/ubers-new-funding-values-it-at-over-41-billion-1417715938.
16. Allied Market Research, 'Global LED Market Is Expected to Reach $42.7 Billion by 2020', company press release, September 11, 2014, http://www.prnewswire.com/news-releases/global-led-market-is-expected-to-reach-427-billion-by-2020---allied-market-research-274728291.html.
17. United Nations Global Compact and Accenture, 'The UN Global Compact-Accenture CEO Study on Sustainability 2013: Architects of a Better World', September 2013, http://www.accenture.com/Microsites/ungc-ceo-study/Documents/pdf/13-1739_UNGC%20report_Final_FSC3.pdf.

Chapter 1_ 한계에 다다른 차입 성장

1. UNEP, "Responsible Resource Management for a Sustainable World: Findings from the International Resource Panel," 2012, http://www.unep.org/resourcepanel/Portals/24102/PDFs/SYNOPSIS%20Final%20compressed.pdf.
2. WWF, "Living Planet Report 2014: species and spaces, people and places," 2014, http://wwf.panda.org/about_our_earth/all_publications/living_planet_report/.
3. Accenture analysis based on data from: Stephan Lutter, Stefan Giljum, and Mirko Lieber, "Global Material Flow Database," March 2014, http://www.materialflows.net/fileadmin/docs/materialflows.net/SERI_WU_MFA_technical_report_final_20140317.pdf; The World Bank GDP data, accessed September 9, 2014. http://data.worldbank.org/.

4. The Conference Board, Total Economy Database™, accessed January 2013, http://www.conference-board.org/data/economydatabase/.
5. Accenture analysis based on data from: The World Bank, "World Bank Commodity Price Data (The Pink Sheet)," December 2014, http://econ.worldbank.org/WBSITE/EXTERNAL/EXTDEC/EXTDECPROSPECTS/0,,contentMDK:21574907~menuPK:7859231~pagePK:64165401~piPK:64165026~theSitePK:476883,00.html.
6. Accenture analysis based on data from: The World Bank, "World Bank Commodity Price Data."
7. OECD Development Center and Homi Kharas, "The Emerging Middle Class in Developing Countries; Working Paper No.285," January 2010, http://www.oecd.org/development/pgd/44457738.pdf.
8. Linda Yueh, "The rise of the global middle class," BBC News, June 18, 2013, http://www.bbc.com/news/business-22956470.
9. Accenture analysis.
10. Much has been written on this topic. Some selected works that we've based our research on include the following: Ugo Bardi, Extracted: How the Quest for Mineral Wealth Is Plundering the Planet, Chelsea Green Publishing, April 22, 2014; Michael T. Klare, The Race for What's Left: The Global Scramble for the World's Last Resources, Picador, December 24, 2012; Donella H.Meadows, Dennis Meadows, and Jorgen Randers, Limits to Growth: The 30 Year Update, Chelsea Green Publishing, February 27, 2012; Huib Wouters and Derk Bol, Materials innovation Institute (M2i), "Material Scarcity," November 2009, http://www.mvonederland.nl/sites/default/files/2013/m2i20material_s carcity20report.pdf; BBC, "Global resources stock check," June 18, 2012, http://www.bbc.com/future/story/20120618-global-resources-stock-check; Michael T.Klare, "Peak Oil Is Dead. Long Live Peak Oil!," The Nation, January 9, 2014, http://www.thenation.com/article/177859/peak-oil-dead-long-live-peak-oil; EIA, International Energy Statistics database, accessed September 9, 2014, http://www.eia.gov/cfapps/ipdbproject/IEDIndex3.cfm?tid=5&pid=57&aid=6.
11. Ernst Ulrich von Weizsäcker, Jacqueline Aloisi de Larderel, Karlson "Charlie" Hargroves, Christian Hudson, Michael Harrison Smith, and Maria Amelia Enriquez Rodrigues, United Nations Environment Programme, "Decoupling 2:Technologies, Opportunities and Policy Options," 2014, section 1.4.3, http://www.unep.org/resourcepanel/Portals/24102/PDFs/IRP_DECOUPLING_2_REPORT.pdf.
12. OECD, "Environmental Outlook to 2050: The Consequences of Inaction, Key Findings on Water," March 2012, http://www.oecd.org/env/indicators-modelling-outlooks/49844953.pdf.

13. Karen Villholth, Aditya Sood, and Evgeniya Anisimova, "Unsustainable Use of Groundwater May Threaten Global Food Security," International Food Policy Research Institute, March 2014, http://www.pim.cgiar.org/2014/03/21/unsustainable-use-of-groundwater-may-threaten-global-food-security/.
14. J. Rockström, W. Steffen, K. Noone, Å. Persson, F. S. Chapin, III, E. Lambin, T. M. Lenton, M. Scheffer, C. Folke, H. Schellnhuber, B. Nykvist, C. A. De Wit, T. Hughes, S. van der Leeuw, H. Rodhe, S. Sörlin, P. K. Snyder, R. Costanza, U. Svedin, M. Falkenmark, L. Karlberg, R. W. Corell, V. J. Fabry, J. Hansen, B. Walker, D. Liverman, K.Richardson, P.Crutzen, and J.Foley, "Planetary boundaries: exploring the safe operating space for humanity," Ecology and Society, 2009, 14(2): 32, http://www.ecologyandsociety.org/vol14/iss2/art32/; European Commission, "Module 1: Understanding the Basics: Global Environmental Challenges and Climate Change Science," 2013, http://capacity4dev.ec.europa.eu/system/files/file/19/06/2013_-_1143/module1_en_vfinal.pptx.
15. WWF, "Living Planet Report 2014."
16. CO2Now.org, "Earth's CO2 Home Page," http://co2now.org/, accessed June 2014.
17. Rockström et al., "Planetary boundaries: exploring the safe operating space for humanity."
18. Craig Welch, "The Pacific's Perilous Turn," The Seattle Times, September 12, 2013, http://apps.seattletimes.com/reports/sea-change/2013/sep/11/pacific-oceanperilous-turn-overview/?prmid=4749.
19. Millennium Ecosystem Assessment, "Current State & Trends Assessment," millenniumassessment.org/en/Condition.html.
20. Millennium Ecosystem Assessment, http://www.unep.org/maweb/en/Slide Presentations.aspx.
21. Bank of America Merrill Lynch, "No Time to Waste – Global Waste Primer," April 5, 2013, http://www.longfinance.net/images/reports/pdf/baml_waste_2013.pdf.
22. Accenture analysis based on data from The World Bank, Frost and Sullivan, and national environment agencies in selected countries.
23. Ibid.
24. Ibid.
25. Accenture Analysis based on The Global Industrial Waste Recycling Markets –TEKES Growth Workshop, Helsinki, October 2, 2012, https://tapahtumat.tekes.fi/uploads/c8ffe124/Tekes_GG_Workshop_021012_global_industrial_waste_presentation-9175.pdf; Bank of Amerikan Merrill Lynch, "No Time to Waste-Global Waste Primer," accessed April 5, 2013, http://www.longfinance.net/images/reports/pdf/baml_wast_2013.pdf and Daniel Hoornweg and Perinaz Bhada-Tata, The World Bank, "What a Waste: A Global Review of Solid Waste Management," accessed March 2012, http://siteresources.worldbank.

org/INTURBANDEVELOPMENT/Resources/336387-1334852610766/What_a_Waste2012_Final.pdf and cross-checked with sample national waste accounts(Sweden, China, Japan, UK, Germany).

26. Ibid.
27. "Remanufacturing Stressed in Circular Economy Boost," China Daily Europe, April 21, 2011, http://europe.chinadaily.com.cn/business/2011-04/21/content_12368590.htm.
28. IEA, "World Energy Outlook 2013," November 12, 2013, http://www.worldenergyoutlook.org/publications/weo-2013/.
29. Accenture analysis based on data from The World Bank, "World Bank Commodity Price Data."
30. European Commission, "Unconventional Gas: Potential Energy Market Impacts in the European Union," 2012, https://ec.europa.eu/jrc/en/publication/eurscientific-and-technical-research-reports/unconventional-gas-europe-potentialenergy-market-impacts.
31. EIA, "Annual Energy Outlook 2014," May 7, 2014, eia.gov/forecasts/aeo/MT_naturalgas.cfm.
32. Michael Ratner, Paul Belkin, Jim Nichol, and Steven Woehrel, Congressional Research Service, "Europe's Energy Security: Options and Challenges to Natural Gas Supply Diversification," August 20, 2013, http://www.fas.org/sgp/crs/row/R42405.pdf.
33. Accenture analysis based on data from The World Bank, "World Bank Commodity Price Data."
34. World Economic Forum and Accenture, "More with Less: Scaling Sustainable Consumption and Resource Efficiency," January 2012, https://www.cdp.net/en-US/News/Documents/more-with-less.pdf.
35. Bloomberg News, "Gap, Wal-Mart Clothing Costs Rise on 'Terrifying' Cotton Prices," November 15, 2010, http://www.bloomberg.com/news/2010-11-16/gap-wal-mart-clothing-suppliers-raise-prices-on-terrifying-cotton-costs.html.
36. Accenture analysis based on data from The World Bank, "World BankCommodity Price Data."
37. Ibid.
38. Ibid.
39. Jim Witkin, "A Push to Make Motors with Fewer Rare Earths," The New York Times, April 20, 2012, http://www.nytimes.com/2012/04/22/automobiles/a-push-tomake-motors-with-fewer-rare-earths.html?pagewanted=all&_r=0.
40. Jason Clenfield, Mariko Yasu, and Stuart Biggs, "Hitachi Leads Rare Earth Recycling Efforts as China Cuts Access to Supply," Bloomberg, December 8, 2010, http://www.bloomberg.com/news/2010-12-08/hitachi-recycles-rareearth-as-china-crimps-supply.html.

41. Ismini Scouras, "China, Rare Earth Minerals and Electric Motors," Electronics360, June 12, 2013, http://electronics360.globalspec.com/article/180/china-rare-earthminerals-and-electric-motors.
42. Andrew Ward, "H&M Hit by Soaring Cotton Prices," The Financial Times, March 31, 2011, http://www.ft.com/intl/cms/s/0/95c54d66-5b68-11e0-b965-00144 feab49a. html#axzz37GMtxJ5m.
43. Electrolux, "90 years of leading innovations and design," February 3, 2009, http://group.electrolux.com/en/wp-content/uploads/sites/2/2009/03/Electrolux-Annual-Report-2008-Part1-English.pdf.
44. Electrolux website, "External factors affecting operations," accessed December 10, 2014, http://annualreports.electrolux.com/2010/en/strategy/externalfactors/external-factors-af.html.
45. Allyse Heartwell, "Fossil Free," September 22, 2014, http://gofossilfree.org/50-billion/.
46. "Pope Francis urged to rid the Vatican of investments in fossil fuels," Fossil Free press release, August 27, 2014, http://gofossilfree.org/press-release/pope-francisurged-to-rid-the-vatican-of-investments-in-fossil-fuels/.
47. UNEP, "From Conflict to Peacebuilding: The Role of Natural Resources and the Environment," 2009, http://www.unep.org/pdf/pcdmb_policy_01.pdf.
48. C. B. Field, V. Barros, T. F. Stocker, D. Qin, D. J. Dokken, K. L. Ebi, M. D. Mastrandrea, K. J. Mach, G.-K. Plattner, S. K. Allen, M. Tignor, and P. M. Midgley(eds), IPCC, "Summary for Policymakers: Managing the Risks of Extreme Events and Disasters to Advance Climate Change Adaptation: A Special Report of Working Groups I and II of the Intergovernmental Panel on Climate Change," 2012, Cambridge University Press, pp. 1–19, https://www.ipcc.ch/pdf/specialreports/srex/SREX_FD_SPM_final.pdf.
49. As cited on the Global Footprint Network's home page, http://www.footprintnetwork.org/en/index.php/GFN/page/world_footprint/.
50. Global Footprint Network (2012), "Data and Results," http://www.footprint network.org/ar/index.php/GFN/page/footprint_data_and_results/.
51. David Nakamura and Steven Mufson, "China, US agree to limit greenhouse gases," The Washington Post, November 12, 2014, http://www.washingtonpost.com/business/economy/china-us-agree-to-limit-greenhouse-gases/2014/11/11/9c768504-69e6-11e4-9fb4-a622dae742a2_story.html.
52. Global Footprint Network, "Earth Overshoot Day," http://www.footprintnetwork.org/en/index.php/GFN/page/earth_overshoot_day/.
53. Accenture interview with Mathis Wackernagel, December 4, 2013.
54. Accenture interview with Ernst Ulrich von Weizsäcker, November 16, 2013.

55. Accenture interview with Dr. h.c. Walter R. Stahel, November 19, 2013.
56. Written 2014 Accenture interview with Dr. Janez Potočnik.

Chapter 2_ 순환경제의 시작

1. Patrick Gerland, Adrian E. Raftery, Hana Ševčíková, Nan Li, Danan Gu, Thomas Spoorenberg, Leontine Alkema, Bailey K. Fosdick, Jennifer Chunn, Nevena Lalic, Guiomar Bay, Thomas Buettner, Gerhard K. Heilig, and John Wilmoth (2014), "World Population Stabilization Unlikely this Century," Science 346 (6206), http://www.sciencemag.org/content/346/6206/234.abstract.
2. "History: Thomas Malthus (1766–1834)," BBC, http://www.bbc.co.uk/history/historic_figures/malthus_thomas.shtml.
3. Adam Rome (2003), "Give Earth a Chance: The Environmental Movement and the Sixties," Journal of American History, September, 525–554, http://www.journalofamericanhistory.org/issues/902/902_rome.pdf.
4. Gérard Gaudet (2007), "Natural Resource Economics under the Rule of Hotelling," Canadian Journal of Economics 40 (4): 1033–1059, doi:10.1111/j.1365-2966.2007.00441.x.Jeffrey A. Krautkraemer (1998), "Nonrenewable Resource Scarcity," Journal of Economic Literature 36 (4): 2065–2107, JSTOR 2565047.
5. Jorgen Randers, "What was the Message of the Limits to Growth?" Club of Rome, April 2010, http://connect.clubofrome.org/ecms/files/resources/What_was_the_message_of_Limits_to_Growth.pdf.
6. Ibid.
7. Ernst U. von Weizsäcker, Amory B. Lovins, and L. Hunter Lovins, Factor Four:Doubling Wealth, Halving Resource Use—A Report to the Club of Rome, Earthscan, 1998.
8. Cradle to Cradle Products Innovation Institute, http://www.c2ccertified.org/about.
9. William McDonough and Michael Braungart, The Upcycle: Beyond Sustainability—Designing for Abundance, North Point Press, New York, 2013.
10. Walter R. Stahel, The Performance Economy, Palgrave Macmillan, Basingstoke, 2006 and 2010.
11. Ernst U. von Weizsäcker et al., Factor Five: Transforming the Global Economy Through 80% Improvements in Resource Productivity: A Report to the Club of Rome, Earthscan, O 2009.
12. Gunter Pauli, The Blue Economy, Paradigm Publications, Taos, NM, April 2010, http://www.paradigm-pubs.com/catalog/detail/BluEco.
13. Ibid.

14. Ellen MacArthur Foundation, "Circular Economy Reports," http://www.ellen macarthurfoundation.org/business/reports.
15. United Nations Economic and Social Council, "Millennium Development Goals and post-2015 Development Agenda," http://www.un.org/en/ecosoc/about/mdg.shtml.
16. United Nations, United Nations Conference on Sustainable Development, "Rio+20," http://sustainabledevelopment.un.org/rio20.html.
17. United Nations Environment Programme, "UNEA High-level Segment Ministerial Plenary: Interactive Dialogue on SDGs and the Post-2015 Development Agenda, Including Sustainable Consumption and Production," http://www.unep.org/unea/docs/concept_note_sdgs.pdf.
18. Oxfam International, "Post-2015 Development Goals: Oxfam International Position," accessed January 28, 2013, http://www.beyond2015.org/sites/default/files/oxfam-post-2015.pdf.
19. David W. Pearce and R. Kerry Turner, Economics of Natural Resources and the Environment, Johns Hopkins University Press, Baltimore, December 1, 1989.
20. Mikael Skou Andersen, "An Introductory note on the Environmental Economics of the Circular Economy," Sustainability Science, accessed December 21, 2006, http://www.environmental-expert.com/Files%5C6063%5Carticles%5C15091%5Cart12.pdf.

Chapter 3_ 순환 우위의 확보

1. Bridgestone, "Bridgestone Releases Earth Day 2013 Consumer Recycling and Sustainability Survey Findings," Company News Release, accessed April 22, 2013, http://www.bridgestoneamericasmedia.com/2013-04-22-Bridgestone-Releases-Earth-Day-2013-Consumer-Recycling-and-Sustainability-Survey-Findings.
2. Sustainable Lifestyles Frontier Group, "Value Gap: The Business Value of Changing Consumer Behaviors," 2013, http://www.futerra.co.uk/wp-content/uploads/2013/09/Sustainable-Lifestyles-Frontier-Group-Value_Gap.pdf.
3. Audi Unite website, accessed October 31, 2014, https://www.audiunite.com.
4. Thomas L. Friedman, "Welcome to the 'Sharing Economy,' " The New York Times, accessed July 20, 2013, http://www.nytimes.com/2013/07/21/opinion/sunday/friedman-welcome-to-the-sharing-economy.html?pagewanted=all&_r=0.
5. Steven Bertoni, "Rent The Runway Nears End of Series D Round, Valuation Could Top $600 Million," Forbes.com, accessed October 28, 2014, http://www.forbes.com/sites/stevenbertoni/2014/10/28/rent-the-runway-nearsend-of-series-d-round-valuation-could-

top-600-million/.

6. Felicity Carus, "Will Nike Deliver on its 2015 Performance Standards?" The Guardian, accessed February 15, 2013, http://www.theguardian.com/sustainablebusiness/blog/nike-deliver-2015-performance-innovation.

7. World Economic Forum, "How Can Companies Leave a Lighter Footprint?" accessed January 24, 2014, http://forumblog.org/2014/01/can-companiesleave-lighter-footprint-world/.

8. Felicity Carus, "Will Nike Deliver on its 2015 Performance Standards?" The Guardian, accessed February 15, 2013, http://www.theguardian.com/sustainable-business/blog/nike-deliver-2015-performance-innovation.

9. "China to Promote Circular Economy," China Daily, accessed December 2, 2013, http://www.chinadaily.com.cn/bizchina/greenchina/2013-12/02/content_17144815.htm.

10. European Commission, "Moving Towards a Circular Economy," last updated accessed July 7, 2014, http://ec.europa.eu/environment/circular-economy/.

11. Ellen MacArthur Foundation & McKinsey, "Towards the Circular Economy Volume 1: Economic and Business Rationale for an Accelerated Transition," 2012, http://www.ellenmacarthurfoundation.org/business/reports/ce2012#.

12. Ellen MacArthur Foundation & McKinsey, "Towards the Circular Economy Volume 2: Opportunities for the Consumer Goods Sector," 2013, http://www.ellenmacarthurfoundation.org/business/reports/ce2013.

13. WRAP, "EU Vision 2020," accessed July 2014, http://www.wrap.org.uk/content/eu-vision-2020.

14. Department for Environment, Food and Rural Affairs, UK, "The Further Benefits of Business Resource Efficiency," accessed March 2011, http://randd.defra.gov.uk/Document.aspx?Document=EV0441_10072_FRP.pdf. (Note: converted value estimate from S Pounds to Euros using March 2011 exchange rate from http://www.x-rates.com/average/?from=GBP&to=EUR&year=2011.)

15. Ton Bastein, Elsbeth Roelofs, Elmer Rietveld and Alwin Hoogendoorn, The Netherlands Organisation for Applied Scientific Research, "Opportunities for a Circular Economy in the Netherlands," 2013, http://www.government.nl/documents-and-publications/reports/2013/10/04/opportunities-for-a-circulareconomy-in-the-netherlands.html.

16. Eric Neumayer (2000), "Scarce or Abundant? The Economics of Natural Resource Availability," Journal of Economic Surveys, 14 (3), http://www.grammatikhilfe.com/geographyAndEnvironment/whosWho/profiles/neumayer/pdf/Article%20in%20Journal%20of%20Economic%20Surveys.pdf.

17. Michael Kumhof and Dirk Muir, "Oil and the World Economy: Some Possible Futures,"

International Monetary Fund Working Paper, accessed October 2012, https://www.imf.org/external/pubs/ft/wp/2012/wp12256.pdf.

Chapter 4_ 순환 공급망 모델

1. The concepts of biological and technical nutrients were introduced in the seminal 2002 book Cradle to Cradle: Remaking the Way We Make Things by Bill McDonough and Michael Braungart.
2. Accenture interview with Dr. Michael Braungart, November 26, 2013.
3. Ibid.
4. CRAiLAR website, accessed September 9, 2014, http://www.crailar.com/revolution.
5. Ibid.
6. Ibid.
7. Andy Giegerich (2013), "CRAiLAR gets IKEA, Adidas Investments and Commitments," Portland Business Journal, December 19, updated accessed June 20, 2014, http://www.bizjournals.com/portland/blog/sbo/2013/12/crailargets-ikea-adidas-investments.html.
8. NatureWorks LLC, "About NatureWorks," accessed January 6, 2015, http://www.natureworksllc.com/About-NatureWorks.
9. Accenture interview with Andre Veneman, December 16, 2013.
10. "AkzoNobel Creates the World's First Fully Compostable and Recyclable Paper Cup," Company Press Release, accessed August 7, 2014, https://www.akzonobel.com/news_center/news/news_and_press_releases/2014/akzonobel_creates_the_worlds_first_fully_compostable_and_recyclable_paper_cup.aspx.
11. Accenture interview with Andre Veneman, December 16, 2013.
12. AkzoNobel, "Creating Value from Eco-Premium Solutions," 2011, accessed December 1, 2014, https://www.akzonobel.com/sustainability/managing_sustainability/key_focus_areas/creating_value_eco_premium_solutions/.
13. Meg Cichon, "IKEA Enters US Wind Market with Largest Renewables Investment to Date," RenewableEnergyWorld.com, accessed April 10, 2014, http://www.renewableenergyworld.com/rea/news/article/2014/04/ikeasticks-with-renewables-commitment-makes-largest-investment-to-date.
14. Ibid.
15. Ecover, accessed July 2014, Us.ecover.com/.
16. Novozymes, "Today's Facts: The World Leader in Bioinnovation," 2013, http://www.novozymes.com/en/about-us/brochures/Documents/TodaysFacts-2013.pdf.
17. Novozymes, "The Role of Novozymes' Solutions," http://www.novozymes.com/en/

sustainability/benefits-for-the-world/biobased-economy/benefitsof-biobased-economy/Documents/The%20role%20of%20novozymes%E2%80%99%20solutions.pdf.

18. Novozymes Press Release, "Beta Renewables and Novozymes to Form Strategic Partnership in the Cellulosic Biofuel Market," accessed October 29, 2012, http://www.novozymes.com/en/news/news-archive/Pages/Beta-Renewables-and-Novozymes-to-form-strategic-partnership-in-the-cellulosic-biofuel-market.aspx.

19. Bio-Based Industries, "EU and Industry Partners Launch €3.7 Billion Investments in the Renewable Bio-Based Economy," accessed July 8, 2014, http://www.bbi-europe.eu/news/eu-and-industry-partners-launch-%E2%82%AC37-billioninvestments-renewable-bio-based-economy.

20. World Economic Forum, "Scoping Paper: Mining and Metals in a Sustainable World," accessed February 2014, http://www3.weforum.org/docs/WEF_MM_MiningMetalSustainableWorld_ScopingPaper_2014.pdf.

21. EPA, "Wastes–Resource Conservation–Common Wastes & Materials–eCycling:Frequent Questions," accessed November 14, 2012, http://www.epa.gov/osw/conserve/materials/ecycling/faq.htm.

22. Maersk, "Cradle-to-Cradle," accessed October 31, 2014, http://www.worldslargestship.com/facts/cradle-to-cradle/.

23. "IKEA Group to Expand Customer Solar Offer beyond UK to Eight New Countries," Company Press Release, accessed September 22, 2014, http://www.ikea.com/us/en/about_ikea/newsitem/expand_solar_offer.

24. Kate Mackenzie, "Marginal Oil Production Costs are Heading Towards $100/barrel," FTAlphaville Blog, accessed May 2, 2012, http://ftalphaville.ft.com/2012/05/02/983171/marginal-oil-production-costs-are-headingtowards-100barrel/. Graph concerns non-OPEC excluding FSU, data from corporate reports, Bernstein analysis; Accenture analysis.

25. Joe Romm, "Must-See Chart: Cost of PV Cells has Dropped an Amazing 99% Since 1977, Bringing Solar Power to Grid Parity," ClimateProgress, accessed October 6, 2013, http://thinkprogress.org/climate/2013/10/06/2717791/cost-pvcells-solar-power-grid-parity/. Data for graph from Bloomberg New Energy Finance.

26. NatureWorks LLC, "About NatureWorks," accessed January 6, 2015, http://www.natureworksllc.com/About-NatureWorks.

27. Eni, "Eni: a New Future for the Refinery of Venice," accessed September 21, 2012, http://www.eni.com/en_IT/media/press-releases/2012/09/2012-09-21-eni-new-future-refinery-venice.shtml.

28. marketsandmarkets.com, "Global E-Waste Management Market (2011–2016)," accessed August 2011, http://www.marketsandmarkets.com/Market-Reports/electronic-waste-management-market-373.html.

29. Adam Belz, "Minnesota's Largest Paper Mill Now Churning out Pulp for Textile Mills,"

StarTribune, October 30, 2013, http://www.startribune.com/blogs/229878461.html.
30. Michael Braungart and William McDonough, Cradle to Cradle: Remaking the Way We Make Things, North Point Press, April 22, 2002.
31. Ecovative, accessed July 2014, http://www.ecovativedesign.com/.
32. Accenture interview with Eben Bayer of Ecovative Design, November 22, 2013.
33. Ibid.
34. Pam Allen, "Ecovative Design Raises $14 Million in Private Equity Funds," Albany Business Review, accessed November 7, 2013, http://www.bizjournals.com/albany/blog/2013/11/ecovative-design-raises-14-million-in.html?page=all.
35. Sealed Air, Stock Quote & Chart, accessed October 31, 2014, http://ir.sealedair.com/phoenix.zhtml?c=104693&p=irol-stockquote.
36. Royal DSM, "Factbook 2014," 2014, http://www.dsm.com/content/dam/dsm/cworld/en_US/documents/factbook-2014.pdf?fileaction=openFile.
37. Accenture interview with Feike Sijbesma of Royal DSM, May 28, 2014.
38. Ibid.
39. Royal DSM, "Factbook 2014," 2014, http://www.dsm.com/content/dam/dsm/cworld/en_US/documents/factbook-2014.pdf?fileaction=openFile.
40. Ibid.
41. David Hodes, "Advancing Biofuels," Global Corporate Xpansion, April 10, 2013, http://gcxmag.com/2013/04/advancing-biofuels/.
42. As stated at http://poet-dsm.com/liberty.
43. Jim Lane, "POET-DSM's Project LIBERTY Opens, as Fantasy Becomes Real," BiofuelsDigest, accessed September 3, 2014, http://www.biofuelsdigest.com/bdigest/2014/09/03/poet-dsms-cellulosic-biofuels-plant-opens-as-fantasybecomes-real/.
44. Accenture interview with Feike Sijbesma of Royal DSM, May 28, 2014.
45. POET-DSM, "Biomass Resources," accessed January 6, 2015, http://poet-dsm.com/biomass.
46. Gary Schnitkey, "Returns and Cash Rents given $4.80 Corn and $10.75 Soybean Prices," Farmdoc Daily, accessed July 16, 2013, http://farmdocdaily.illinois.edu/2013/07/returns-and-cash-rents-given-prices.html.
47. Accenture interview with Dr. Michael Braungart, November 26, 2013.

Chapter 5_ 회수/재활용 모델

1. "Cradle to Cradle" is a registered trademark of the consulting firm McDonough Braungart

Design Chemistry, http://en.wikipedia.org/wiki/Cradle-to-cradle_design. The phrase was first used in the 1970s by Walter R. Stahel, a Swiss architect and a pioneer in the field of sustainability, http://en.wikipedia.org/wiki/Walter_R._Stahel.
2. Trash Timeline, http://www.alliedwastedalycity.com/kids_trash_timeline-printer.cfm.
3. Green Alliance, "Wasted Opportunities: Smarter Systems for Resource Recovery," accessed July 2014, http://www.green-alliance.org.uk/resources/Wasted_opportunities.pdf.
4. Accenture analysis based on The Global Industrial Waste Recycling Markets–TEKES Growth Workshop, Helsinki, October 2, 2012, https://tapahtumat.tekes.fi/uploads/c8ffe124/Tekes_GG_Workshop_021012_global_industrial_waste_presentation-9175.pdf; Bank of American Merrill Lynch, "No Time to Waste–Global Waste Primer," accessed April 5, 2013, http://www.longfinance.net/images/reports/pdf/baml_waste_2013.pdf; and Daniel Hoornweg and Perinaz Bhada-Tata, The World Bank, "What a Waste: A Global Review of Solid Waste Management," accessed March 2012, http://siteresources.worldbank.org/INTURBANDEVELOPMENT/Resources/336387-1334852610766/What_a_Waste2012_Final.pdf and cross-checked with sample national waste accounts(Sweden, China, Japan, UK, Germany).
5. Dr. Forbes McDougall, "From Waste to Worth–Zeroing in on Waste," Inside P&G, accessed September 9, 2014, http://www.pg.com/en_UK/news-views/Inside_PG-Quarterly_Newsletter/issue8/sustainability.html.
6. "GM Makes the Business Case for Zero Waste," Company News Release, accessed October 19, 2012, https://media.gm.com/media/us/en/gm/news.detail.html/content/Pages/news/us/en/2012/Oct/1019_Landfill-FreeBlueprint.html.
7. Leon Kaye, "General Motors Expands Zero-Waste Agenda Worldwide," TriplePundit, accessed October 20, 2014, http://www.triplepundit.com/2014/10/general-motors-expands-zero-waste-agenda-worldwide/.
8. General Motors, "GM Makes the Business Case for Zero Waste," accessed October 19, 2012, https://media.gm.com/media/us/en/gm/news.detail.html/content/Pages/news/us/en/2012/Oct/1019_Landfill-FreeBlueprint.html.
9. Ricoh website, "Total Green Office Solutions," accessed December 1, 2014, http://www.ricoh-europe.com/services-solutions/sustainability-managementservices/total-green-office-solutions/index.aspx
10. Interface website, "Net-Works™," accessed December 1, 2014, http://www.interfaceglobal.com/Products/Net-Works.aspx.
11. Accenture interview with Suez Environnement S.A., January 20, 2015.
12. Accenture interview with Gunter Pauli, November 2, 2013.
13. Bill DiBenedetto, "Kroger Converts Food Waste into Renewable Energy," TriplePundit,

accessed August 15, 2013, http://www.triplepundit.com/ 2013/08/kroger-converts-food-waste-renewable-energy/.

14. Walmart store numbers according to the company, http://corporate.walmart.com/our-story/our-business/locations/.
15. "Walmart to Save $150 Million with Sustainability Initiatives in FY13," Environmental Leader, accessed October 12, 2012, http://www.environmental leader.com/2012/10/12/walmart-to-save-150m-with-sustainability-initiativesin-fy13/.
16. Jenna Quentin, "Walmart Recycling Food Waste," The Kansan, accessed March 13, 2014, http://www.thekansan.com/article/20140313/News/140319813.
17. "Turning Greenhouse Gases into Mobile Phone Cases," Guardian Professional, May 30, 2014.
18. "Dell Using Carbon Neutral and Closed-Loop Recycled Plastics in Packaging, Parts," Plastics News, May 21, 2014.
19. Gabrielle Karol, "Newlight Technologies Raises $9.2M to Make Plastic from Greenhouse Gases," Fox Business, accessed April 16, 2014, http://smallbusiness. foxbusiness.com/technology-web/2014/04/16/newlight-technologiesraises-2m-to-make-plastic-from-greenhouse-gases/.
20. Waste Management website, accessed September 9, 2014, http://www.wm.com/enterprise/construction/Diversion-and-Recycling-Tracking-Tool.jsp.
21. European Commission, "European Resource Efficiency Platform pushes for 'product passports,' " accessed July 8, 2013, http://ec.europa.eu/environment/ecoap/about-eco-innovation/policies-matters/eu/20130708_europeanresource-efficiency-platform-pushes-for-product-passports_en.htm.
22. Oxfam website, accessed October 27, 2104, http://www.oxfam.org.uk/donate/donate-goods/mands-and-oxfam-shwopping.
23. Accenture interview with Mike Barry, December 18, 2013.
24. RISI Store, "2012 Outlook for Global Recovered Paper Markets," 6th edition, http://www.risiinfo.com/risi-store/do/product/detail/recovered-paper-study.html.
25. Ibid.
26. Bureau of International Recycling website, accessed September 8, 2014, http://www.bir.org/industry/paper/.
27. Accenture interview with Mario Abreu, February 17, 2014.
28. Waste Management, "Embracing the Zero Waste Challenge," 2012, http://www.wm.com/sustainability/pdfs/2012_Sustainability_Report_Executive_Summary.pdf.
29. Timberland revenue as stated on its website, accessed September 9, 2014, http://www.timberland.com/about-timberland/.

30. Timberland website, accessed October 27, 2014, http://community.timberland.com/earthkeeping/green-index.
31. Timberland, "Grading Our Products: Timberland's Green Index Program, 2009 Report," http://responsibility.timberland.com/wp-content/uploads/2011/05/Timberlands_Green_Index_Program_2009_report.pdf.
32. From the Desso websites, http://www.desso-businesscarpets.com/corporateresponsibility/recycled-yarn, http://www.desso-businesscarpets.com/corporateresponsibility/cradle-to-cradler and http://www.desso-businesscarpets.com/corporate-responsibility/circular-economy/.
33. Oliver Balch, "How Desso Aims to Spread the Cradle-to-Cradle Philosophy Worldwide," The Guardian, accessed May 16, 2012, http://www.theguardian.com/sustainable-business/desso-circular-economy-business-model.
34. Lynn Beavis, "DESSO: Recycling to Infinity and Beyond," The Guardian, accessed May 30, 2012, http://www.theguardian.com/sustainable-business/best-practiceexchange/desso-recycling-infinity-and-beyond.
35. I:CO website, accessed December 1, 2014, http://www.ico-spirit.com/en/homepage/.
36. PR Newswire, "PUMA Launches in Cycle, the Brand's First 'Cradle to Cradle Certified[CM] Basic' Collection of Biodegradable and Recyclable Products," accessed February 12, 2013, http://www.prnewswire.com/news-releases/puma-launches-incycle-the-brands-first-cradle-to-cradle-certifiedcm-basiccollection-of-biodegradable-and-recyclable-products-190798571.html.
37. PUMA, "PUMA Business and Sustainability Report 2012," 2012, http://about.puma.com/damfiles/default/sustainability/reports/puma-s-sustainabilityreports/annual-reports/PUMAGeschaeftsbericht2012_en-fa5c581a05cc3e5dd-5502fa62a0ad4c2.pdf.
38. I:CO, "New H&M Denim Collection Made with Recycled Raw Materials from I:CO," Ico-spirit.com/en/news/new-hm-denim-collection-made-with-recycledraw-materials-from-ico,102.html.
39. The Guardian sponsored content, "H&M Makes Jeans from Recycled Cotton," accessed October 31, 2014, http://www.theguardian.com/sustainable-business/hm-partner-zone/h-and-m-jeans-recycled-cotton.
40. Accenture interview with Javier Flaim, December 6, 2013.

Chapter 6_ 제품 수명 연장 모델

1. IMDb, "The Lightbulb Conspiracy," accessed December 16, 2010, http://www.imdb.com/title/tt1825163/.

2. Wikipedia, "Freemium," accessed April 23, 2014, http://en.wikipedia.org/wiki/Freemium.
3. Amy Dusto, "Kindle Owners Spend 56% More with Amazon than those Who Do Not Own the Devices," InternetRetailer, accessed December 16, 2013, https ://www.internetretailer.com/2013/12/16/kindle-owners-spend-56-more-amazon-non-kindle-owners.
4. "Optus Creates New Revenue Stream through Innovative Asset Disposal Strategy", Accenture, 2015, http://www.accenture.com/us-en/Pages/successoptus-new-revenue-stream.aspx..
5. Electrolux, "About Electrolux," accessed December 1, 2014, http://group.electrolux.com/en/category/about/about-electrolux/.
6. Electrolux, "Managing the Environment,' accessed July 2014, http://group.electrolux.com/en/managing-the-environment-791/.
7. Accenture interview with Henrik Sundström, Bengt Banck, Cecilia Nord and Vanessa Butani, February 10, 2014.
8. Ibid.
9. China Daily Europe, "Remanufacturing Stressed in Circular Economy Boost," accessed April 21, 2011, http://europe.chinadaily.com.cn/business/2011-04/21/content_12368590.htm.
10. Katherine Jacobsen, "Apple Offers New iPhone Trade-in Program," The Christian Science Monitor, accessed August 31, 2013, Csmonitor.com/Innovation/Tech-Culture/2013/0831/Apple-offers-new-iPhone-trade-in-program.
11. Carolyn Said, "Websites Offer Secondhand Clothes, Accessories," SFGate, accessed March 23, 2014, http://www.sfgate.com/technology/article/Websites-offer-secondhand-clothes-accessories-5342695.php.
12. ASOS, "Annual Report and Accounts 2013," 2013, http://www.asosplc.com/~/media/Files/A/ASOS/results-archive/pdf/annual-report-2013.pdf.
13. Vikki Morgan, "ASOS Marketplace Sales Grow 690% Over the Past Year," EConsultancy, accessed December 21, 2011, https://econsultancy.com/blog/8558-asos-marketplace-sales-grow-690-over-the-past-year/.
14. Ibid.
15. Phil LeBeau, "New Study Finds China Manufacturing Costs Rising to US Level," CNBC, accessed April 18, 2013, http://www.cnbc.com/id/100651692.
16. Statista, "Revenue of Electronic & Computer Repair Services (NAICS 81121) in the United States from 2009 to 2014 (in billion US dollars)," accessed July 2014, http://www.statista.com/statistics/296182/revenue-electronic-andcomputer-repair-services-in-the-us/.
17. United States International Trade Commission, "Remanufactured Goods: An Overview of the US and Global Industries, Markets, and Trade," accessed October 2012, http://www.

usitc.gov/publications/332/pub4356.pdf.
18. PRWeb, "Global Automotive Repair & Maintenance Services Market to Exceed $305.8 Billion by 2015, According to a New Report by Global Industry Analysts, Inc.," accessed August 9, 2010, http://www.prweb.com/releases/automotive_repair/maintenance_services/prweb4356674.htm.
19. iFixit, accessed July 2014, https://www.ifixit.com.
20. Inc., "iFixit," accessed July 2014, http://www.inc.com/profile/ifixit.
21. Pedro Hernandez, "Microsoft, iFixit Want Entrepreneurs to Give New Life to Old Gadgets," eWeek, accessed August 10, 2014, http://www.eweek.com/itmanagement/microsoft-ifixit-want-entrepreneurs-to-give-new-life-to-old-gadgets.html.
22. Accenture Research.
23. Cisco, "2012 Corporate Social Responsibility Report," 2012, http://www.cisco.com/web/about/citizenship/reports/pdfs/CSR-Report-2012-Full-Report.pdf.
24. BMW Group, "Working Together: Sustainable Value Report 2013," 2013, http://www.bmwgroup.com/com/en/_common/_pdf/BMW_Group_SVR2013_EN.pdf#page=69.
25. Accenture Research.
26. All-Party Parliamentary Sustainable Resource Group, Remanufacturing: Towards a Resource Efficient Economy, accessed March 2014, http://www.policy connect.org.uk/apsrg/sites/site_apsrg/files/apsrg_-_remanufacturing_report.pdf.
27. Ibid.
28. Accenture Research.
29. All-Party Parliamentary Sustainable Resource Group, Remanufacturing: Towards a Resource Efficient Economy, accessed March 2014, http://www.policyconnect.org.uk/apsrg/sites/site_apsrg/files/apsrg_-_remanufacturing_report.pdf.
30. Caterpillar, "Core," accessed July 2014, http://china.cat.com/en/parts-andservices/reman/core.
31. Accenture Research.
32. All-Party Parliamentary Sustainable Resource Group, "Remanufacturing Towards a Resource Efficient Economy," accessed March 2014, http://www.policyconnect.org.uk/apsrg/sites/site_apsrg/files/apsrg_-_remanufacturing_report.pdf
33. Caterpillar, "Cat*Product Link," 2007, www.whayne.com/equipment/Publishing Images/Product%20Link.pdf.
34. Caterpillar, http://reports.caterpillar.com/sr/_pdf/CAT2013SR.pdf, p.57
35. World Trade Organization, "Remanufacturing—Sustainability for the 21st Century," Presentation by Dick Snodgress, Reman Commercial Manager, Caterpillar Inc., http://www.wto.org/english/forums_e/public_forum12_e/session40snodgress_e.pdf.

36. Maria Halkias, "Wal-Mart to Challenge GameStop in Used Video Game Business," The Dallas Morning News, accessed March 17, 2014, http://www.dallasnews.com/business/retail/20140317-wal-mart-to-challenge-gamestop-in-used-videogame-business.ece.
37. Ian Sherr and Shelly Banjo, "Newest Player in Used Videogames: Wal-Mart," The Wall Street Journal, accessed March 18, 2014, http://online.wsj.com/news/articles/SB10001424052702303287804579445751023122542.
38. Maggie McGrath, "GameStop Sinking as Wal-Mart Targets $2 Billion Video Game Trade-in Business," Forbes, accessed March 18, 2014, http://www.forbes.com/sites/maggiemcgrath/2014/03/18/gamestop-sinking-as-wal-marttargets-2-billion-video-game-trade-in-business/.
39. Chris Morris, "Walmart Jumps into the Game Trade-in Business," Gamesindustry.biz, accessed March 18, 2014, http://www.gamesindustry.biz/articles/2014-03-18-walmart-jumps-into-the-game-trade-in-business.
40. Justin Williamson, "Trade in Used Video Games for Walmart Credit," Walmart blog, accessed March 18, 2014, http://blog.walmart.com/trade-in-used-videogames-for-walmart-credit.
41. Maria Halkias, "Wal-Mart to Challenge GameStop in Used Video Game Business," The Dallas Morning News, accessed March 17, 2014, http://www.dallasnews.com/business/retail/20140317-wal-mart-to-challenge-gamestop-inused-video-game-business.ece.
42. Maggie McGrath, "GameStop Sinking as Wal-Mart Targets $2 Billion Video Game Trade-in Business," Forbes, accessed March 18, 2014, http://www.forbes.com/sites/maggiemcgrath/2014/03/18/gamestop-sinking-as-wal-marttargets-2-billion-video-game-trade-in-business/.
43. US Environmental Protection Agency, "Statistics on the Management of Used and End-of-Life Electronics," accessed July 2014, http://www.epa.gov/osw/conserve/materials/ecycling/manage.htm.
44. Accenture Research.
45. ecoATM®, "Consumer Electronic Recycling on the Rise; ecoATM® Collects its Three Millionth Device," accessed September 4, 2014, http://www.ecoatm.com/press/2014/09/04/consumer-electronic-recycling-on-the-rise—ecoatm–collects-its-three-millionth-device/.
46. ecoATM®, "ecoATM® Expands Dallas-Fort Worth Presence with Additional Electronic Device Recycling Kiosks," accessed March 27, 2014, http://www.ecoatm.com/ecoatm-expands-dallas-fort-worth-presence-with-additional-electronicdevice-recycling-kiosks/.
47. ecoATM®, "Consumer Electronic Recycling on the Rise; ecoATM® Collects its Three Millionth Device," accessed September 4, 2014, http://www.ecoatm.com/press/2014/09/04/consumer-electronic-recycling-on-the-rise—ecoatm–collects-its-three-

millionth-device/.
48. ecoATM®, "ecoATM® Expands Dallas-Fort Worth Presence with Additional Electronic Device Recycling Kiosks," accessed March 27, 2014, http://www.ecoatm.com/ecoatm-expands-dallas-fort-worth-presence-with-additional-electronicdevice-recycling-kiosks/.
49. Michael Pachter, "Analyst: Outerwall's EcoATM Acquisition Will Help Grow Margins," Wall St. Cheat Sheet, July 4, 2013, http://wallstcheatsheet.com/stocks/analyst-outerwalls-ecoatm-acquisition-will-help-grow-margins.html/?a=viewall.

Chapter 7_ 공유 플랫폼 모델

1. Accenture interview with April Rinne, November 11, 2013.
2. Ingrid Pan, "Uber's Breakneck Growth: How the Company Grows and Makes Money," YAHOO!Finance, accessed June 23, 2014, http://finance.yahoo.com/news/uber-breakneck-growth-company-grows-210007173.html.
3. Tomio Geron, "Airbnb and The Unstoppable Rise of the Share Economy," Forbes, accessed January 23, 2013, http://www.forbes.com/sites/tomiogeron/2013/01/23/airbnb-and-the-unstoppable-rise-of-the-share-economy/.
4. "Peer-to-Peer Rental: The Rise of the Sharing Economy," The Economist, accessed March 9, 2013, http://www.economist.com/news/leaders/21573104-internet-everything-hire-rise-sharing-economy.
5. Danielle Sacks, "The Sharing Economy," Fast Company, accessed April 18, 2011, http://www.fastcompany.com/1747551/sharing-economy.
6. Jaime Contreras, "MIT Sloan Grad on the 'Sharing Economy,' the Next Big Trend in Social Commerce," MIT Sloan Management, accessed December 15, 2011, http://mitsloanexperts.mit.edu/mit-sloan-grad-on-the-sharing-economy-thenext-big-trend-in-social-commerce/.
7. Joseph Gacinga, "Forget the Pricey Shares: Here's Why HomeAway Is a Good Investment," The Motley Fool, accessed May 19, 2014, http://www.fool.com/investing/general/2014/05/19/forget-the-pricey-shares-heres-why-homeawayis-a-g.aspx.
8. Carolyn Said, "Lyft Snares $250 Million for U.S., International Growth," SFGate, accessed April 2, 2014, http://blog.sfgate.com/techchron/2014/04/02/lyft-snares-250-million-for-us-international-growth/.
9. Ingrid Pan, "Uber's Breakneck Growth: How the Company Grows and Makes Money," YAHOO!Finance, accessed June 23, 2014, http://finance.yahoo.com/news/uber-breakneck-growth-company-grows-210007173.html.

10. Uber website, "The Ride Ahead," accessed December 10, 2014, http://blog.uber.com/ride-ahead.
11. Nielsen, "Global Consumers Embrace the Share Economy," accessed May 28, 2014, http://www.nielsen.com/content/corporate/apac/en/press-room/2014/global-consumers-embrace-the-share-economy.html.
12. Ibid.
13. Kathleen Stokes, Emma Clarence, Lauren Anderson and April Rinne, "Making Sense of the UK Collaborative Economy," Nesta, accessed February 9, 2014, http://www.nesta.org.uk/publications/making-sense-uk-collaborative-economy.
14. Nielsen, "Global Consumers Embrace the Share Economy," accessed May 28, 2014, http://www.nielsen.com/content/corporate/apac/en/press-room/2014/global-consumers-embrace-the-share-economy.html.
15. Lora Kolodny, "Storefront Raises $7.3M to Help Online Brands Set up Shop Offline (Without Signing a Lease)," Wall Street Journal, accessed April 14, 2014, http://blogs.wsj.com/venturecapital/2014/04/14/storefront-raises-7-3mto-help-online-brands-set-up-shop-offline-without-signing-a-lease/.
16. United States Postal Service Office of Inspector General, "Using the 'Crowd' to Deliver Packages," accessed February 12, 2014, https://www.uspsoig.gov/sites/default/files/document-library-files/2014/using_the_crowd_to_deliver_packages.pdf.
17. FLOOW2, "FAQ," accessed July 2014, http://www.floow2.com/faq.html.
18. Accenture Interview with Kim Tjoa, November 8, 2013.
19. Accenture Interview with Marcio Nigro, November 4, 2013.
20. Marcio Nigro, "Caronetas Caronas, Inteligentes," accessed April 30, 2014, http://istart.org/startup-idea/business/caronetas-caronas-inteligentes/24289.
21. Instituto Saúde e Sustentabilidade, accessed October 31, 2014, http://www.saudeesustentabilidade.org.br/index.php/caronetas-e-selecionado-comouma-das-15-solucoes-mundiais-inovadoras-de-mobilidade-sustentavel-pelauniversidade-de-michigan/?lang=en
22. Accenture Interview with Benita Matofska, November 21, 2013.
23. Vision Critical and Crowd Companies, "Sharing is the New Buying," accessed 2014, http://www.visioncritical.com/sites/default/files/pdf/sharing-new-buyingcollaborative-economy-report.pdf.
24. "Airbnb Celebrates Record Growth with 10 Million Guest Nights Booked," Company Press Release, accessed June 19, 2012, http://www.marketwired.com/press-release/airbnb-celebrates-record-growth-with-10-million-guestnights-booked-1670787.htm.
25. Airbnb website, accessed September 24, 2014, https://www.airbnb.com/about/about-us.
26. GM, "RelayRides and OnStar: Baby, You Can Rent My Car," accessed July 17, 2012, http://media.gm.com/media/us/en/gm/news.detail.html/content/Pages/news/us/en/2012/

Jul/0717_onstar.html.

27. Jason Tanz, "How Airbnb and Lyft Finally Got Americans to Trust Each Other," Wired, accessed April 23, 2014, http://www.wired.com/2014/04/trust-in-theshare-economy/.
28. Airbnb, "What Are Meetups?," accessed July 2014, https://www.airbnb.com.au/help/article/356.
29. Heather Matheson, "Yerdle: Exploring Decentralization at Cleantech Forum San Francisco 2014," Cleantech Group, accessed January 12, 2014, http://events.cleantech.com/this-week-in-cleantech-oct-2–9/.
30. Yerdle website, "Shop Freely," accessed November 21, 2014, https://yerdle.com/about.
31. Andrew Leonard, "How the Facebook Economy is Costing Us Big," Salon, accessed February 21, 2014, http://www.salon.com/2014/02/21/the_silicon_valley_lie_thats_costing_us_big_everything_is_free/.
32. Moira Herbst, "Let's Get Real: The 'Sharing Economy' Won't Solve Our Jobs Crisis," The Guardian, accessed January 7, 2014, http://www.theguardian.com/commentisfree/2014/jan/07/sharing-economy-not-solution-to-jobscrisis.
33. Uber website, "The Ride Ahead," accessed December 10, 2014, http://blog.uber.com/ride-ahead.
34. Susie Cagle, "To Get a Fair Share, Sharing-Economy Workers Must Unionize," Aljazeera America, accessed June 27, 2014, http://america.aljazeera.com/opinions/2014/6/uber-sharing-economyunionstaxis.html.
35. Ibid.
36. Annie Karni, "Airbnb Wants to Pay Taxes and Become a Legal Hotel, but Faces Opposition From an Affordable Housing Group," New York Daily News, accessed April 21, 2014, http://www.nydailynews.com/new-york/airbnb-bidspay-taxes-faces-opposition-article-1.1763073.
37. Neelie Kroes, "My View on Today's Taxi Protests and What it Means for the Sharing Economy," European Commission Blog, accessed June 11, 2014, http://ec.europa.eu/commission_2010-2014/kroes/en/blog/my-view-todays-taxiprotests-and-what-it-means-sharing-economy.
38. Peerby, accessed July 2014, https://peerby.com/.
39. Peerby, "If Peerby is Free, What Then is the Business Model?," accessed March 28, 2014, http://support.peerby.com/customer/en/portal/articles/1497066-if-peerby-isfree-what-then-is-the-business-model-.
40. Accenture Interview with Dean Weddepohl, November 8, 2013.
41. Darrell Etherington, "Peerby's Local Lending App is Ready to Help Neighbours Participate in the Sharing Economy," TechCrunch, accessed September 29, 2013, http://techcrunch.com/2013/09/29/

peerbys-local-lending-app-is-ready-tohelp-neighbours-participate-in-the-sharing-economy/.
42. Accenture Interview with Swito Yuber, November 6, 2013.
43. Joanna Yeo, "Why Buy When you can Rent with Rent Tycoons?" e27, accessed January 16, 2012, http://e27.co/why-buy-when-you-can-rent-with-renttycoons/.
44. 3D Hubs, "How to Hub," accessed December 1, 2014, http://www.3dhubs.com/how-to-hub.
45. 3D Hubs, "3D Hubs Reaches Critical Mass with Over 5,000 3D Printing Locations Worldwide," accessed June 5, 2014, http://press.3dhubs.com/78412-3d-hubs-reaches-critical-mass-with-over-5-000-3d-printing-locationsworldwide.

Chapter 8_ PaaS 비즈니스 모델

1. Arnold Tukker (2004), "Eight Types of Product–Service System: Eight Ways to Sustainability? Experiences from SusProNet," Business Strategy and the Environment 13: 246–260, doi: 10.1002/bse.414.
2. Ibid.
3. Rolls-Royce, "Rolls-Royce Celebrates 50th Anniversary of Power-by-the-Hour," accessed October 30, 2012, http://www.rolls-royce.com/news/press_releases/2012/121030_the_Hour.jsp.
4. Michelin, Michelin® Fleet Solutions™, accessed July 2014, http://www.michelintruck.com/michelintruck/services/MichelinFleetSolutions.jsp.
5. Atlas Copco, "Contract Air: Air-Over-the-Fence Service for Compressed Air or Gas," accessed July 2014, http://www.atlascopco.us/usus/products/product.aspx?id=1546129&productgroupid=1524845.
6. Eric Wesoff, "SolarCity CEO: Now's the Time to Capture the Market and Grow as Fast as We Can," GreenTech Media, accessed August 7, 2014, http://www.greentechmedia.com/articles/read/SolarCity-CEO-Nows-The-Timeto-Capture-the-Market-and-Grow-as-Fast-as-We.
7. MarketWatch, accessed November 17, 2014, http://www.marketwatch.com/investing/stock/scty.
8. Sunrun, accessed July 2014, http://www.sunrun.com/.
9. Vivint Solar, accessed July 2014, http://www.vivintsolar.com.
10. Jeremiah Owyang, "Collaborative Economy: Live Like Royalty Without Owning a Throne," Jeremiah Owyang Blog, accessed June 17, 2013, http://www.web-strategist.com/blog/2013/06/17/collaborative-economy-live-like-royaltywithout-owning-a-throne/; GirlMeetsDress.com, accessed July 2014, http://www.girlmeetsdress.com/.

11. Steven Bertoni, "Rent The Runway Nears End Of Series D Round, Valuation Could Top $600 Million," Forbes, accessed October 28, 2014, http://www.forbes.com/sites/stevenbertoni/2014/10/28/rent-the-runway-nears-end-ofseries-d-round-valuation-could-top-600-million/.
12. Claire Heighway, "An Interview with … Anna Bance: Co-founder of Girl Meets Dress," Exquisitely British, accessed September 5, 2014, http://www.exquisitely british.com/#!girl-meets-dress/ct5u.
13. Claire Suddath, "The Millennial Way of Shopping: More Careful, Durable, and Frugal than You Think," Bloomberg BusinessWeek, accessed April 25, 2014, http://www.businessweek.com/articles/2014-04-25/millennials-are-careful-frugalshoppers-who-buy-for-the-long-term.
14. Zipcar, "Zipcar's Second Annual Millennials Study Finds 18–34-Year-Olds Increasingly Embrace Collaborative Consumption and Access Over Ownership," PR Newswire, accessed December 12, 2011, http://www.prnewswire.com/news-releases/zipcars-second-annual-millennials-study-finds-18-34-yearolds-increasingly-embrace-collaborative-consumption-and-access-overownership-135431053.html.
15. The Rockefeller Foundation, "Access to Public Transportation a Top Criterion for Millennials When Deciding Where to Live, New Survey Shows," accessed April 22, 2014, http://www.rockefellerfoundation.org/newsroom/access-public-transportation-top.
16. J.J.Colao, "Welcome to the New Millennial Economy: Goodbye Ownership, Hello Access," Forbes, accessed October 11, 2012, http://www.forbes.com/sites/jjcolao/2012/10/11/welcome-to-the-new-millennial-economy-goodbyeownership-hello-access/.
17. Accenture interview with Mike Barry, December 18, 2013.
18. De Lage Landen, "De Lage Landen and Desso Join Forces to Offer Desso's Customers Circular Economy Leasing Model," accessed September 18, 2013, http://www.delagelanden.com/press/latest_news/224187421.html.
19. Telenor website, accessed November 18, 2014. http://telenor.se/change.
20. SustainableBusiness.com, "Philips Introduces 'Lighting as a Service' ", accessed January 23, 2014, http://www.sustainablebusiness.com/index.cfm/go/news.display/id/25461.
21. Accenture interview with Thomas Rau, Sabine Oberhuber and Erik de Ruijter, January 7, 2014.
22. Jeremiah Owyang, "How I'm Experimenting with Life-as-a-Service," Jeremiah Owyang Blog, accessed April 17, 2014, http://www.web-strategist.com/blog/2014/04/17/how-im-experimenting-with-life-as-a-service/.
23. Paul A. Eisenstein, "Avis Buying Zipcar in $500 Million All-Cash Deal," NBC News, accessed January 2, 2013, http://www.nbcnews.com/business/autos/avis-buying-zipcar-

500-million-all-cash-deal-f1C7785094.
24. Car2Go, accessed July 2014, http://www.car2go.com; from the November 18, 2013 Accenture interview with Rainer Becker.
25. Accenture interview with Rainer Becker, November 18, 2013.
26. Car2Go, accessed July 2014, https://www.car2go.com/en/austin/what-doescar2go-cost/.
27. Accenture interview with Rainer Becker, November 18, 2013.
28. Automotive News Europe, "Daimler to Close Car2Go Unit in UK," accessed May 29, 2014, http://europe.autonews.com/article/20140529/ANE/140529857/daimler-to-close-car2go-unit-in-uk.
29. Matt McFarland, "Car2go has Signed Up One Million Members Worldwide," The Washington Post, accessed December 10, 2014, http://www.washingtonpost.com/blogs/innovations/wp/2014/12/10/car2go-has-signed-up-1-millionmembers-worldwide/.
30. Auto Rental News, "Daimler Consolidates Car2Go and Other Mobility Services," Auto Rental News, accessed January 23, 2013, http://www.autorentalnews.com/channel/rental-operations/news/story/2013/01/daimler-consolidatescar2go-and-other-mobility-services.aspx.
31. Philips website, accessed September 24, 2014, http://www.philips.com/about/investor/financialresults/index.page.
32. Philips, "Annual Report 2013," http://www.annualreport2013.philips.com/content/en/performance_highlights.html.
33. Philips, "Helping to Meet the Nation's Energy Goals," accessed November 18, 2014, http://www.healthcare.philips.com/main/about/company/arra_lighting_ecovision.wpd.
34. Philips, "The Time is Right for Connected Public Lighting," accessed October 10, 2012, http://www.newscenter.philips.com/main/standard/news/publications/20121009-connected-public-lighting-philips-cisco.wpd.
35. Philips, "The LED Lighting Revolution," May 2012, http://www.lighting.philips.com/pwc_li/main/connect/Assets/tools-literature/LED-lighting-revolutionbooklet.pdf.
36. Philips, "Case Study: RAU Architects," 2012, http://www.lighting.philips.com/pwc_li/main/shared/assets/downloads/casestudy-rau-int.pdf.
37. Thomas Rau, "Intelligent Lighting: Designing with Responsible Consumption in Mind," The Guardian, accessed September 25, 2013, http://www.theguardian.com/sustainable-business/intelligent-lighting-designing-responsible-consumption.
38. Ibid.
39. Accenture interview with Frans van Houten, April 28, 2014.
40. Philips, "Our Green Products," accessed October 31, 2014, http://www.philips.com/about/sustainability/ourenvironmentalapproach/greenproducts/index.page.

Chapter 9_ 순환 비즈니스 모델

1. Larissa Ham, "What You Need to Know about Being an Airbnb Host," The New Daily, accessed November 5, 2014, http://thenewdaily.com.au/life/2014/11/05/how-to-make-money-from-airbnb/.
2. PR Newswire, "Daimler Financial Services Expects 2014 to Become the Best Year in the Company's History," accessed November 13, 2014, http://www.prnewswire.com/news-releases/daimler-financial-services-expects-2014-to-becomethe-best-year-in-the-companys-history-282546731.html.
3. Gregory T. Huang, "Gazelle, Apple, and Amazon: The Future of 'Recommerce'," Xconomy, accessed October 22, 2013, http://www.xconomy.com/boston/2013/10/22/gazelle-apple-amazon-future-recommerce/.
4. David Harris, "Consumer Electronics Trade-in Site Gazelle says it's Accepted 2 Million Devices, Served 1 Million Customers," Boston Business Journal, accessed May 28, 2014, http://www.bizjournals.com/boston/blog/techflash/2014/05/consumer-electronics-trade-in-site-gazelle-says.html.
5. Walmart, "Walmart Doubles Down on Video Gaming," Company News Release, accessed March 18, 2014, http://news.walmart.com/news-archive/2014/03/18/walmart-doubles-down-on-video-gaming.
6. H&M website, http://www.hm.com/gb/longlivefashion.
7. I:CO website, accessed November 18, 2014, http://www.ico-spirit.com/en/about-ico/.
8. Jasmin Malik Chua, "H&M Becomes First Fashion Company to Launch Global Clothes-Recycling," ecouterre.com, accessed December 6, 2012, http://www.ecouterre.com/hm-is-first-fashion-company-to-launch-global-clothes-recyclingprogram/.
9. The Guardian, "Recycling and Reusing Textile Waste in Fashion," accessed November 18, 2014, http://www.theguardian.com/sustainable-business/hmpartner-zone/recycling-reusing-textile-waste-fashion.
10. Accenture interview with Thomas Rau, Sabine Oberhuber and Erik de Ruijter, January 7, 2014.
11. Turntoo website, http://turntoo.com/en/diensten/household-appliances/.
12. Turntoo website, http://turntoo.com/en/diensten/parking-lots/.
13. Recyclebank, "Recyclebank Launches Online Shop One Twine," Company News Release, accessed April 22, 2014, https://www.recyclebank.com/corporate-info/newsroom/press-releases/233.
14. Recyclebank, "Recyclebank Celebrates 10 Years and 1.5 Billion Pounds of Waste Recycled in 2013," Company News Release, accessed September 4, 2014, https://www.recyclebank.com/corporate-info/newsroom/press-releases/238.

15. Elizabeth Dwoskin, "BossTalk: TaskRabbit Chief Aims to Recast Freelance Work," Wall Street Journal, accessed August 12, 2014, http://online.wsj.com/articles/bosstalk-taskrabbit-chief-aims-to-recast-freelance-work-1407886284.
16. Accenture interview with Frits Engelaer, December 5, 2013.
17. William McDonough and Michael Braungart, Cradle to Cradle: Remaking the Way We Make Things, 2002.
18. Accenture interview with Geanne van Arkel, October 28, 2013.
19. Carlsberg Group, "Carlsberg Joins Forces with Suppliers to Eliminate Waste by Developing Next Generation of Packaging for High-Quality 'Upcycling'," Company News Release, accessed January 21, 2014, www.carlsberggroup.com/investor/news/Pages/Carlsbergjoinsforceswithsupplierstoeliminatewastebydeve lopingnextgenerationofpackagingforhigh-quality'upcycling'.aspx.
20. Accenture interview with Simon Hoffmeyer Boas, December 6, 2013.
21. "The Launch of the Circulars," accessed January 24, 2014, http://www.youtube.com/watch?v=L6gE4jycbbM
22. Accenture interview with Simon Hoffmeyer Boas, December 6, 2013.
23. For more on Carlsberg's experience, http://www.carlsberggroup.com/investor/news/Pages/Carlsbergjoinsforceswithsupplierstoeliminatewastebydevelopingnextgenerationofpackagingforhigh-quality%E2%80%98upcycling%E2%80%99.aspx.
24. Carlsberg Group, "Carlsberg Joins Forces with Suppliers to Eliminate Waste by Developing Next Generation of Packaging for High-Quality 'Upcycling'," Company News Release, accessed January 21, 2014, www.carlsberggroup.com/investor/news/Pages/Carlsbergjoinsforceswithsupplierstoeliminatewastebydeve lopingnextgenerationofpackagingforhigh-quality'upcycling'.aspx.
25. Kingfisher, "The Business Opportunity of Closed Loop Innovation: Kingfisher's Progress Towards Products that Waste Nothing," accessed November 18, 2014, https://www.kingfisher.com/netpositive/files/downloads/kingfisher_closed_loop_innovation.pdf.
26. Kingfisher, "The Business Opportunity of Closed Loop Innovation: Kingfisher's Progress Towards Products that Waste Nothing," https://www.kingfisher.com/netpositive/files/downloads/kingfisher_closed_loop_innovation.pdf.
27. Accenture interview with Sir Ian Cheshire and Alex Duff, May 1, 2013.
28. Kalunborg Symbiosis, "Some of the Largest Industrial Enterprises in Denmark are Partners in Kalundborg Symbiosis," http://www.symbiosis.dk/en/partnere.
29. HKTDC Research, "Tianjin Ziya Industrial Park: Facts & Figures (2010)," accessed September 19, 2011, http://china-trade-research.hktdc.com/business-news/article/Fast-Facts/Tianjin-Ziya-Industrial-Park/ff/en/1/1X000000/1X0723HA.htm.

30. Port of Rotterdam, "Rotterdam Organisations Join Forces in Circularity Center," Company News Release, accessed April 4, 2014, http://www.portofrotterdam.com/en/News/pressreleases-news/Pages/rotterdam-organisations-join-forcescircularity-center.aspx.
31. I:CO website, http://www.ico-spirit.com/en/ico-partners/.
32. Inspiring Social Entrepreneurs, "Episode 13 Interview with Tom Szaky, founder of Terracycle," accessed November 18, 2014, http://inspiringsocialentrepreneurs.com/episode-13-interview-tom-szaky-founder-terracycle/.
33. Fergal Byrne, "A 60 Million Strong Army is Growing and could Save the World from a Sea of Waste," Pioneers Post, accessed September 22, 2014, http://www.pioneerspost.com/news-views/20140922/60-million-strong-army-growingand-could-save-the-world-sea-of-waste.
34. Project Ara website, accessed November 18, 2014, http://www.projectara.com/.
35. Fergal Byrne, "A 60 Million Strong Army is Growing and Could Save the World from a Sea of Waste," Pioneers Post, accessed September 22, 2014, http://www.pioneerspost.com/news-views/20140922/60-million-strong-army-growingand-could-save-the-world-sea-of-waste.
36. Project Ara website, accessed November 18, 2014, http://www.projectara.com/.
37. Phonebloks website, https://phonebloks.com/en.
38. Techreturns website, http://www.techreturns.nl.

Chapter 10_ 순환 우위 기술과 디지털 혁신

1. Heather Matheson, "Yerdle: Exploring Decentralization at Cleantech Forum San Francisco 2014," Cleantech Group, accessed April 11, 2014, http://events.cleantech.com/this-week-in-cleantech-oct-2–9/.
2. Takeshi Hirano, "Japanese Mobile Flea Market app Mercari Raises $14 Million, will Expand to US Market," The Bridge, accessed March 31, 2014, http://the bridge.jp/en/2014/03/mercari-fundraises-14-million.
3. Barry Levine, "Verizon Plans to Create a Sharing Platform for Virtually Anything – Not Just Cars", Venture Beat, accessed September 8, 2014, http://venturebeat.com/2014/09/08/verizon-plans-to-create-a-sharing-platform-forvirtually-anything-not-just-cars/.
4. Praveen Shankar, "Wireless M2M in the Supply Chain: Achieving High Performance through Dynamic, Real-Time Insight," Accenture, 2013, http://www.accenture.com/SiteCollectionDocuments/PDF/Accenture-Wireless-M2M-Supply-Chain.pdf.
5. Accenture interview with Magnus Rosen, December 11, 2013.
6. Accenture, "Accenture Technology Vision 2013: Every Business is a Digital Business,"

    http://www.accenture.com/SiteCollectionDocuments/PDF/Accenture-Technology-Vision-2013.pdf.
7. Gopalakrishna Palem, "M2M Telematics & Predictive Analytics," Symphony Teleca, 2013, http://www.symphonyteleca.com/media/93766/analytics_wp_2013_v1_m2m_telematics___predictive_analytics.pdf.
8. Accenture, "Industrial Internet Insights Report for 2015," 2014, http://www.accenture.com/SiteCollectionDocuments/PDF/Accenture-Industrial-Internet-Changing-Competitive-Landscape-Industries.pdf.
9. GE Reports, "Analyze This: The Industrial Internet by the Numbers & Outcomes,"accessed October 7, 2013, http://www.gereports.com/post/74545267912/analyze-this-the-industrial-internet-by-the-numbers.
10. The Integer Group, The Checkout, Issue 5. 2013 "Mobile Edition," http://shopperculture.integer.com/the-checkout-2013-archive.html.
11. Accenture, "A New Era for Retail: Cloud Computing Changes the Game," 2013,http://www.accenture.com/SiteCollectionDocuments/PDF/Accenture-A-New-Era-For-Retail.pdf.
12. Christopher L. Weber, Jonathan G. Koomey, and H. Scott Matthews, "The Energy and Climate Change Impacts of Different Music Delivery Methods," accessed August 17, 2009, http://download.intel.com/pressroom/pdf/cdsvsdownloads release.pdf.
13. Christopher L. Weber, Jonathan G. Koomey, and H. Scott Matthews "The Energy and Climate Change Implications of Different Music Delivery Methods," accessed August 17, 2009, http://download.intel.com/pressroom/pdf/CDsvsdownloads release.pdf.
14. Weber et al., "The Energy and Climate Change Implications of Different Music Delivery Methods," accessed August 17, 2009, http://download.intel.com/pressroom/pdf/CDsvsdownloadsrelease.pdf.
15. European Commission, "Digital Editions: Pathway to Greener Publications," accessed June 9, 2009, http://ec.europa.eu/environment/ecoap/abouteco-innovation/good-practices/united-kingdom/395_en.htm.
16. Accenture, "Accenture Technology Vision 2013: Every Business is a Digital Business", http://www.accenture.com/SiteCollectionDocuments/PDF/Accenture-Technology-Vision-2013.pdf.
17. Jeremiah Owyang, "The Collaborative Economy", Altimeter Group, accessed June 4, 2013, http://www.slideshare.net/Altimeter/the-collaborative-economy.
18. Spare to Share, corporate website, accessed February 3, 2015, https://www.asparetoshare.com/.
19. Digital Lumens website, http://www.digitallumens.com/company/.
20. Accenture interview with David Rosenberg, November 15, 2013.

21. Oliver Balch, "Hi-tech Farming: Growing Plants in Urban Warehouses," The Guardian, accessed April 3, 2013, http://www.theguardian.com/sustainablebusiness/tech-farming-plants-urban-warehouses.
22. AeroFarms website, accessed November 18, 2014, http://aerofarms.com/.
23. Copenhagen Connecting, "Copenhagen Connecting – An Unique and Innovative Opportunity to Shape the Future of Copenhagen," accessed February 3, 2015, https://docs.google.com/a/melcher.com/spreadsheets/d/1M149zx2MQBYH8QwEgI8J7GzlelQtSupbjUEYsAsj3Rg/edit?usp=sharing.
24. trendwatching.com, "UPGRADIA: The Digital Culture of Constant Upgrade and Iteration Comes to the World of Physical Objects," February 2014 trend briefing, http://trendwatching.com/trends/pdf/2014-02%20UPGRADIA.pdf.
25. Xerox website, http://www.xerox.com/corporate-citizenship-2010/sustainability/waste-prevention.html.
26. Accenture interview with Gerrard Fisher, December 9, 2013.
27. International Institute for Sustainable Development, "Chaparral Steel Company," accessed November 18, 2014, http://www.iisd.org/business/viewcasestudy.aspx?id=51.
28. Indigo Development, "Industrial Ecology: Case Profiles," accessed July 2014, http://www.indigodev.com/Cases.html.
29. Desso website, http://www.desso-refinity.com/desso-refinityr/.
30. dataserv website, http://www.dataserv-group.com/about/about_EN.html.
31. Celtic Renewables website, http://www.celtic-renewables.com/about-us/.
32. Slag Cement Association, "Material, Energy and Greenhouse Gas Savings," accessed July 2014, http://www.slagcement.org/Sustainability/Materials.html.
33. University of Bath, "Micro-Capsules and Bacteria to be Used in Self-Healing Concrete," accessed May 30, 2013, http://www.bath.ac.uk/news/2014/12/03/micro-capsules-and-bacteria-to-be-used-in-self-healing-concrete/.
34. Daniel Patrascu, "Michelin to Launch Flat Free Tire in 2014", Auto Evolution, accessed May 24, 2011, http://www.autoevolution.com/news/michelin-to-launchflat-free-tire-in-2014-35646.html
35. g2 revolution website, accessed September 24, 2014, https://www.g2rev.com/g2rev/about-us.jsp.
36. Inc.com, accessed November 18, 2014 "Top Environmental Services Companies on the 2014 Inc. 5000," http://www.inc.com/inc5000/list/2014/industry/environmental-services.
37. 3M News Release, "3M Introduces Asset and Inventory Tracking System," March 11, 2010, 3m.com/tracking/docs/AITS_Press_Release.doc.
38. MakerBot website, accessed September 24, 2014, http://www.makerbot.com/support/guides/pla.

39. "GE Uses Big Data to Monitor Laser-Printed Jet Engine Parts," accessed June 5, 2013, http://www.3ders.org/articles/20130605-ge-uses-big-data-to-monitor-laserprinted-jet-engine-parts.html.
40. Stratasys, "Streamlining Manufacturing," 2013 Case Study, http://www.stratasys.com/~/media/Case%20Studies/Commerical%20Products/SSYS-CSThogus-05-13.pdf.
41. Transport Intelligence, "The Implications of 3D Printing for the Global Logistics Industry," 2012, http://www.transportintelligence.com/articles-papers/theimplications-of-3d-printing-for-the-global-logistics-industry/76.

Chapter 11_ 가치를 창출하는 5가지 순환 역량

1. Chris Zook and James Allen, "Profit From the Core: Growth Strategy in an Era of Turbulence," Harvard Business Review Press, Boston, February 2001.
2. Blue Economy website, http://theblueeconomy.org/blue/Home.html.
3. Accenture interview with Gunter Pauli, February 11, 2013.
4. Mike Hower, "Timberland Retreads Old Tires as New Shoes," GreenBiz, accessed November 3, 2014, http://www.greenbiz.com/article/timberland-giving-oldtires-new-treads-new-shoes.
5. Accenture interview with Jean-Philippe Hermine, October 12, 2013.
6. Ibid.
7. Ibid.
8. Alfa Laval, "Annual Report 2013," accessed March 3, 2014, http://www.alfalaval.com/about-us/investors/Reports/annual-reports/Documents/Annual_report_2013.pdf.
9. The Royal Society for the encouragement of Arts, Manufactures and Commerce website, http://www.thersa.org/.
10. RSE Action and Research Centre, "Investigating the Role of Design in the Circular Economy," accessed June 2013, http://www.thersa.org/__data/assets/pdf_file/0020/1524017/RSA-Great-Recovery-Executive-Summary-June-2013.pdf.
11. Designtex, "Home > Environmental Design > ED Stories > Climatex," accessed February 3, 2015, http://www.designtex.com/climatex_Environments.aspx?f=36310.
12. Ellen MacArthur Foundation, "Mud Jeans is Pioneering a Lease Model for its Organic Cotton Jeans, in Order to Ensure Raw Materials Supply and Discover New Business Opportunities," http://www.ellenmacarthurfoundation.org/case_studies/mud-jeans; Accenture interview with Bert van Son, CEO of Mud Jeans, December 5, 2013; Accenture analysis.

13. Wrap, "Valuing Our Clothes: The True Cost of How We Design, Use and Dispose of Clothing in the UK," accessed July 11, 2012, http://www.wrap.org.uk/sites/files/wrap/VoC%20FINAL%20online%202012%2007%2011.pdf.
14. Mud Jeans website, "How Lease a Jeans Works," accessed November 24, 2014, http://www.mudjeans.eu/Lease-How-it-works/How-Lease-A-Jeans-Works.
15. Accenture interview with Bert van Son, December 5, 2013.
16. Heather Caliendo, "IKEA's New Sustainable Strategy Includes a Plastics Commit ment," Plastics Today, accessed September 23, 2014, http://www.plasticstoday.com/articles/IKEAs-new-sustainable-strategy-includes-a-plasticscommitment-140923.
17. Vattenfall website, http://corporate.vattenfall.se/nyheter/nyheter/importnyheter/aska-ar-inte-avfall/
18. Eco-Business, "Closing the Loop: Starbucks' Milk Comes from Cows Fed by its Coffee Waste," accessed May 9, 2014, http://www.eco-business.com/news/closingloop-starbucks-milk-comes-cows-fed-its-coffee-waste/?utm_medium=email&utm_campaign=May+14+newsletter&utm_content=May+14+newsletter+Version+A+CID_13efe7ebdd0fffdc5212e9786be8c1e5&utm_source=Campaign%20Monitor&utm_term=Closing%20the%20loop%20Starbucks%20milk%20comes%20from%20cows%20fed%20by%20its%20coffee%20waste.
19. SUPERVALU, "SUPERVALU to Add 250 Stores to Zero Waste Program in Current Fiscal Year, Bringing Company Total to over 300," Company News Release, accessed April 17, 2012, http://www.businesswire.com/news/home/20120417006697/en/SUPERVALU-Add-250-Stores-Zero-Waste-Program.
20. Edie (Environmental Data Interactive Exchange), "Kimberly-Clark Pilots Circular Economy Model as it Charts Progress on Water and Waste," accessed August 11, 2014, http://www.edie.net/news/5/Kimberly-Clark-pilots-circulareconomy-model-as-it-charts-progress-on-water-and-waste/?utm_source=dailynewsletter&utm_medium=email&utm_content=news&utm_campaign=dailynewsletter.
21. SKF, "SKF Life Cycle Management," accessed October 31, 2014, http://www.skf.com/group/our-company/the-power-of-knowledge-engineering/life-cyclemanagement/index.html.
22. SKF, "Industrial Market, Regional Sales and Services," accessed September 10, 2014, http://www.skf.com/irassets/sites/default/files/cmd/vartan_vartanian_cmd_2014_final.pdf
23. Accenture interview with Vartan Vartanian, December 12, 2013.
24. Walmart, "Closed Loop Fund Brochure," accessed November 24, 2014, http://www.resource-recycling.com/images/e-newsletterimages/Closed_Loop_Fund_Brochure.pdf
25. Joel Makower, "Why the World's Biggest Companies are Investing in Recycling," GreenBiz, accessed August 18, 2014, http://www.greenbiz.com/blog/2014/08/18/why-worlds-biggest-companies-are-investing-recycling.

26. Hannah Gould, "10 Things You Need to Know about MP's Report on Circular Economy," The Guardian, accessed July 24, 2014, http://www.theguardian.com/sustainable-business/10-things-need-to-know-mp-report-circular-economy.
27. General Motors, "The Business Case for Zero Waste," accessed November 24, 2014, http://www.gm.com/content/dam/gmcom/VISION/Environment/More_Environment/pdf/Landfill%20free%20blueprint%20_%20FINAL%205_28.pdf.
28. Cisco, "Corporate Social Responsibility Report," 2013, accessed November 24, 2014, http://www.cisco.com/assets/csr/pdf/CSR_Report_2013.pdf.
29. Cisco, "The Cisco Certified Difference," December 2012, accessed November 24, 2014, https://www.cisco.com/web/ordering/ciscocapital/refurbished/docs/The_Cisco_Certified_Difference_CustomerView.pdf.
30. Cisco, "Corporate Social Responsibility Report," 2013, accessed November 24, 2014, http://www.cisco.com/assets/csr/pdf/CSR_Report_2013.pdf.
31. Cisco, "2014 Corporate Social Responsibility Report," accessed November 24, 2014, http://www.cisco.com/assets/csr/pdf/CSR_Report_2014.pdf#page=105.
32. Cisco, "Remanufacturing for a Greener Planet with Cisco Certified Refurbished Equipment," accessed November 24, 2014, http://www.cisco.com/web/ordering/ciscocapital/refurbished/resellers/docs/downloads/Cisco_Capital_Green_Tech_Lifecycle_brochure.pdf.
33. Accenture interview with Javier Flaim, December 6, 2013.
34. Ibid.

Chapter 12_ 정책의 힘

1. United Nations Global Compact and Accenture, "The UN Global Compact-Accenture CEO Study on Sustainability 2013: Architects of a Better World," accessed September 2013, http://www.accenture.com/Microsites/ungc-ceostudy/Documents/pdf/13-1739_UNGC%20report_Final_FSC3.pdf.
2. Ibid.
3. Ibid.
4. The Economist, "All Eyes on the Sharing Economy," accessed March 9, 2013, http://www.economist.com/news/technology-quarterly/21572914-collaborative-consumption-technology-makes-it-easier-people-rent-items.
5. Ibid.
6. Jessica Conrad, "The Next New Economy," Resilience, accessed March 21, 2014, http://www.resilience.org/stories/2014-03-21/the-next-new-economy

7. The Economist, "All Eyes on the Sharing Economy," accessed March 9, 2013, http://www.economist.com/news/technology-quarterly/21572914-collaborativeconsumption-technology-makes-it-easier-people-rent-items; and Bruce Watson, "Airbnb's Legal Troubles: The Tip of the Iceberg for the Sharing Economy?" The Guardian, accessed November 20, 2013, http://www.theguardian.com/sustainable-business/airbnb-legal-trouble-sharing-economy.
8. Brad Tuttle, "The Other Complication for Airbnb and the Sharing Economy: Taxes," Time, accessed June 15, 2013, http://business.time.com/2013/06/15/the-other-complication-for-airbnb-and-the-sharing-economy-taxes/.
9. Ibid.
10. The Economist, "All Eyes on the Sharing Economy," accessed March 9, 2013, http://www.economist.com/news/technology-quarterly/21572914-collaborativeconsumption-technology-makes-it-easier-people-rent-items.
11. European Commission, "The Roadmap to a Resource Efficient Europe," http://ec.europa.eu/environment/resource_efficiency/about/roadmap/index_en.htm.
12. European Commission, "Action for a Resource Efficient Europe," accessed June 17, 2013, http://ec.europa.eu/environment/resource_efficiency/documents/action_for_a_resource_efficient_europe_170613.pdf.
13. Written 2014 Accenture Interview with Dr. Janez Potočnik.
14. Green Alliance, "More Jobs, Less Carbon: Why We Need Landfill Bans," accessed February 2014, http://www.green-alliance.org.uk/resources/More%20jobs,%20less%20carbon_%20why%20we%20need%20landfill%20bans.pdf.
15. House of Commons Environmental Audit Committee, "Growing a Circular Economy: Ending the Throwaway Society," accessed July 17, 2014, http://www.publications.parliament.uk/pa/cm201415/cmselect/cmenvaud/214/214.pdf.
16. Ibid.
17. Paul Sanderson, "Government Rejects MPs' Recommendations on Circular Economy," Resource Efficient Business, accessed November 3, 2014, http://www.rebnews.com/news/resource_efficiency/government_rejects_mpsr_recommendations_circular_economy.html#.VFinGJIamZs.twitter.
18. Danish Government, "Denmark without Waste: Recycle More – Incinerate Less," 2013, http://mim.dk/media/mim/67848/Ressourcestrategi_UK_web.pdf.
19. Scottish Government (2013), "Safeguarding Scotland's Resources", http://www.scotland.gov.uk/Resource/0043/00435308.pdf.
20. Circle Economy (2013), "Green Deals: NL as a Circular Hotspot & Circular Procurement," http://www.circle-economy.com/news/green-deals-nl-as-a-circularhotspot-

circular-procurement

21. Chinese Government (2008), "The Circular Economy Promotion Law of the People's Republic of China," http://www.cecc.gov/resources/legal-provisions/circular-economy-promotion-law-of-the-peoples-republic-of-china-chinese.

22. People's Daily Online, "Li Keqiang's Speech at Summer Davos Opening Ceremony – Full Text," accessed September 11, 2014, http://english.peopledaily.com.cn/n/2014/0911/c90883-8780942.html.

23. Dajian Zhu, "China's Policies and Instruments for Developing the Circular Economy," accessed June 15, 2014, http://europesworld.org/2014/06/15/chinas-policies-and-instruments-for-developing-the-circular-economy/#.VHOqhVfF_i-

24. "China Sets Up Association to Promote Circular Economy," Global Times, accessed December 1, 2013, http://www.globaltimes.cn/content/828920.shtml.

25. Ibid.

26. Izumi Tanaka, "Promotion of Resource Efficiency in Japan," Swedish Institute for Growth Policy Studies, accessed November 24, 2014, http://www.tillvaxtanalys.se/download/18.7b5d698213b66033de8d7/1354785052944/PM2008_009_Promotion_of_Resource_Efficiency_in_Japan.pdf.

27. Stephan Lutter, Stefan Giljum and Mirko Lieber, "Global Material Flow Database," accessed March 2014, [Key indicators table], http://www.materialflows.net/fileadmin/docs/materialflows.net/SERI_WU_MFA_technical_report_final_20140317.pdf.

28. Cat Johnson, "Sharing City Seoul: A Model for the World," Shareable, accessed June 3, 2014, http://www.shareable.net/blog/sharing-city-seoula-model-for-the-world.

29. National Environment Agency (Singapore), "Singapore Packaging Agreement," accessed October 31, 2014, http://app2.nea.gov.sg/energy-waste/wastemanagement/singapore-packaging-agreement.

30. California Department of Toxic Substances Control, "Green Chemistry," accessed October 31, 2014, http://www.dtsc.ca.gov/PollutionPrevention/GreenChemistryInitiative/index.cfm.

31. The White House, "National Bioeconomy Blueprint," accessed October 31, 2014, http://www.whitehouse.gov/sites/default/files/microsites/ostp/national_bioeconomy_blueprint_april_2012.pdf.

32. Ex'Tax website, "Knowledge Centre," accessed October 31, 2014, http://www.extax.com/knowledge-centre/.

33. House of Commons Environmental Audit Committee, "Growing a Circular Economy: Ending the Throwaway Society," accessed July 17, 2014, http://www.publications.parliament.uk/pa/cm201415/cmselect/cmenvaud/214/214.pdf.

34. Puma website, "Environmental Profit and Loss Account," accessed October 31, 2014, http

://about.puma.com/en/sustainability/environment/environmentalprofit-and-loss-account.

35. Delft University of Technology Website, "The Model of the Eco-Costs," accessed October 31, 2014, http://www.ecocostsvalue.com/.
36. WRAP website, "Who We Are," accessed October 31, 2014, http://www.wrap.org.uk/content/who-we-are.
37. European Commission, "Waste Electrical and Electronic Equipment (WEEE)," http://ec.europa.eu/environment//waste/weee/index_en.htm
38. Éco-Mobilier, "The Eco-Contribution for Foreigners," accessed October 31, 2014, http://www.eco-mobilier.fr/international.
39. Veolia website, accessed October 31, 2014, http://www.veolia.com/en/our-customers/achievements/industries/circular-economy/france-eco-mobilier.
40. Accenture Interview with James Grayson, October 29, 2013.
41. Environdec website, accessed October 31, 2014, http://www.environdec.com/.
42. All-Party Parliamentary Sustainable Resource Group, "Remanufacturing: Towards a Resource Efficient Economy," accessed March 2014, http://www.policyconnect.org.uk/apsrg/sites/site_apsrg/files/apsrg_-_remanufacturing_report.pdf.
43. United Nations Environment Programme, "UNEP Launches Global Initiative for Resource Efficient Cities," accessed June 18, 2012, http://www.unep.org/newscentre/default.aspx?DocumentID=2688&ArticleID=9179.
44. United States Department of Agriculture, "BioPreferred", http://www.biopreferred.gov/BioPreferred/.
45. Kathleen Stokes, Emma Clarence, Lauren Anderson and April Rinne, "Making Sense of the UK Collaborative Economy," Nesta, accessed September 2014, http://www.collaborativeconsumption.com/wp-content/uploads/2014/09/making_sense_of_the_uk_collaborative_economy_full_report_fv.pdf.
46. International Labor Organization, "Global Employment Trends 2014," accessed January 2014, http://www.ilo.org/wcmsp5/groups/public/---dgreports/---dcomm/---publ/documents/publication/wcms_233953.pdf.
47. International Institute for Labour Studies, "Green Policies and Jobs: A Double Dividend?," 2009, http://www.ilo.org/wcmsp5/groups/public/---dgreports/---dcomm/documents/publication/wcms_119186.pdf.
48. Energy Transition: The German Energiewende website, "Environmental Taxation," accessed October 31, 2014, http://energytransition.de/2012/10/environmentaltaxation/.
49. Ex'tax website, "The European Commission on Ex'tax," accessed November 24, 2014, http://www.ex-tax.com/knowledge-centre/taxes/european-commissionabout-extax.
50. Ex'tax website, accessed November 24, 2014, http://www.ex-tax.com/.

51. Der Grüne Punkt, "Corporate Mission: Responsibility," accessed November 2011, http://www.gruener-punkt.de/fileadmin/docs/punkt/2011_Der_Gruene_Punkt_Unternehmen_Verantwortung_Web_eng.pdf.
52. Eco-Cycle website, "Zero Waste: Producer Responsibility," accessed October 31, 2014, http://www.ecocycle.org/zerowaste/overview/producer-responsibility.
53. International Material Data System website, accessed November 24, 2014, http://www.mdsystem.com/imdsnt/startpage/index.jsp.
54. European Commission, "REACH – Registration, Evaluation, Authorisation and Restriction of Chemicals," last updated September 17, 2013, accessed November 24, 2014, http://ec.europa.eu/enterprise/sectors/chemicals/reach/index_en.htm.

Chapter 13_ 우위의 포착

1. Accenture Interview with Feike Sijbesma, May 28, 2014.
2. Accenture Interview with Jean-Philippe Hermine, December 10, 2013.
3. Accenture interview with Henrik Sundström, Bengt Banck, Cecilia Nord and Vanessa Butani, February 10, 2014.
4. European Commission, "Environment: Higher Recycling Targets to Drive Transition to a Circular Economy with New Jobs and Sustainable Growth," accessed July 2, 2014, http://europa.eu/rapid/press-release_IP-14-763_en.htm.
5. European Environmental Bureau, "Not Bad, but Can Do Better: Leaked EU Proposal on Circular Economy," http://www.eeb.org/EEB/index.cfm/news-events/news/not-bad-but-can-do-better-leaked-eu-proposal-on-circular-economy/.
6. Accenture Interview with Mario Abreu, February 17, 2014.
7. "Companies Pursue Cross Sector Growth as Digital Technologies Dissolve Traditional Industry Boundaries, Accenture Research Finds," Accenture News Release, accessed January 21, 2014, http://newsroom.accenture.com/news/companies-pursue-cross-sector-growth-as-digital-technologies-dissolvetraditional-industry-boundaries- accenture-research-finds.htm.
8. Accenture Interview with Steve Howard, February 19, 2014.
9. Ibid.
10. Accenture, "The Commodity Imperative: Making the Journey from Procurement to Management of Integrated Margin," 2014, http://www.accenture.com/SiteCollectionDocuments/PDF/Accenture-Commodity-Imperative-Journey-Procurement-Management-Integrated-Margins.pdf.
11. Rip Empson, "CEO Brian Chesky Says Airbnb will be Filling More Room Nights than All

Hilton Hotels by the End of 2012," Tech Crunch, accessed December 12, 2012, http://techcrunch.com/2012/12/12/cloudera-ceo-mike-olson-by-december-31stairbnb-will-be-filling-more-room-nights-than-hilton-hotels/.
12. Conferences that Work, http://www.conferencesthatwork.com/wp-content/uploads/2014/01/airbnb-growth-tweet.jpg.
13. Accenture Interview with Feike Sijbesma, May 28, 2014.

전략시티는 세상에 도움이 되는 지혜를 전합니다

자본주의 붕괴의 서막
조철선 지음 | 17,600원

수십 년간 지속될 혼돈과 충격의 격동기에 들어섰다.
대한민국은, 기업은, 우리는 어떤 선택을 해야 할까?

글로벌 경제는 10년 가까이 저성장에서 벗어나지 못하고 있다. 미국을 비롯한 세계 각국들은 극단적인 정책과 환율 전쟁까지 마다하지 않지만, 결과는 신통치 않다. 이렇듯 온갖 대책이 효과가 없는 이유는 현재의 위기가 단순한 불황이 아니라, 자본주의가 근본적으로 한계에 다다랐기 때문이다.
그럼에도 우리는 여전히 과거의 성장 패러다임에 얽매어 헤매고 있다. 더 늦기 전에 지금이라도 바꾸어야 한다. 자본주의가 붕괴되기 시작하는 격동기를 맞아 지금 우리의 선택이 무엇보다 중요하다. 어떤 선택을 하느냐에 따라 대한민국의 미래가, 기업의 미래가, 오늘을 사는 우리의 미래가 달려 있기 때문이다. 이에 저자는 전략전문가의 시각으로 글로벌 경제를 전략적으로 분석한 후, 좌초하지 않고 격동기를 헤쳐 나갈 대한민국과 기업, 개인의 전략을 제시하고 있다.

위너스 WINNERS 운명도 이기는 승자의 조건
알래스테어 캠벨 지음 | 정지현 옮김 | 19,000원

1등의 경험과 생각을 직접 듣는다!

토니 블레어 영국 총리의 전략 참모로 노동당 정권의 실질적인 2인자였던 알래스테어 캠벨이 각계 분야에서 세계 최고의 자리에 오른 승자들을 직접 만나 인터뷰했다. 그들이 털어놓는 생생하고 진솔한 경험담들과 승리에 대한 깊은 이해에서 나온 통찰력에, 3번 연속 총선을 승리로 이끌며 블레어 시대를 열었던 저자 자신의 경험까지 녹여 운명도 이기는 승자의 조건을 밝혀냈다.
이 책은 정상급 스포츠 스타와 일류 감독, 정치 지도자에서부터 글로벌 기업의 수장에 이르기까지 직접 만나보지 않고는 알 수 없었던 위대한 승자들의 경험담과 진심 어린 조언을 전하고 있다. 세계 최고 승자들의 내면을 들여다 볼 기회와 흥미진진한 재미도 안겨줌으로써 〈선데이 타임스〉 베스트셀러 종합 1위, 영국 아마존 베스트셀러 경영 1위에 오르는 등 독자들의 열띤 호응을 받았다.

전략을 보는 생각

하버드가 묻는 7개의 질문에 자신 있게 답할 수 있는가?
로버트 사이먼스 지음 | 김은경 옮김 | 조철선 감수 | 15,000원

질문이 생각을 만들고, 생각이 전략을 완성한다!

이 책은 하버드 경영대학원 교수이자 최고경영자 과정 의장인 로버트 사이먼스가 최고경영자 과정과 경영대학원 수업에서 진행한 전략 강의의 핵심을 담은 책이다. 사이먼스 교수는 강의 시간에 소크라테스식 문답법을 사용하여 경영자들과 학생들을 심하게 괴롭힌다. 이런 불편한 과정을 통해 리더들에게 전략적으로 올바른 길을 보여준다. 또한 현재 리더가 아니더라도 '내가 리더라면 어떻게 할지' 리더 입장에서 고민하게 유도함으로써 유능한 전략 리더로 성장하도록 도와준다.
이 책에서도 사이먼스 교수는 수업 시간에 그랬듯이 7개의 전략 질문을 중심으로 날카로운 질문들을 던진다. 외부에서 정답을 찾으려 하지 말고, 현재의 전략을 시험대에 올려놓고 올바른 질문들을 끊임없이 던져보라고 조언한다. 하버드 전략 수업에 당신을 초대한다!

무엇이 조직을 움직이는가 당신이 간과하고 있는 명료함의 힘

패트릭 렌치오니 지음 | 홍기대, 박서영 옮김 | 15,000원

아마존 선정 '올해 최고의 경영 도서'

리더십의 대가 패트릭 렌치오니가 말하는 경영의 비결을 담은 책. 미국 아마존에서 '올해 최고의 경영 도서'로 선정된 것 외에 〈워싱턴포스트〉 선정 '올해의 그레이트 리더십 도서', 미국 800-CEO-READ 선정 '올해의 경영 도서 No. 1', 〈글로브앤메일〉 선정 '올해의 경영 도서 Top 10'에 오르기도 했다.
400만 독자를 열광시킨 저자는 20년 이상의 컨설팅 경험과 다양한 현장 연구를 토대로 '모두가 간과하고 있던 명료함의 힘'에 주목했다. 즉, 명료하게 경영하고 소통함으로써 구성원 모두가 공동의 목표를 향해 한마음으로 매진하는 하나의 팀을 만들 수 있다고 주장한다. 명료함이 창출되는 건강한 조직이 되기 위해 지켜야 할 4대 원칙과 실무적으로 유용한 실천 방안들을 생생한 사례들과 함께 제시하고 있다.

마케팅 평가 바이블
세계 최고의 마케팅 MBA, 켈로그 경영대학원 강의
마크 제프리 지음 | 김성아 옮김 | 25,000원

미국마케팅학회가 선정한 최고의 마케팅 도서

피터 드러커는 "측정할 수 없으면 관리할 수 없고, 관리할 수 없으면 개선할 수 없다."고 말했다. 그럼에도 대부분의 기업들은 제대로 평가도 하지 않은 채 직감에 의존한 주먹구구식 마케팅을 하고 있다. 성과를 높이고 마케팅 효과를 극대화하고 싶다면 제대로 된 평가 관리가 반드시 필요한데도 말이다. 그럼 어떻게 해야 할까? 세계 최고의 마케팅 MBA인 켈로그 경영대학원이 제시하는 해답이 여기에 있다. 이 책은 마케터라면 반드시 알아야 할 15가지 필수 평가 지표와 데이터 기반 마케팅을 중심으로 체계적인 마케팅 평가 관리 방안을 설명한다. 또한 다양한 실제 사례들과 엑셀 양식을 수록함으로써 실무 활용도도 높였다.

어떤 브랜드가 마음을 파고드는가   브랜드와 심리학의 만남
수잔 피스크, 크리스 말론 지음 | 장진영 옮김 | 15,000원

심리학 교수와 마케팅 전문가가 밝혀낸 브랜드의 성공 비결!

대중을 대상으로 한 일방적인 마케팅은 한계에 다다랐다. 이제 사람들의 마음을 사로잡기 위해서는 브랜드와 사람과의 상호 관계성에 주목하는 심리학적인 접근법이 필요하다. 인터넷과 SNS, 이동통신의 발달로 사람들이 브랜드와 관계를 맺을 수 있는 관계 르네상스 시대가 펼쳐졌기에 더욱 그러하다.
이 책은 프린스턴대 심리학 교수와 마케팅 전문가의 공동 연구 결과물로서 관계 르네상스 시대 급성장한 45개 브랜드들의 성공 비결을 담았다. 구체적으로 저자들은 사람들과 심리적으로 교감할 수 있는 '사람 냄새' 나는 브랜드를 창출하려면 사람들과 어떻게 관계를 맺어야 하는지, 어떻게 사람의 마음을 파고들어야 하는지 그 해답을 제시하고 있다.

차이를 만드는 조직 맥킨지가 밝혀낸 해답
스콧 켈러, 콜린 프라이스 지음 | 서영조 옮김
맥킨지 서울 사무소 감수 | 게리 하멜 서문 | 22,000원

《초우량 기업의 조건》이후 30년 만에 나온 맥킨지 최고의 걸작
세계 최고의 컨설팅 회사 맥킨지가 역사상 가장 폭넓고도 과학적인 연구를 통해 한순간의 성공에 그치지 않고 지속적으로 탁월한 성과를 창출하는 비결을 밝힌 책. 기업은 지속적으로 성장해야 한다는 것은 누구나 알지만, 어떻게 해야 그럴 수 있느냐는 질문에는 누구도 답하지 못했다.
이에 맥킨지가 축적된 컨설팅 경험과 글로벌 네트워크를 활용하여 십 년 넘게 전 세계를 대상으로 심층 조사를 수행하며 그 해답을 찾아 나섰다. 해답을 찾는 과정에서 게리 하멜 같은 최고의 경영학자들과도 협업했고, 다수의 기업들에 실제로 적용해 봄으로써 실무적으로 유용한지 검증했다. 또한 코카콜라와 P&G, 웰스 파고, ANZ, 봄바디어, GNP, 텔레포니카 등 지속 성장에 성공한 기업들의 사례도 담았다.

경영전략전문가 조철선의 기획 실무 노트
당신의 책상 위에 놓인 단 한 권의 경영 전략 실무서
조철선 지음 | 39,800원

전략적 사고에서 기획서 작성에 이르기까지
경영 전략 실무의 모든 것을 담은 종합 지침서

전략적 사고에서부터 사업 전략, 마케팅, 전사 기업 전략, 기획서 작성에 이르기까지 실무 관점에서 경영 전략의 모든 것을 다룬 종합 기획 실무서. 전략 기획 분야의 스테디셀러인 《전략기획 전문가 조철선의 기획 실무 노트》를 500페이지 넘게 추가하여 전면 개정 증보한 완결판으로, 전략가라면 반드시 알아야 할 전략 이론과 실무 적용 기법을 다양한 사례와 함께 도표 중심으로 일목요연하게 제시함으로써 독자들이 실무에 활용할 수 있도록 구성했다.
830페이지가 넘는 방대한 분량이지만 필요한 부분만 따로 볼 수 있도록 편집함으로써 실무 활용도도 높였다. 기획 실무자나 마케터, 조직의 리더뿐만 아니라 전략가가 되고 싶어 하는 모든 이들에게 전략 기획에서 전략적 의사 결정에 이르기까지 실질적인 도움이 되리라 확신한다.